Kemono Jihen

Gefährlichen Phänomenen auf der Spur

Sho Aimoto

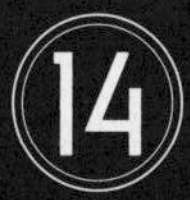

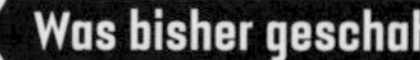

Was bisher geschah

Nachdem er herausgefunden hat, dass die Kemono-Steine miteinander verschmelzen, macht Inugami sich auf die Suche nach den überall in Japan verstreuten Exemplaren. Er hofft, dabei Informationen über Kabanes Eltern zu erlangen, die ihrem Sohn den Lebensstein überlassen haben. Aus dem Nichts greifen Kaede und Akagi Yashima an. Die auskurierte Kon stellt sich ihnen entgegen, ist jedoch unterlegen. Inugami und die anderen begeben sich derweil auf Nobimarus Warnung hin nach Yashima, während Kabane und seine Freunde weiterhin trainieren.

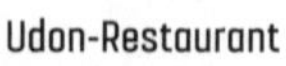

Udon-Restaurant

Iyo-chan

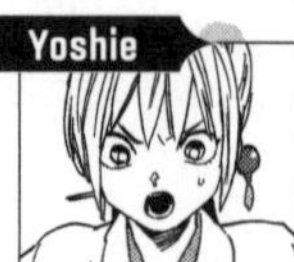

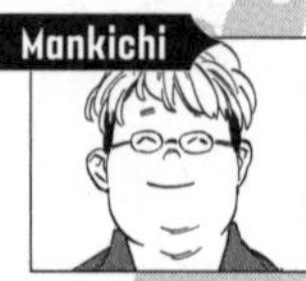

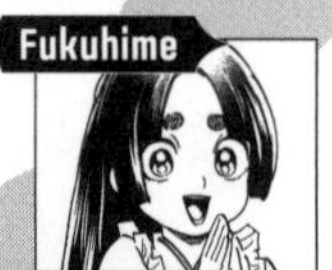

Gunma

Tokio

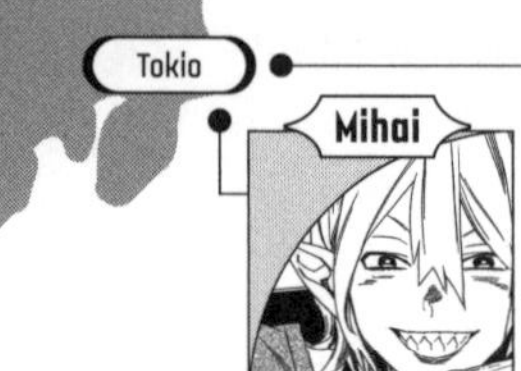

Inari

Sie ist Kommissarin der Tokioter Polizei, aber eigentlich eine Fuchs-Kemono, die mithilfe des Verführungssteins die Herzen der Menschen manipuliert.

Besitzt fünf Kemono-Steine

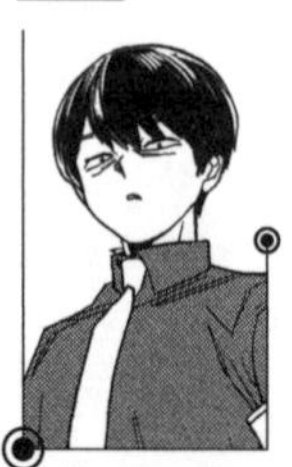

Sonderermittlungseinheit

Eine Gruppe von Füchsen, die Inari untersteht. Sie suchen momentan nach den im ganzen Land verstreuten Kemono-Steinen.

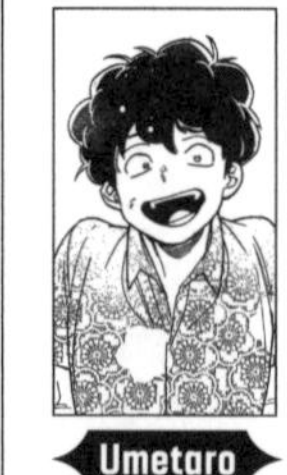

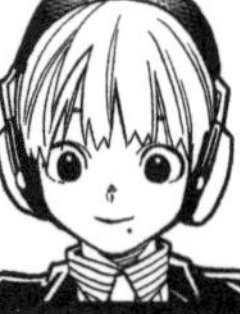

Nobimaru

Leiter der Sonderermittlungseinheit.

Auf dem Weg zur Rettung Yashimas

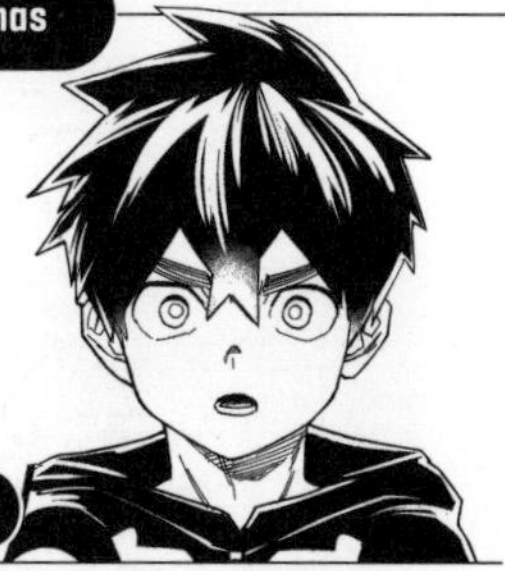

Kabane

Unsterblicher Mischling aus Mensch und Ghul. Ist aufgrund seiner Erziehung weltfremd. Sucht nach Spuren seiner Eltern.

Besitzt sechs Kemono-Steine

Tarota

Iyohimes Vater. Hat die Fähigkeit der »Zeitübertragung«, die sein Wachstum verzehrt und die Zeit des Ziels vorspult.

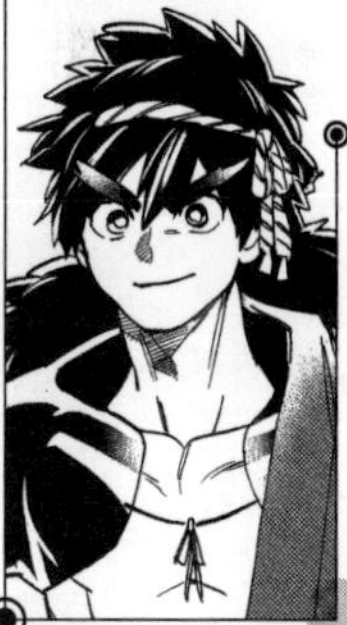

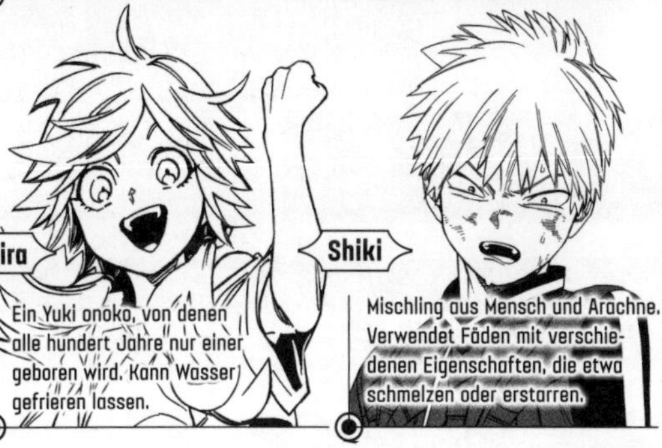

Akira

Ein Yuki onoko, von denen alle hundert Jahre nur einer geboren wird. Kann Wasser gefrieren lassen.

Shiki

Mischling aus Mensch und Arachne. Verwendet Fäden mit verschiedenen Eigenschaften, die etwa schmelzen oder erstarren.

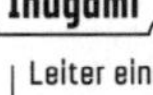

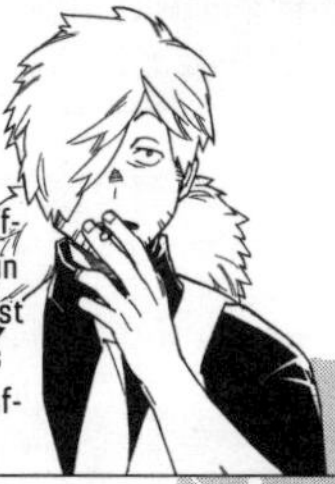

Inugami

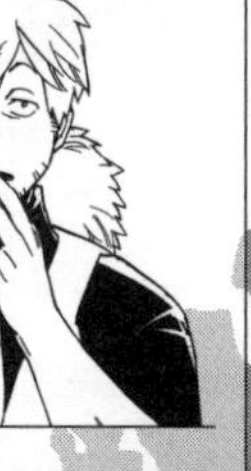

Leiter einer Agentur, die Aufträge, die mit Kemono zu tun haben, annimmt. Er ist selbst ein Tanuki und kann mittels Verwandlung die Eigenschaften seines Körpers ändern.

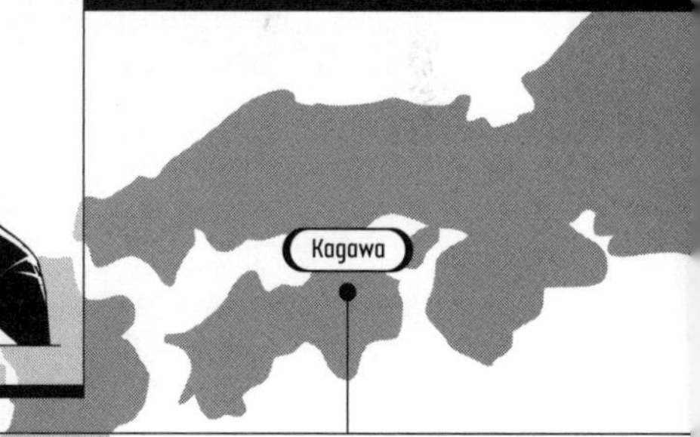

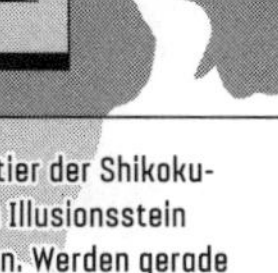

Yashima-Tempel, Hauptquartier der Shikoku-Tanuki. Den hier verwahrten Illusionsstein haben sie Kabane überlassen. Werden gerade von Kaede und Akagi angegriffen.

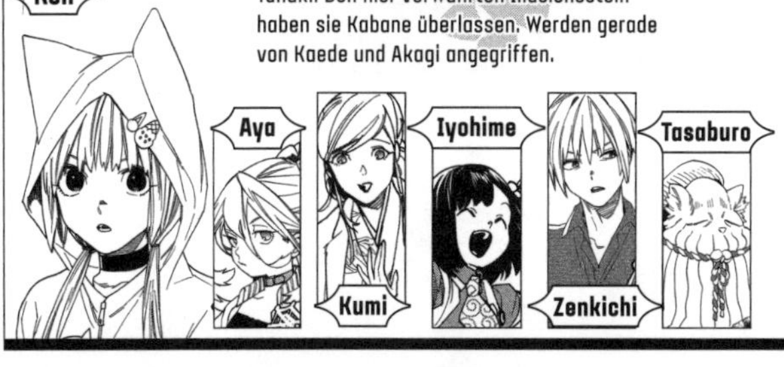

Kon

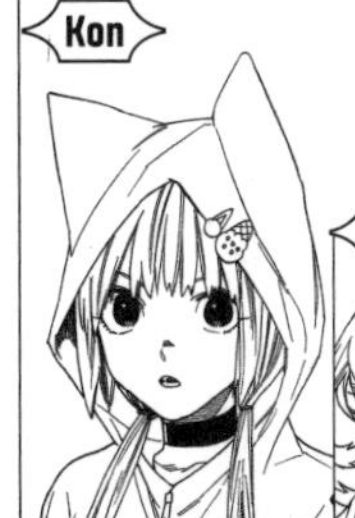

Aya

Kumi

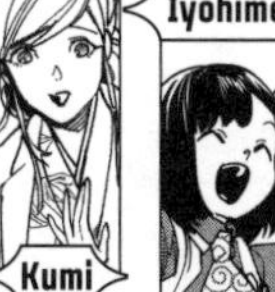

Iyohime

Zenkichi

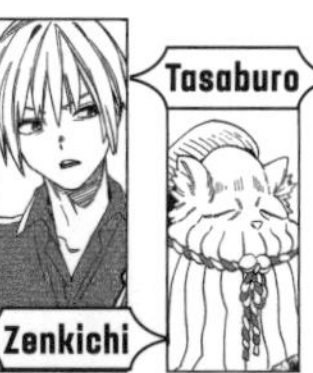

Tasaburo

Kaede

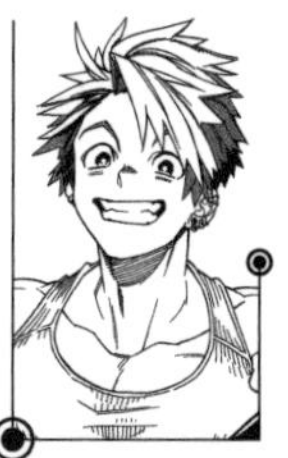

Inhalt

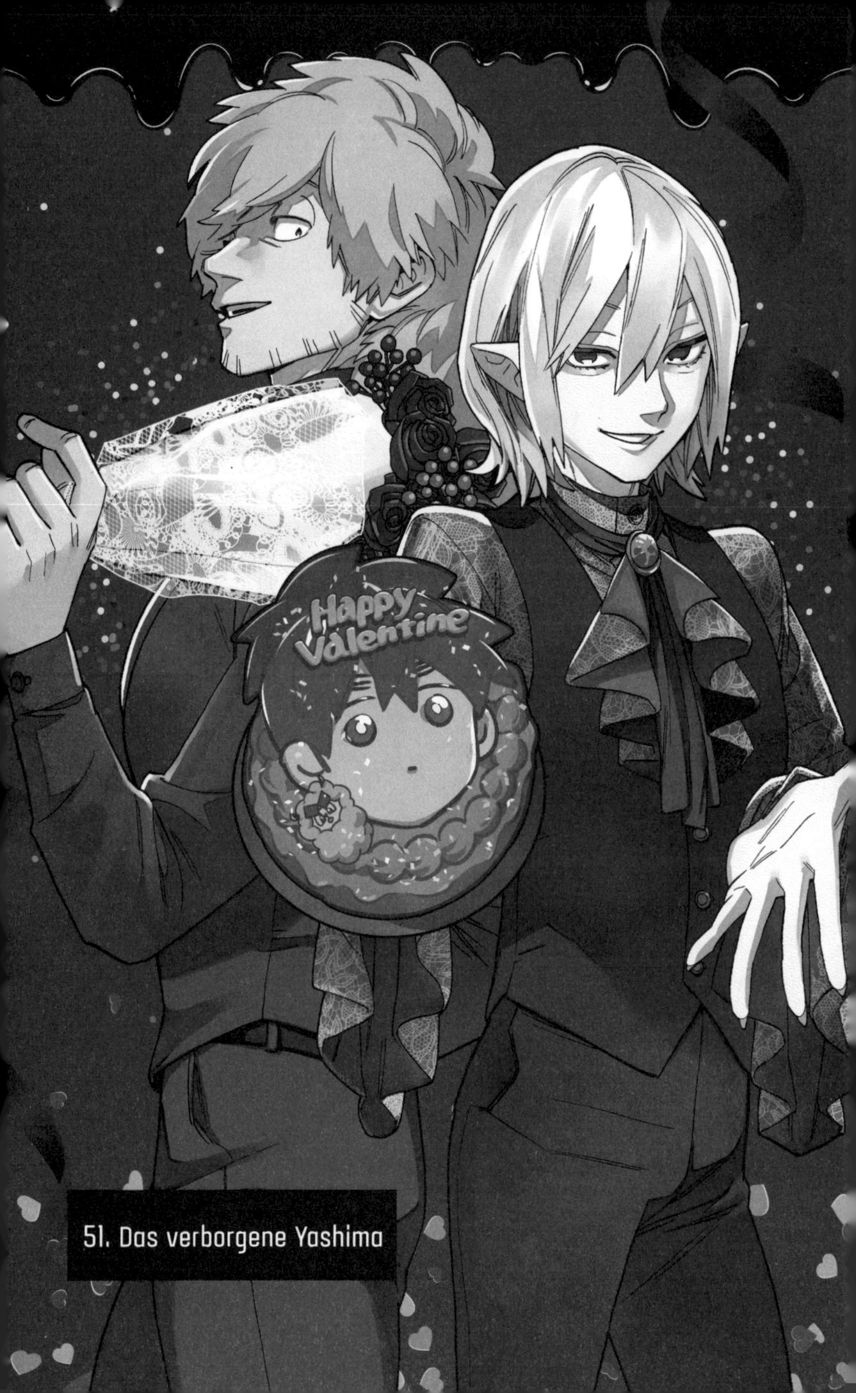

51. Das verborgene Yashima

Kemono
Jihen

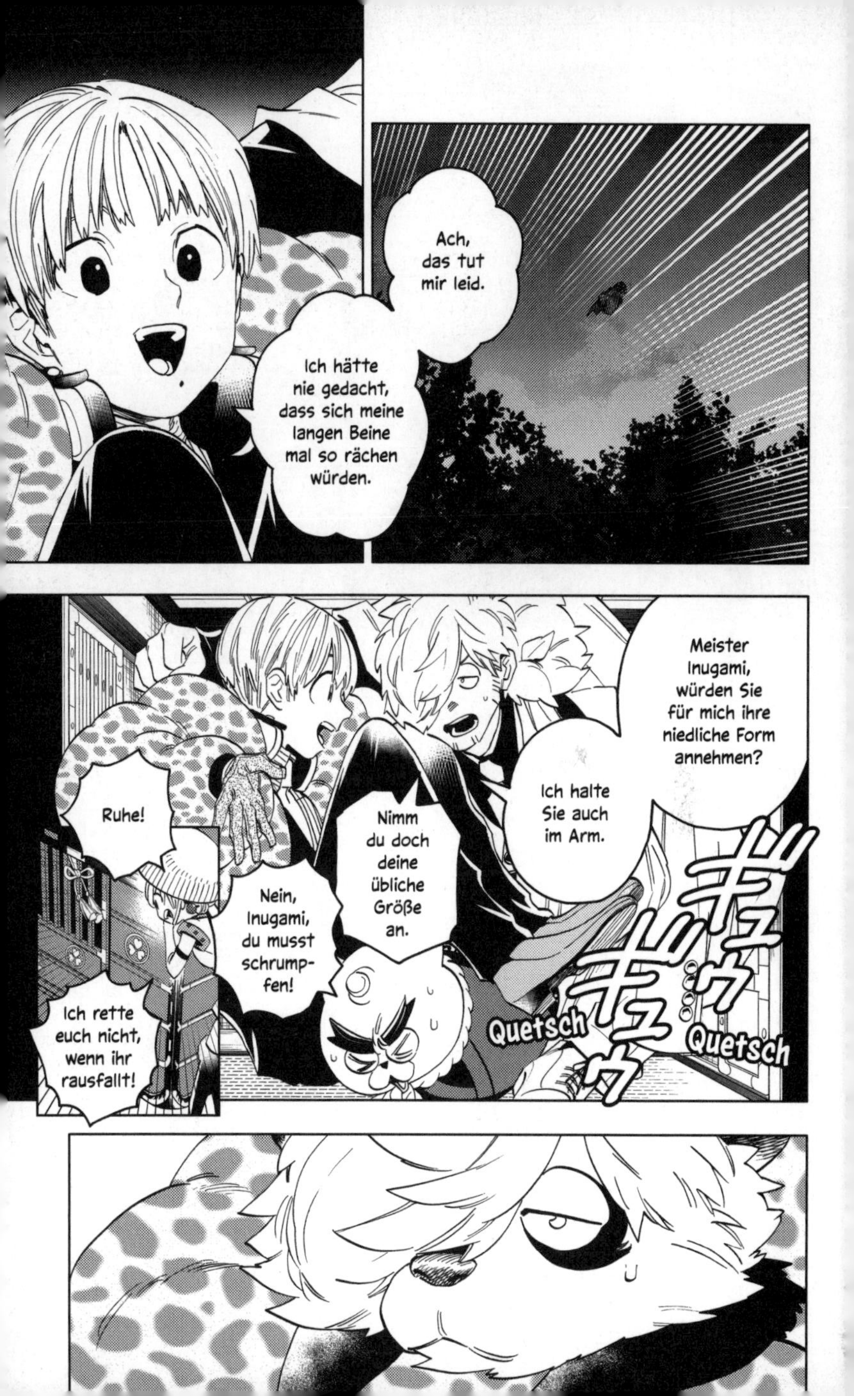

Ach, das tut mir leid.

Ich hätte nie gedacht, dass sich meine langen Beine mal so rächen würden.

Meister Inugami, würden Sie für mich ihre niedliche Form annehmen?

Ich halte Sie auch im Arm.

Nimm du doch deine übliche Größe an.

Nein, Inugami, du musst schrump-fen!

Ruhe!

Ich rette euch nicht, wenn ihr rausfallt!

ギュウ ギュウ

Quetsch Quetsch

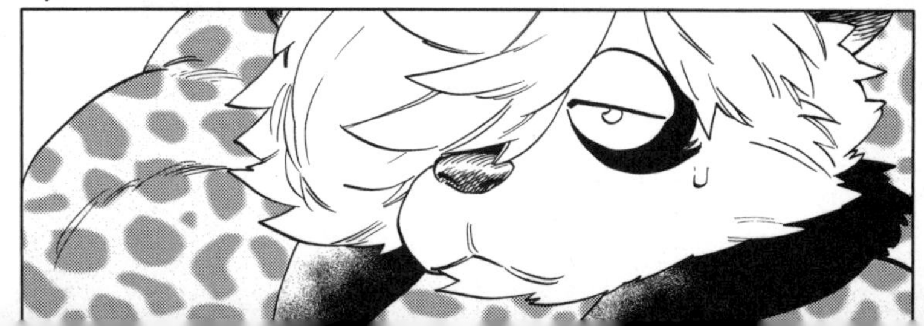

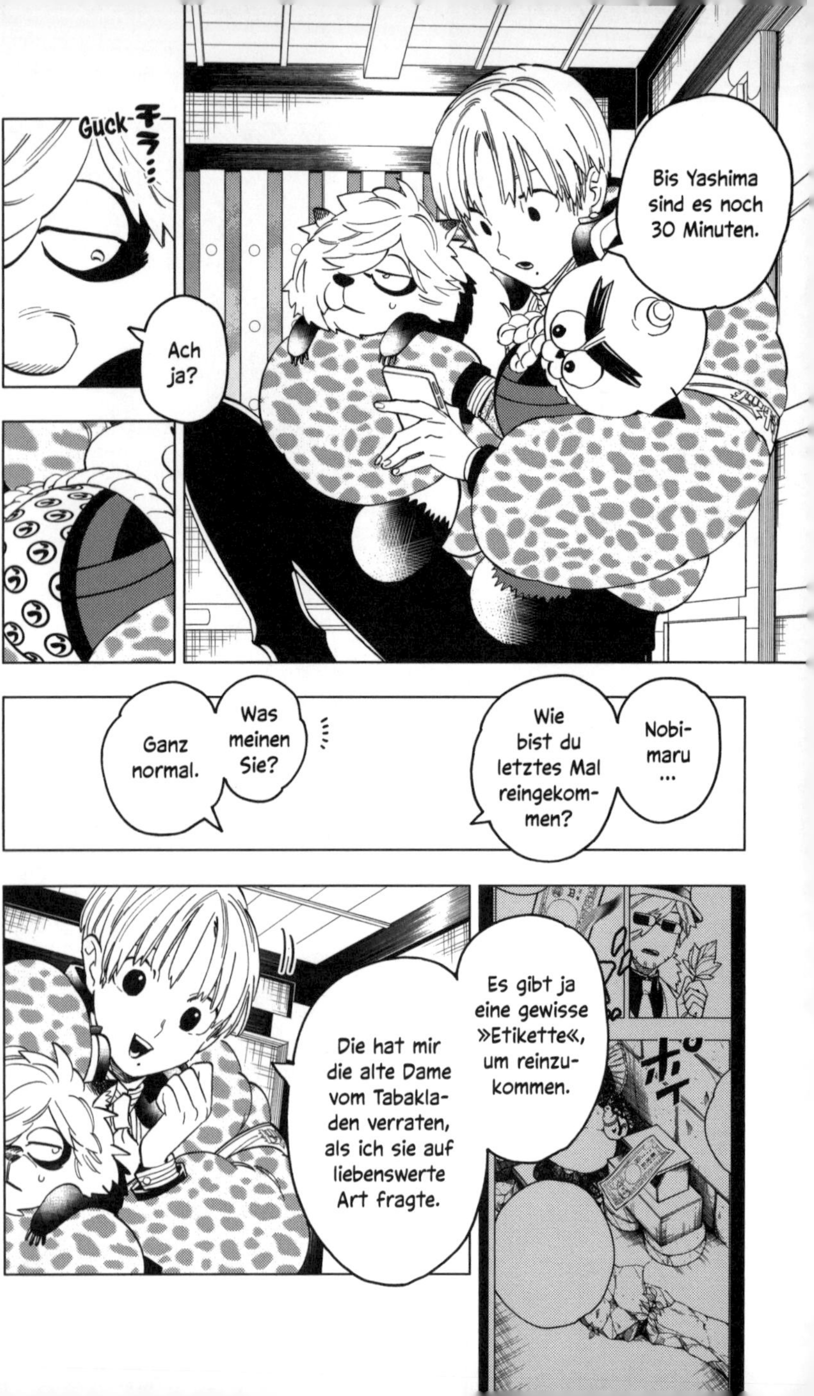

Bis Yashima sind es noch 30 Minuten.

Guck-

Ach ja?

Nobimaru ...

Wie bist du letztes Mal reingekommen?

Was meinen Sie?

Ganz normal.

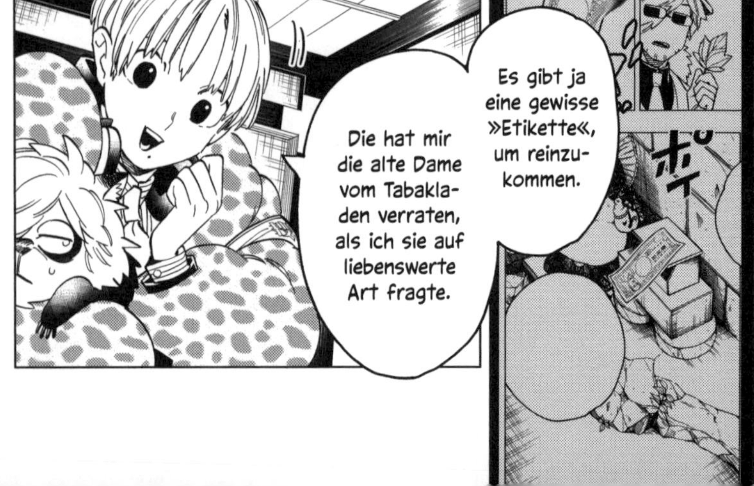

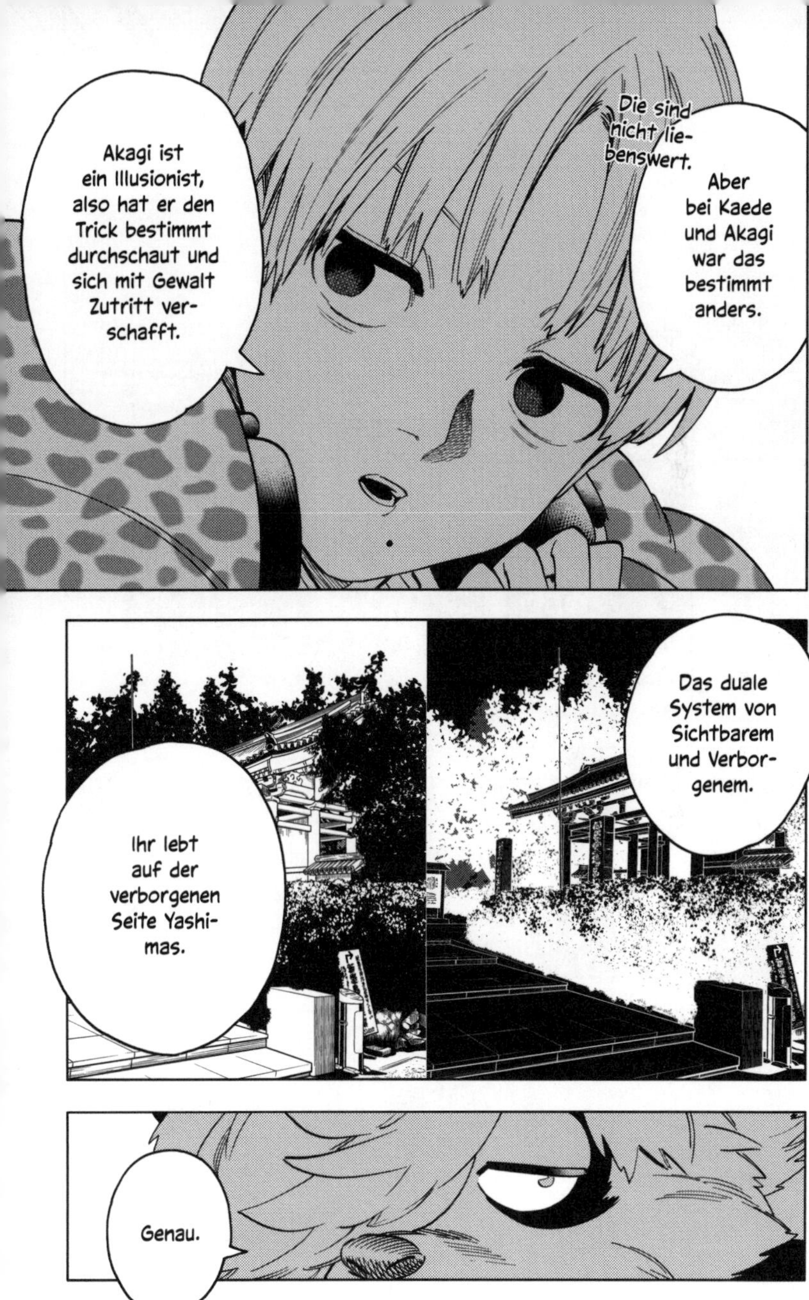

Die sind nicht liebenswert.

Aber bei Kaede und Akagi war das bestimmt anders.

Akagi ist ein Illusionist, also hat er den Trick bestimmt durchschaut und sich mit Gewalt Zutritt verschafft.

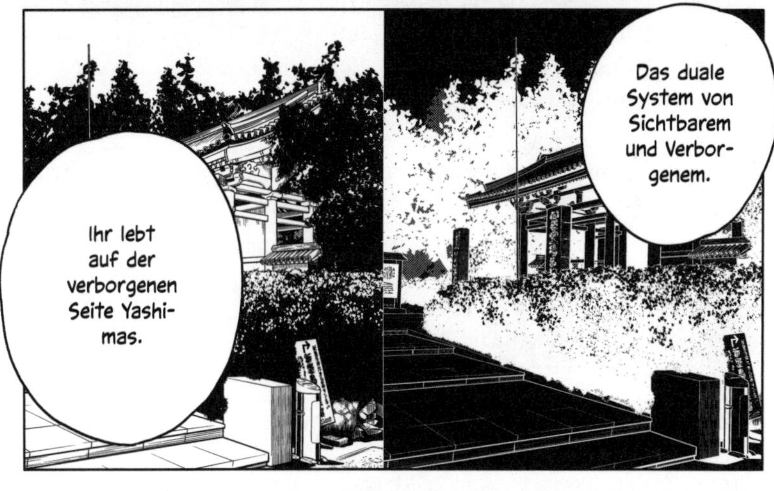

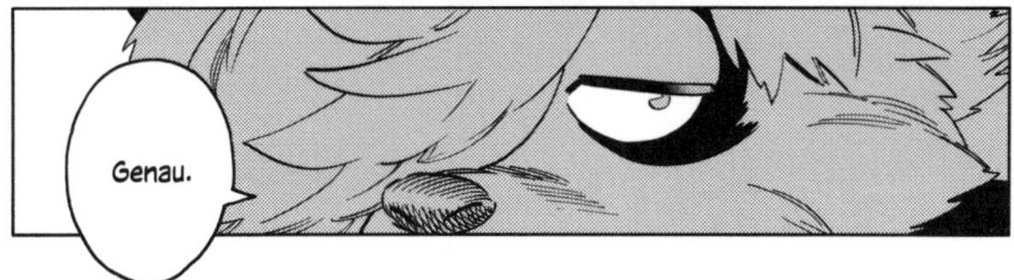

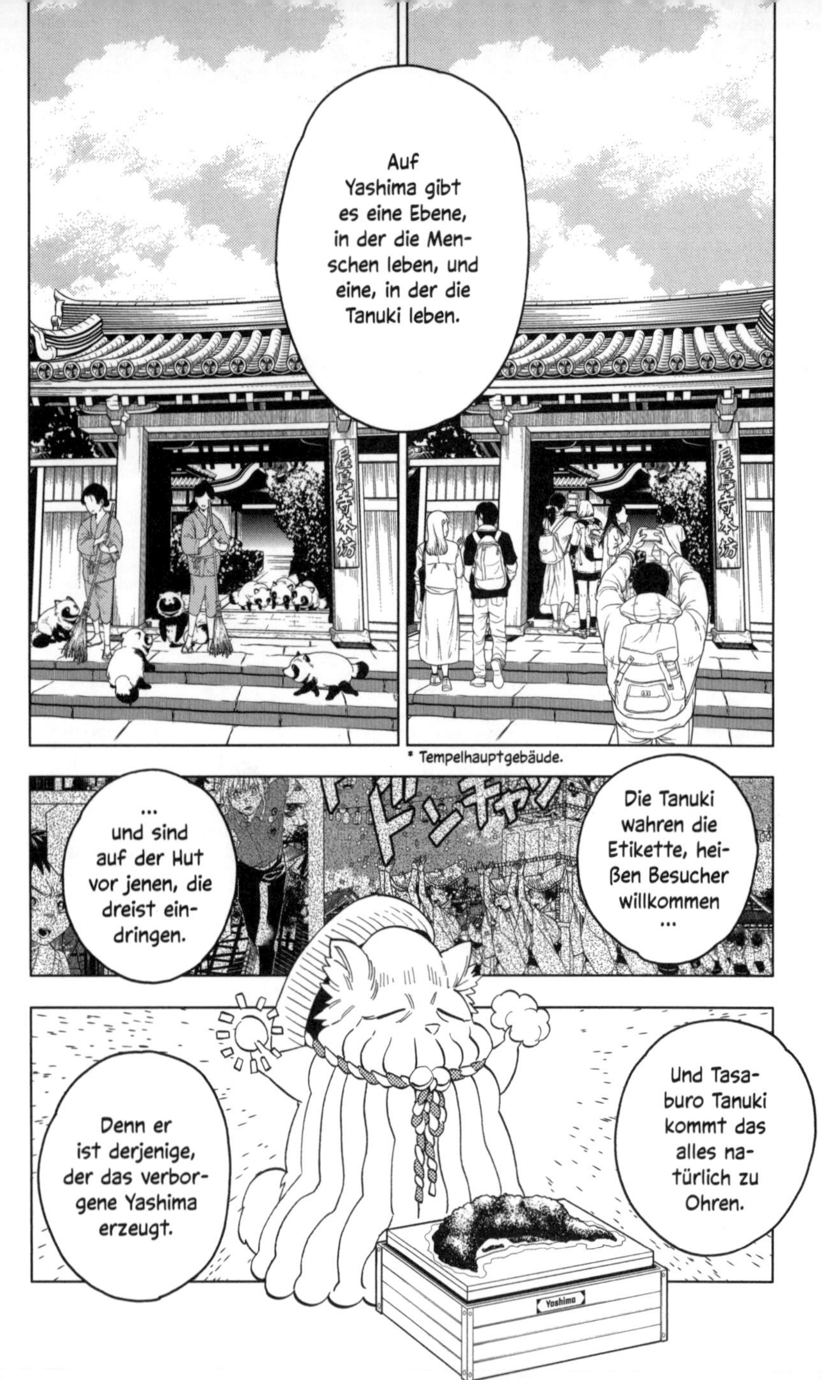

* Tempelhauptgebäude.

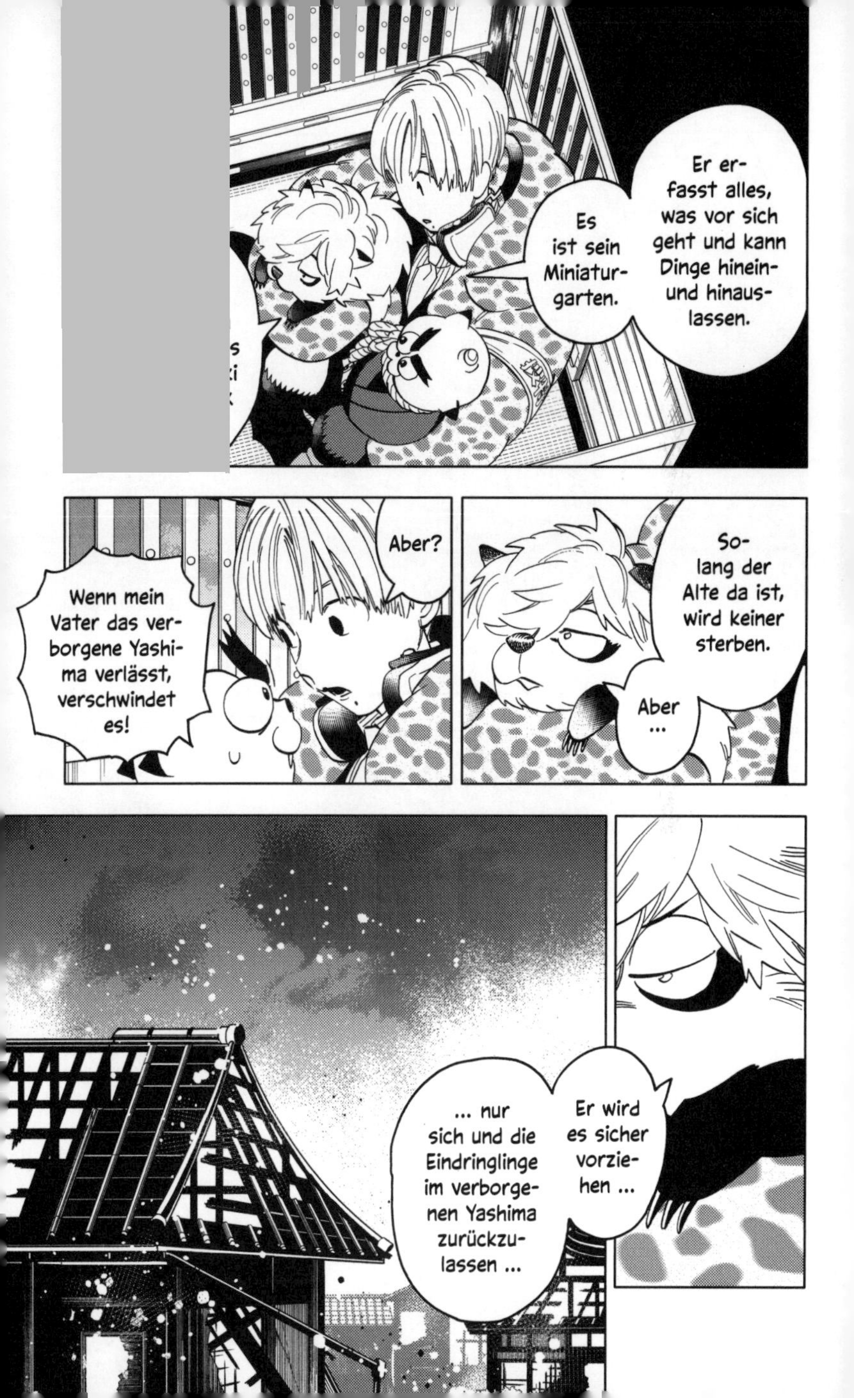

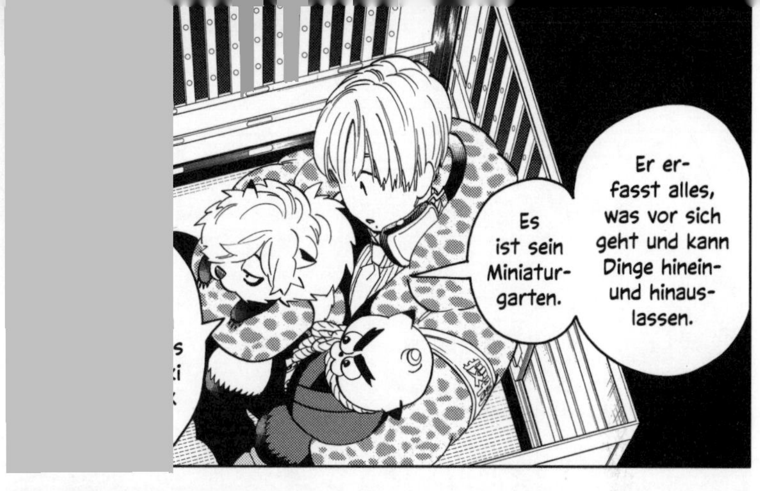

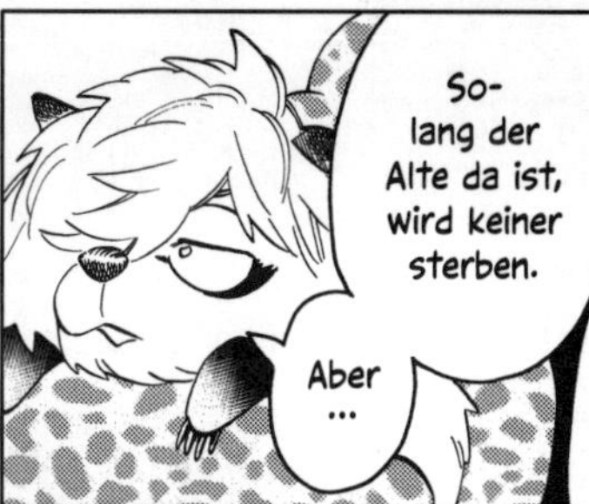

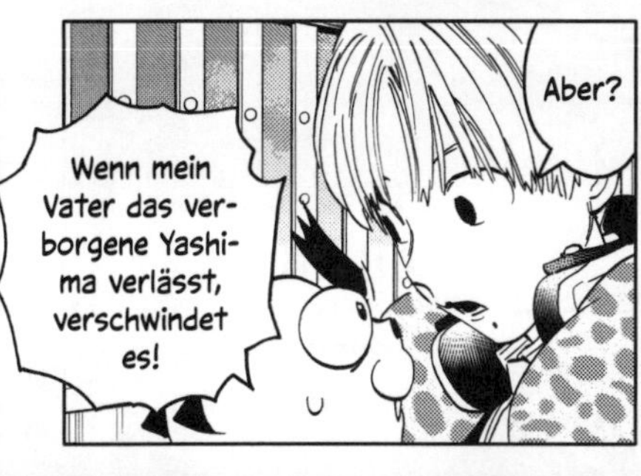

Er wird es sicher vorziehen ...

... nur sich und die Eindringlinge im verborgenen Yashima zurückzulassen ...

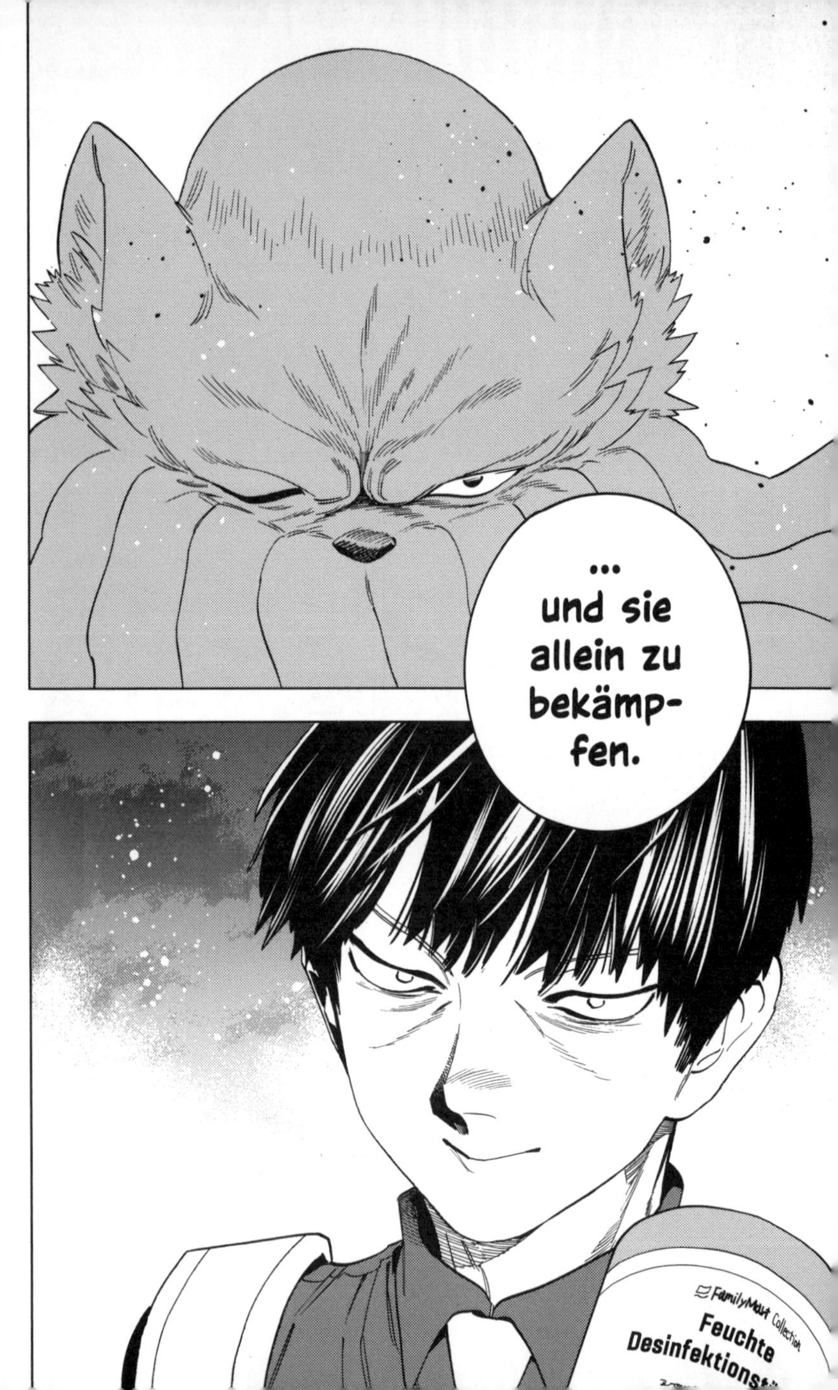
... und sie allein zu bekämpfen.
FamilyMart Collection
Feuchte
Desinfektionst

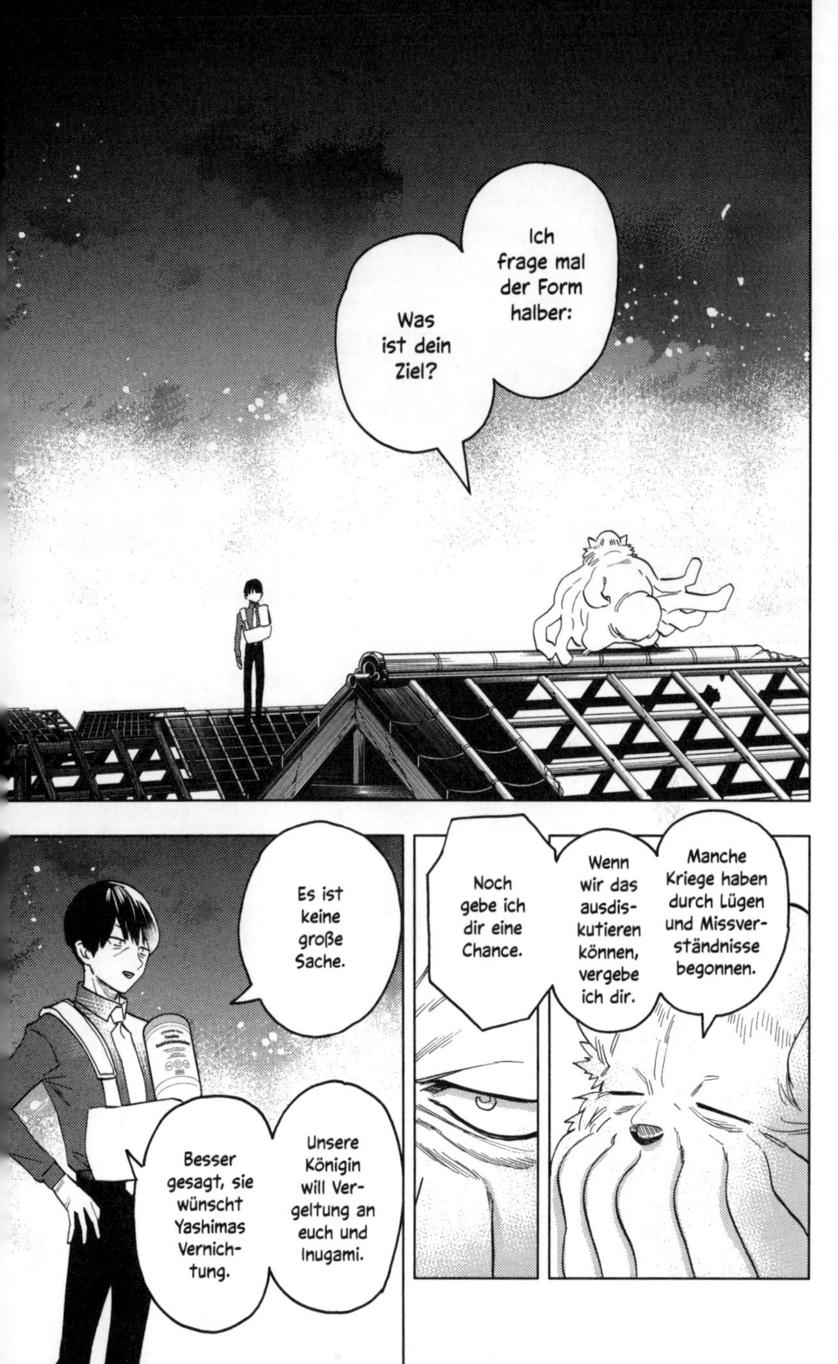
Ich frage mal der Form halber:
Was ist dein Ziel?
Manche Kriege haben durch Lügen und Missverständnisse begonnen.
Wenn wir das ausdiskutieren können, vergebe ich dir.
Noch gebe ich dir eine Chance.
Es ist keine große Sache.
Unsere Königin will Vergeltung an euch und Inugami.
Besser gesagt, sie wünscht Yashimas Vernichtung.

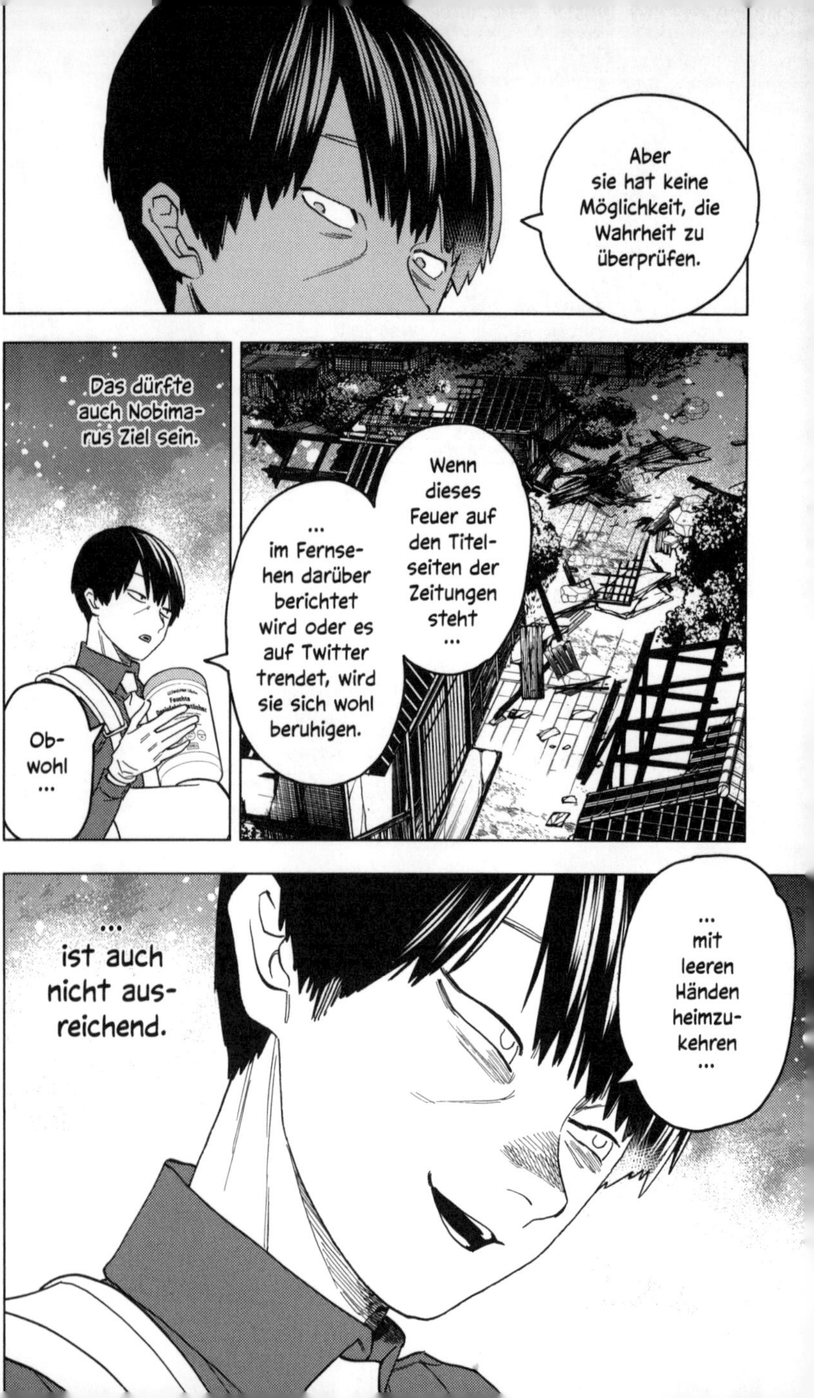

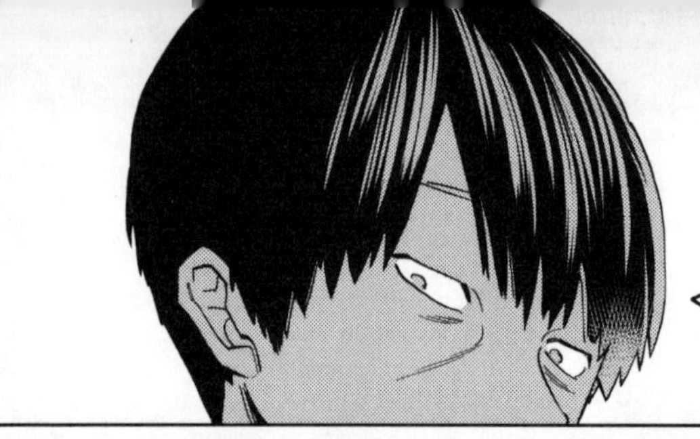
Aber sie hat keine Möglichkeit, die Wahrheit zu überprüfen.

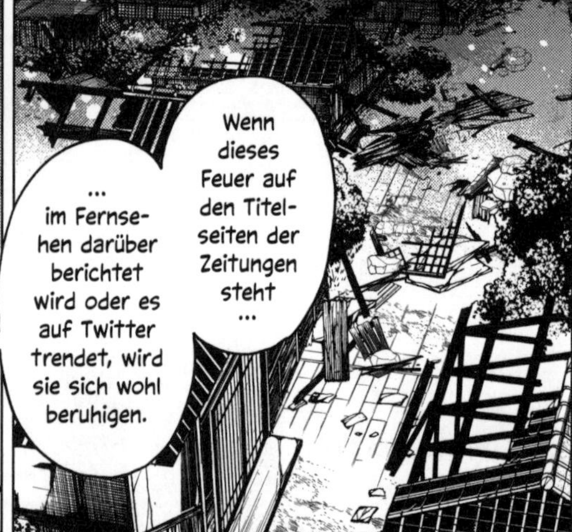
Wenn dieses Feuer auf den Titelseiten der Zeitungen steht ...
... im Fernsehen darüber berichtet wird oder es auf Twitter trendet, wird sie sich wohl beruhigen.

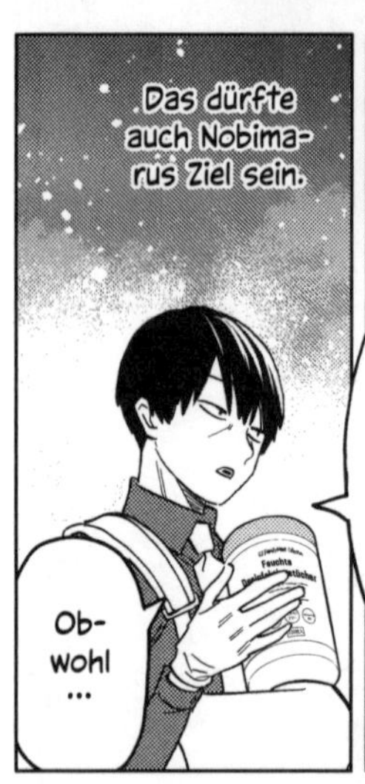
Das dürfte auch Nobimarus Ziel sein.
Obwohl ...

... mit leeren Händen heimzukehren ...
... ist auch nicht ausreichend.

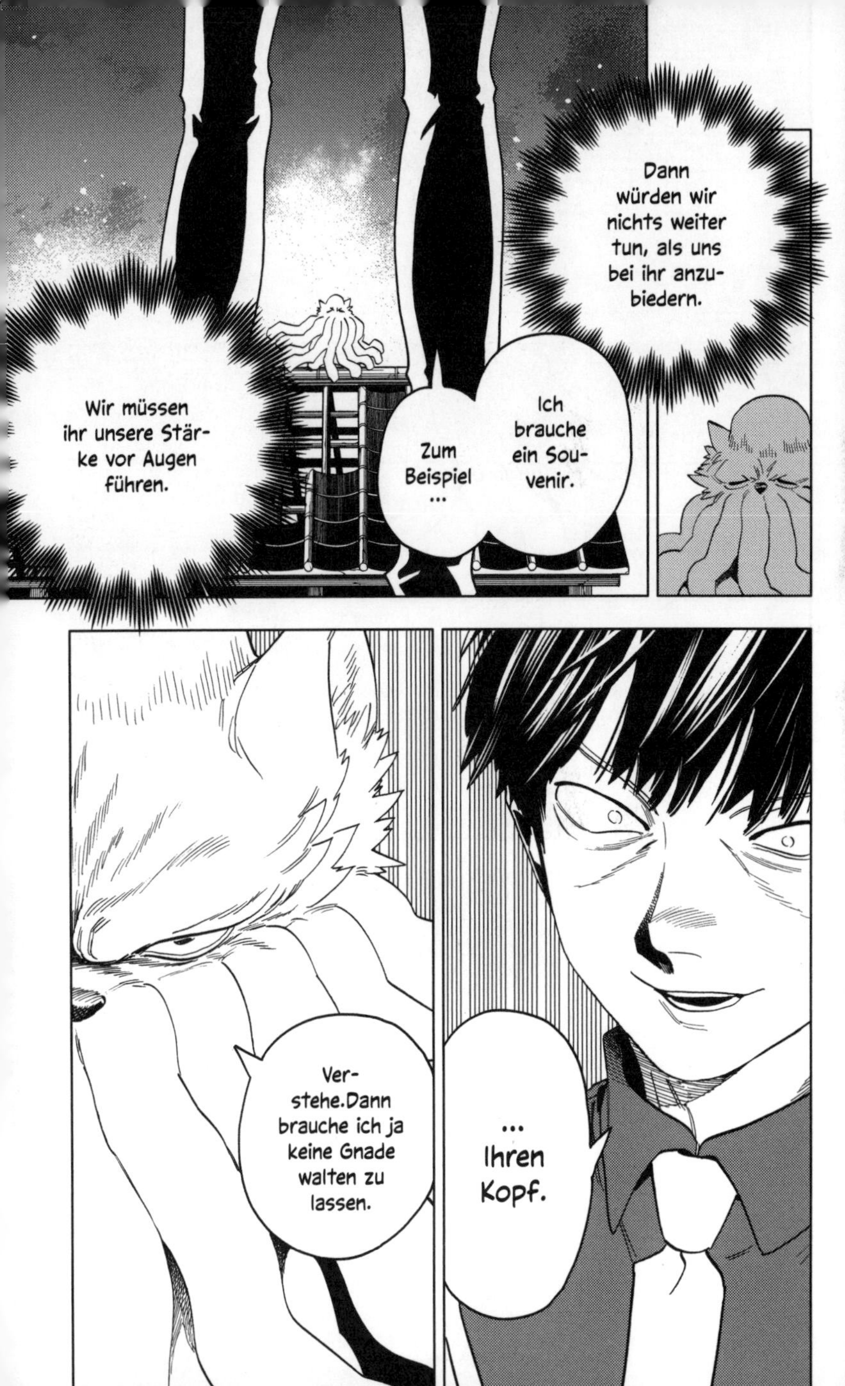

Dann würden wir nichts weiter tun, als uns bei ihr anzubiedern.
Wir müssen ihr unsere Stärke vor Augen führen.
Ich brauche ein Souvenir.
Zum Beispiel ...
... Ihren Kopf.
Verstehe.Dann brauche ich ja keine Gnade walten zu lassen.

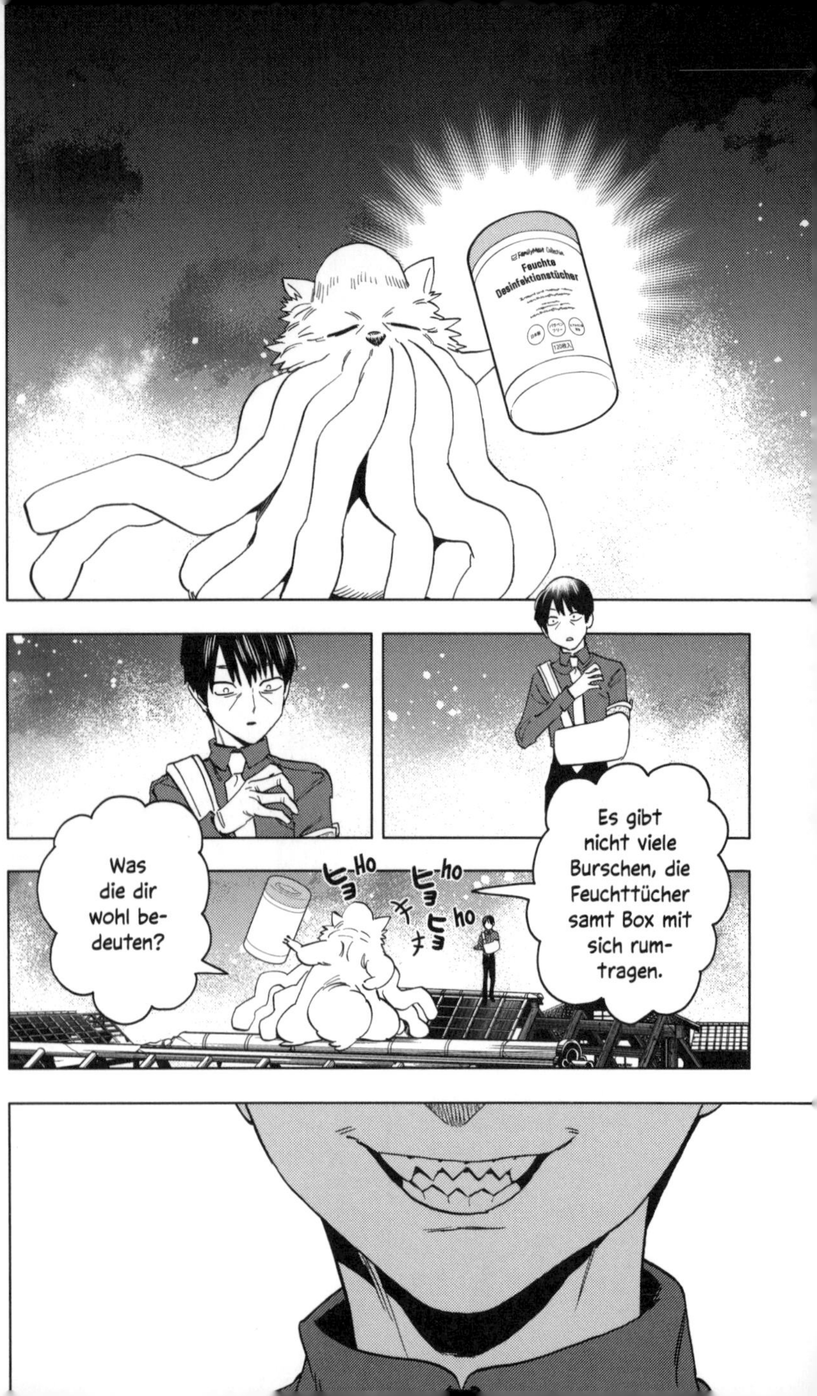

FamilyMart Collection
Feuchte
Desinfektionstücher

Es gibt
nicht viele
Burschen, die
Feuchttücher
samt Box mit
sich rum-
tragen.

Was
die dir
wohl be-
deuten?

ヒョ-Ho
ヒョ-ho
ヒョ ho

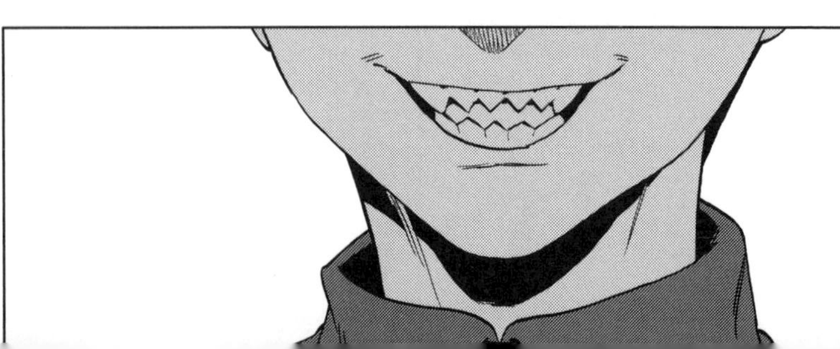

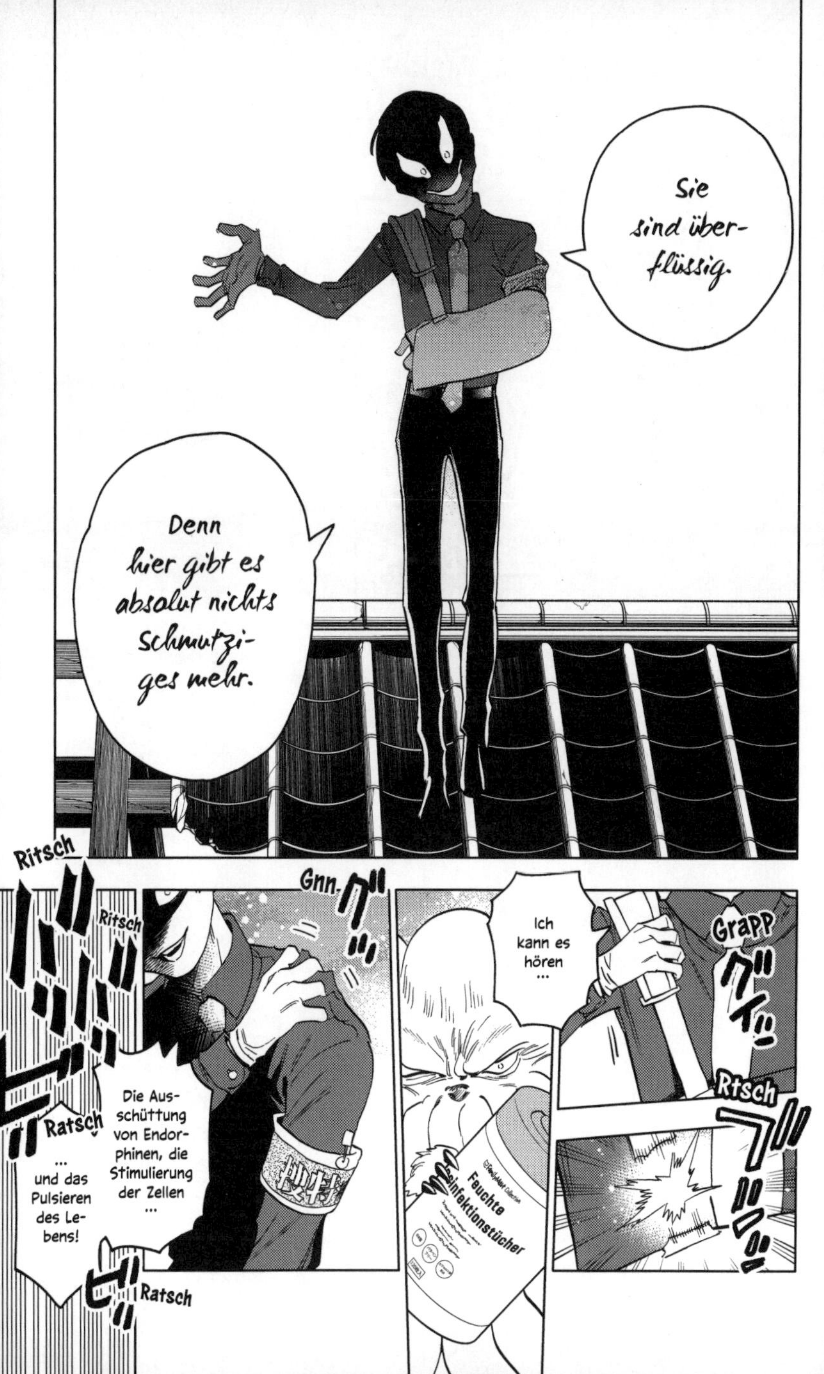

Sie sind über-flüssig.
Denn hier gibt es absolut nichts Schmutzi-ges mehr.
Grapp
Rtsch
Ich kann es hören ...
Feuchte
einfektionstücher
Gnn
Die Aus-schüttung von Endor-phinen, die Stimulierung der Zellen ...
... und das Pulsieren des Le-bens!
Ritsch
Ritsch
Ratsch
Ratsch

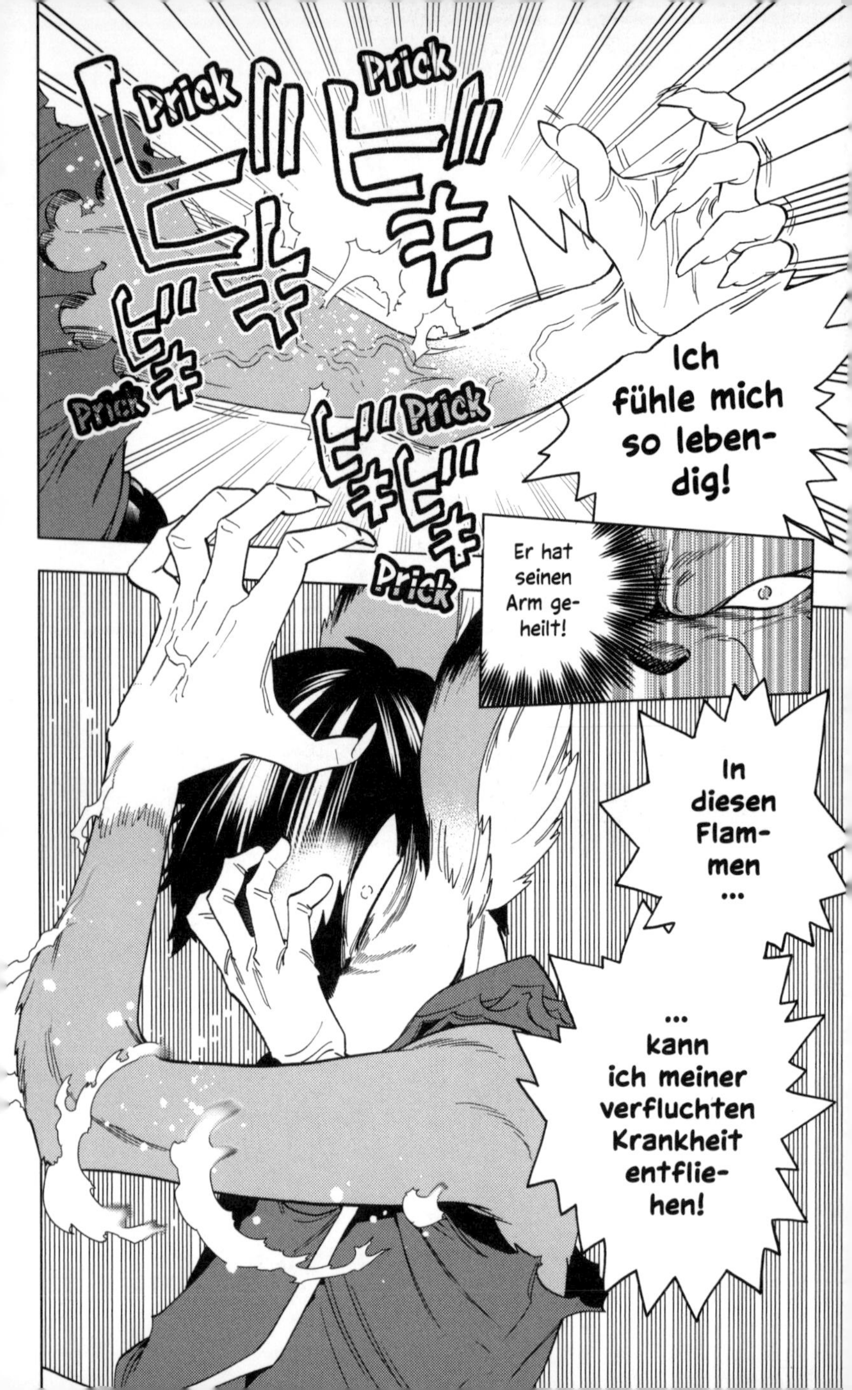
Prick
Prick
Prick
Prick
Prick
Ich fühle mich so leben-dig!
Er hat seinen Arm ge-heilt!
In diesen Flam-men ...
... kann ich meiner verfluchten Krankheit entflie-hen!

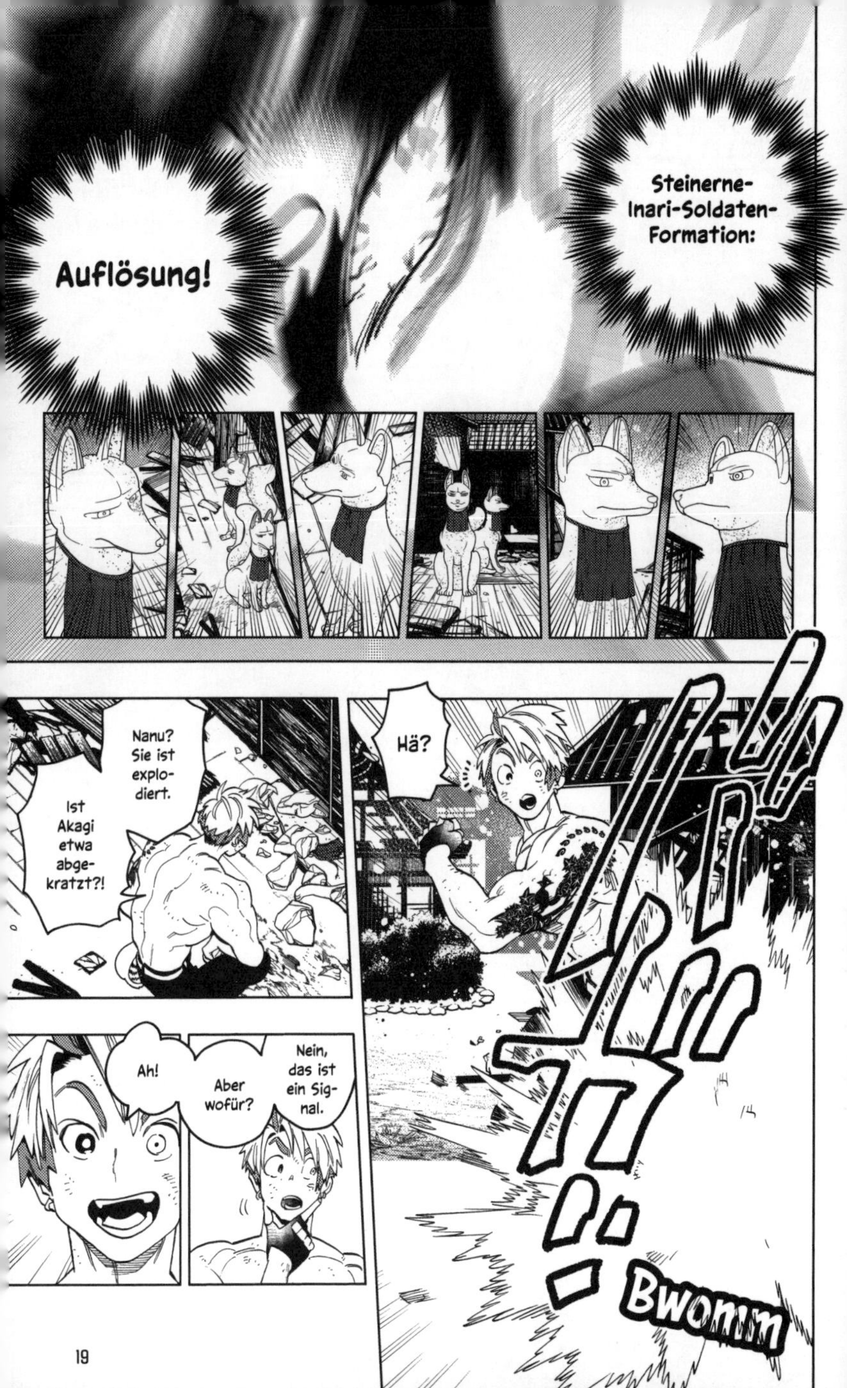
Steinerne-
Inari-Soldaten-
Formation:
Auflösung!
Hä?
Nanu? Sie ist explodiert.
Ist Akagi etwa abgekratzt?!
Bwomm
Nein, das ist ein Signal.
Aber wofür?
Ah!

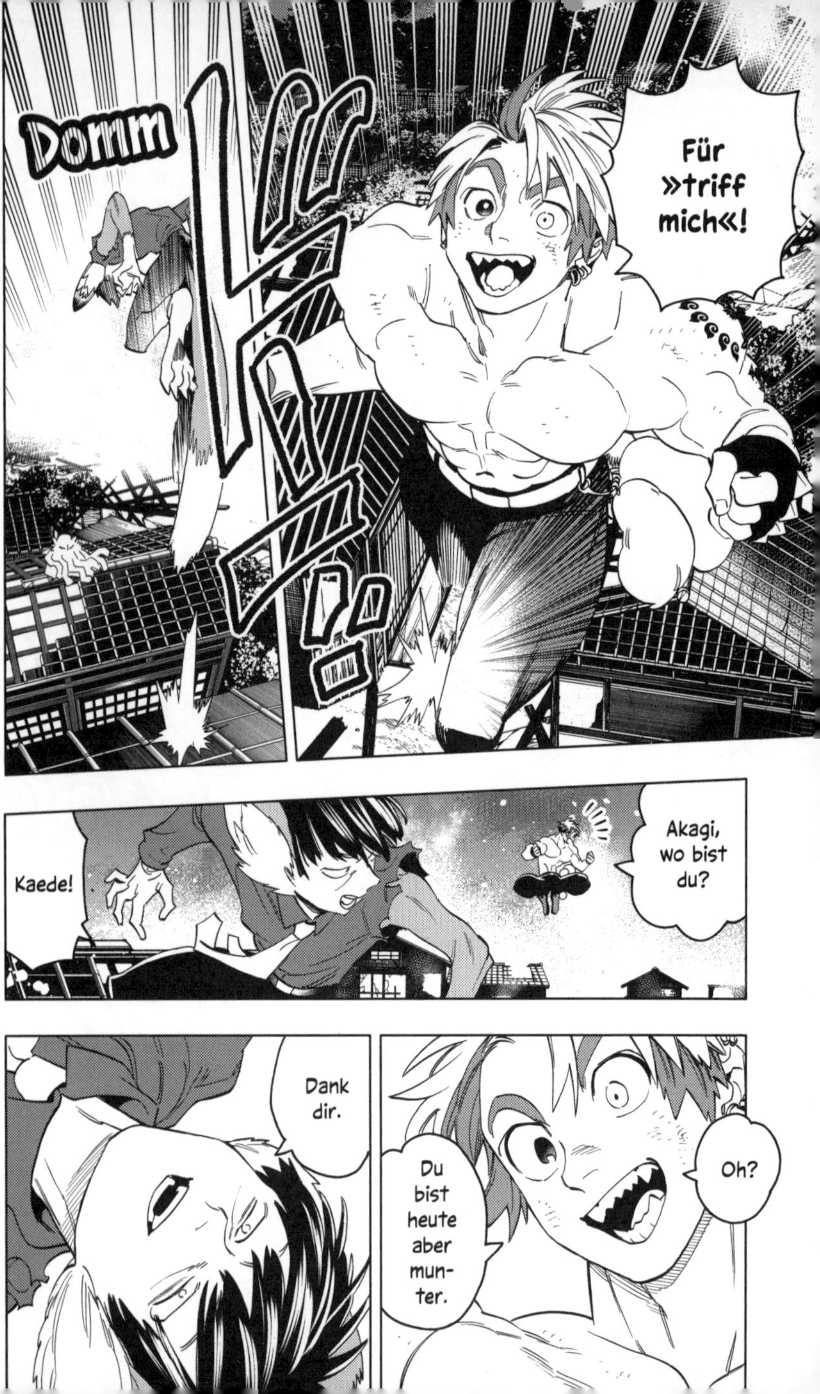

Für »triff mich«!

Domm

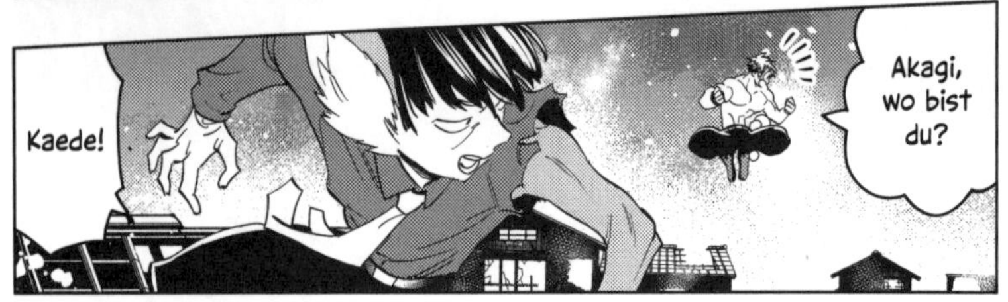

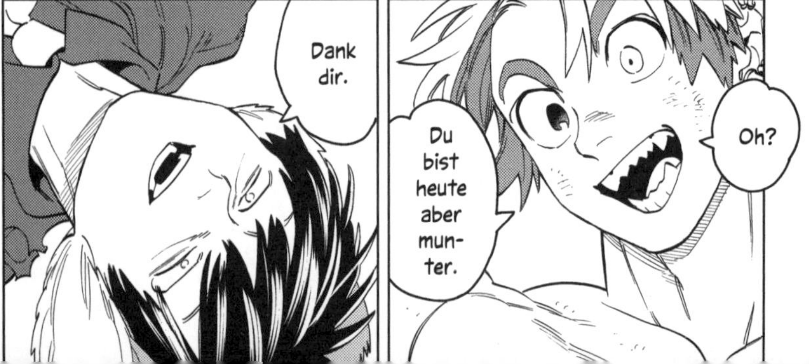

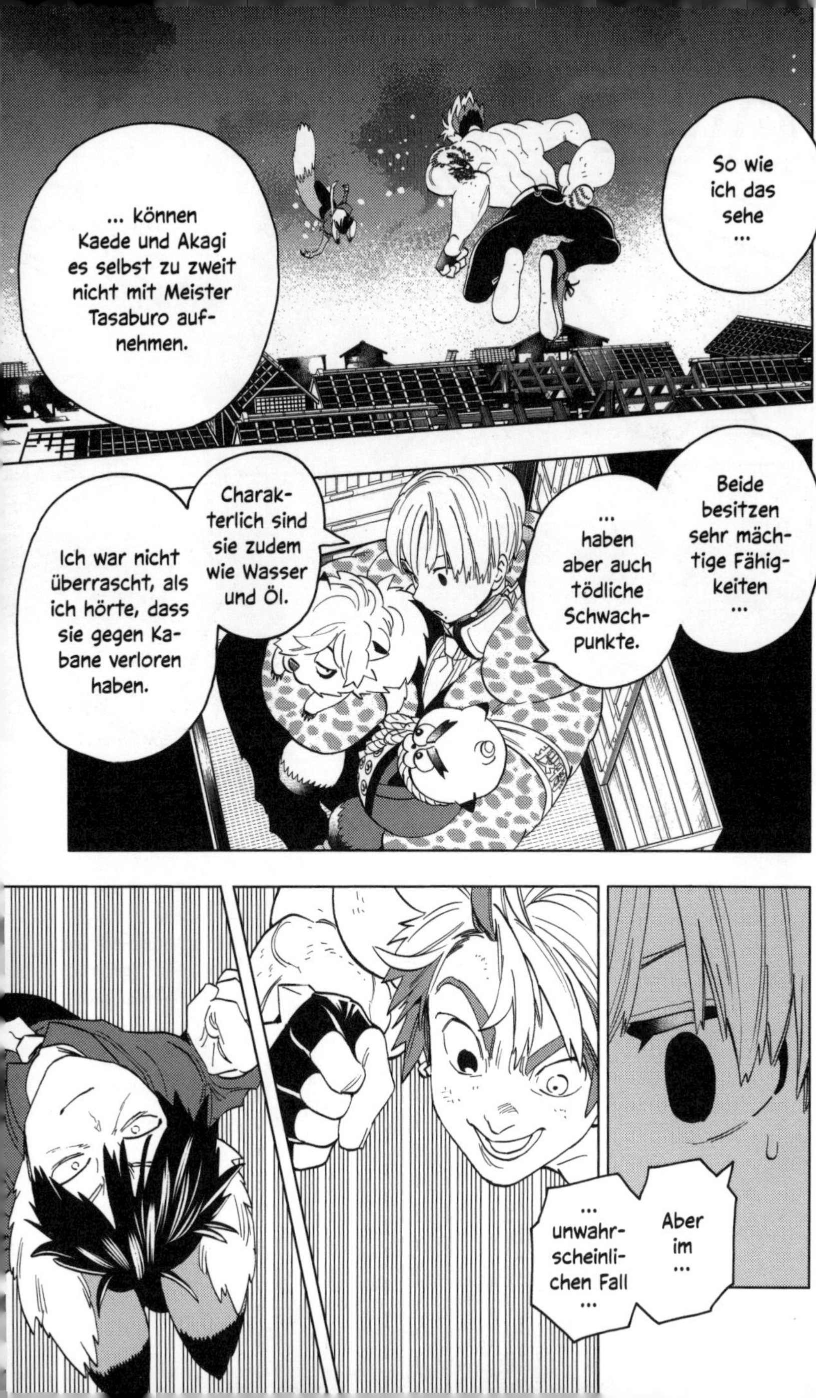

So wie ich das sehe ...

... können Kaede und Akagi es selbst zu zweit nicht mit Meister Tasaburo aufnehmen.

Beide besitzen sehr mächtige Fähigkeiten ...

... haben aber auch tödliche Schwachpunkte.

Charakterlich sind sie zudem wie Wasser und Öl.

Ich war nicht überrascht, als ich hörte, dass sie gegen Kabane verloren haben.

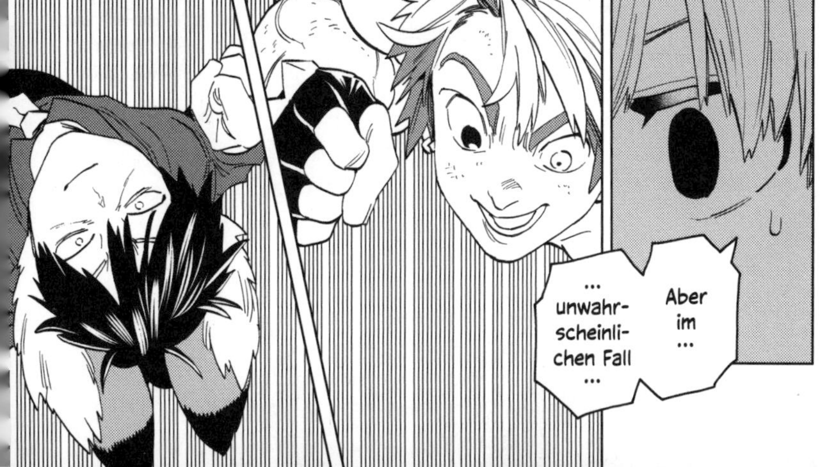

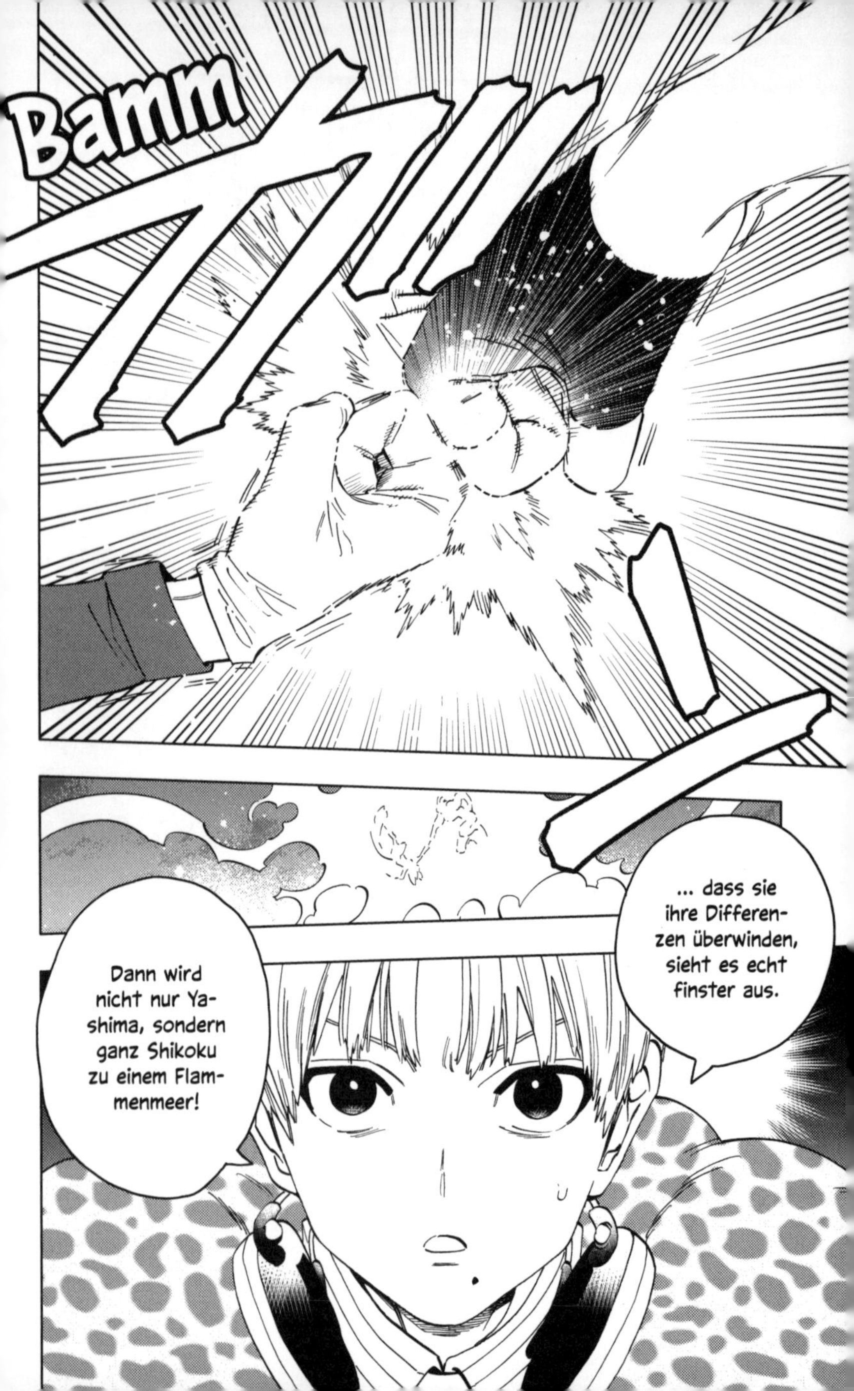
Bamm
... dass sie ihre Differenzen überwinden, sieht es echt finster aus.
Dann wird nicht nur Yashima, sondern ganz Shikoku zu einem Flammenmeer!

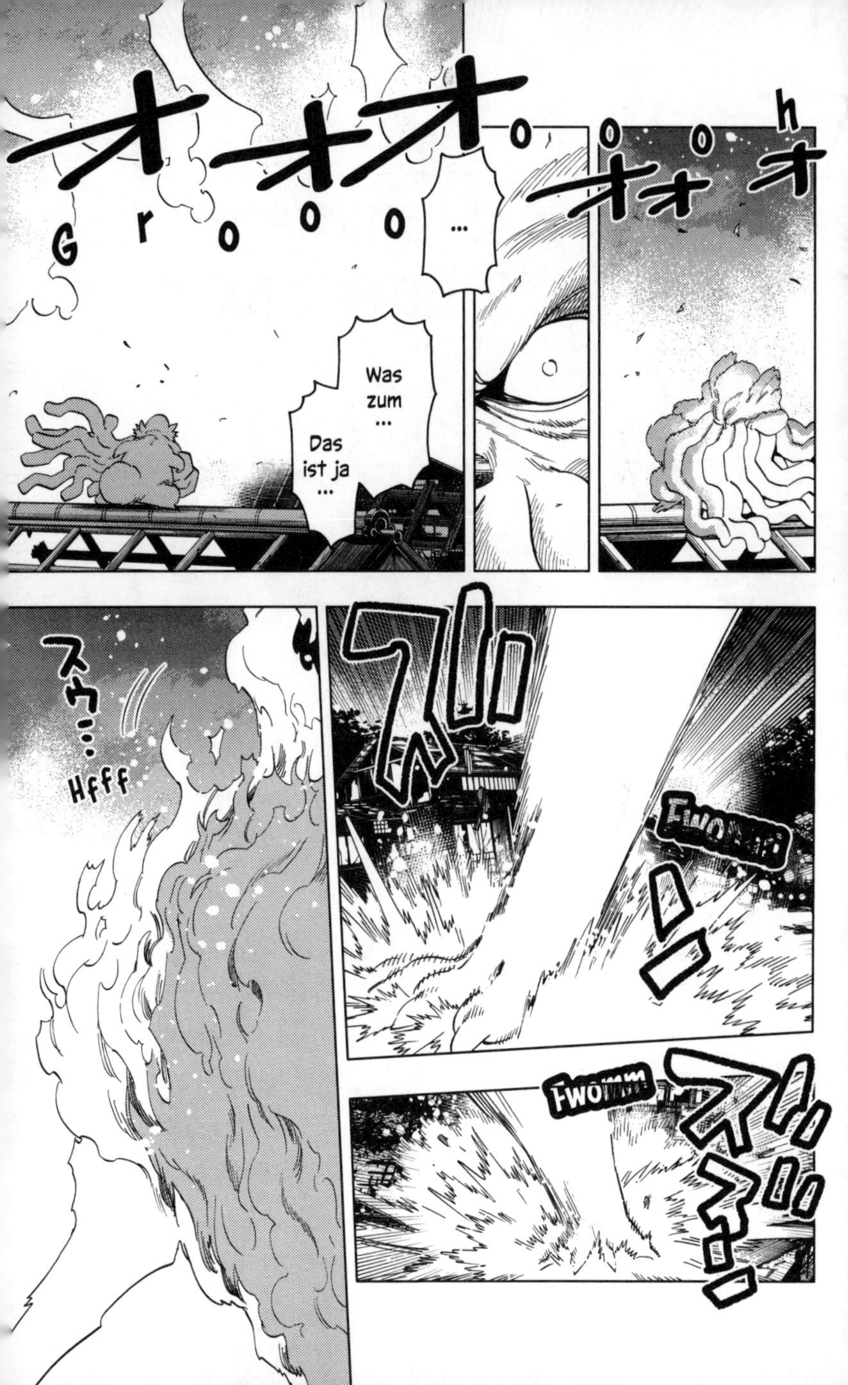

オーオオオーオオオ
Grooooooh
…
Was zum …
Das ist ja …
スゥー…
Hfff
Fwomm

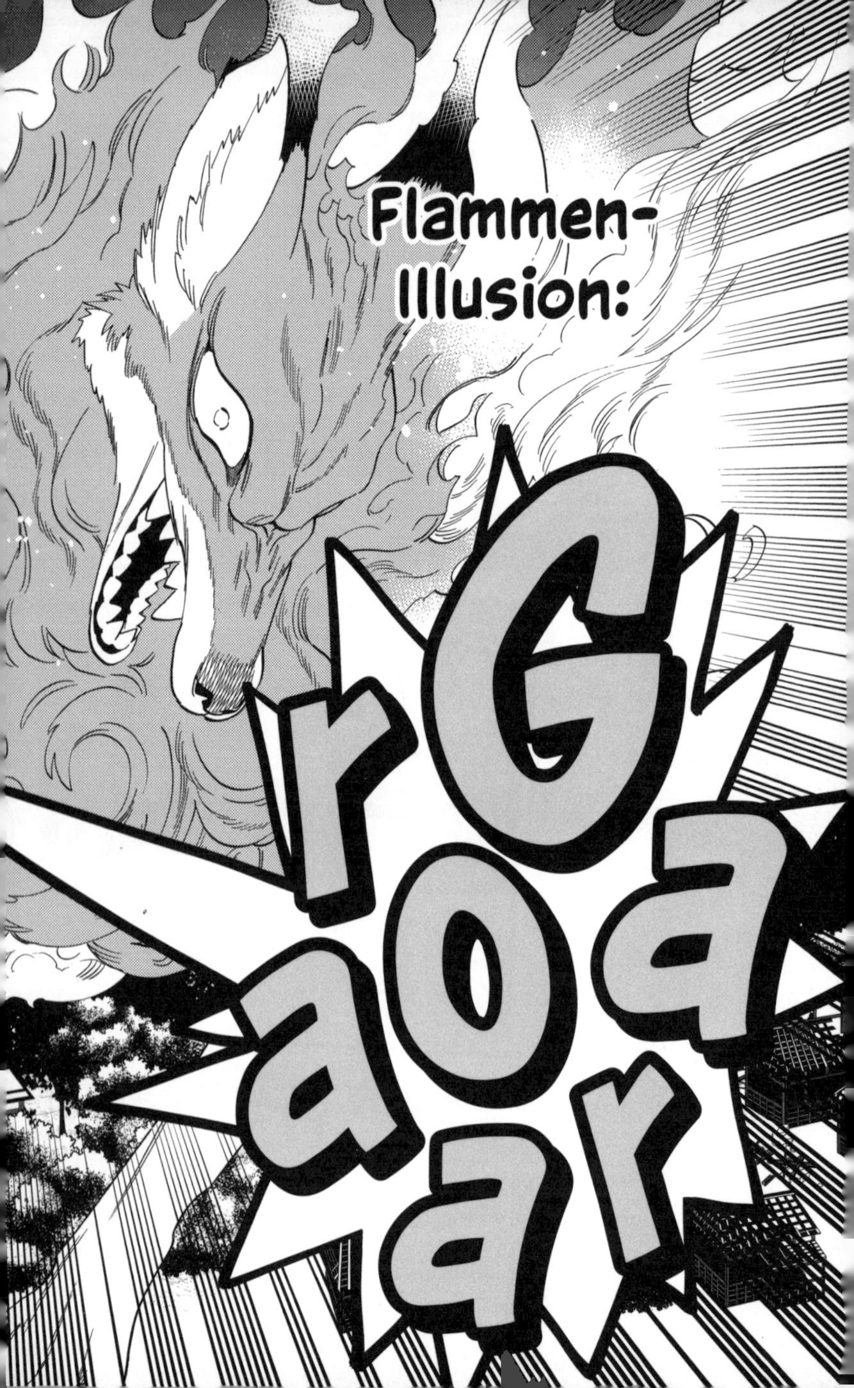
Flammen-Illusion:
Groaaaar

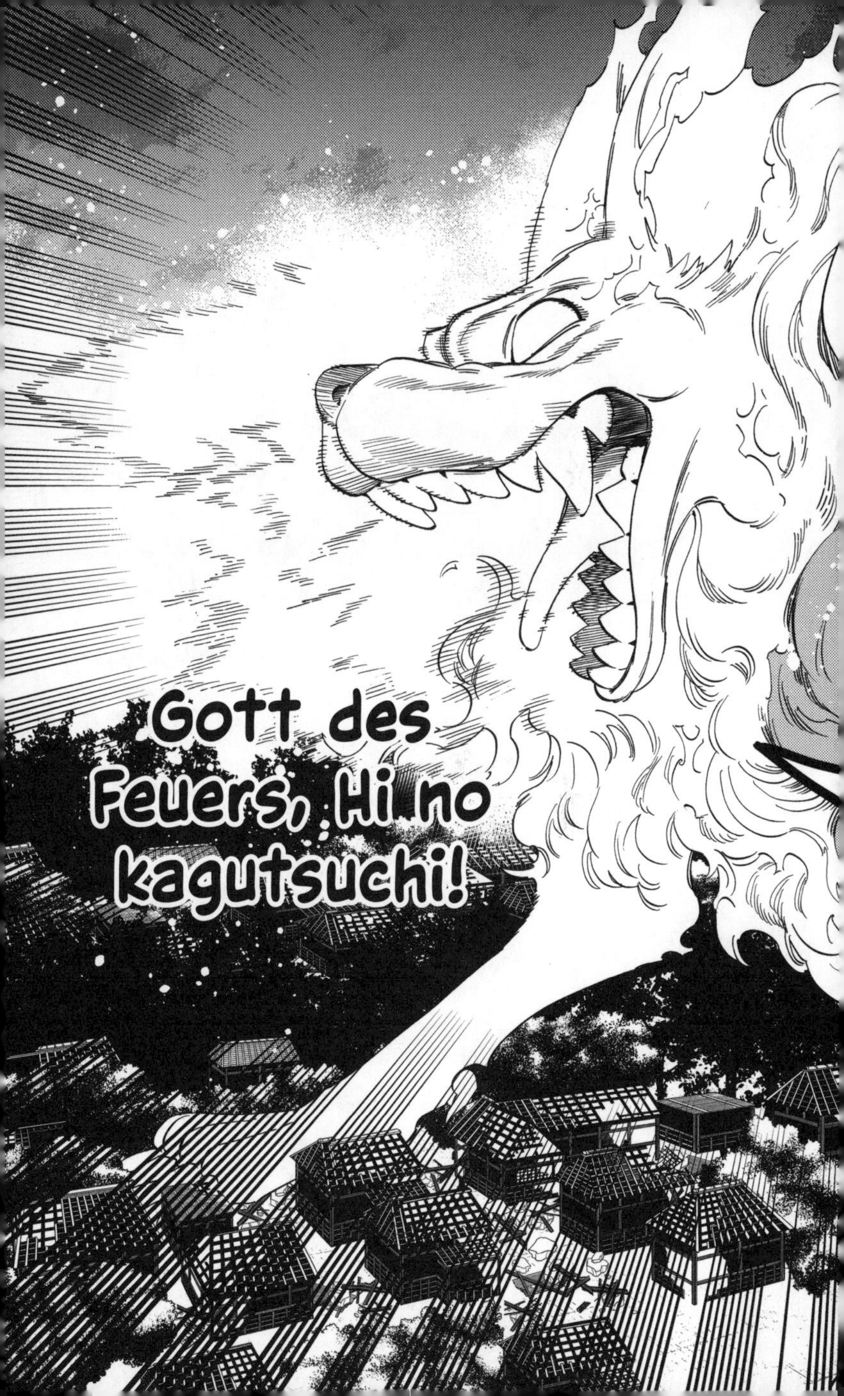
Gott des Feuers, Hi no kagutsuchi!

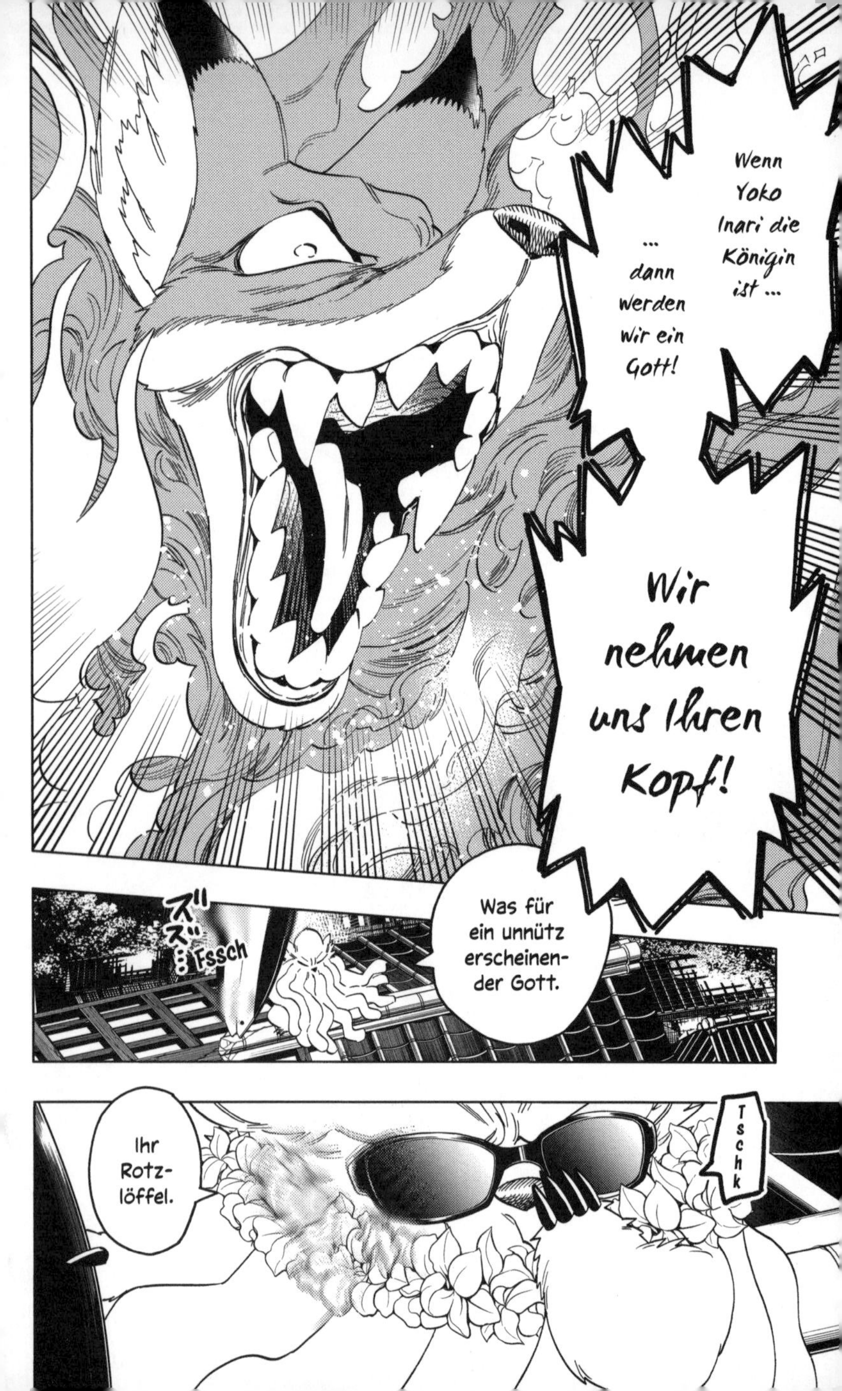
Wenn Yoko Inari die Königin ist ...
... dann werden wir ein Gott!
Wir nehmen uns Ihren Kopf!
ズズ…
Fssch
Was für ein unnütz erscheinender Gott.
Tschk
Ihr Rotzlöffel.

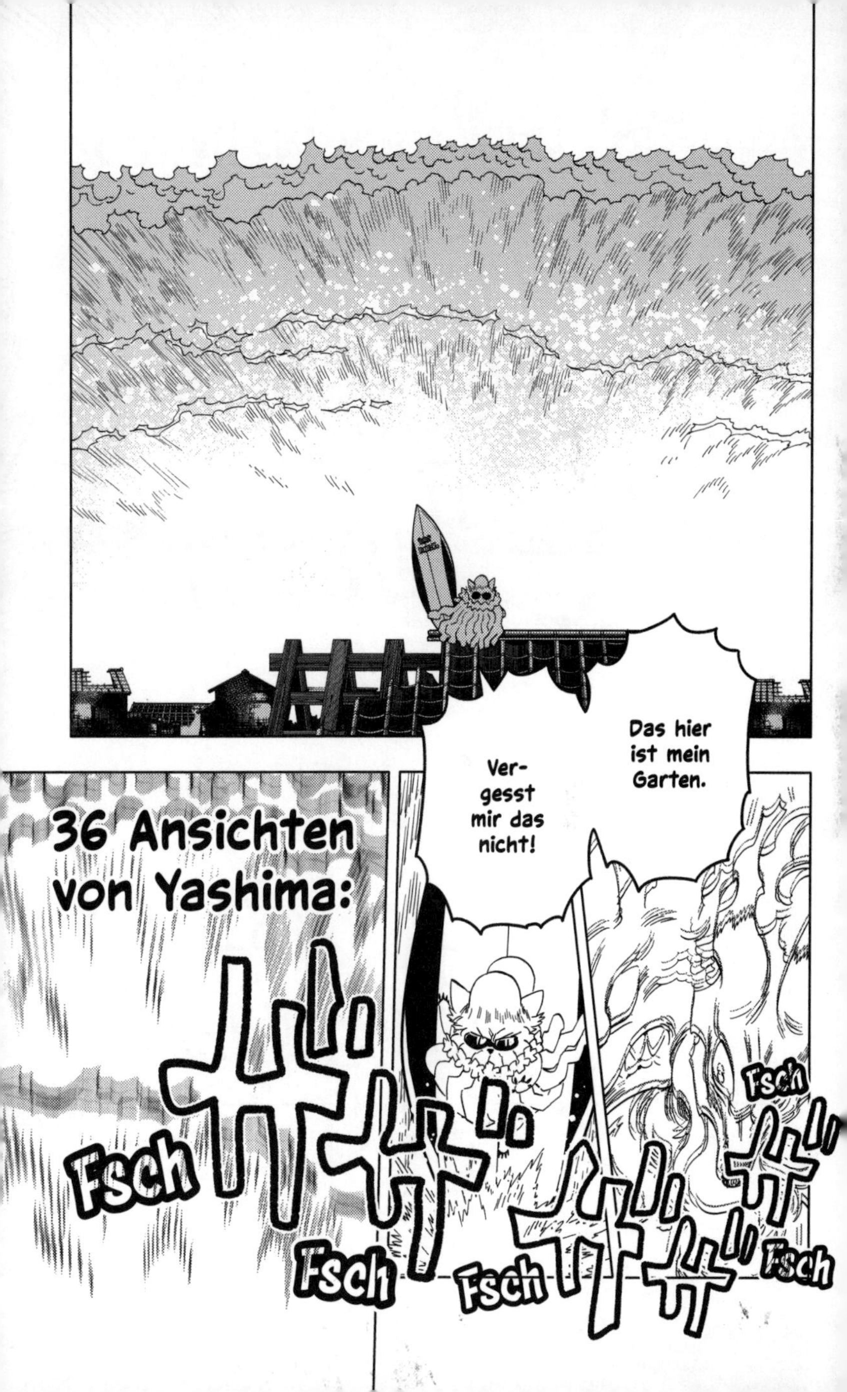
Das hier ist mein Garten.
Vergesst mir das nicht!
36 Ansichten von Yashima:
Fsch
Fsch
Fsch
Fsch
Fsch

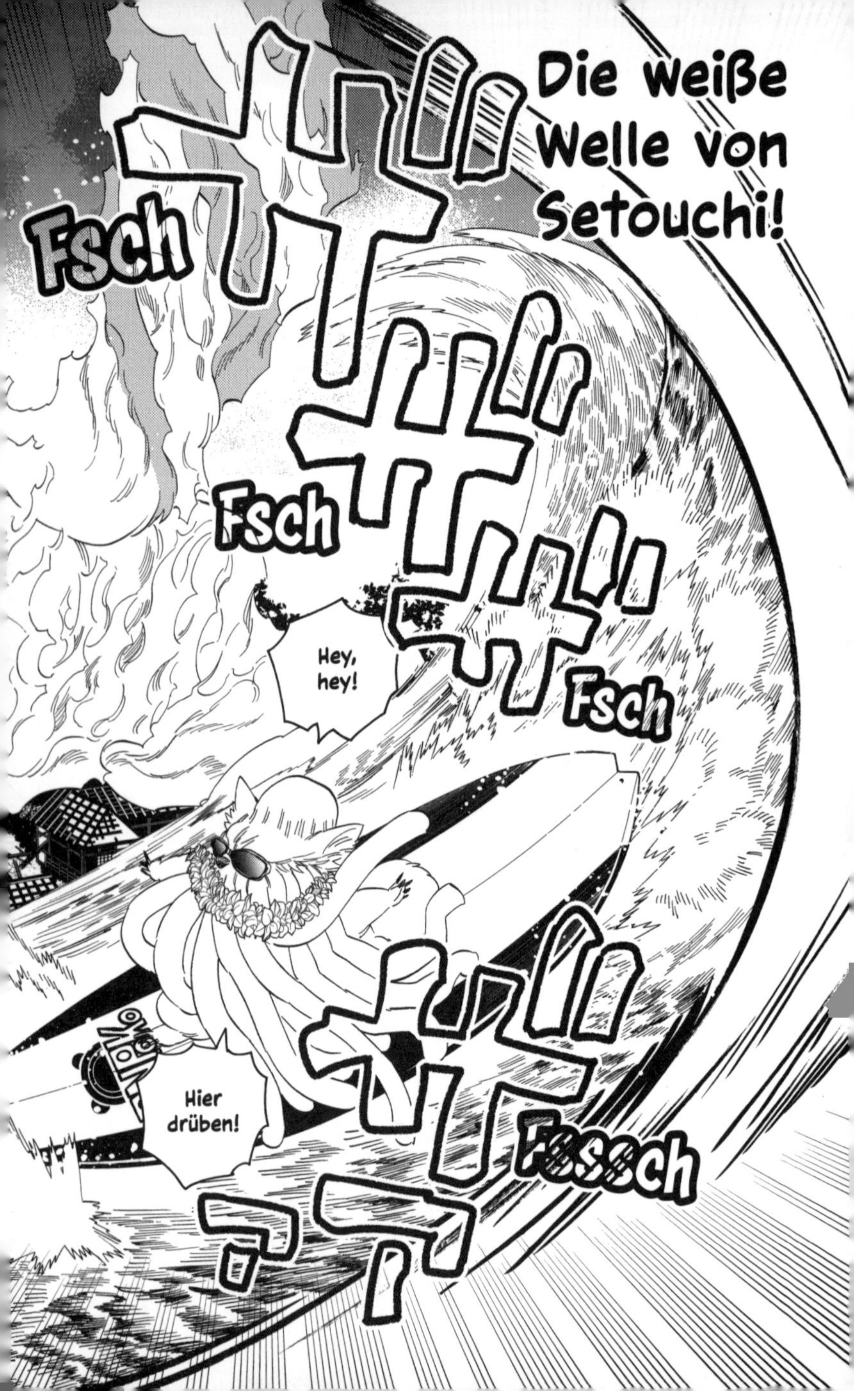
Die weiße Welle von Setouchi!
Fsch
Fsch
Hey, hey!
Fsch
Hier drüben!
Fsssch

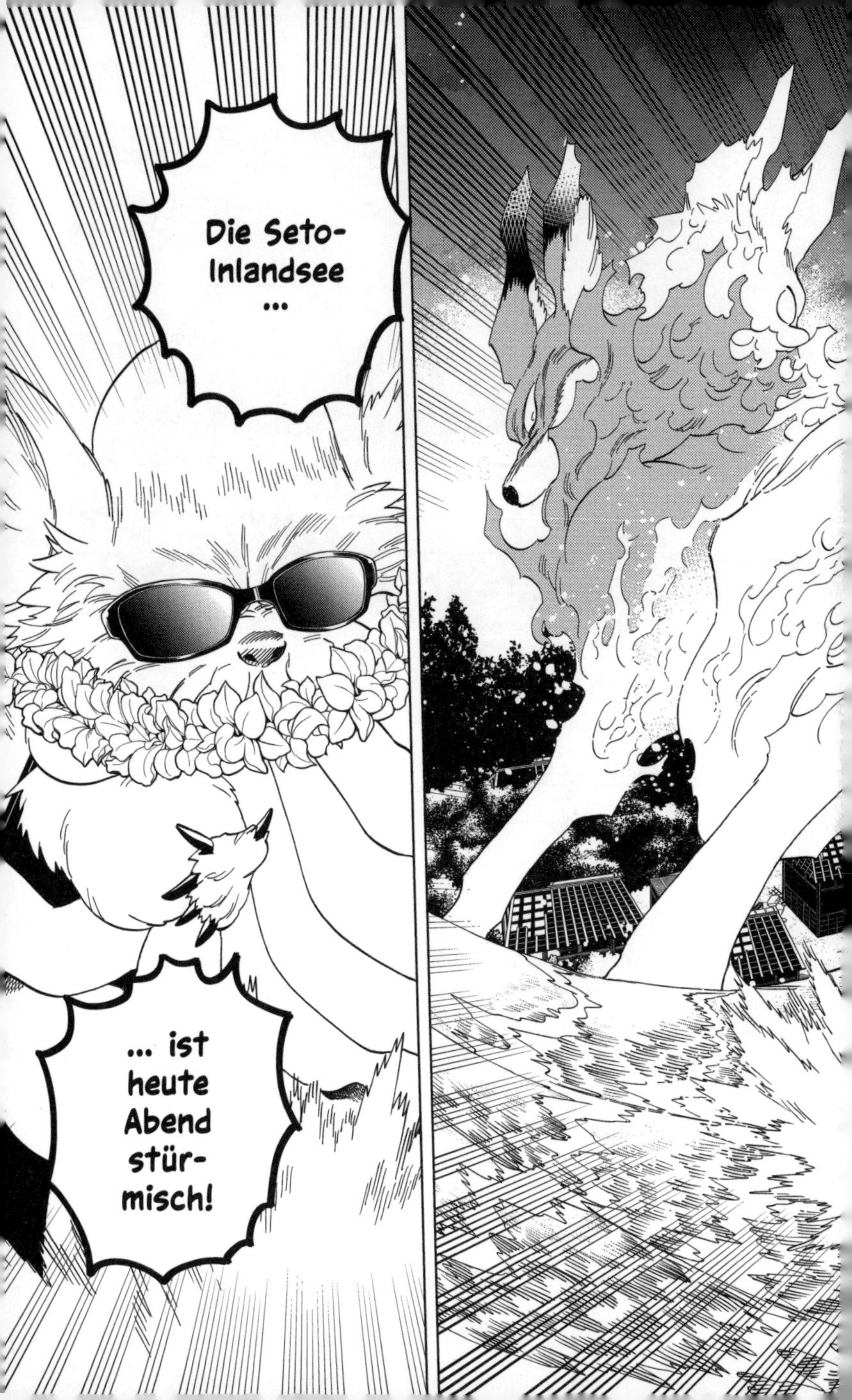
Die Seto-Inlandsee ...
... ist heute Abend stürmisch!

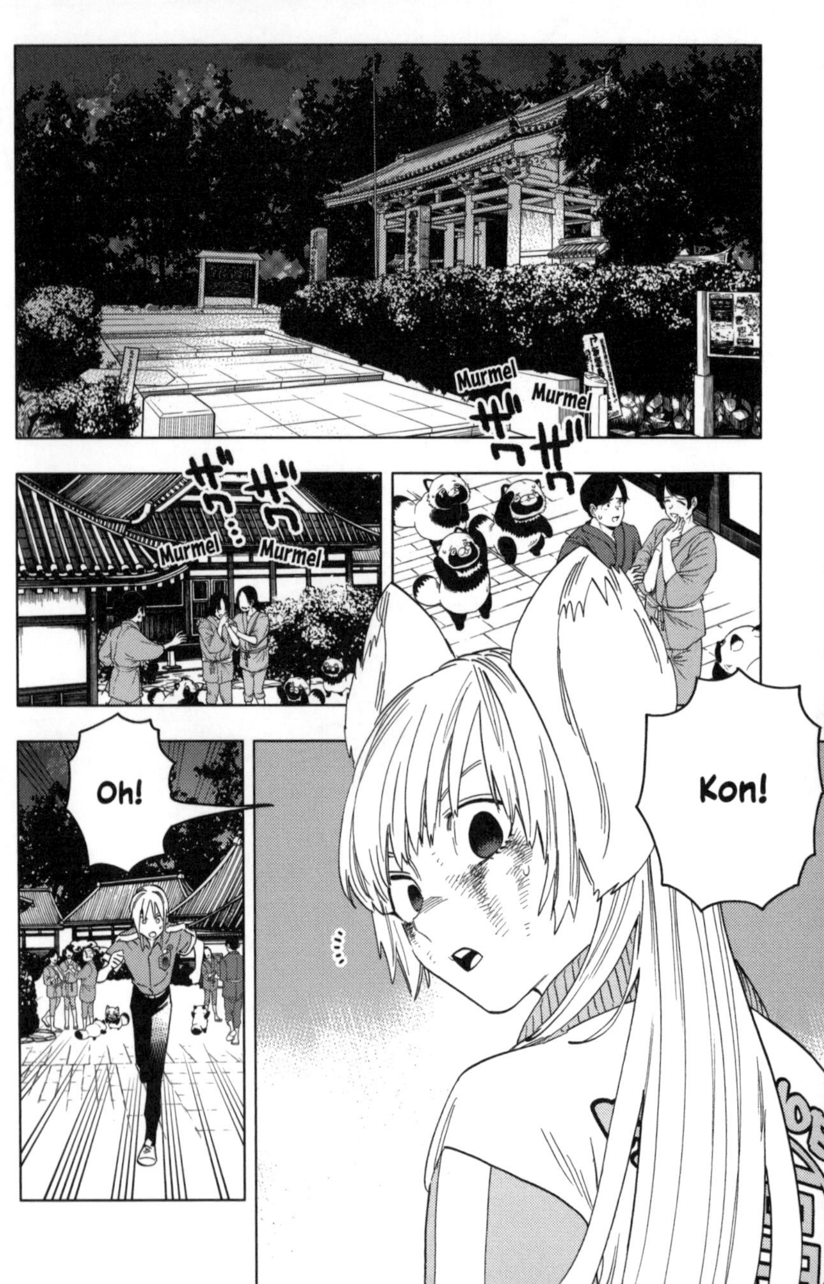

Murmel
ザワ
Murmel
ザワ
ザワ
ザワ…
Murmel
Murmel
Kon!
.....
Oh!

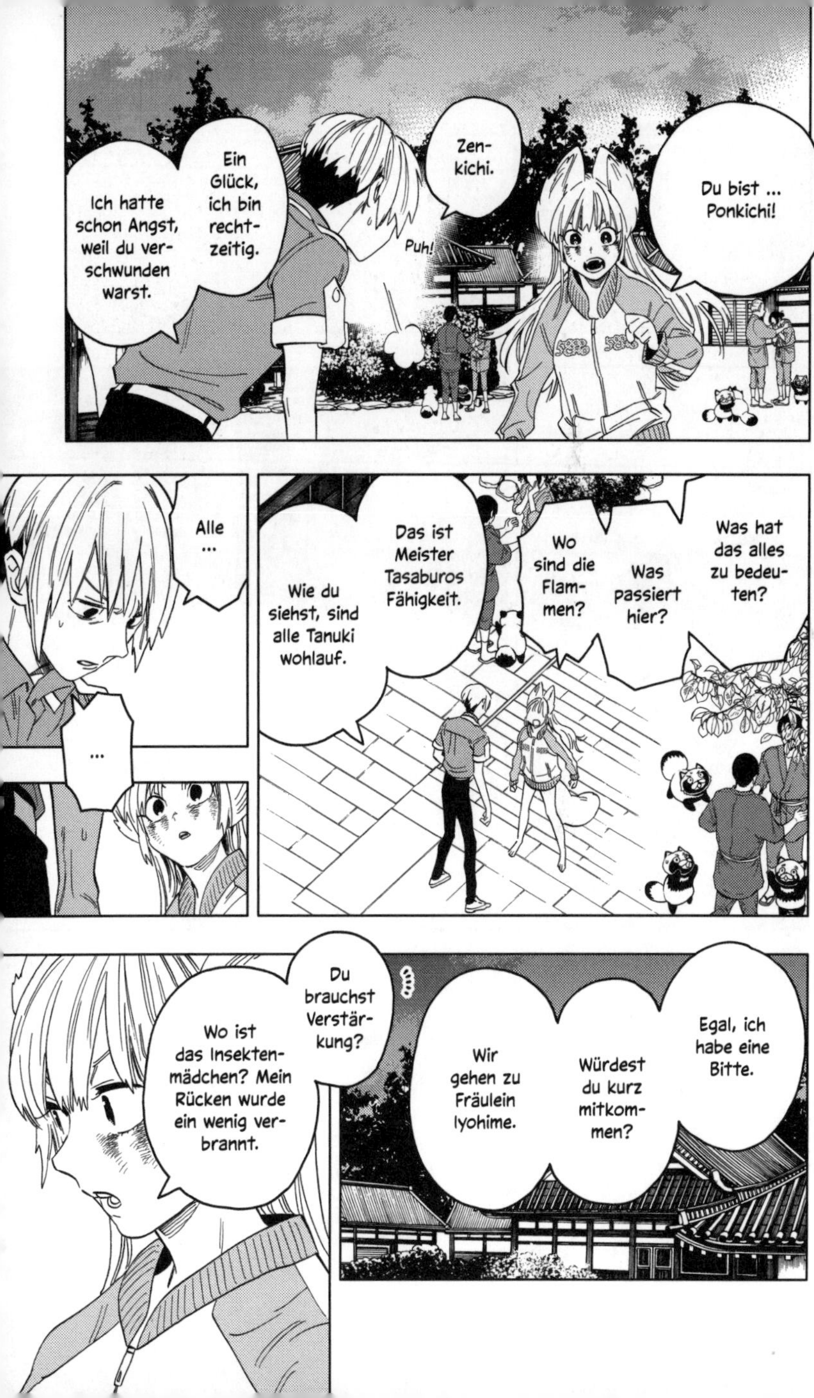

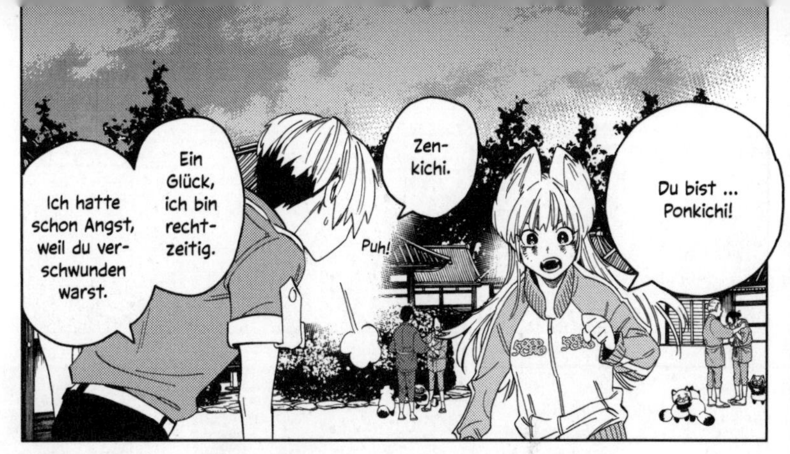

Was hat das alles zu bedeuten?
Was passiert hier?
Wo sind die Flammen?
Das ist Meister Tasaburos Fähigkeit.
Wie du siehst, sind alle Tanuki wohlauf.
Alle ...
...

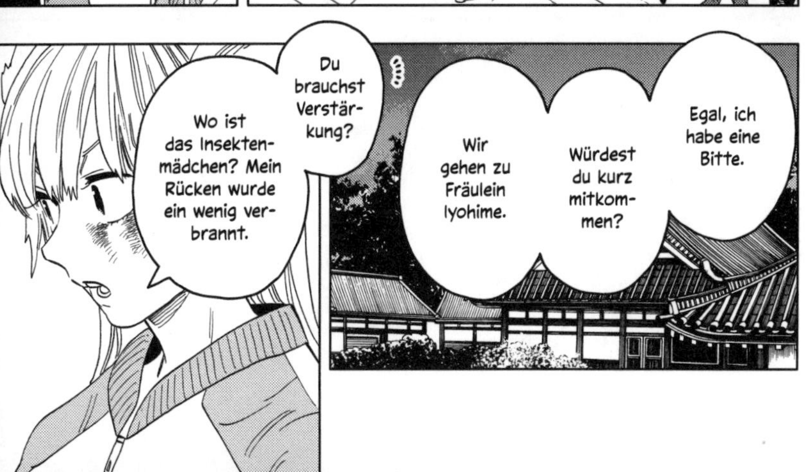

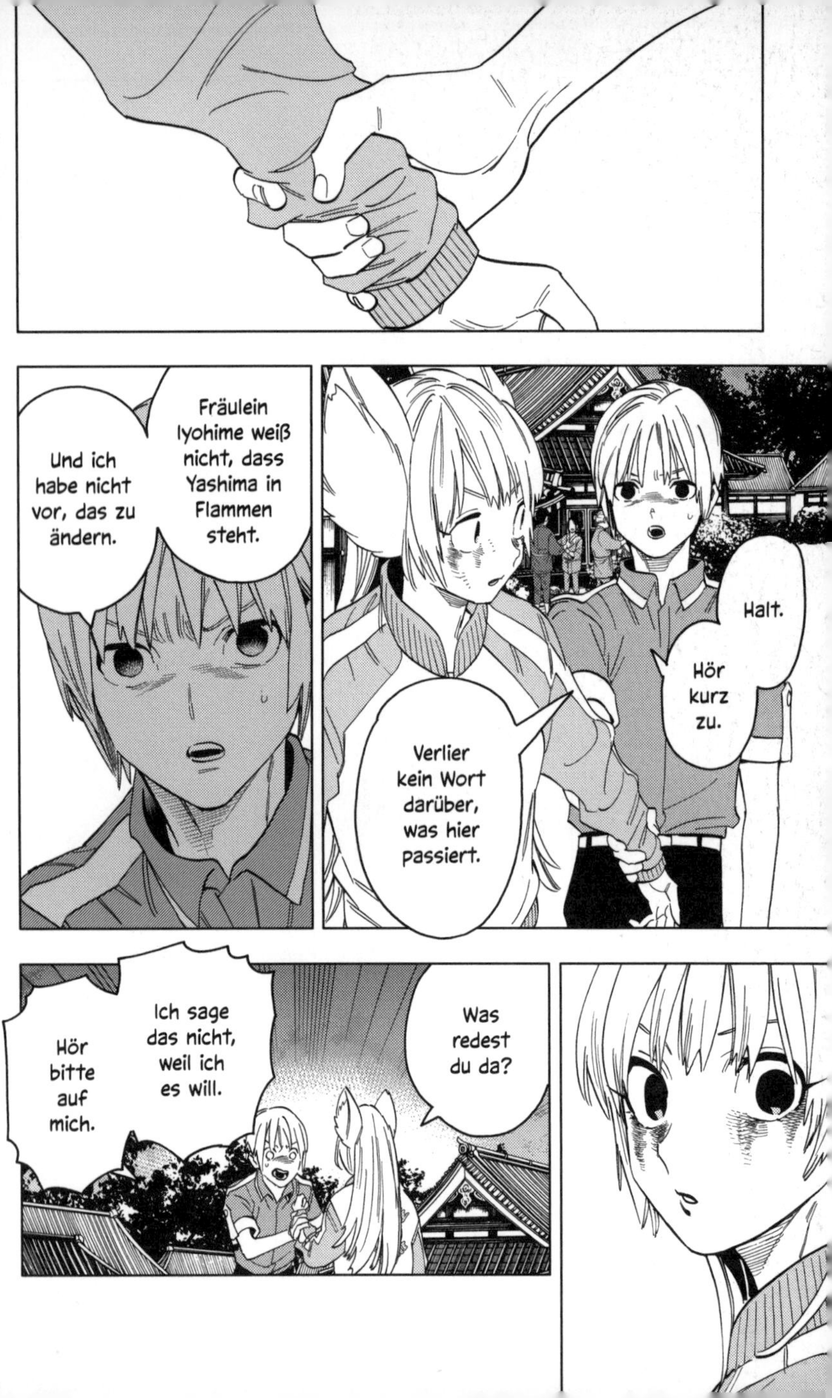

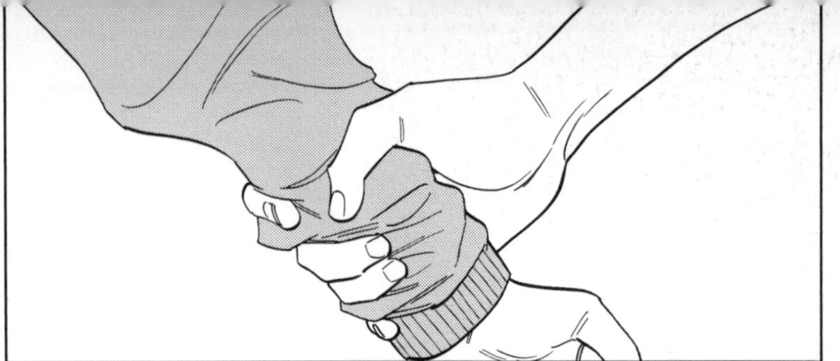

Halt.

Hör kurz zu.

Verlier kein Wort darüber, was hier passiert.

Fräulein Iyohime weiß nicht, dass Yashima in Flammen steht.

Und ich habe nicht vor, das zu ändern.

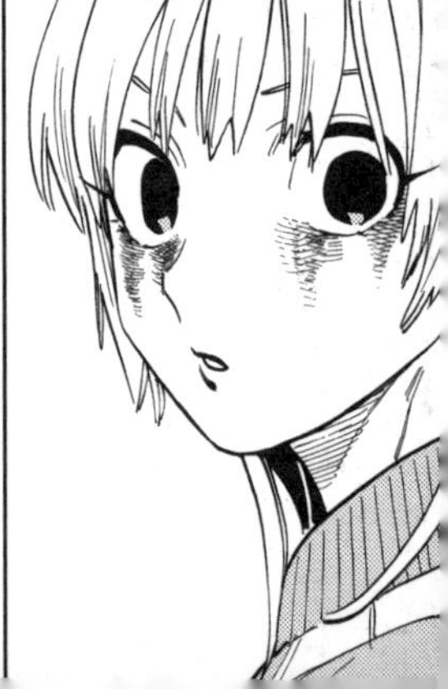

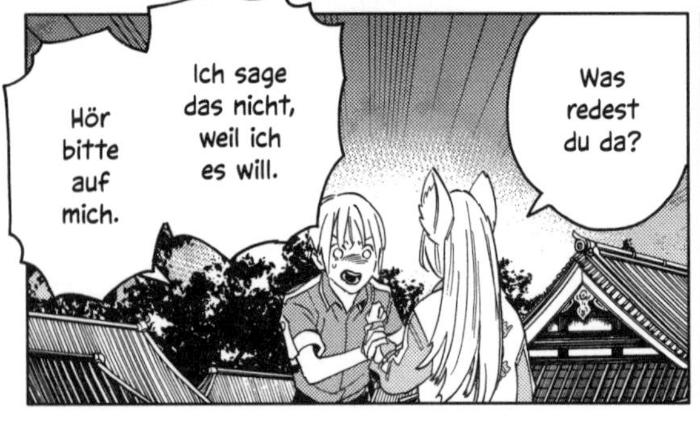

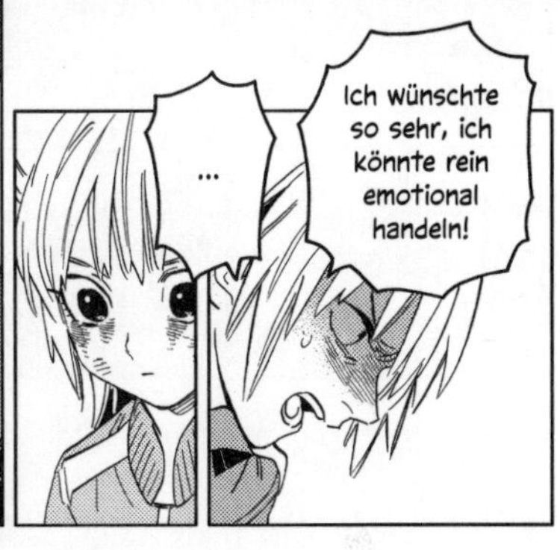
Ich wünschte so sehr, ich könnte rein emotional handeln!
...

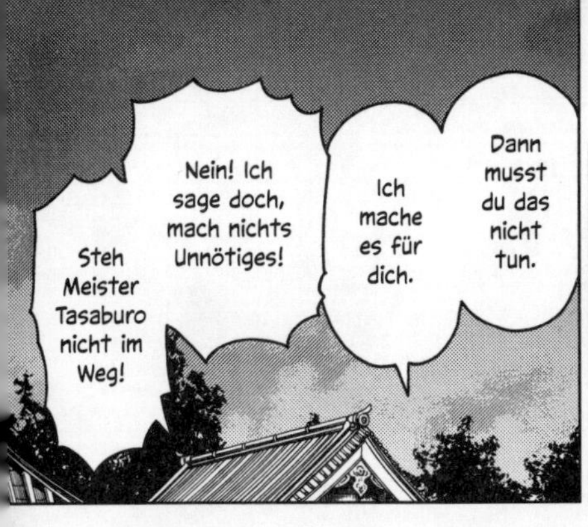
Dann musst du das nicht tun.
Ich mache es für dich.
Nein! Ich sage doch, mach nichts Unnötiges!
Steh Meister Tasaburo nicht im Weg!

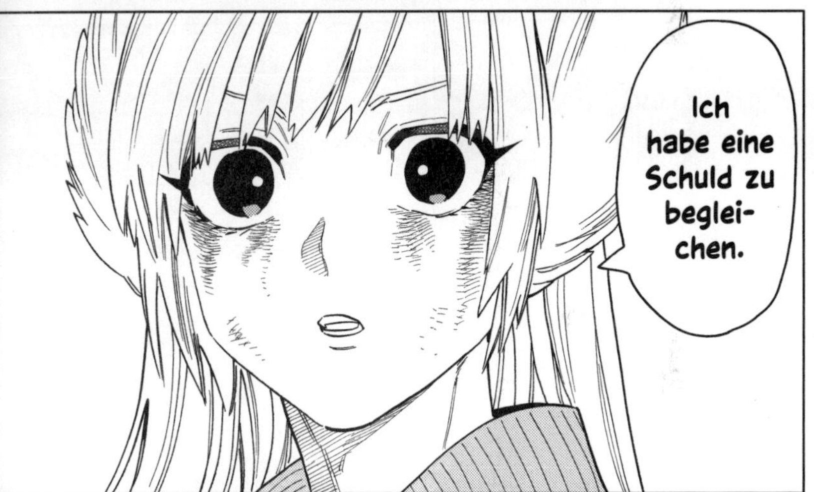
Ich habe eine Schuld zu beglei-chen.

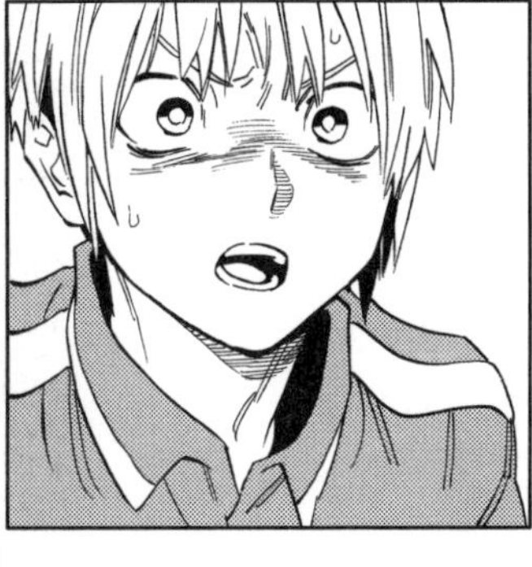

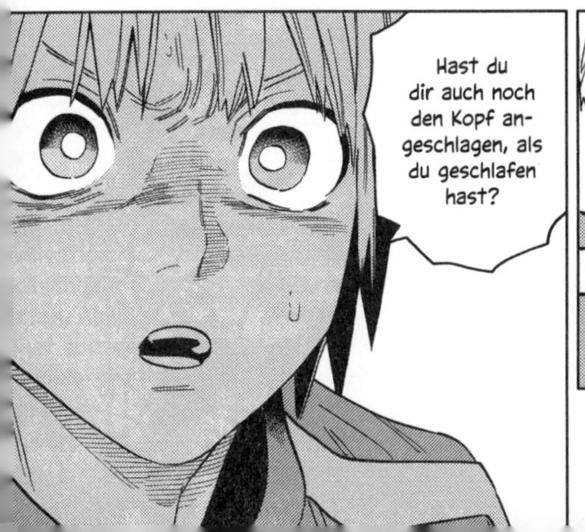
Hast du dir auch noch den Kopf an-geschlagen, als du geschlafen hast?

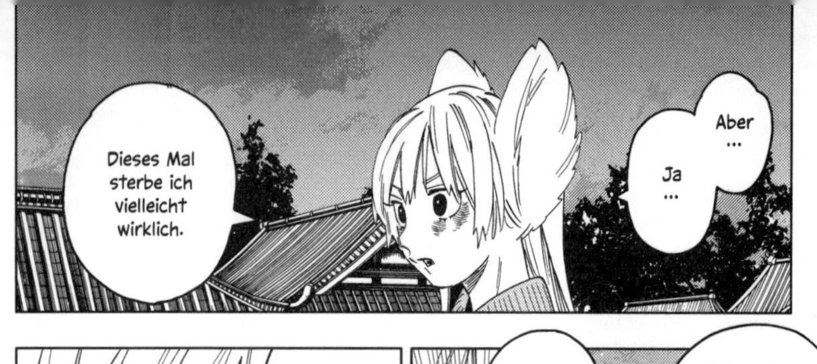

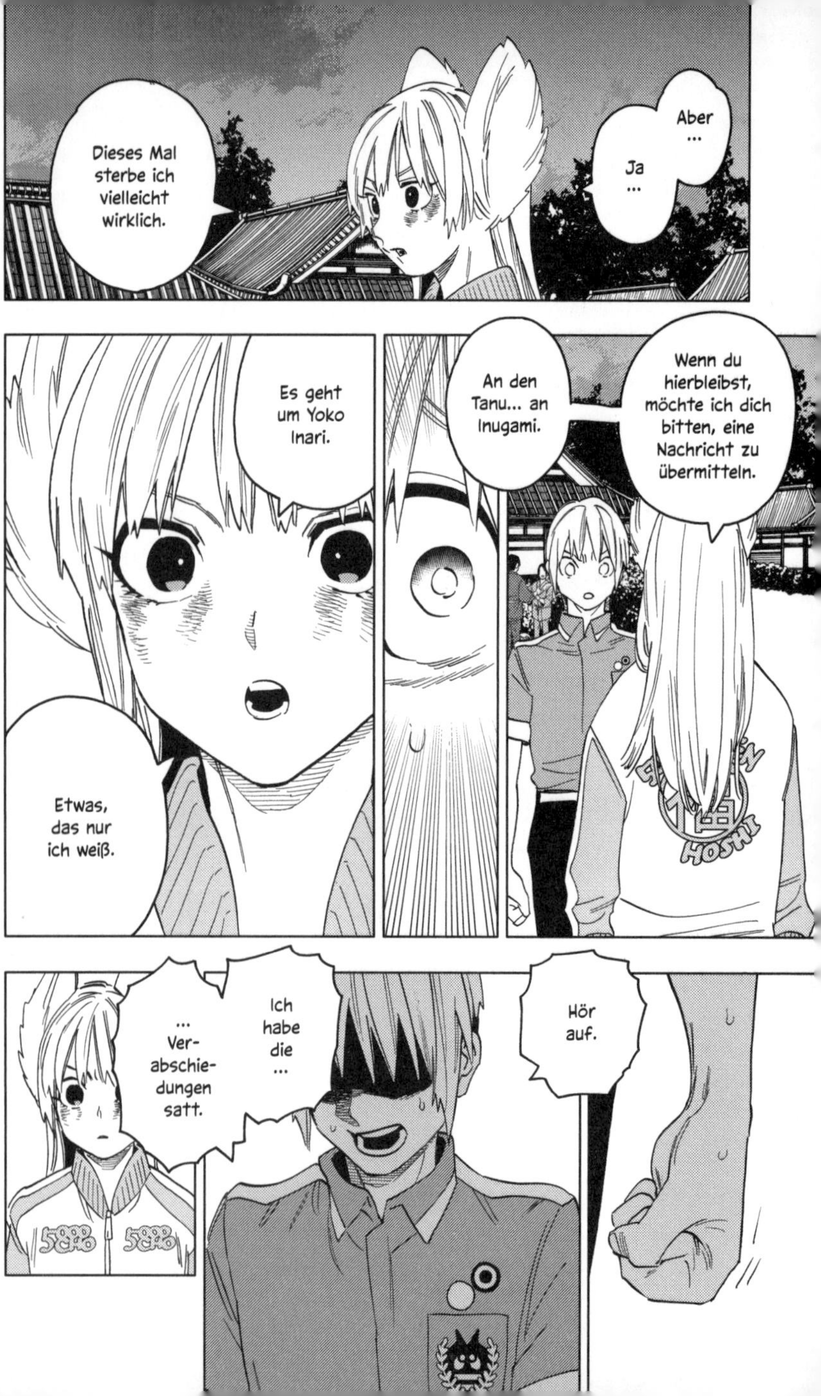

Wenn du hierbleibst, möchte ich dich bitten, eine Nachricht zu übermitteln.

An den Tanu... an Inugami.

Es geht um Yoko Inari.

Etwas, das nur ich weiß.

Hör auf.

Ich habe die ...

... Verabschiedungen satt.

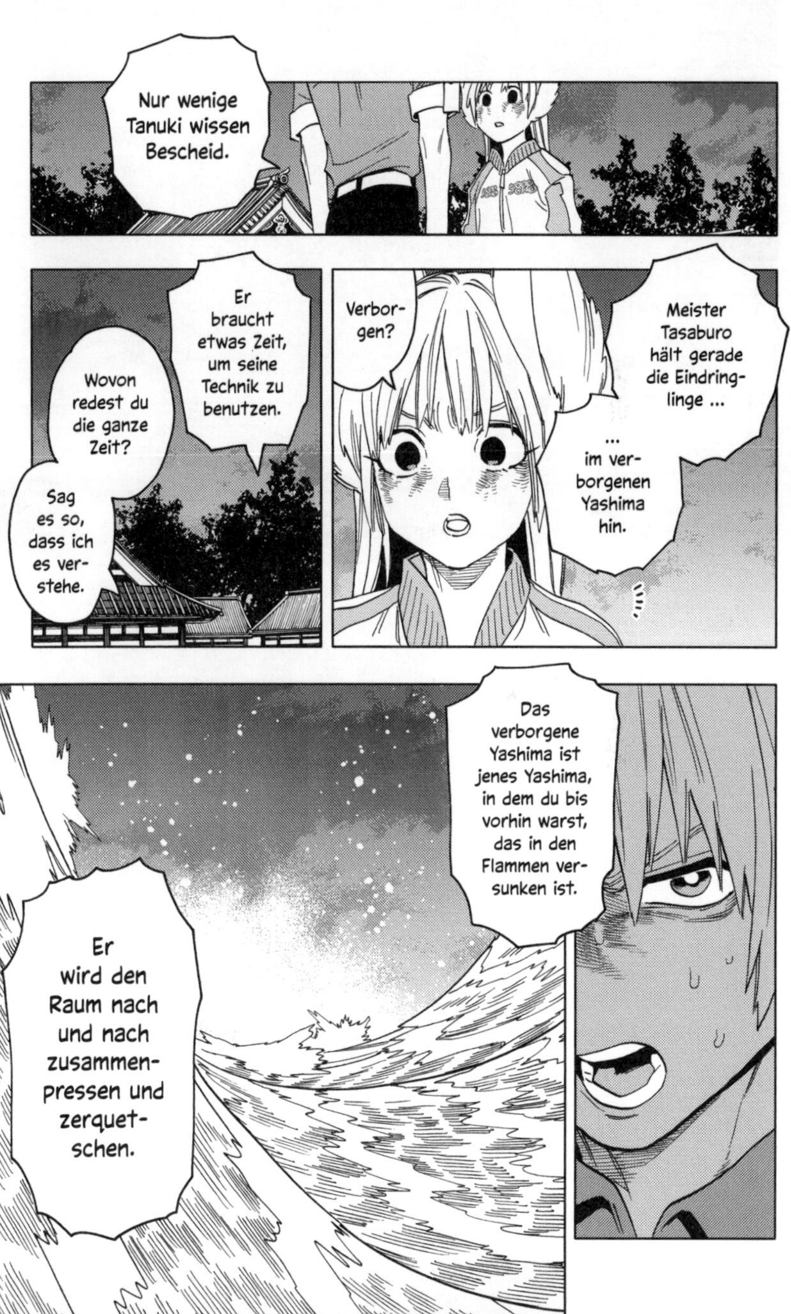

Nur wenige Tanuki wissen Bescheid.
Meister Tasaburo hält gerade die Eindring-linge ...
... im ver-borgenen Yashima hin.
Verbor-gen?
Er braucht etwas Zeit, um seine Technik zu benutzen.
Wovon redest du die ganze Zeit?
Sag es so, dass ich es ver-stehe.
Das verborgene Yashima ist jenes Yashima, in dem du bis vorhin warst, das in den Flammen ver-sunken ist.
Er wird den Raum nach und nach zusammen-pressen und zerquet-schen.

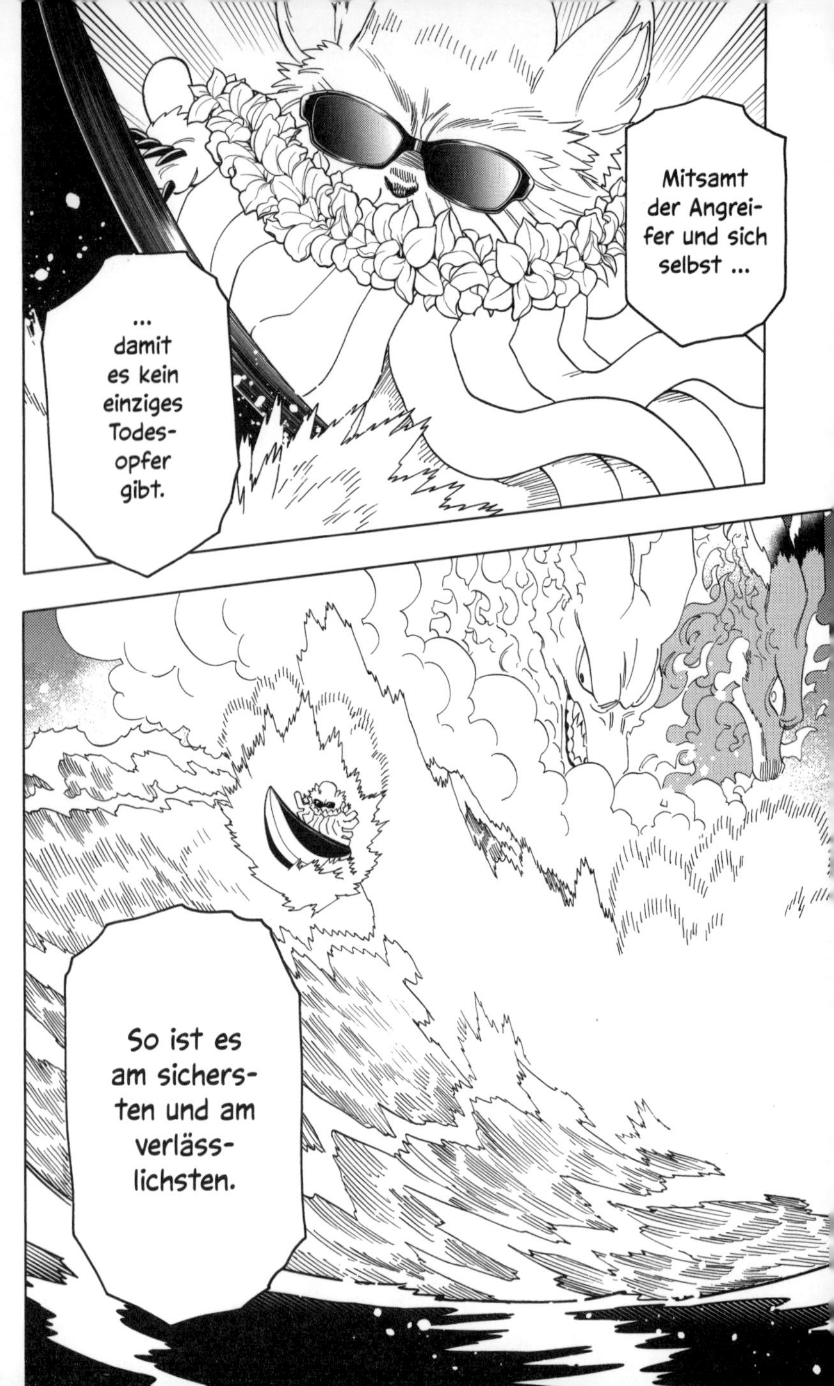
Mitsamt der Angreifer und sich selbst ...
... damit es kein einziges Todesopfer gibt.
So ist es am sichersten und am verlässlichsten.

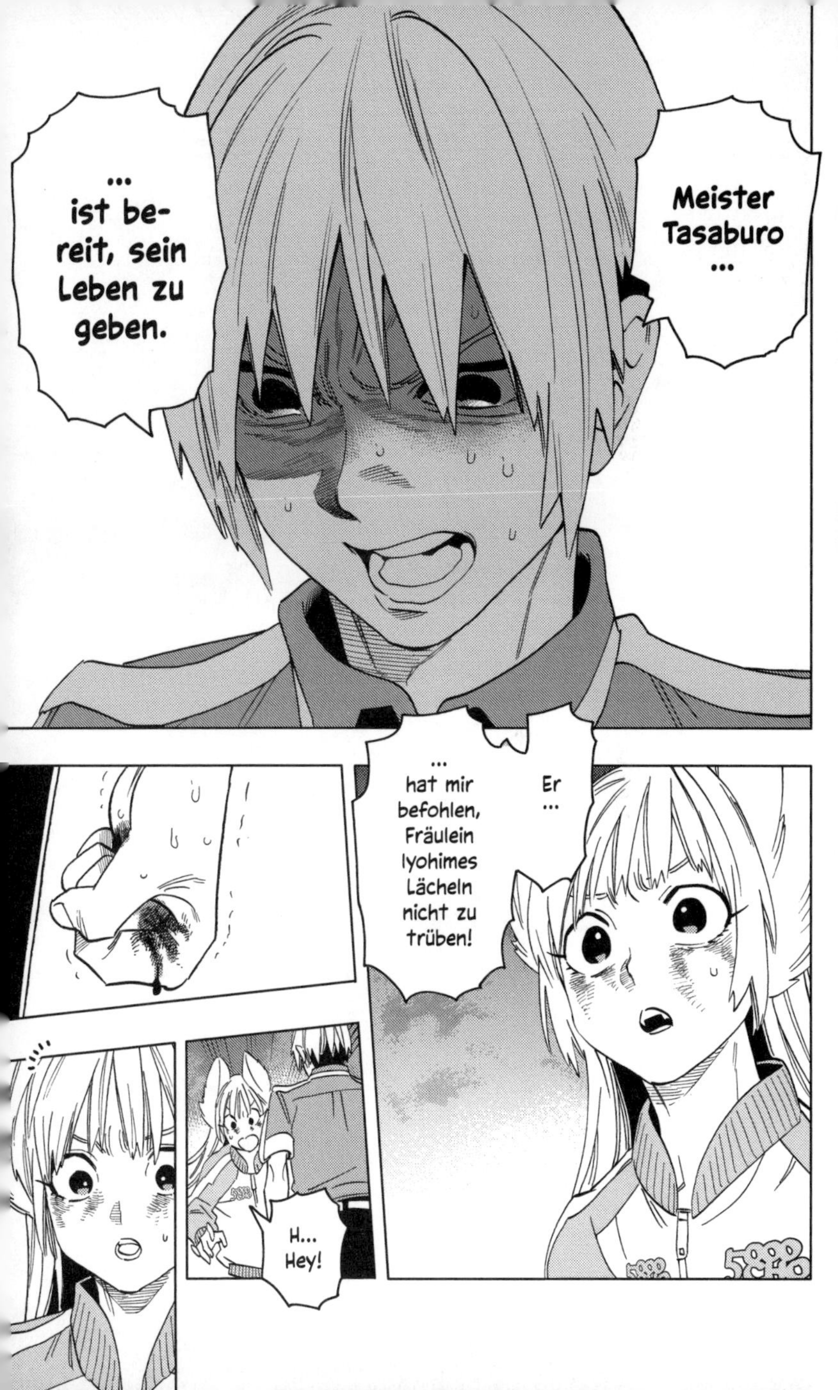
Meister Tasaburo ...
... ist bereit, sein Leben zu geben.
Er ...
... hat mir befohlen, Fräulein Iyohimes Lächeln nicht zu trüben!
H... Hey!

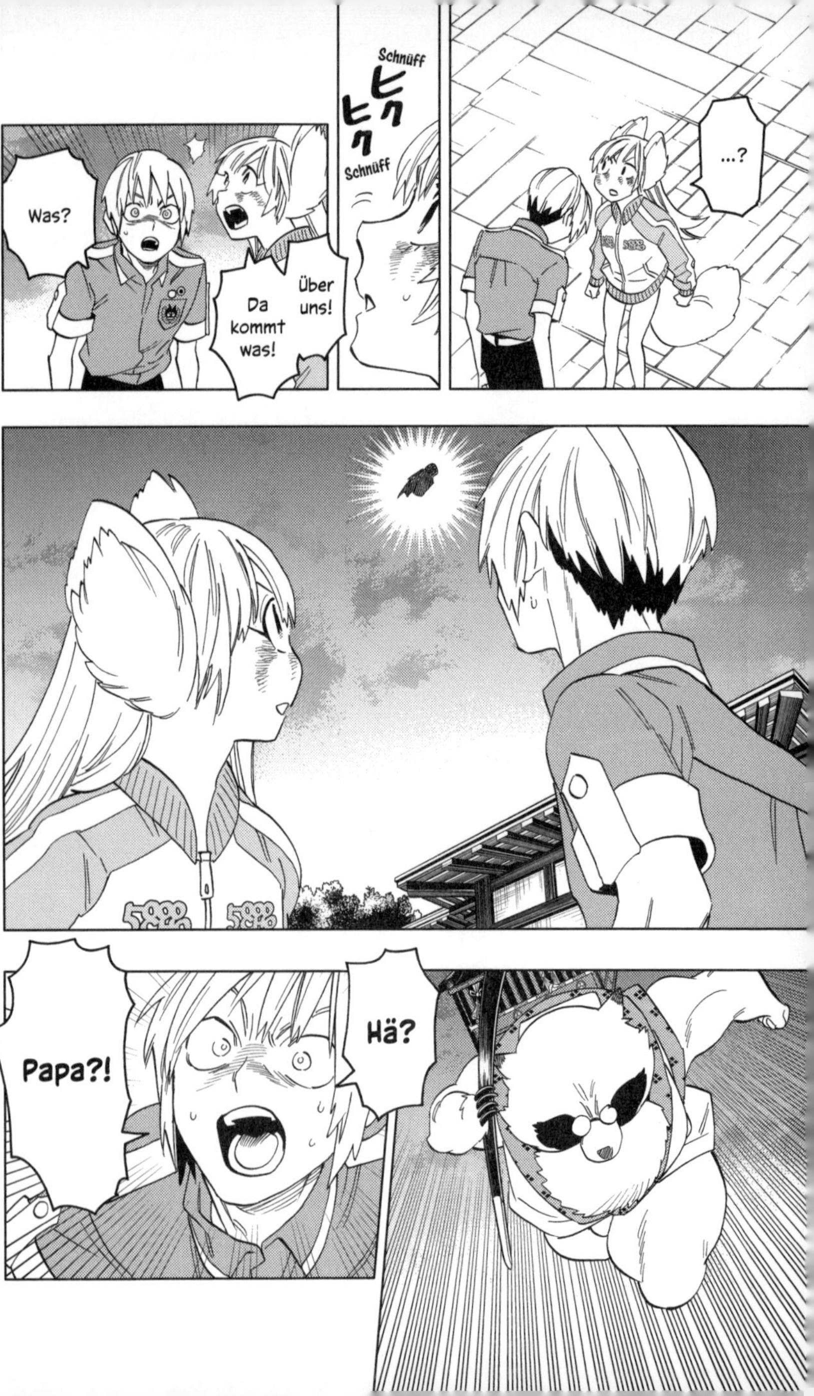

...?

Schnüff

ヒク

ヒク

Schnüff

Über uns! Da kommt was!

Was?

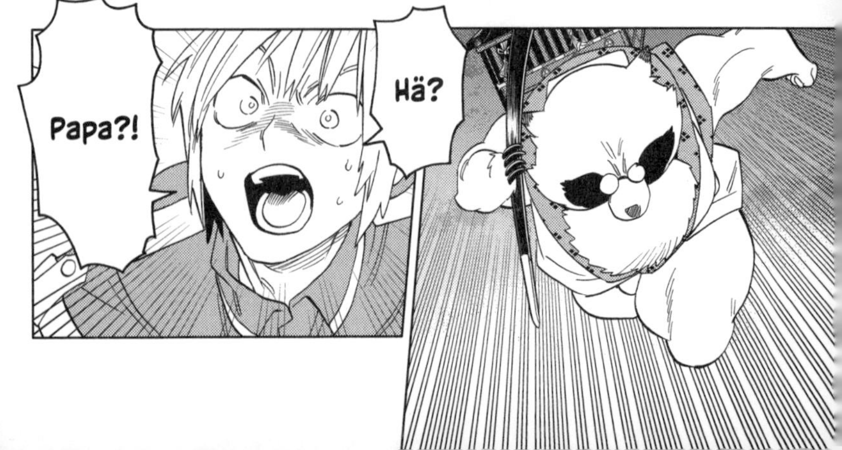

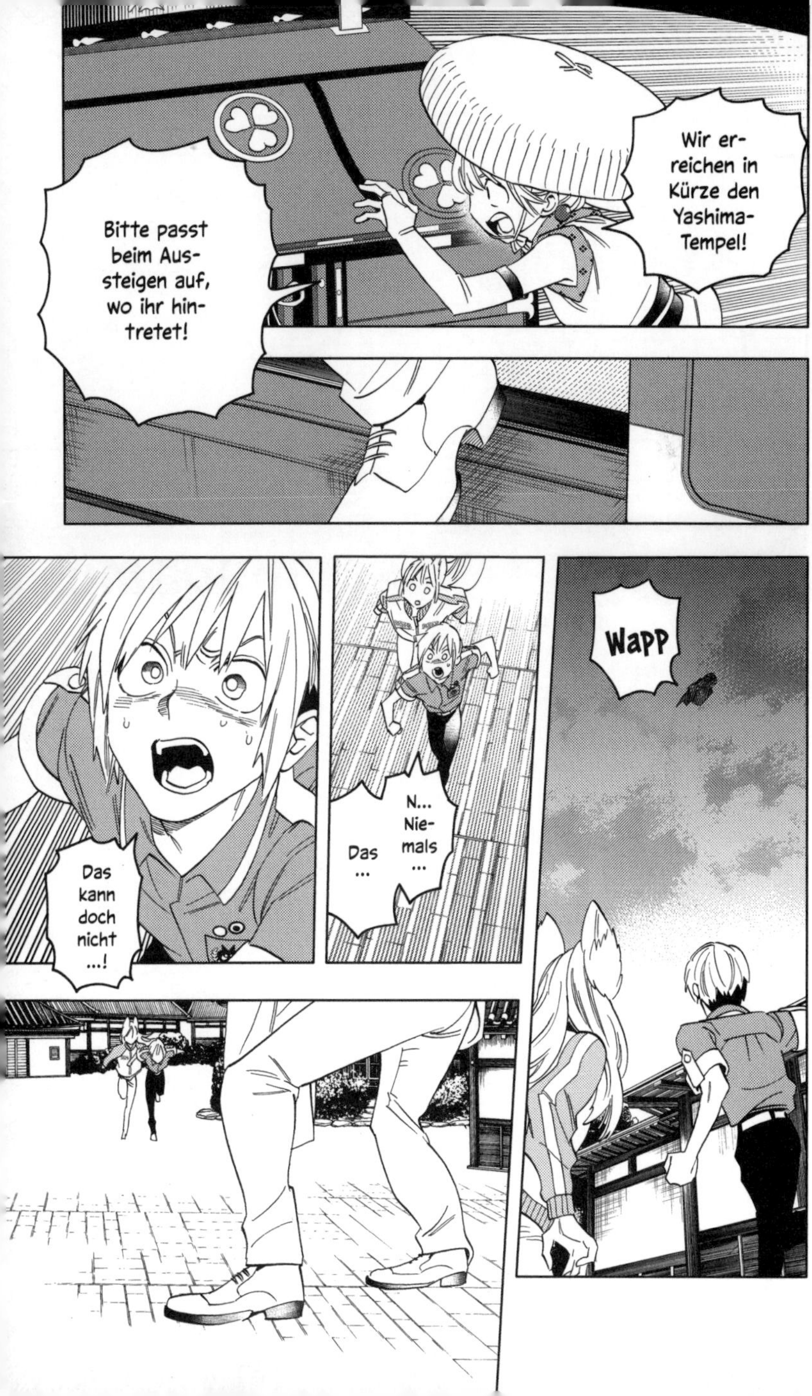

Wir erreichen in Kürze den Yashima-Tempel!
Bitte passt beim Aussteigen auf, wo ihr hintretet!
Wapp
N... Niemals ...
Das ...
Das kann doch nicht ...!

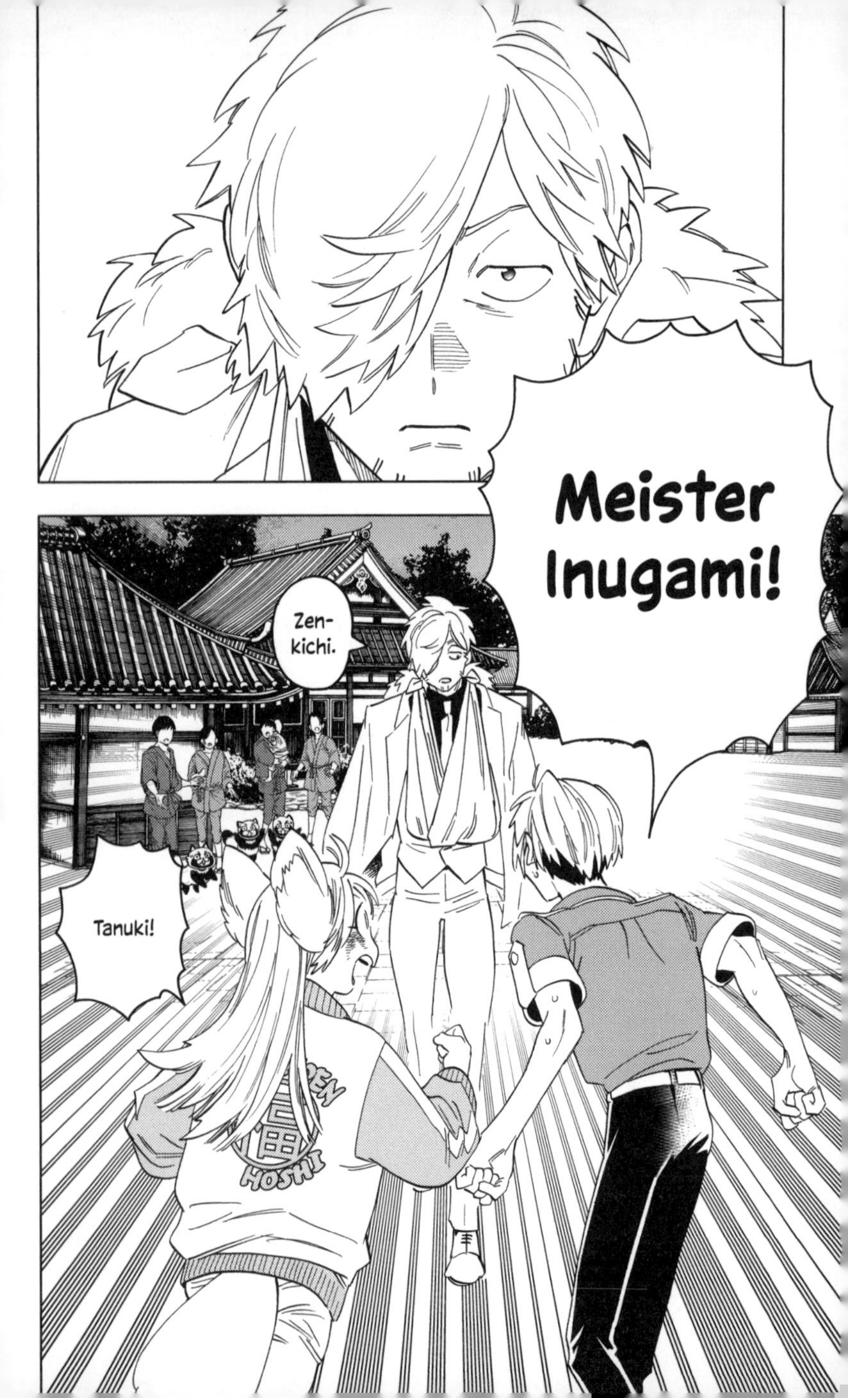
Meister Inugami!
Zen-kichi.
Tanuki!
HOSHI

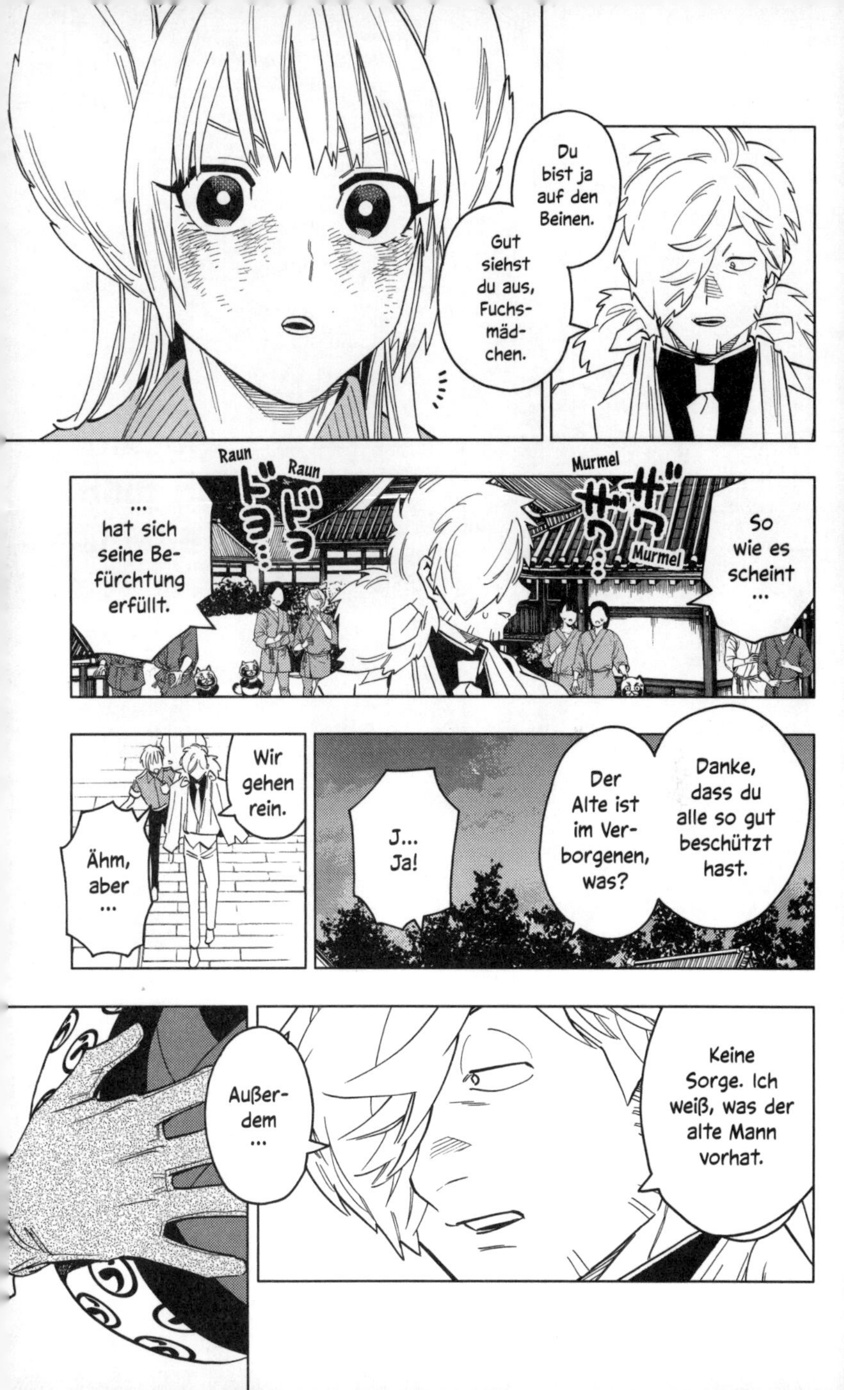

Du bist ja auf den Beinen.
Gut siehst du aus, Fuchsmädchen.
So wie es scheint ...
Murmel
Murmel
Raun
Raun
... hat sich seine Befürchtung erfüllt.
Danke, dass du alle so gut beschützt hast.
Der Alte ist im Verborgenen, was?
J... Ja!
Wir gehen rein.
Ähm, aber ...
Keine Sorge. Ich weiß, was der alte Mann vorhat.
Außerdem ...

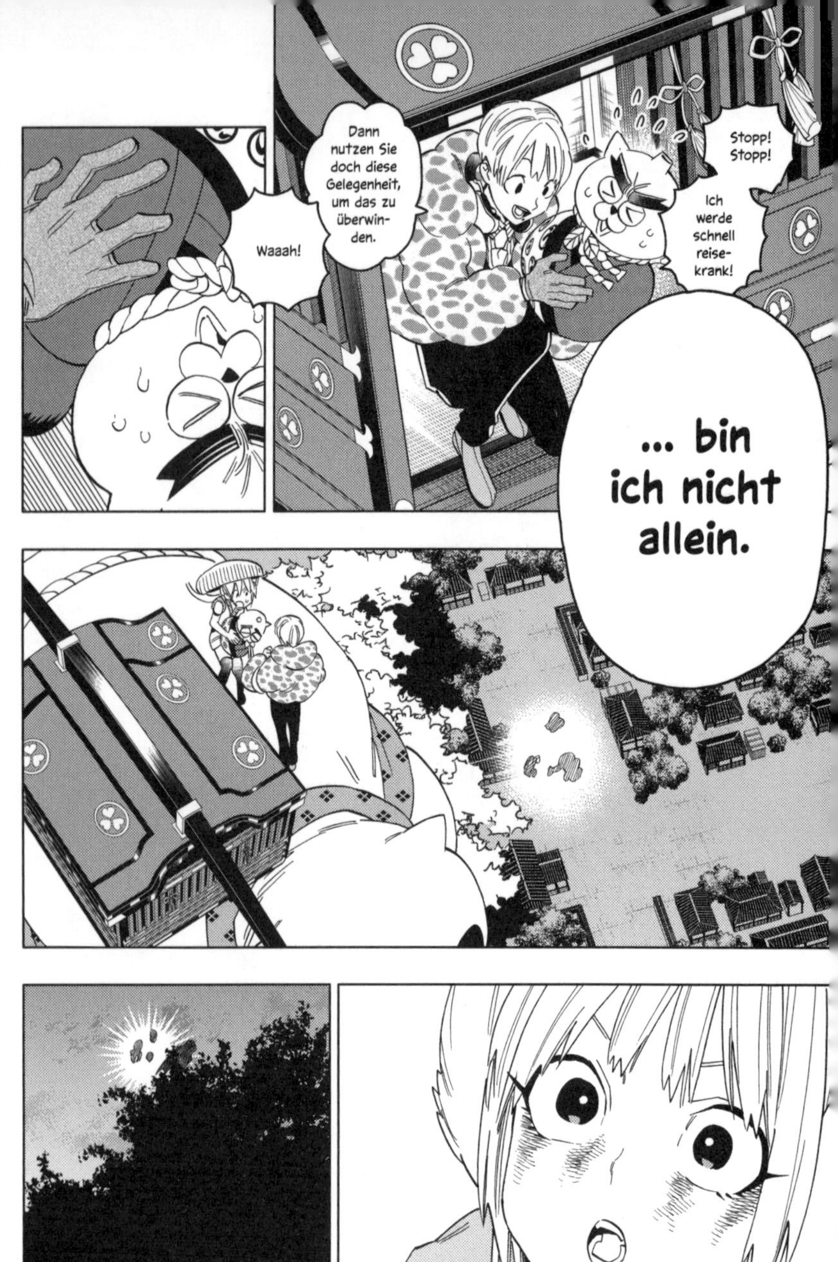
Stopp! Stopp!
Ich werde schnell reise-krank!
Dann nutzen Sie doch diese Gelegenheit, um das zu überwin-den.
Waaah!
... bin ich nicht allein.

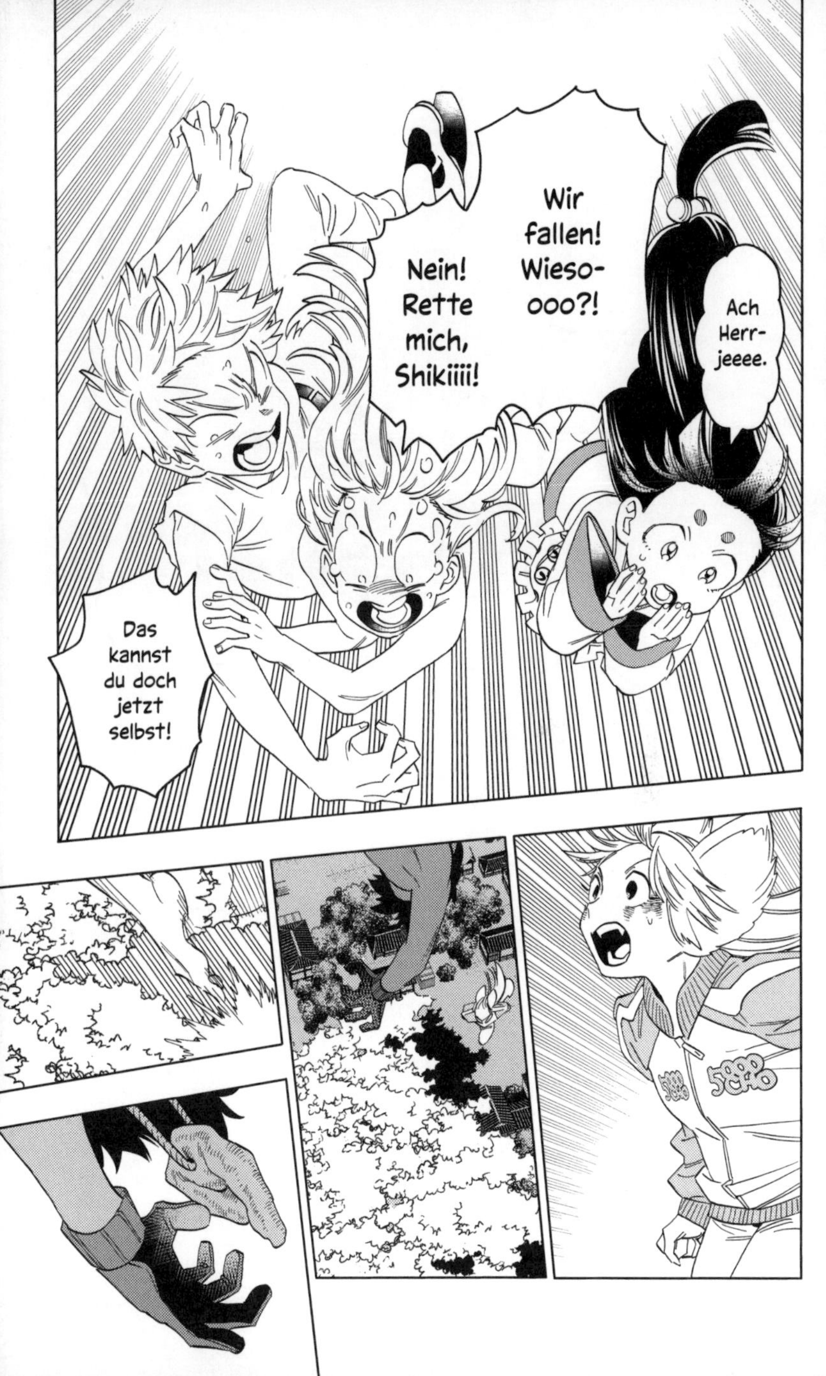
Ach Herr-jeeee.
Wir fallen! Wieso-ooo?!
Nein! Rette mich, Shikiiii!
Das kannst du doch jetzt selbst!

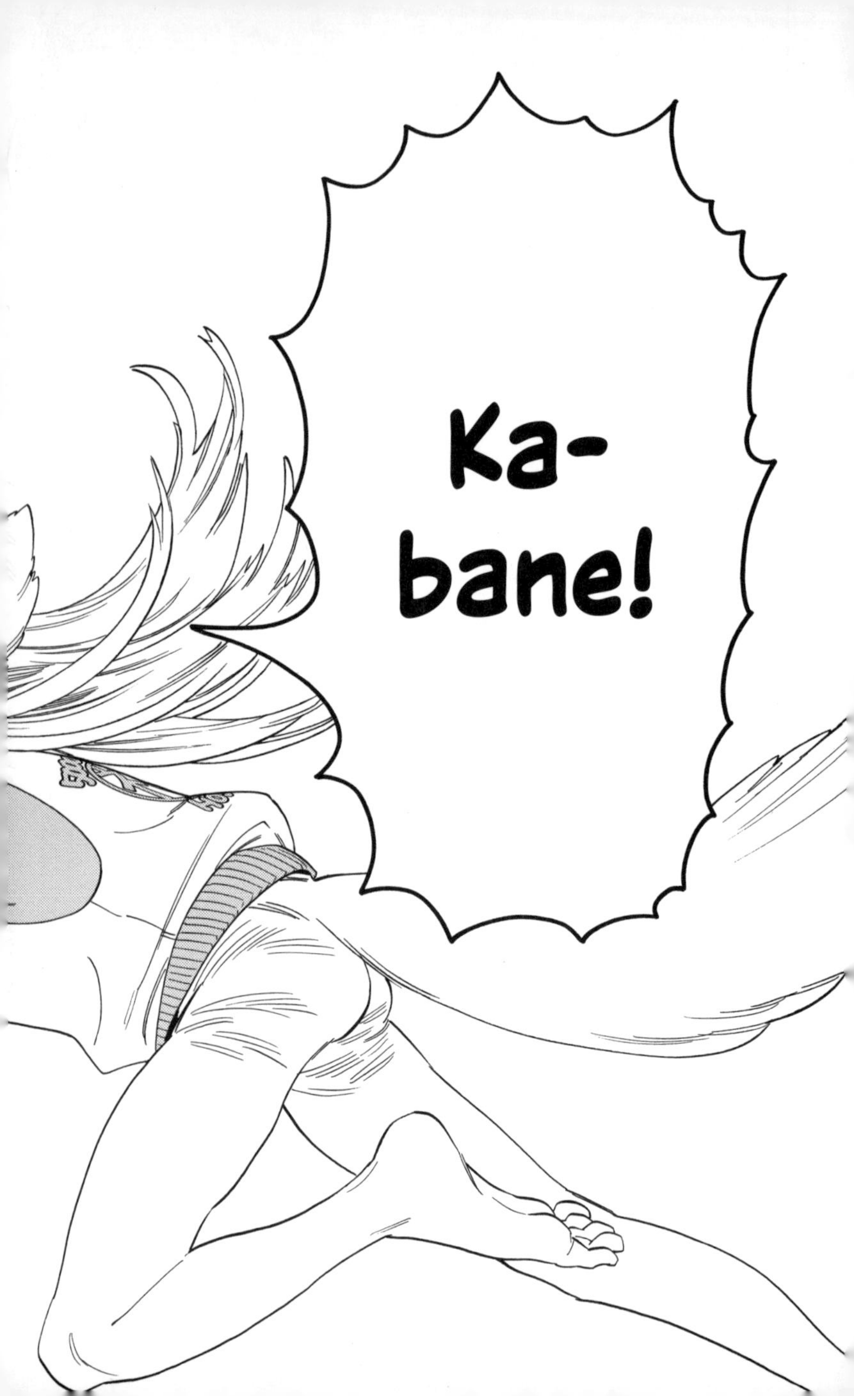
Ka-
bane!

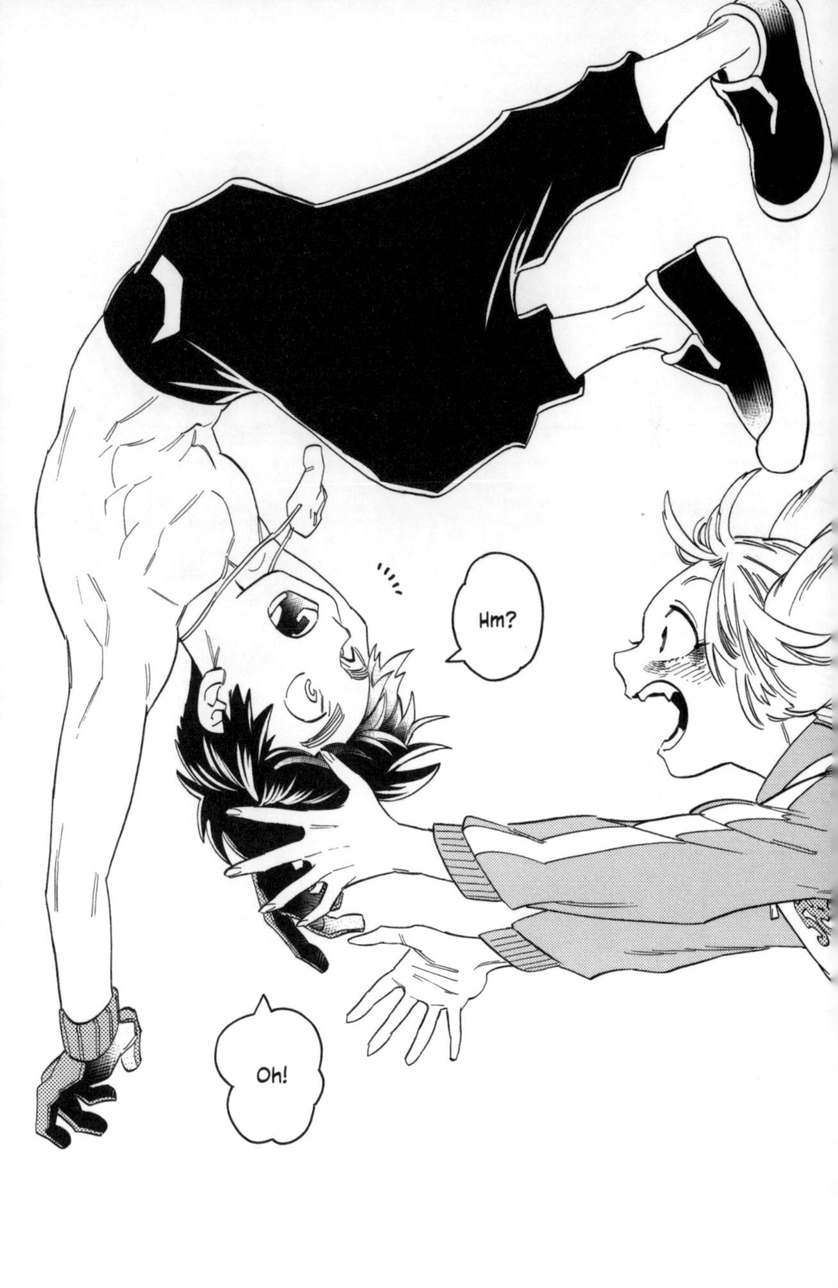
Hm?
Oh!

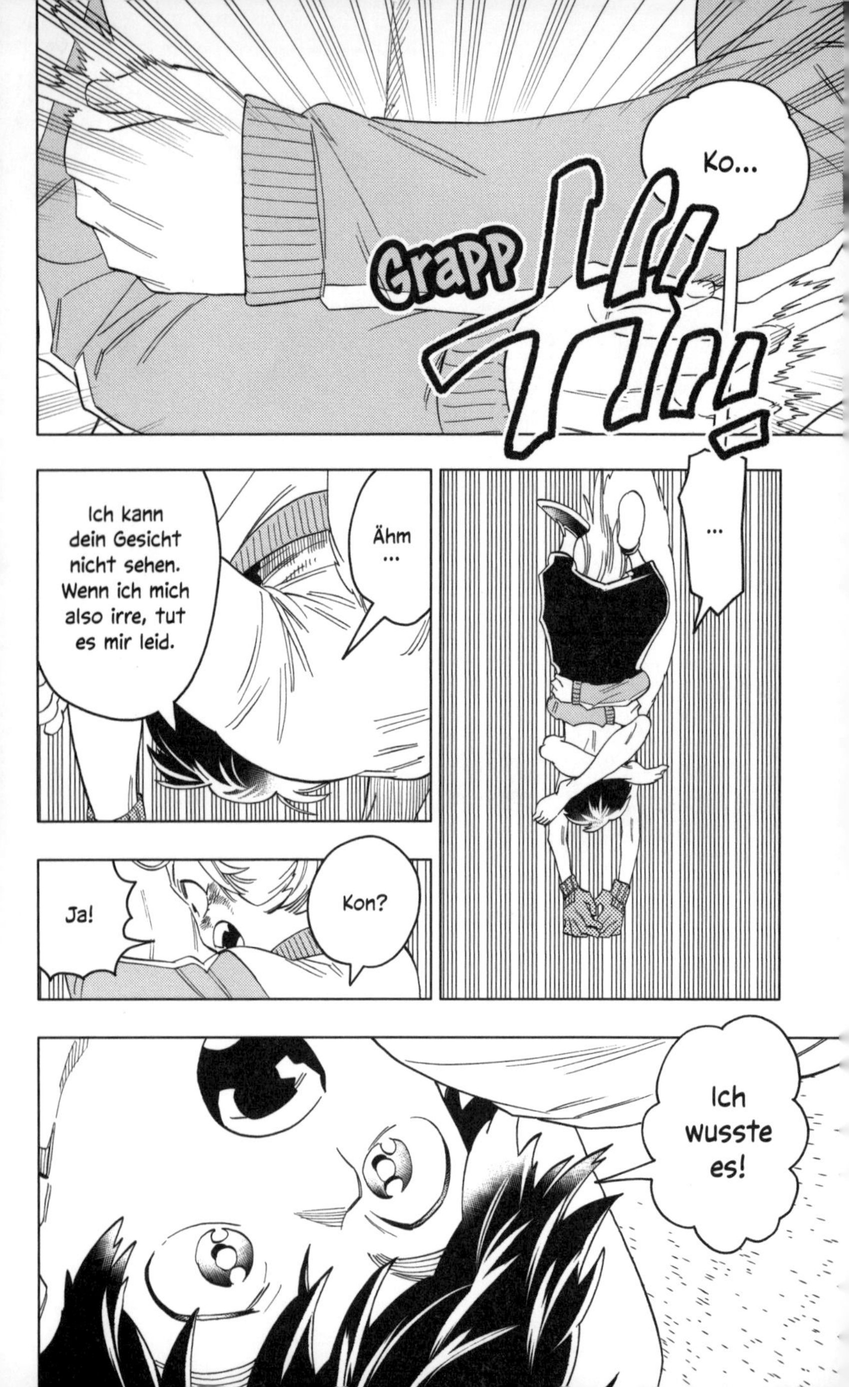
Ko...
Grapp
...
Ähm ...
Ich kann dein Gesicht nicht sehen. Wenn ich mich also irre, tut es mir leid.
Kon?
Ja!
Ich wusste es!

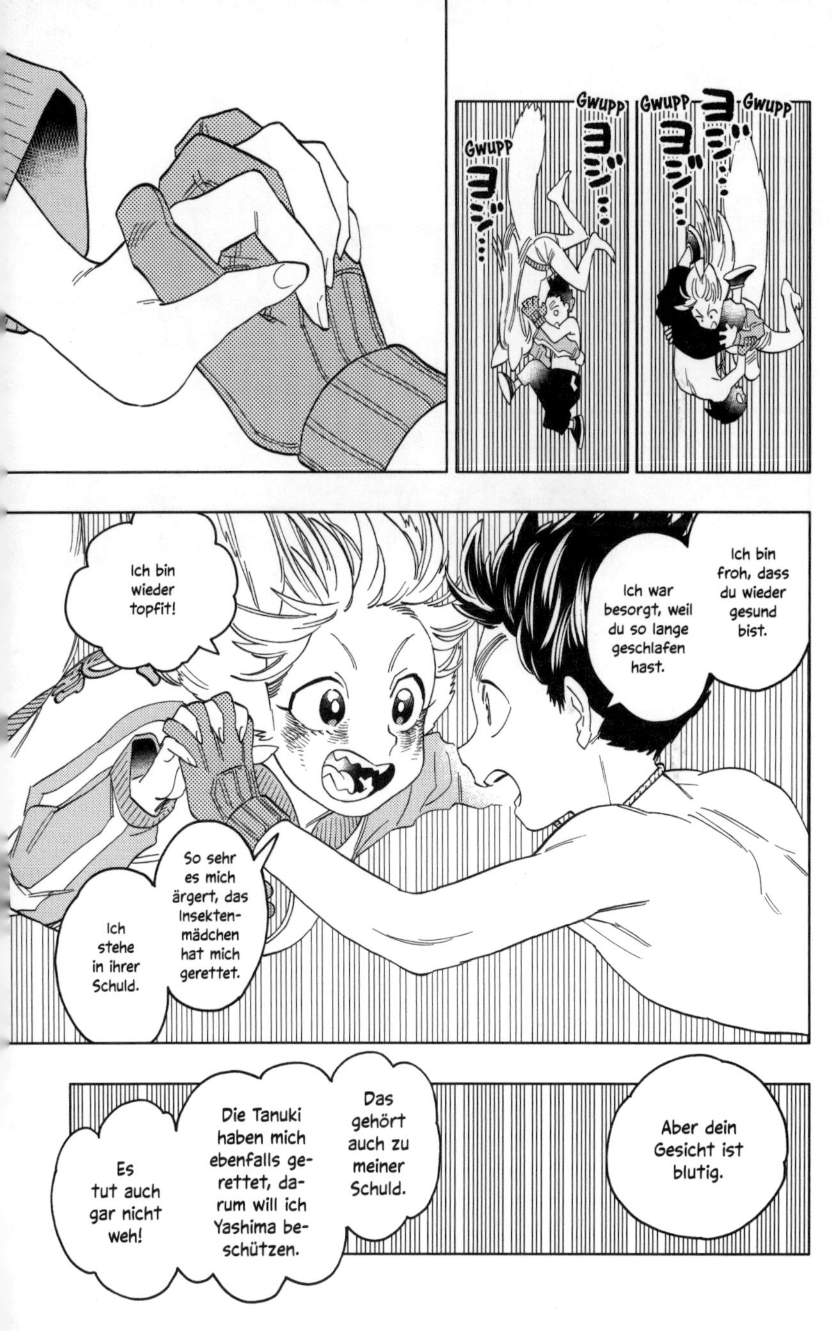
Gwupp
Gwupp
Gwupp
Gwupp
Ich bin froh, dass du wieder gesund bist.
Ich war besorgt, weil du so lange geschlafen hast.
Ich bin wieder topfit!
So sehr es mich ärgert, das Insektenmädchen hat mich gerettet.
Ich stehe in ihrer Schuld.
Aber dein Gesicht ist blutig.
Das gehört auch zu meiner Schuld.
Die Tanuki haben mich ebenfalls gerettet, darum will ich Yashima beschützen.
Es tut auch gar nicht weh!

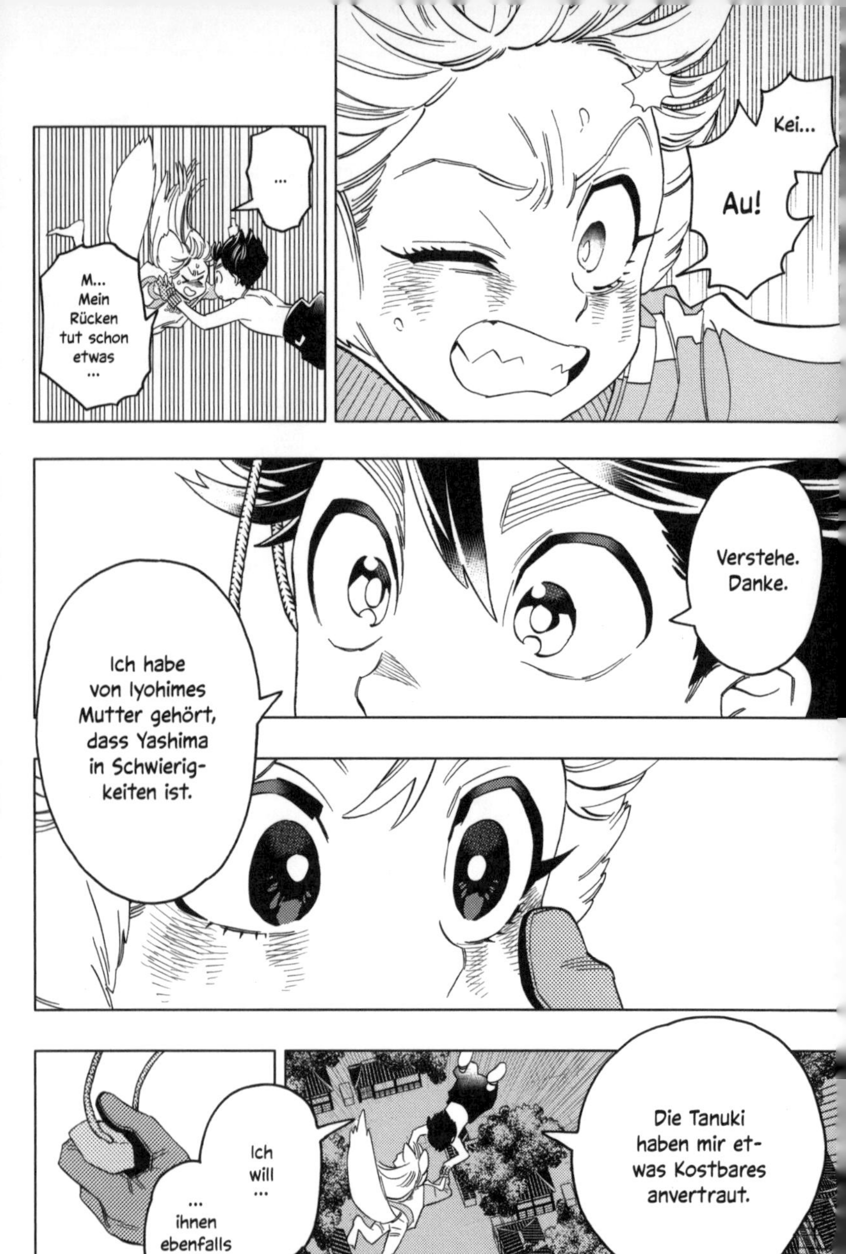
Kei...
Au!
...
M... Mein Rücken tut schon etwas ...
Verstehe. Danke.
Ich habe von Iyohimes Mutter gehört, dass Yashima in Schwierigkeiten ist.
Die Tanuki haben mir etwas Kostbares anvertraut.
Ich will ...
... ihnen ebenfalls helfen.

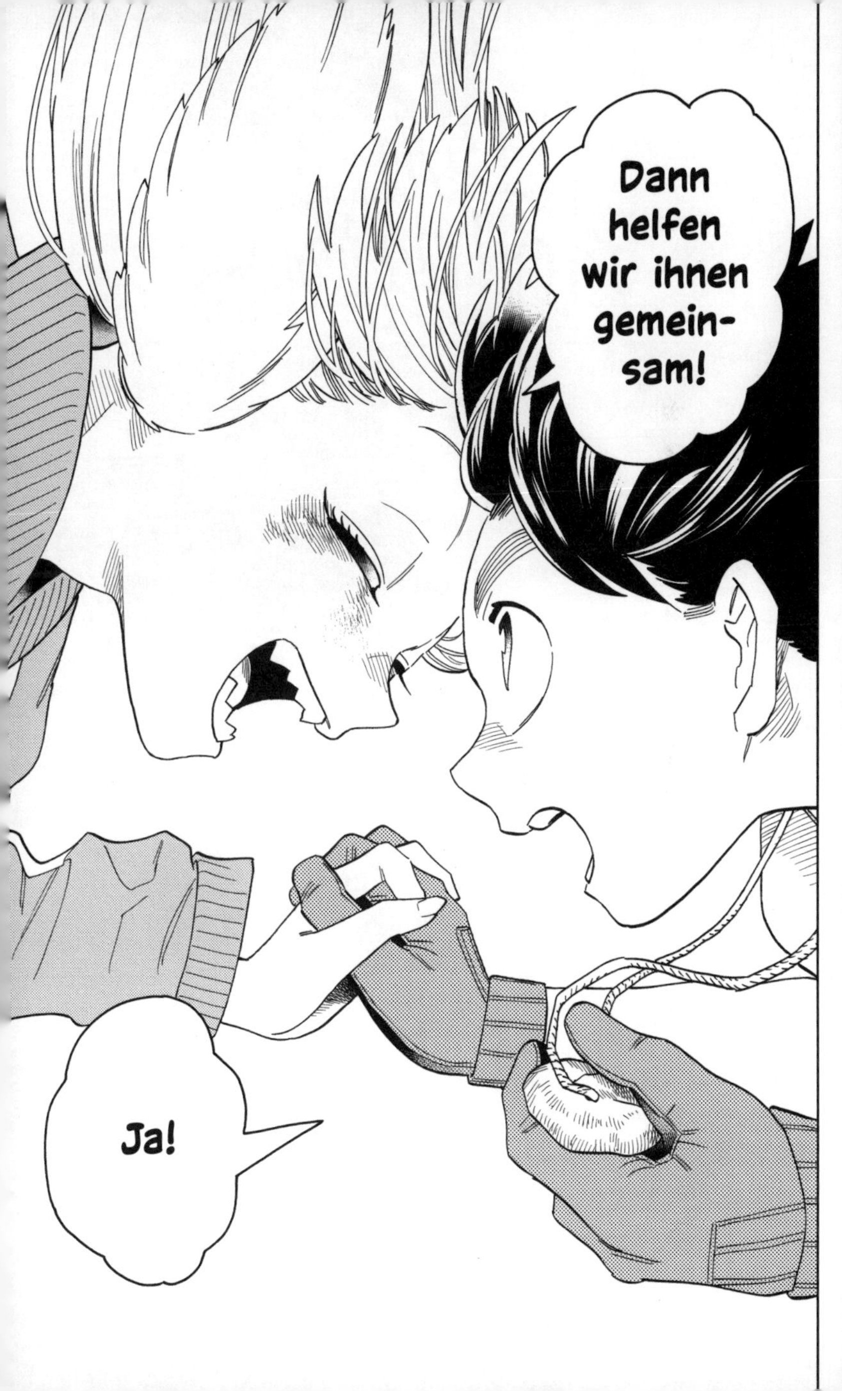
Dann helfen wir ihnen gemein-sam!
Ja!

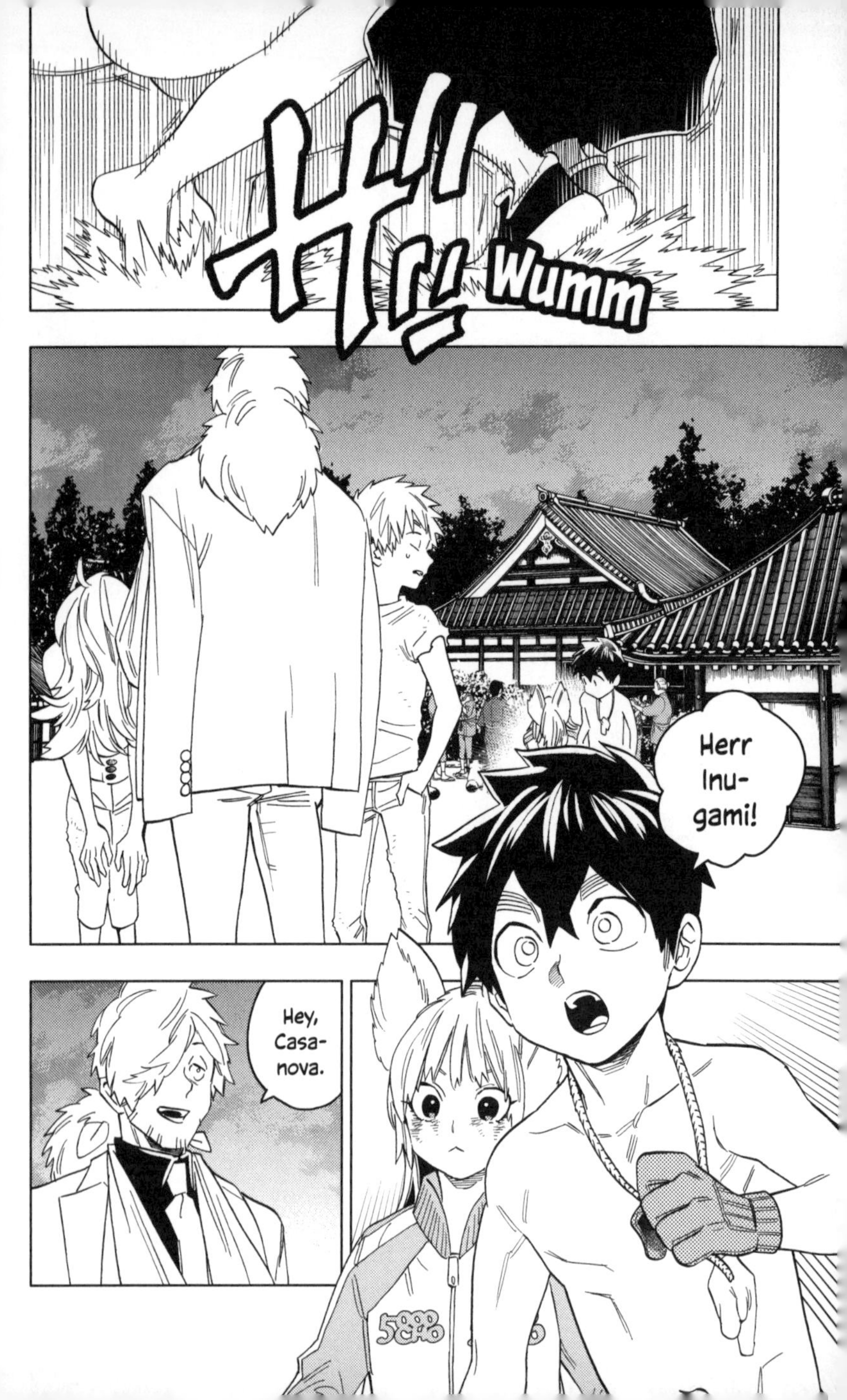
Wumm
Herr Inu-gami!
Hey, Casa-nova.

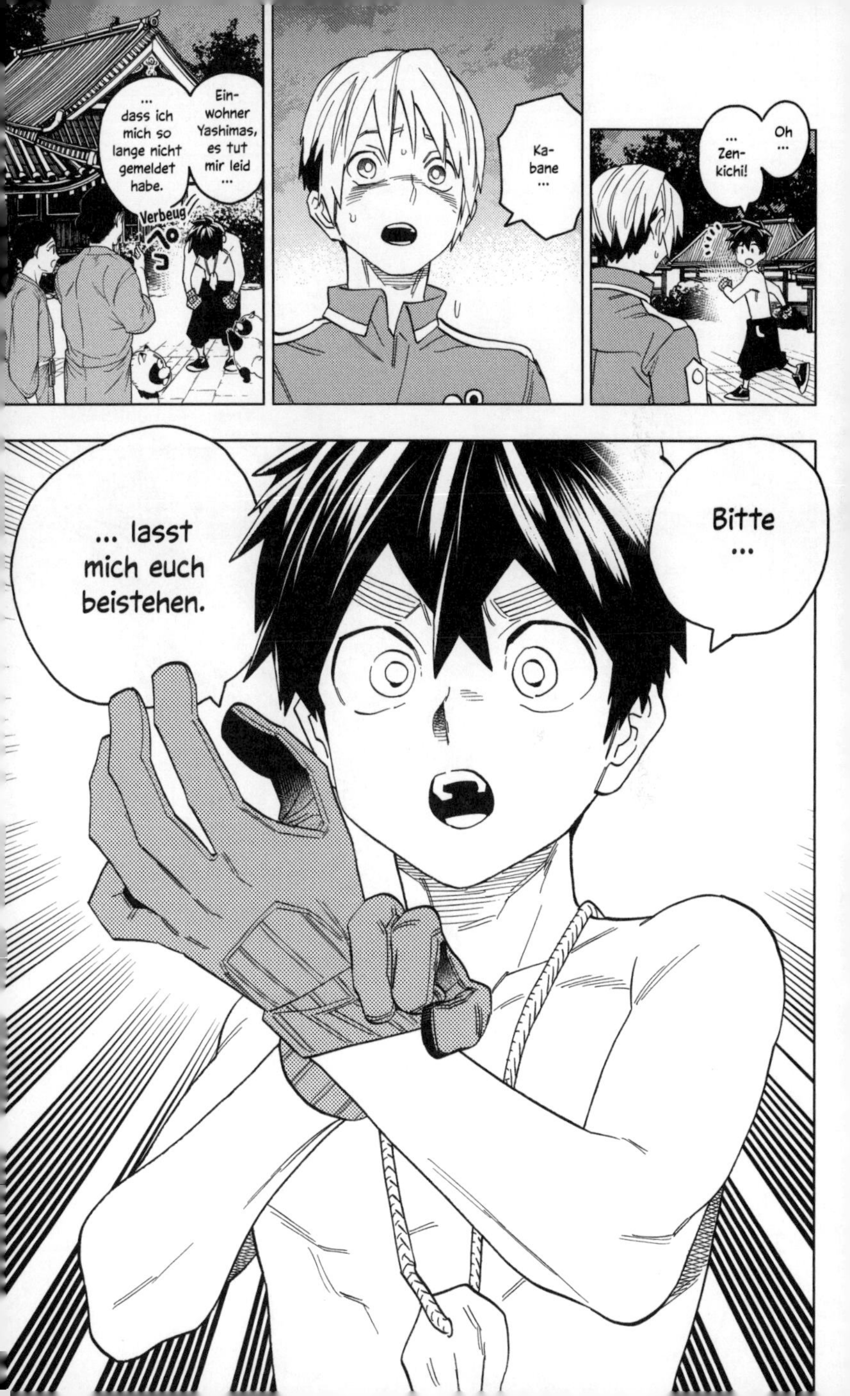

Oh ...
... Zenkichi!
Kabane ...
Einwohner Yashimas, es tut mir leid ...
... dass ich mich so lange nicht gemeldet habe.
Verbeug
Bitte ...
... lasst mich euch beistehen.

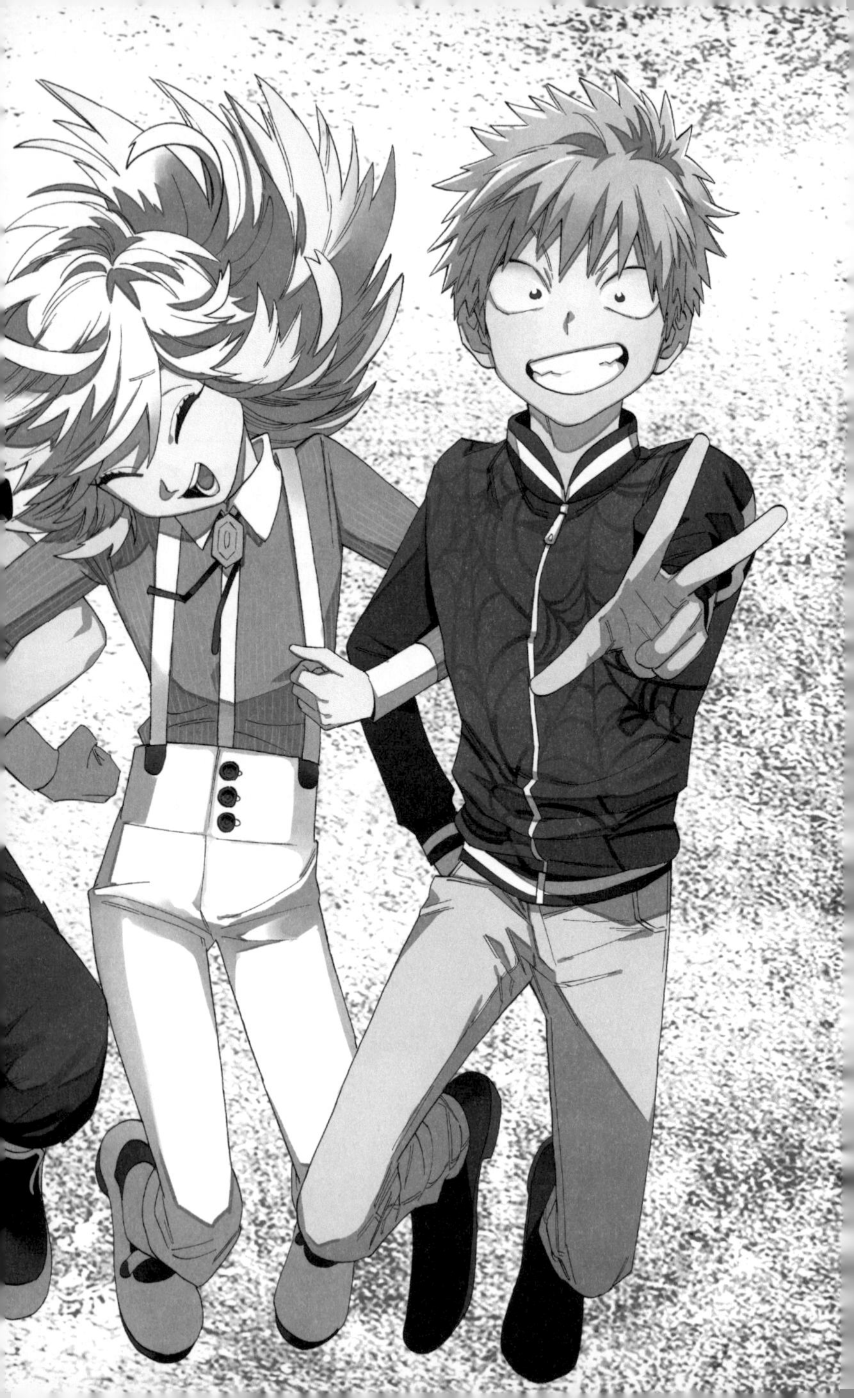

52. Eindringen

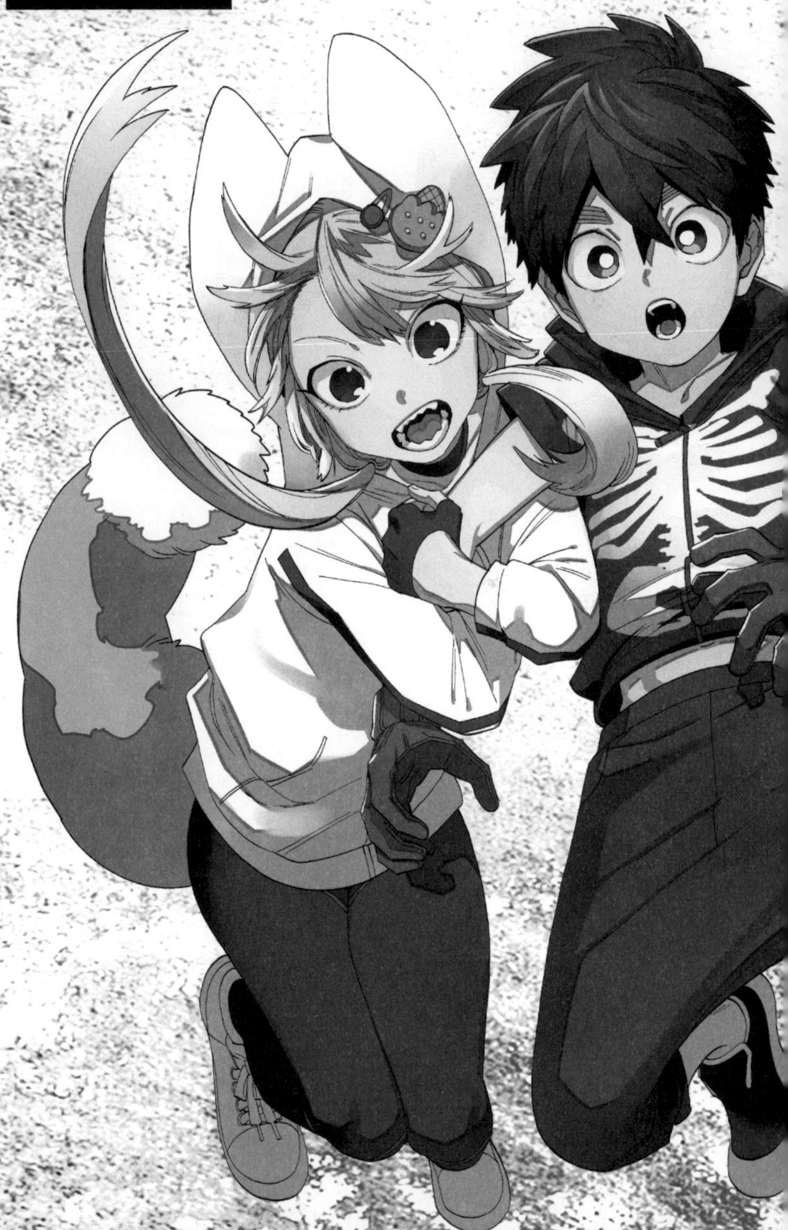

Kemono Jihen

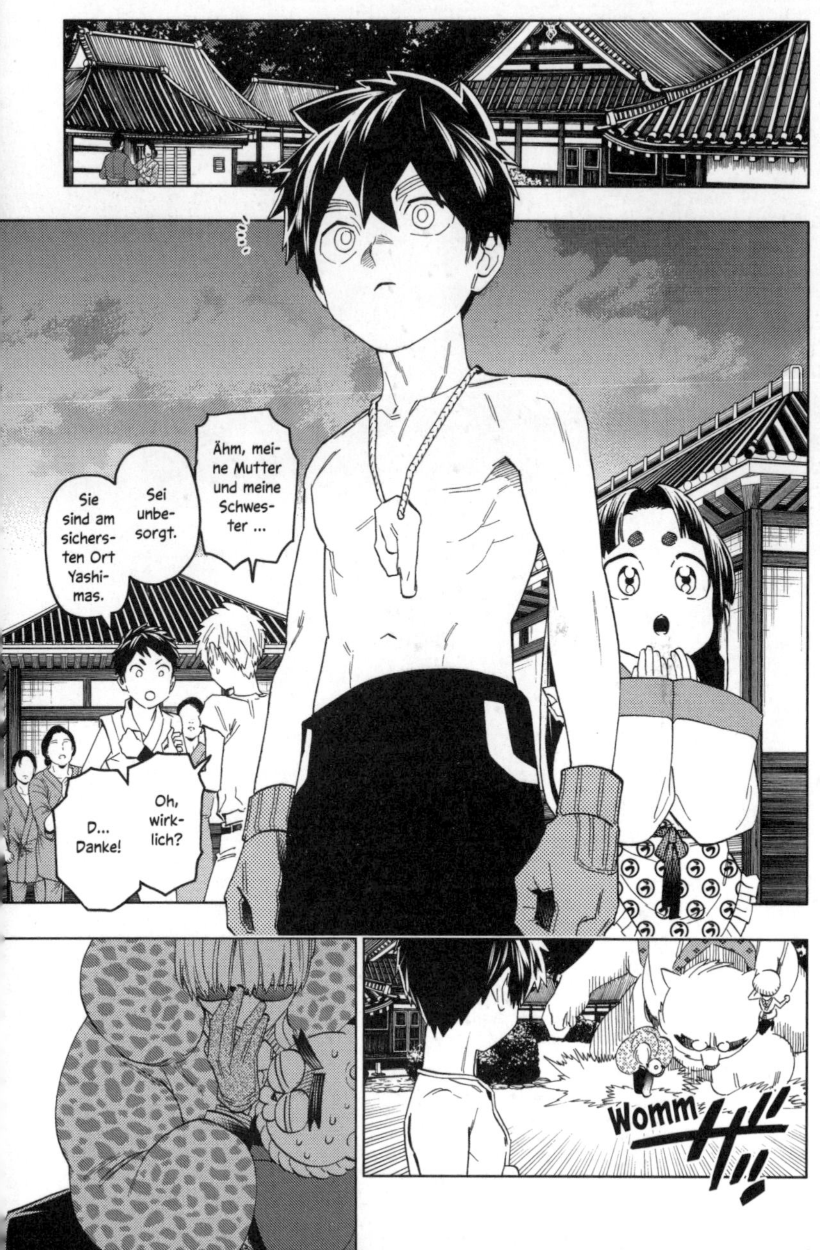
...!
Ähm, meine Mutter und meine Schwester ...
Sei unbesorgt.
Sie sind am sichersten Ort Yashimas.
Oh, wirklich?
D... Danke!
Womm

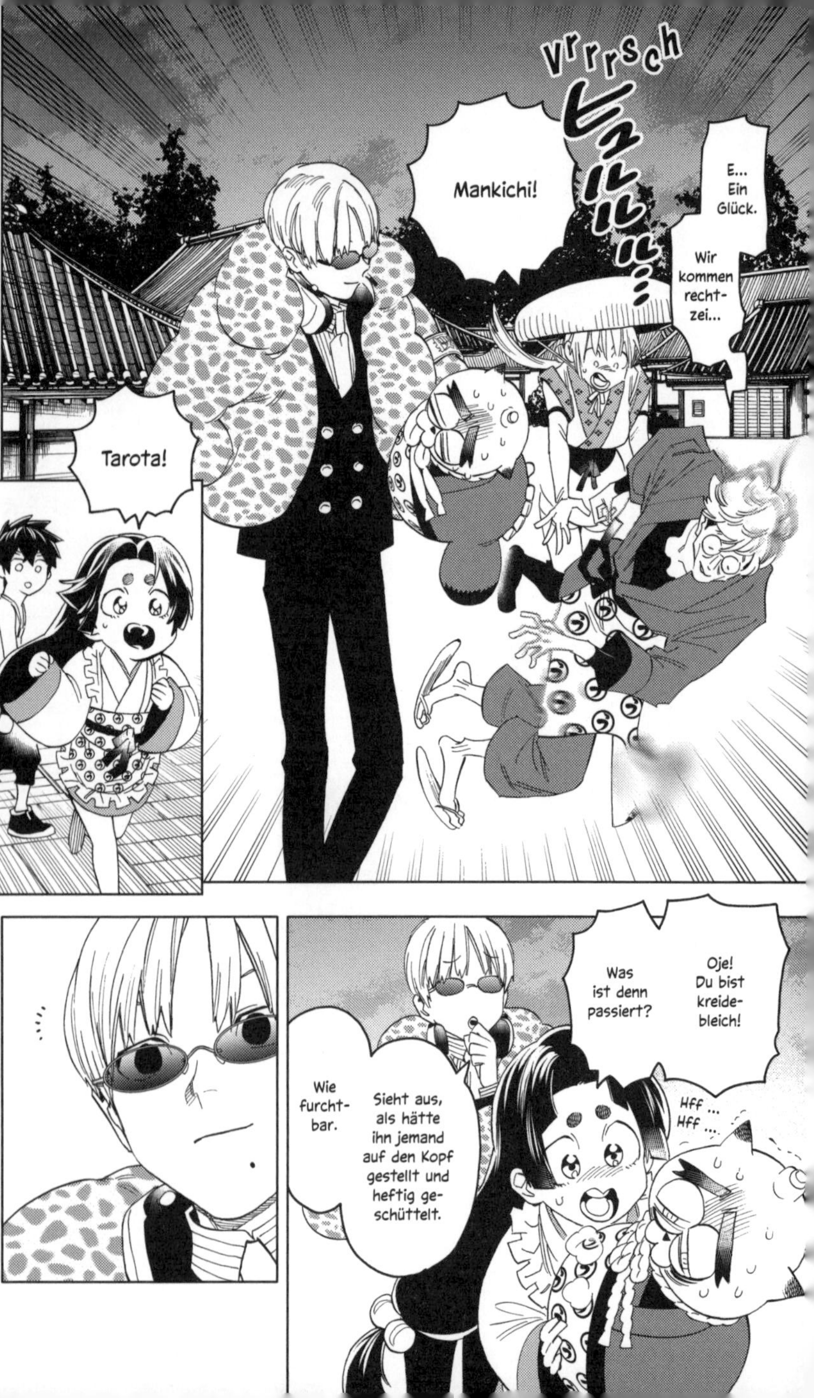

Vrrrsch

E... Ein Glück.

Wir kommen recht-zei...

Mankichi!

Tarota!

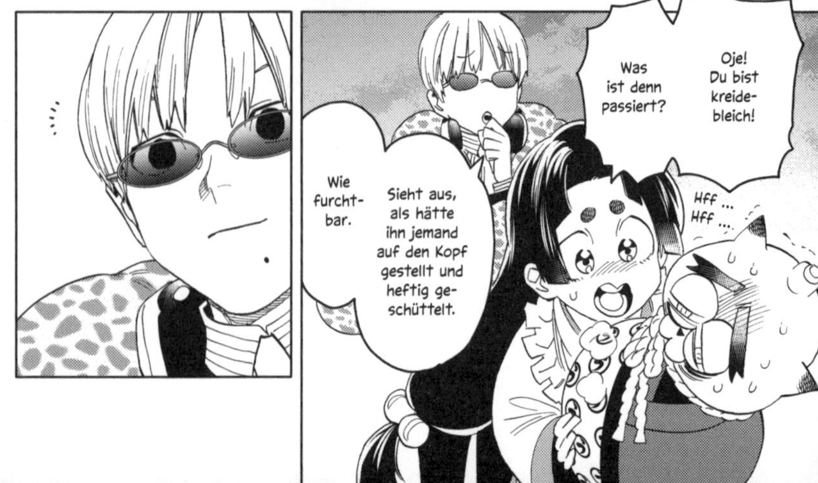

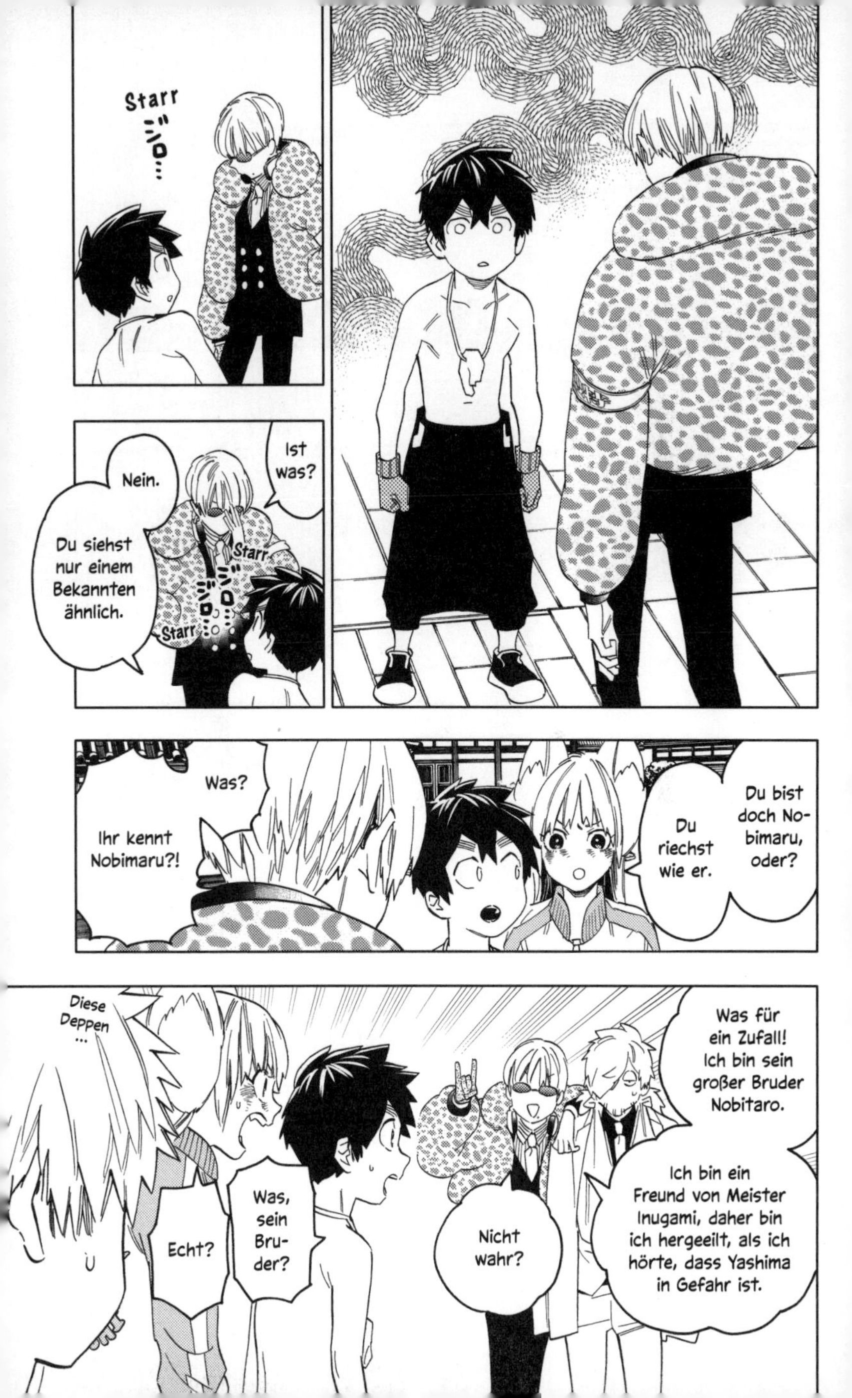

Starr

Ist was?

Nein.

Du siehst nur einem Bekannten ähnlich.

Starr

Starr

Du bist doch Nobimaru, oder?

Du riechst wie er.

Was?

Ihr kennt Nobimaru?!

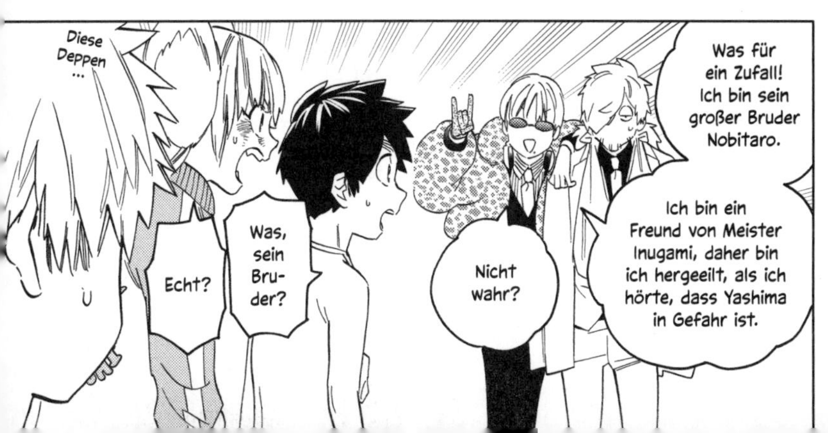

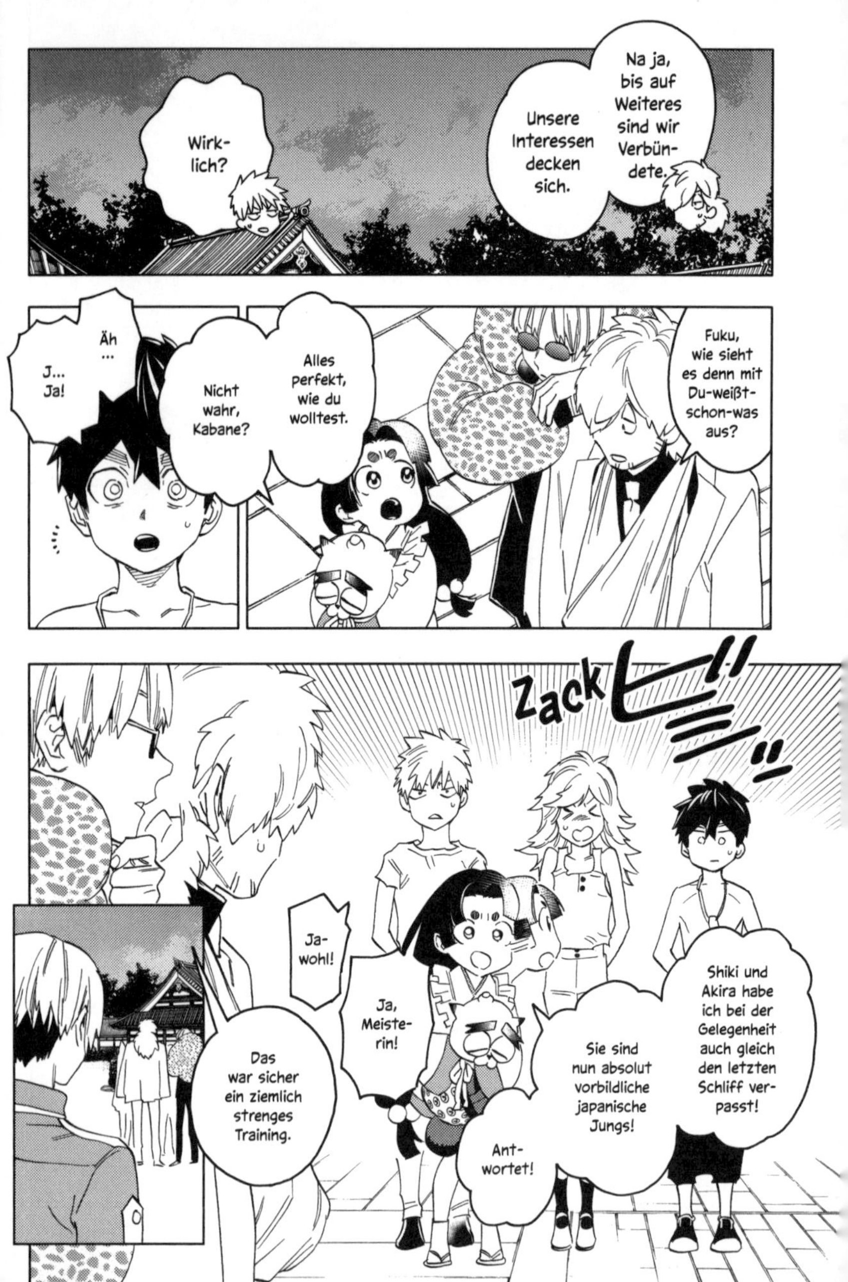
Na ja, bis auf Weiteres sind wir Verbündete.
Unsere Interessen decken sich.
Wirklich?
Fuku, wie sieht es denn mit Du-weißt-schon-was aus?
Alles perfekt, wie du wolltest.
Nicht wahr, Kabane?
Äh ...
J... Ja!
Zack
Shiki und Akira habe ich bei der Gelegenheit auch gleich den letzten Schliff verpasst!
Sie sind nun absolut vorbildliche japanische Jungs!
Antwortet!
Ja, Meisterin!
Jawohl!
Das war sicher ein ziemlich strenges Training.

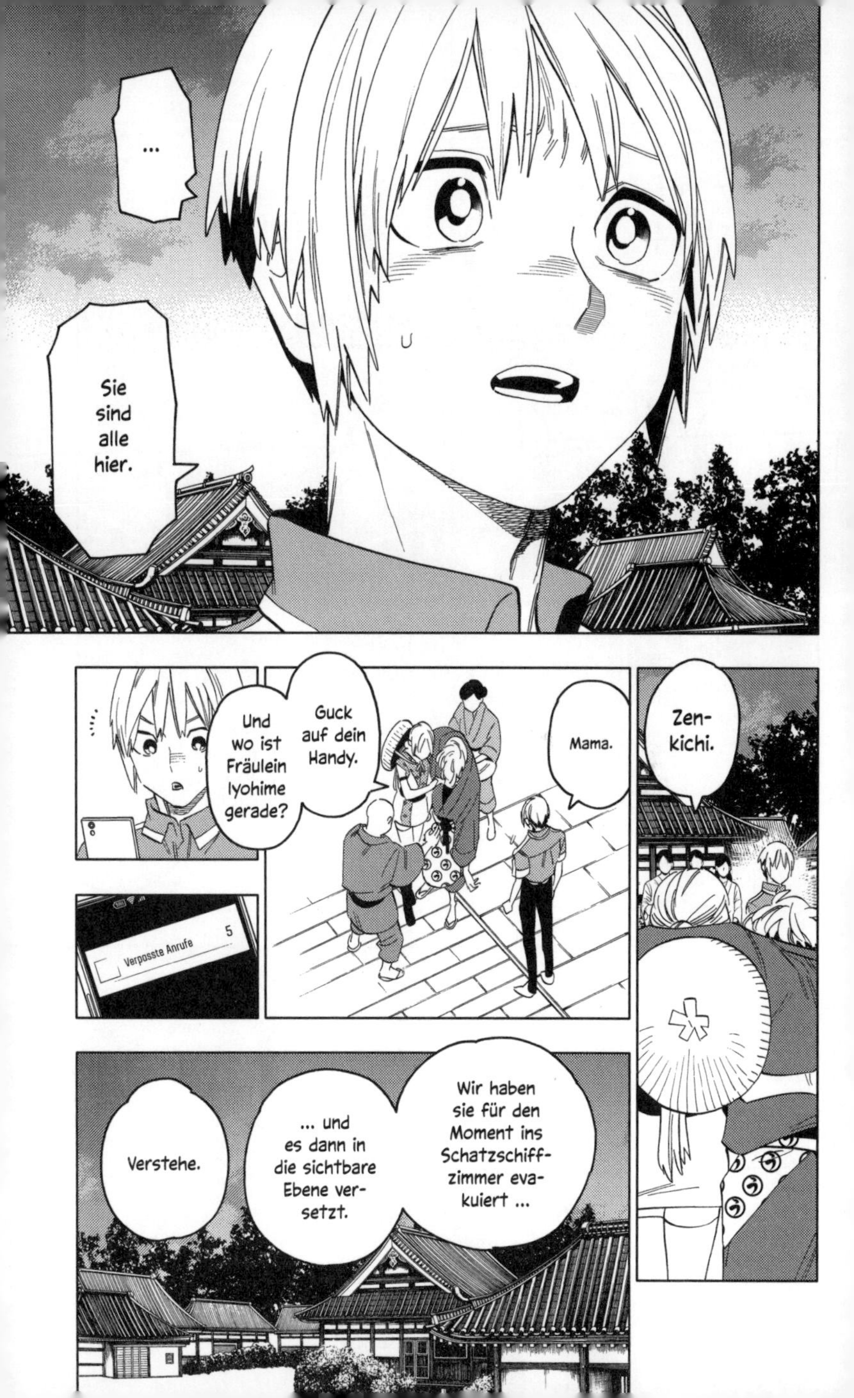

…

Sie sind alle hier.

Zenkichi.

Mama.

Guck auf dein Handy.

Und wo ist Fräulein Iyohime gerade?

…

Verpasste Anrufe 5

Wir haben sie für den Moment ins Schatzschiffzimmer evakuiert …

… und es dann in die sichtbare Ebene versetzt.

Verstehe.

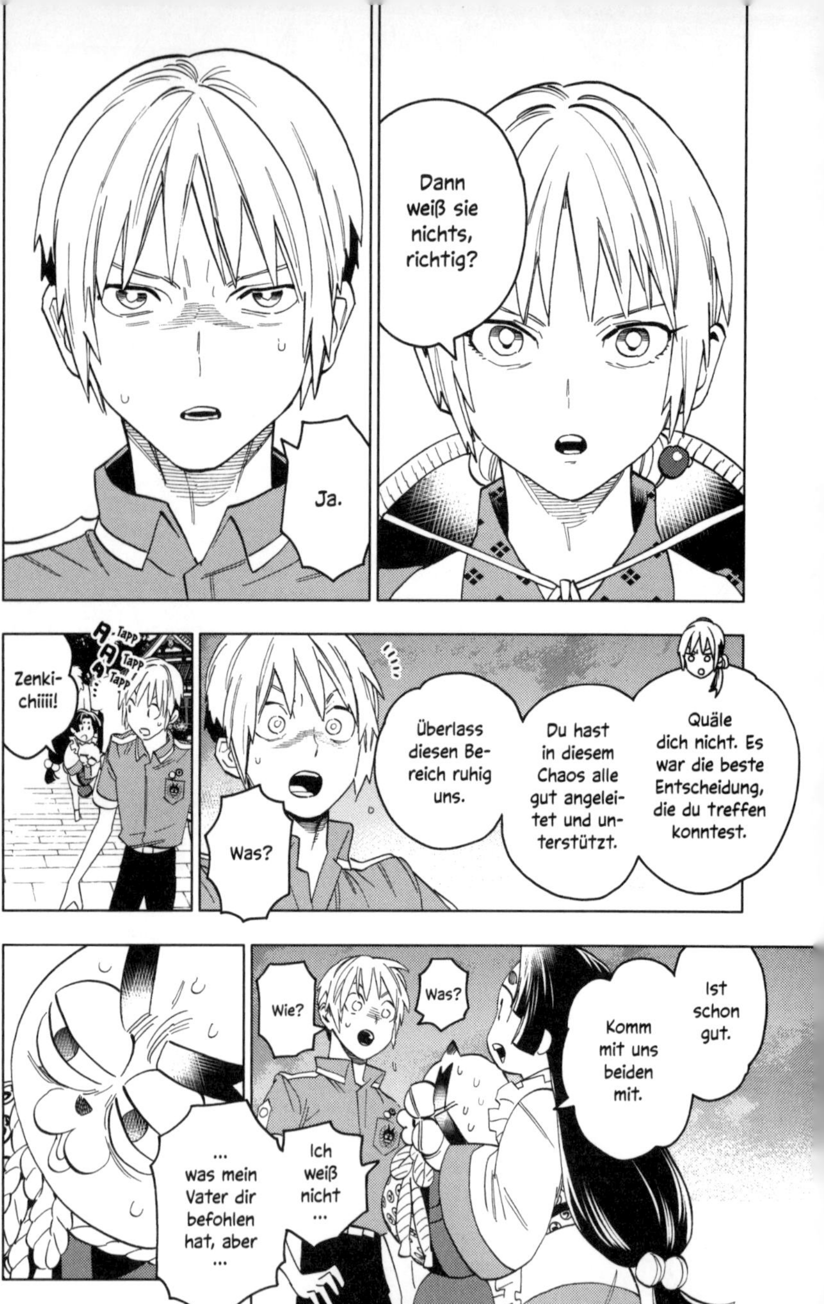

Dann weiß sie nichts, richtig?

Ja.

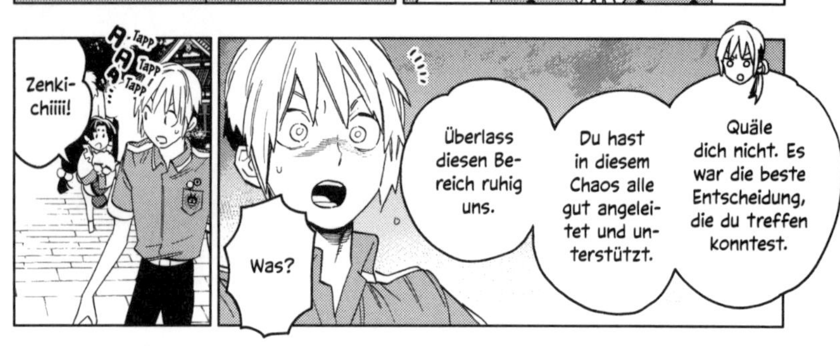

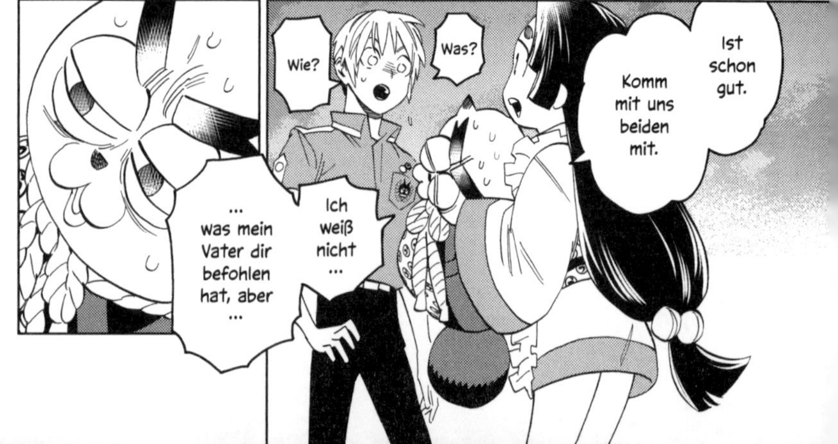

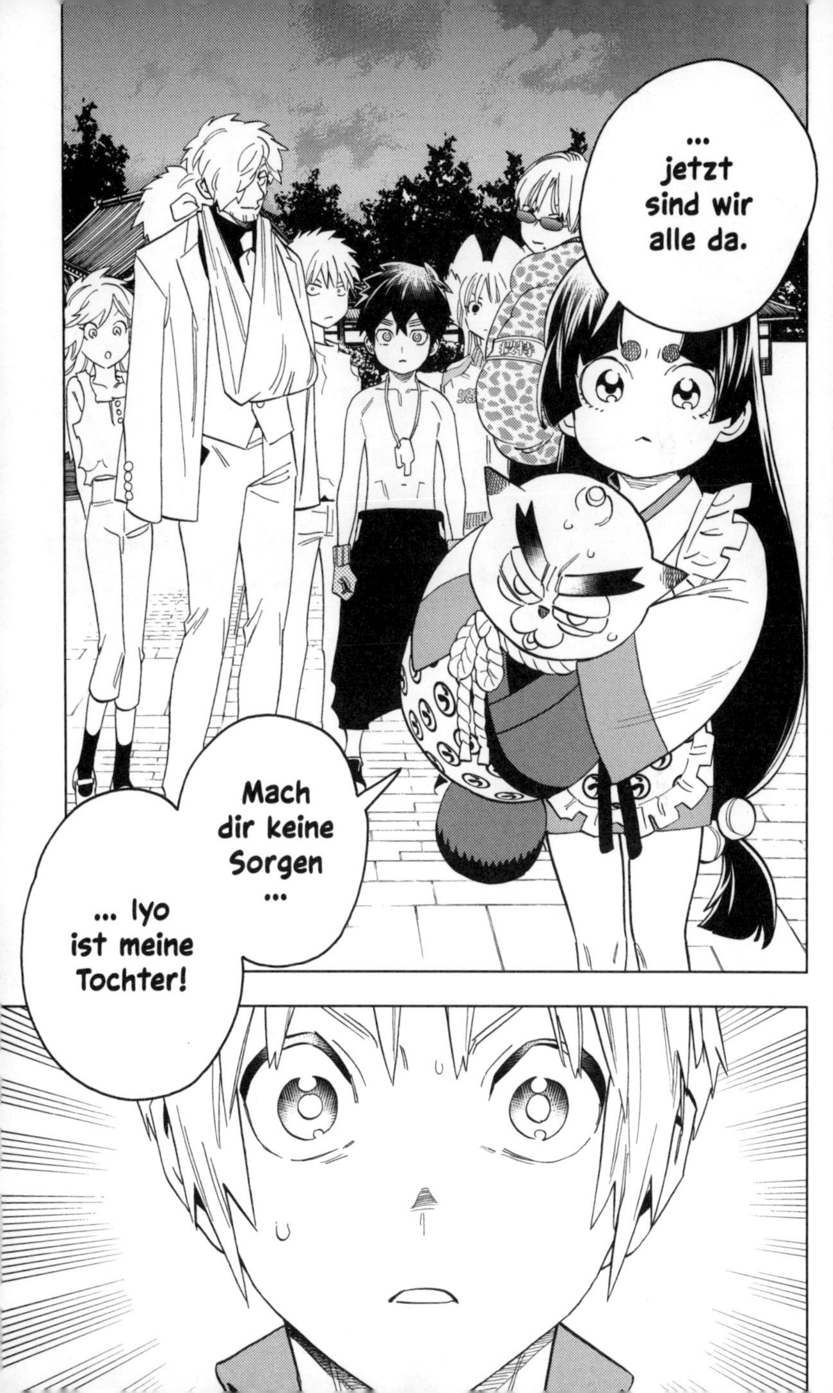
... jetzt sind wir alle da.
Mach dir keine Sorgen ...
... Iyo ist meine Tochter!

...
Domm
Ja-wohl!

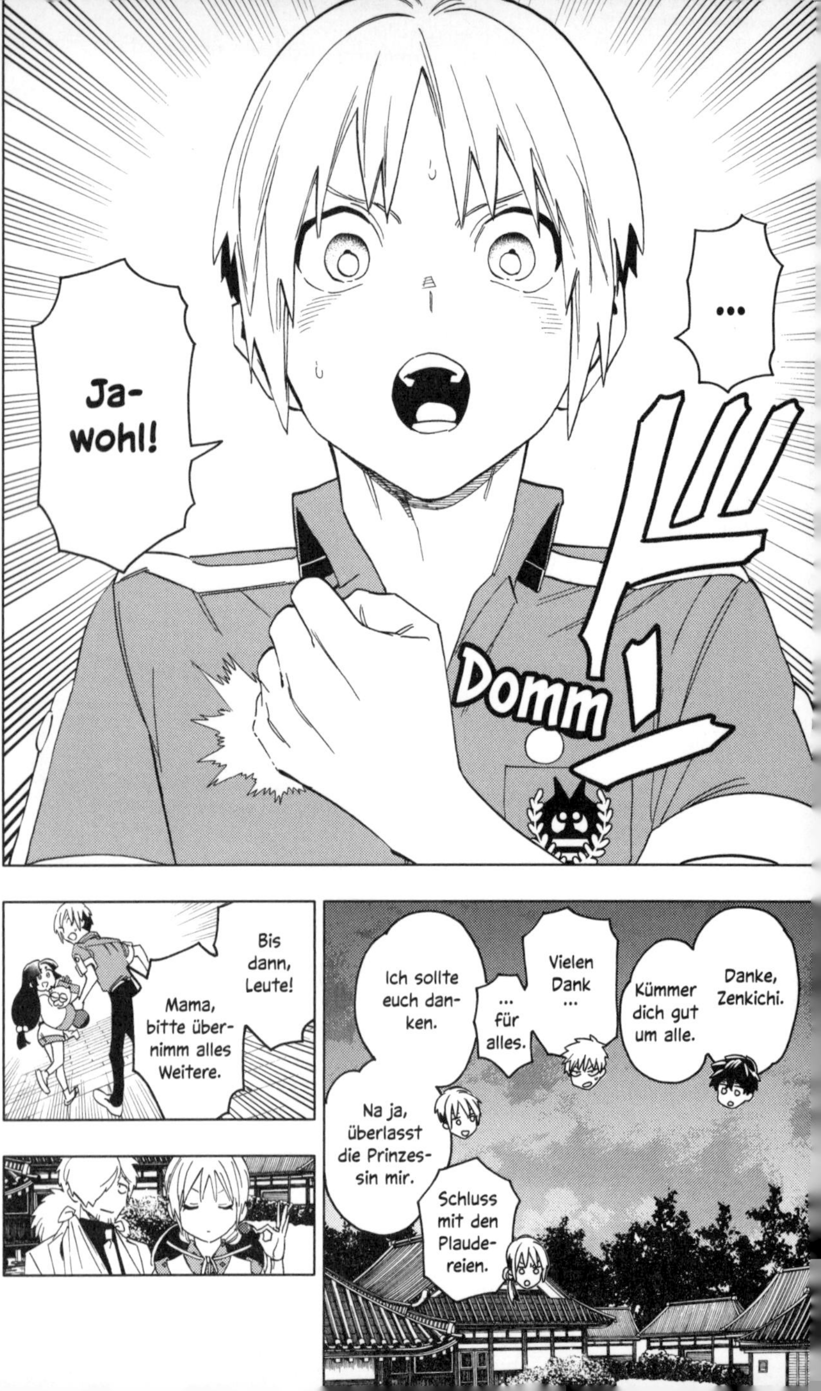

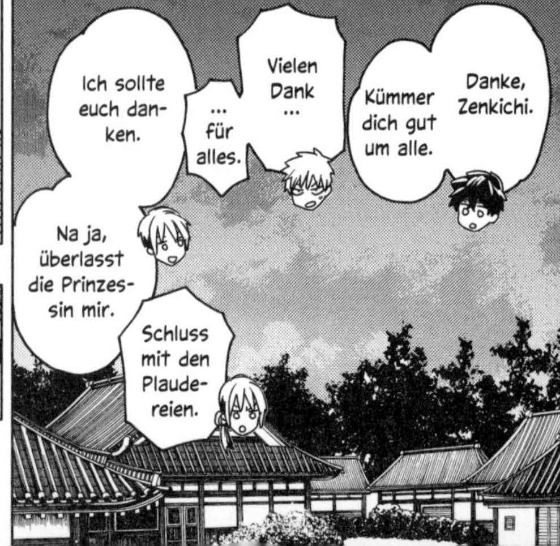
Danke, Zenkichi.
Kümmer dich gut um alle.
Vielen Dank ...
... für alles.
Ich sollte euch danken.
Na ja, überlasst die Prinzessin mir.
Schluss mit den Plaudereien.

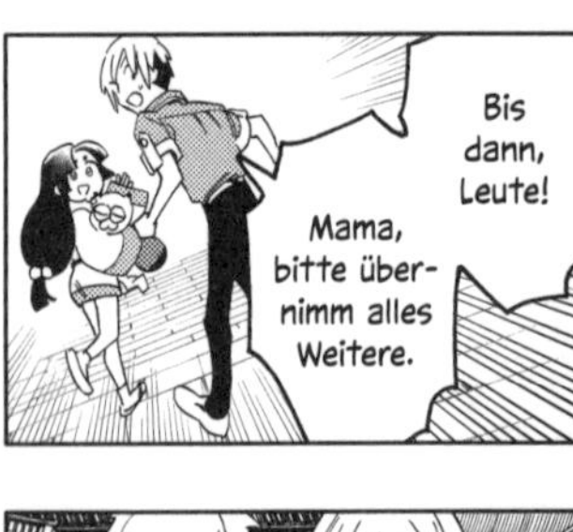
Bis dann, Leute!
Mama, bitte übernimm alles Weitere.

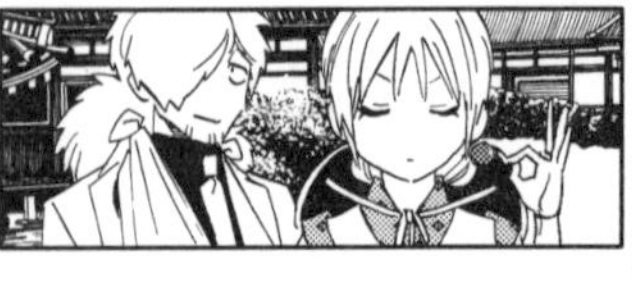

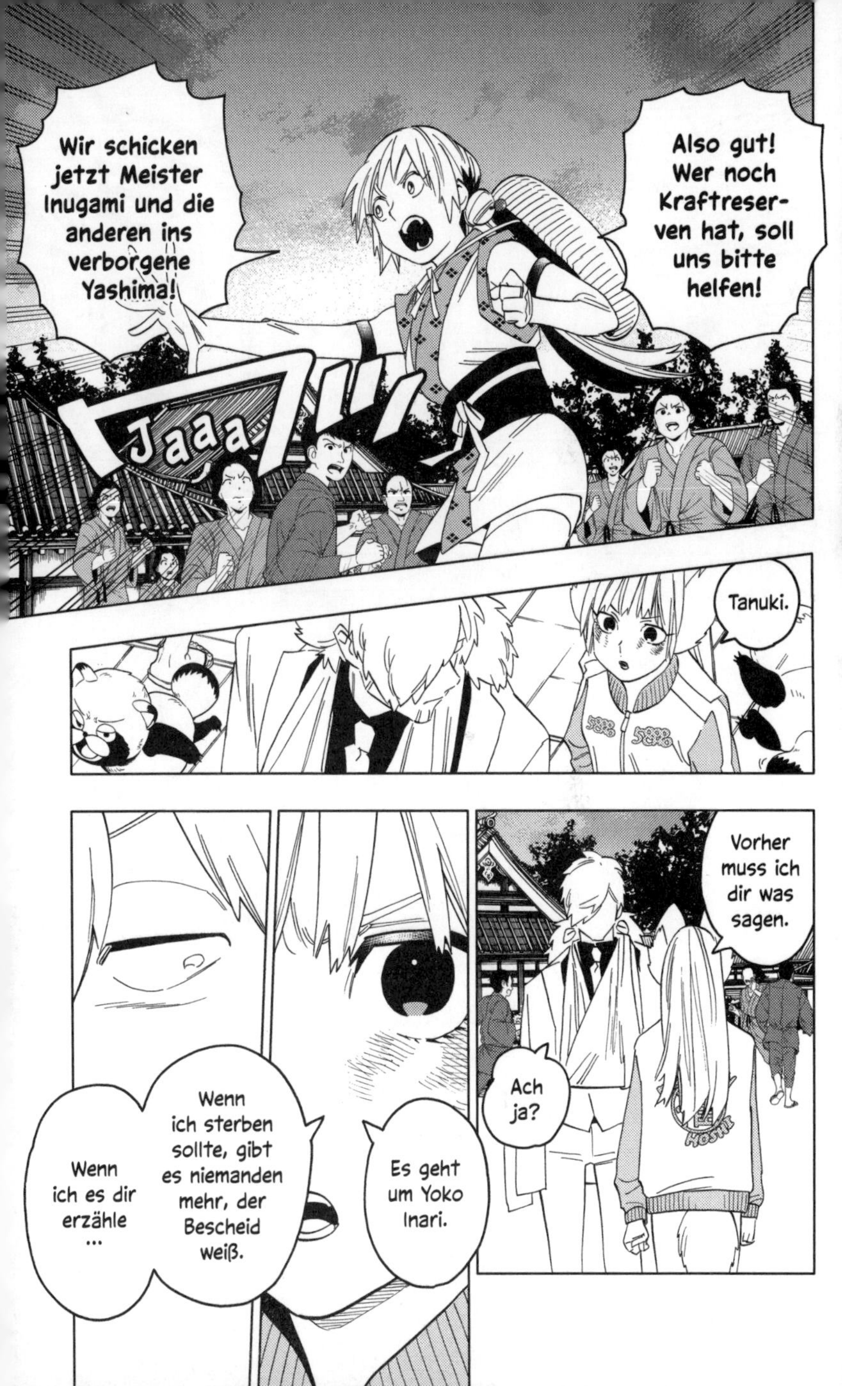
Also gut! Wer noch Kraftreserven hat, soll uns bitte helfen!
Wir schicken jetzt Meister Inugami und die anderen ins verborgene Yashima!
Jaaa
Tanuki.
Vorher muss ich dir was sagen.
Ach ja?
Es geht um Yoko Inari.
Wenn ich sterben sollte, gibt es niemanden mehr, der Bescheid weiß.
Wenn ich es dir erzähle …

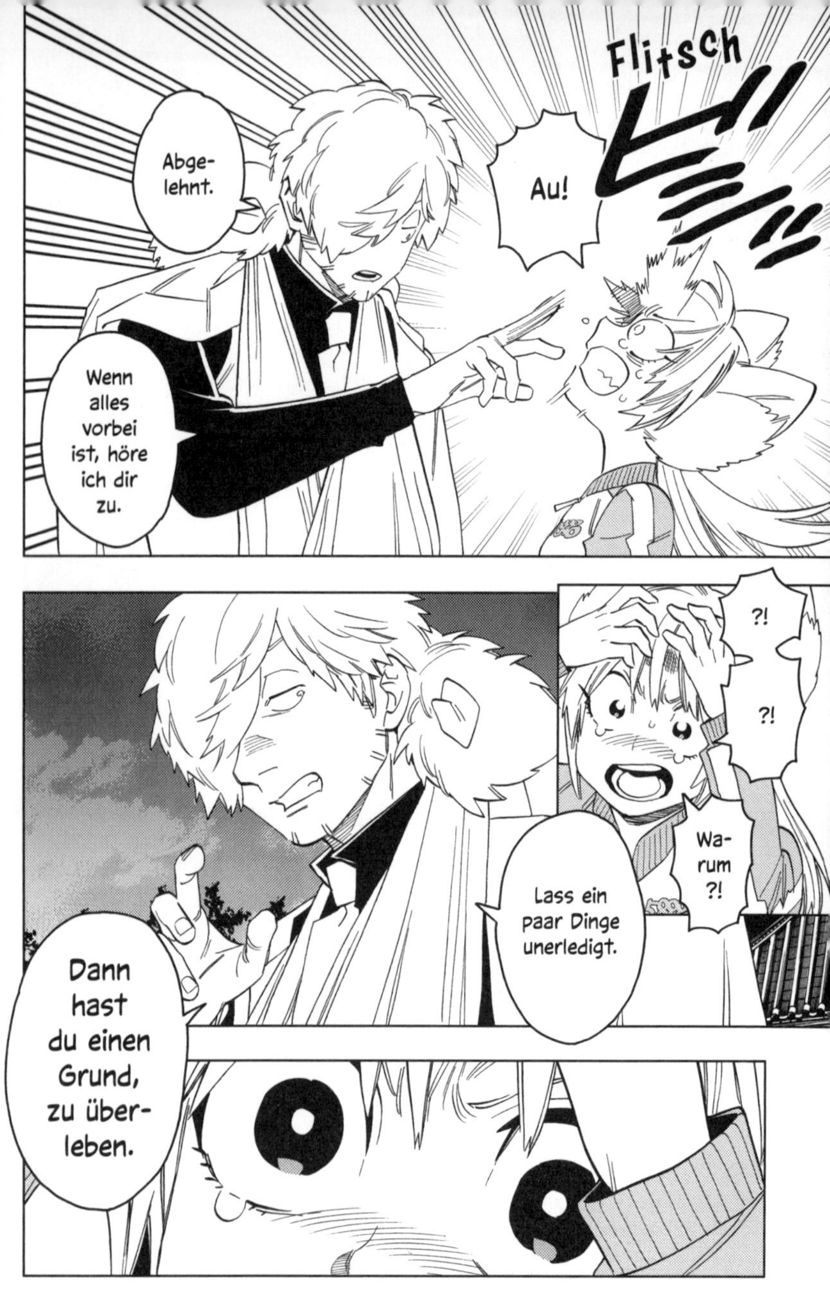
Flitsch
Au!
Abgelehnt.
Wenn alles vorbei ist, höre ich dir zu.
?!
?!
Warum ?!
Lass ein paar Dinge unerledigt.
Dann hast du einen Grund, zu überleben.

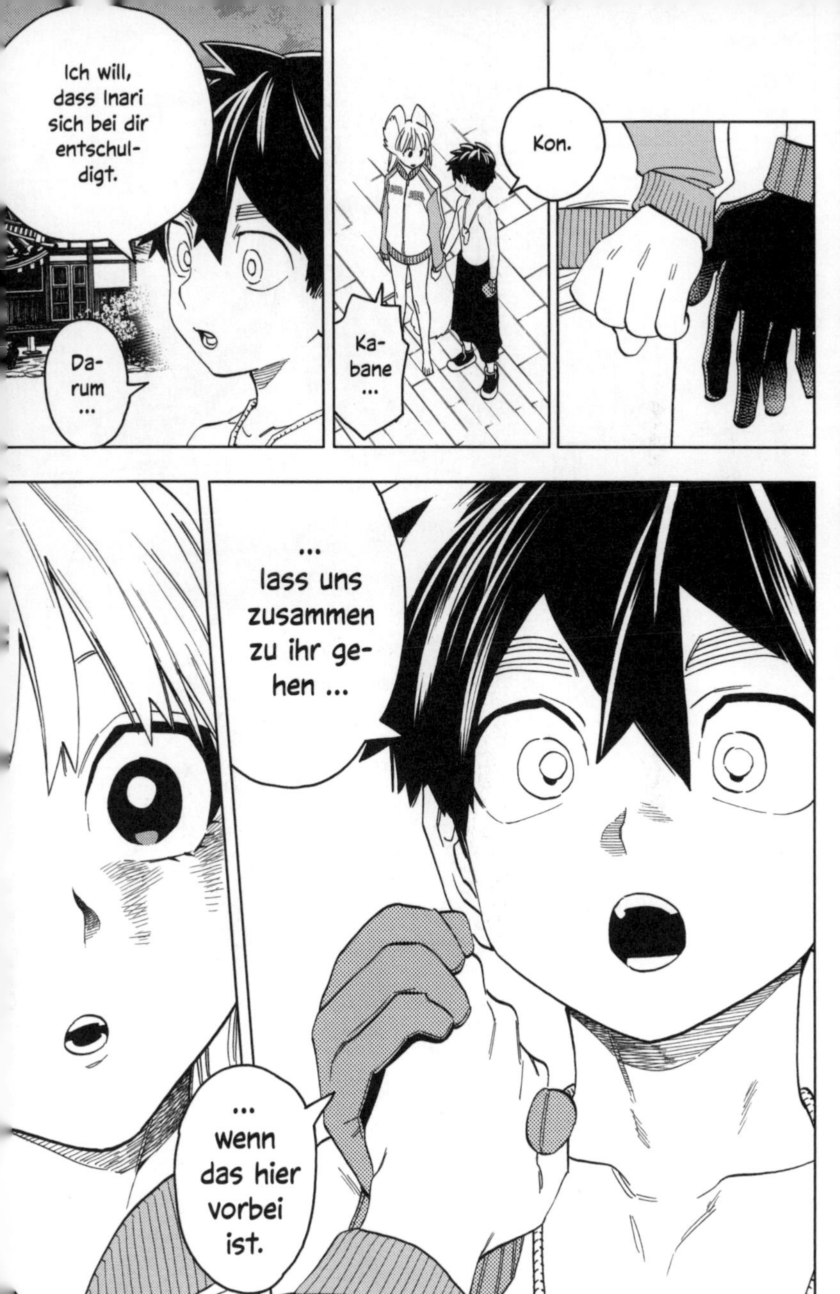
Kon.
Kabane ...
Ich will, dass Inari sich bei dir entschuldigt.
Darum ...
... lass uns zusammen zu ihr gehen ...
... wenn das hier vorbei ist.

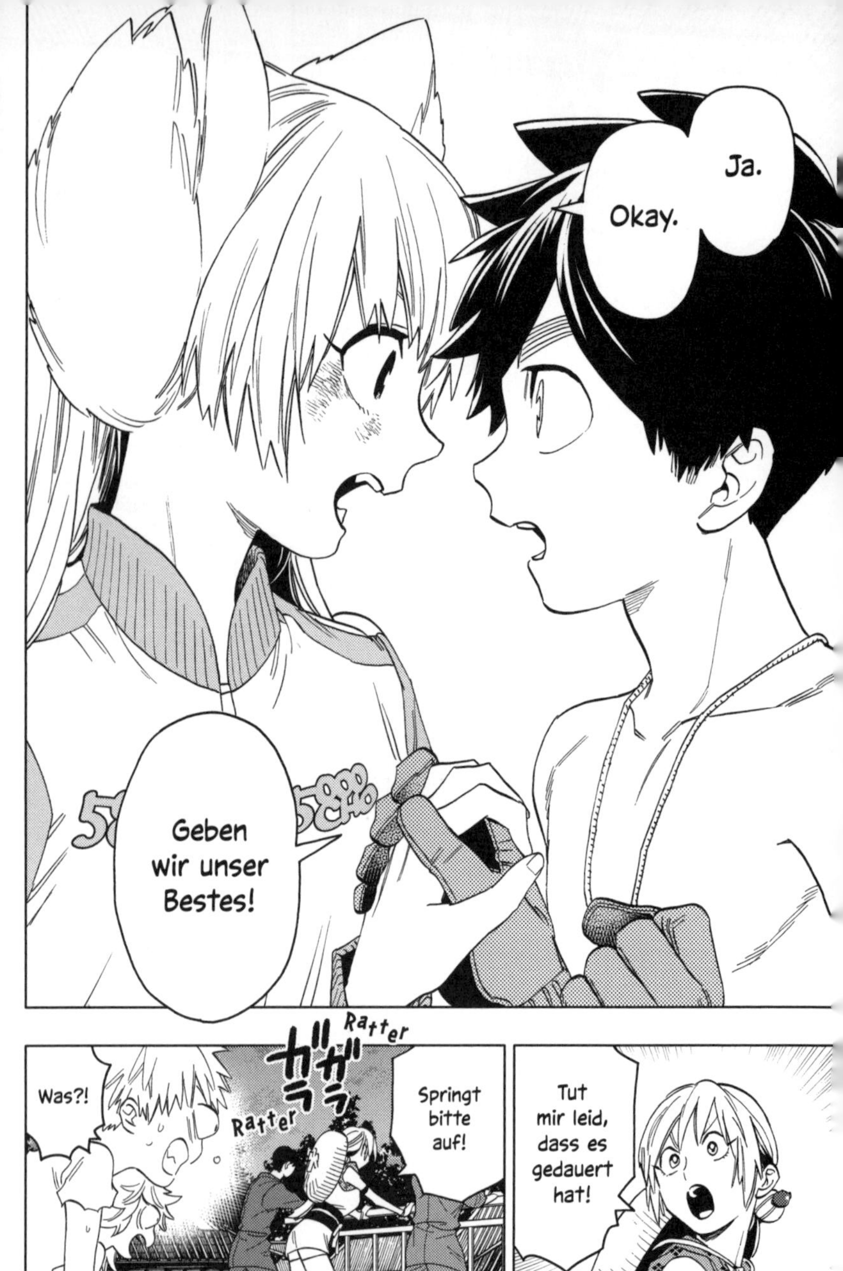
Ja.
Okay.
Geben wir unser Bestes!
Tut mir leid, dass es gedauert hat!
Springt bitte auf!
Ratter
ガガラ
Ratter
Was?!

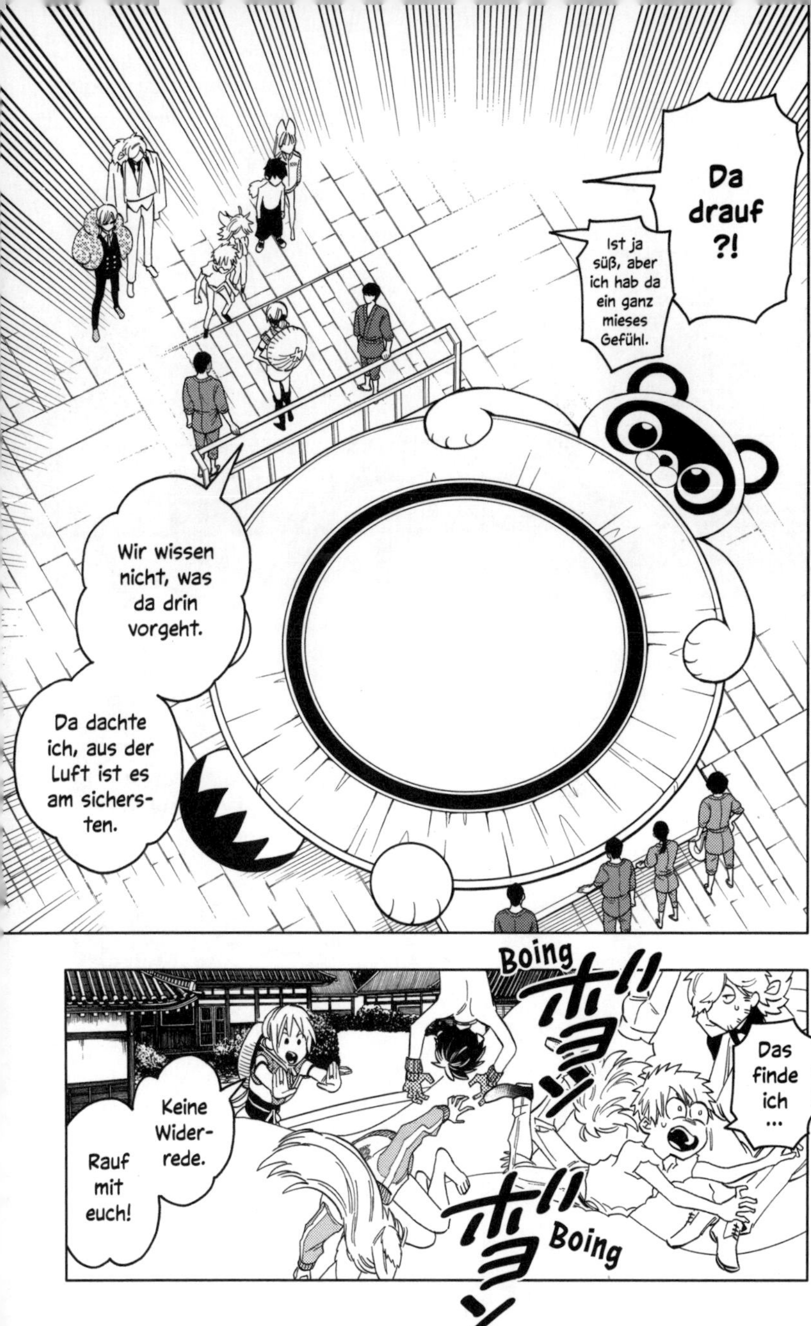

Da drauf?!

Ist ja süß, aber ich hab da ein ganz mieses Gefühl.

Wir wissen nicht, was da drin vorgeht.

Da dachte ich, aus der Luft ist es am sichersten.

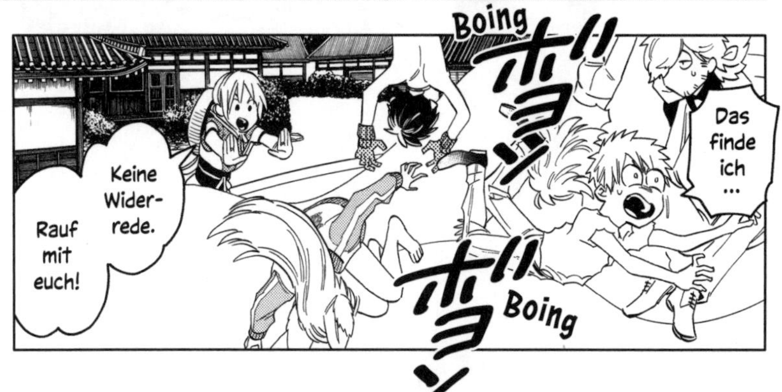

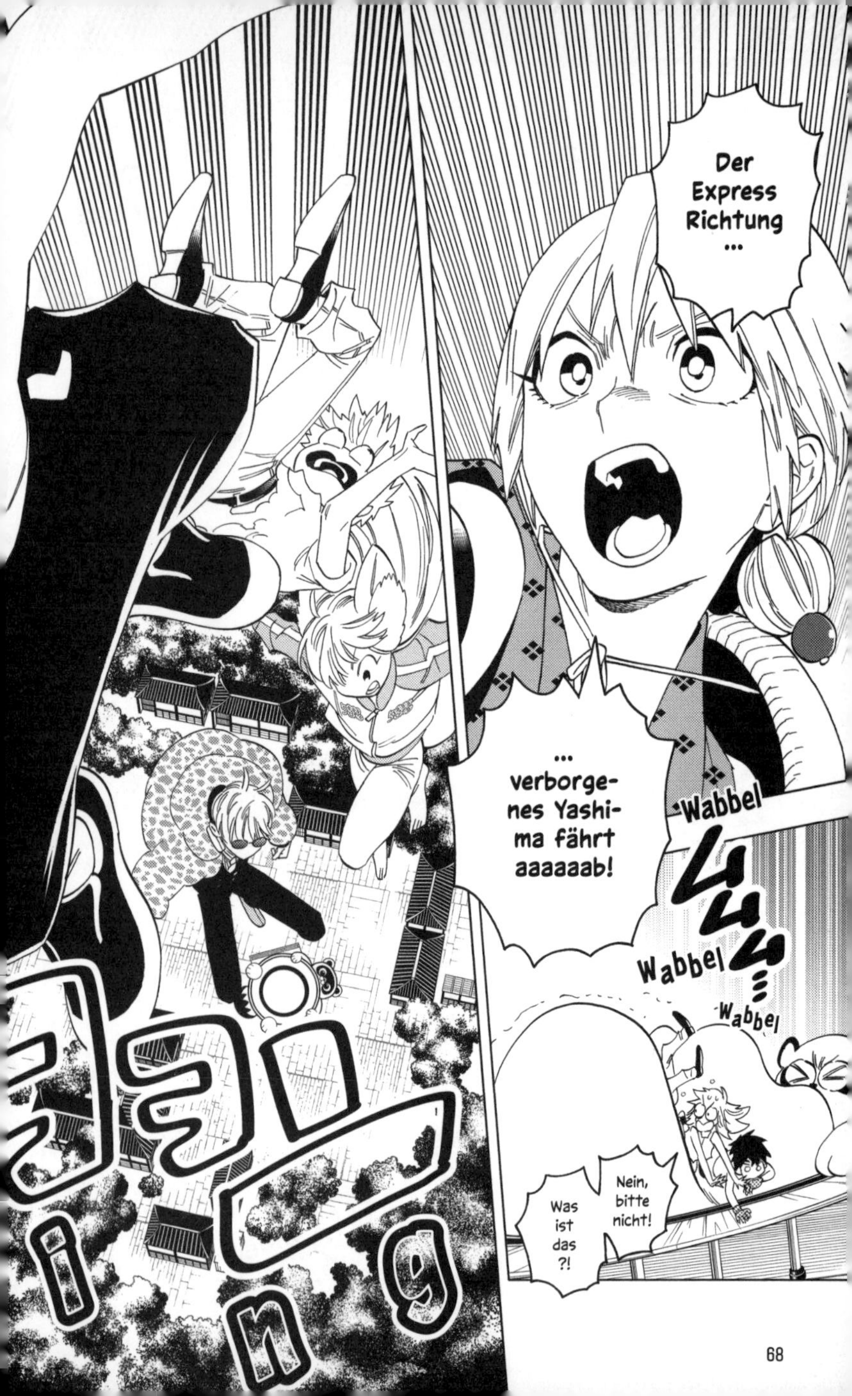
Der Express Richtung …
… verborgenes Yashima fährt aaaaaab!
Wabbel
Wabbel
Wabbel
Nein, bitte nicht!
Was ist das ?!
ging

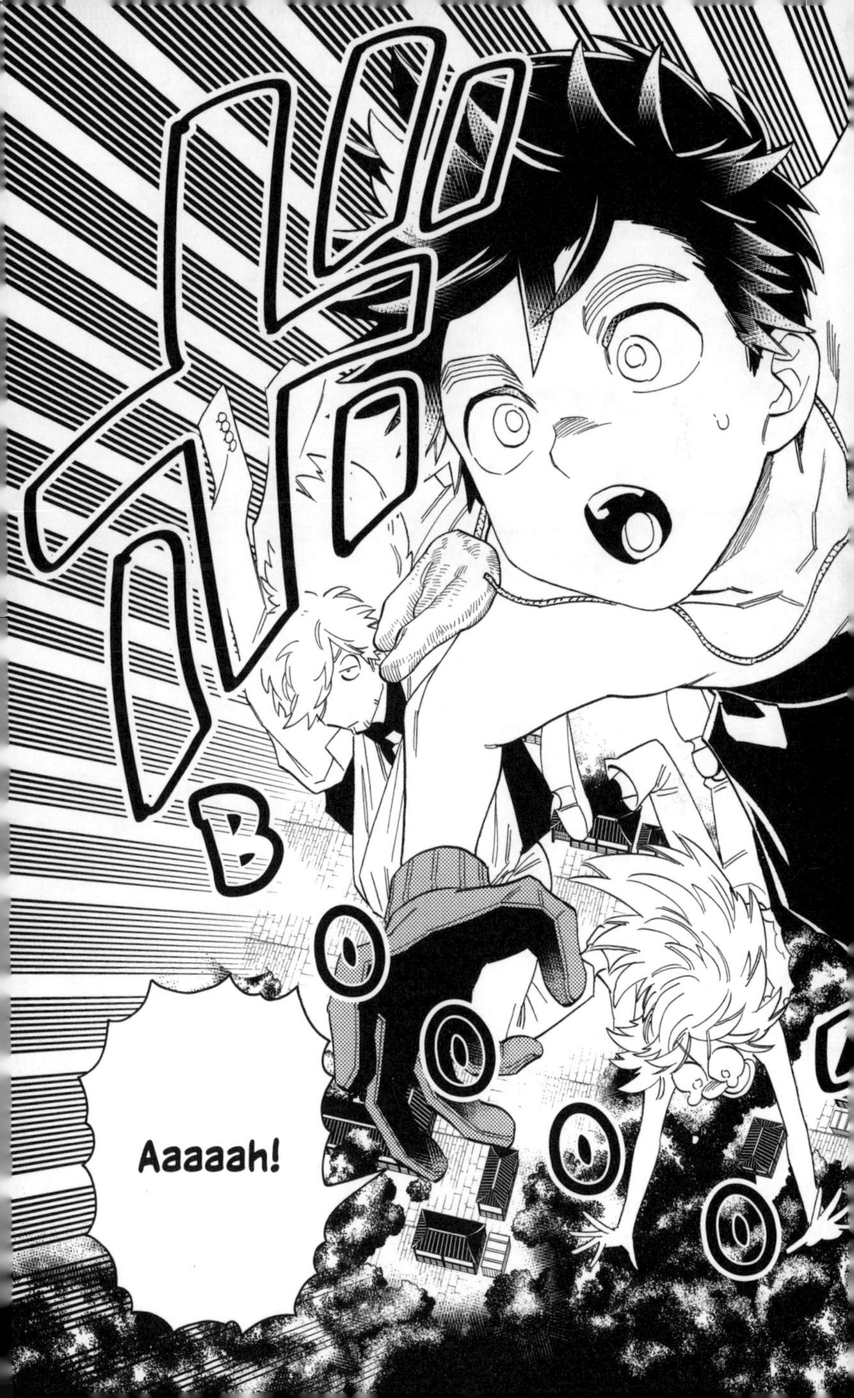
BOOOO
Aaaaah!

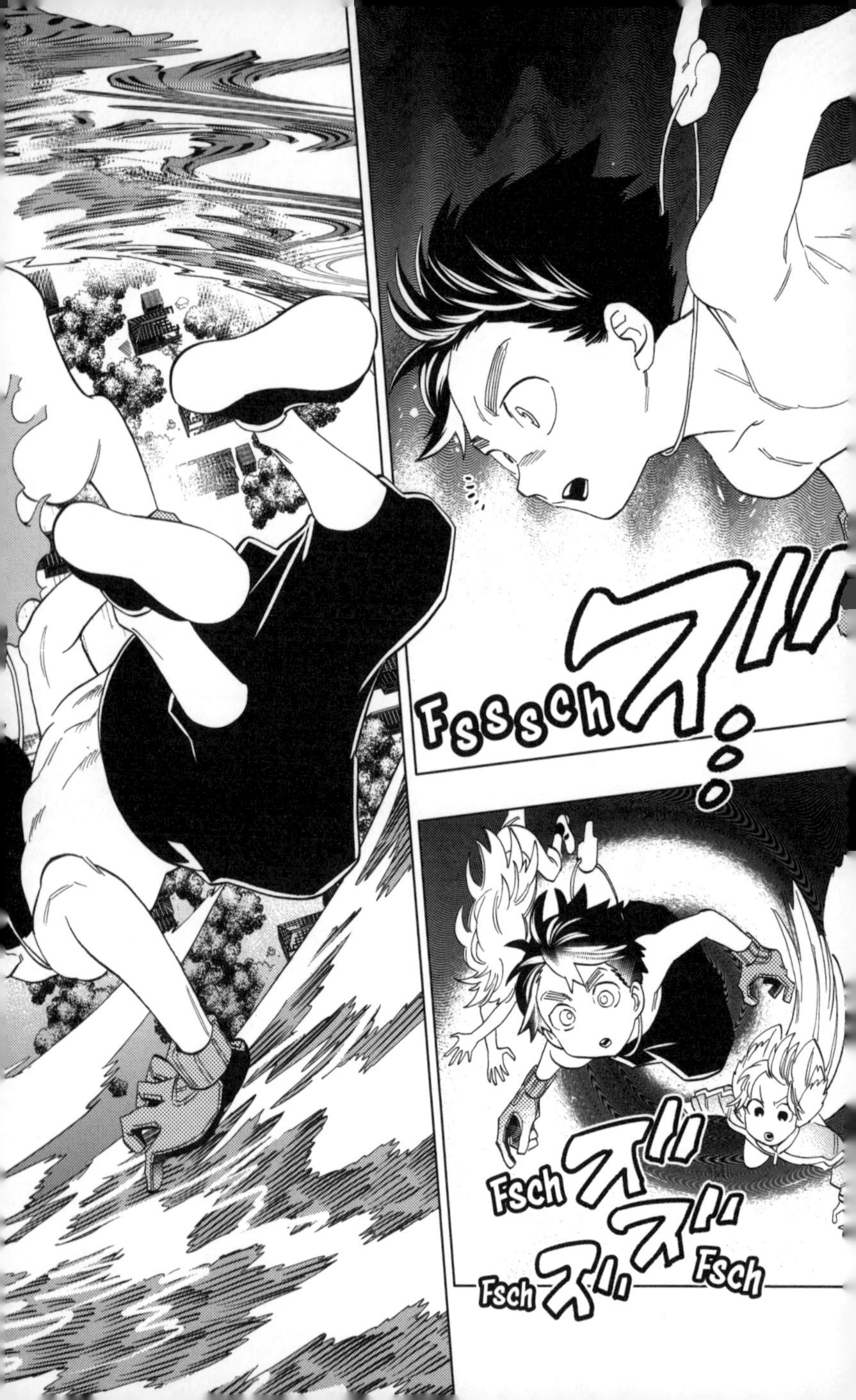
Fsssch
Fsch
Fsch
Fsch

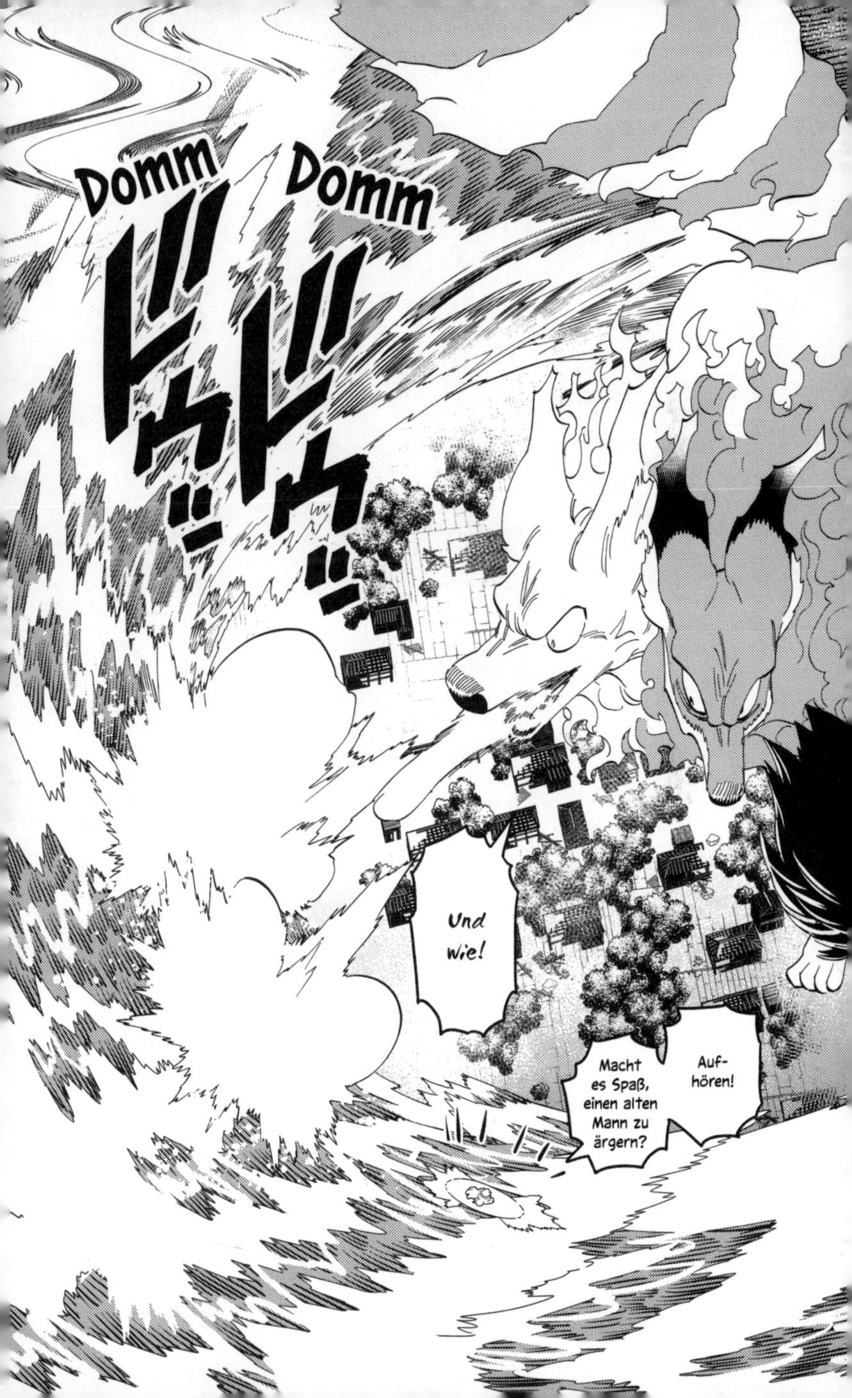
Domm
Domm
Auf-hören!
Macht es Spaß, einen alten Mann zu ärgern?
Und wie!

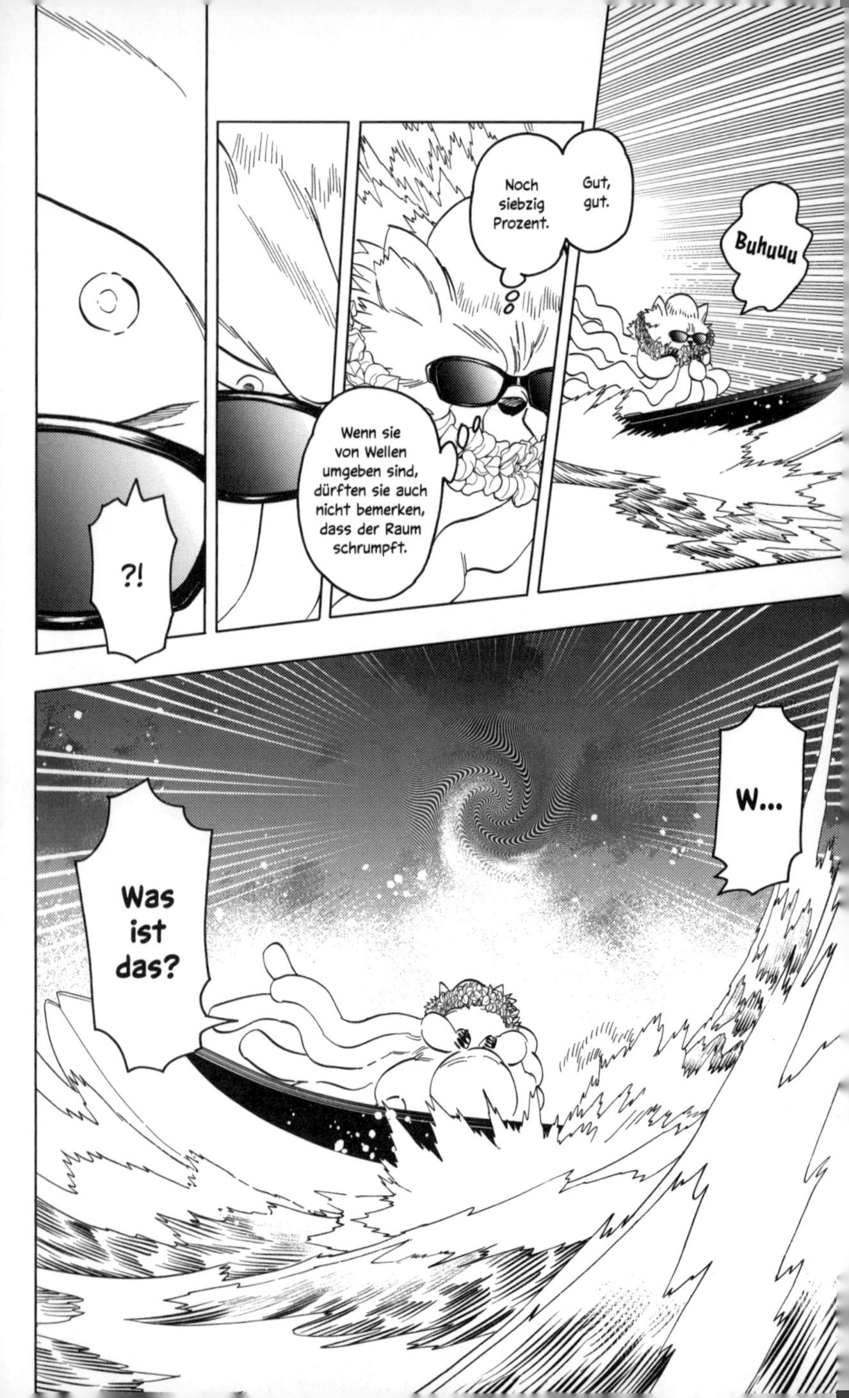
Buhuuu
Gut, gut.
Noch siebzig Prozent.
Wenn sie von Wellen umgeben sind, dürften sie auch nicht bemerken, dass der Raum schrumpft.
?!
W...
Was ist das?

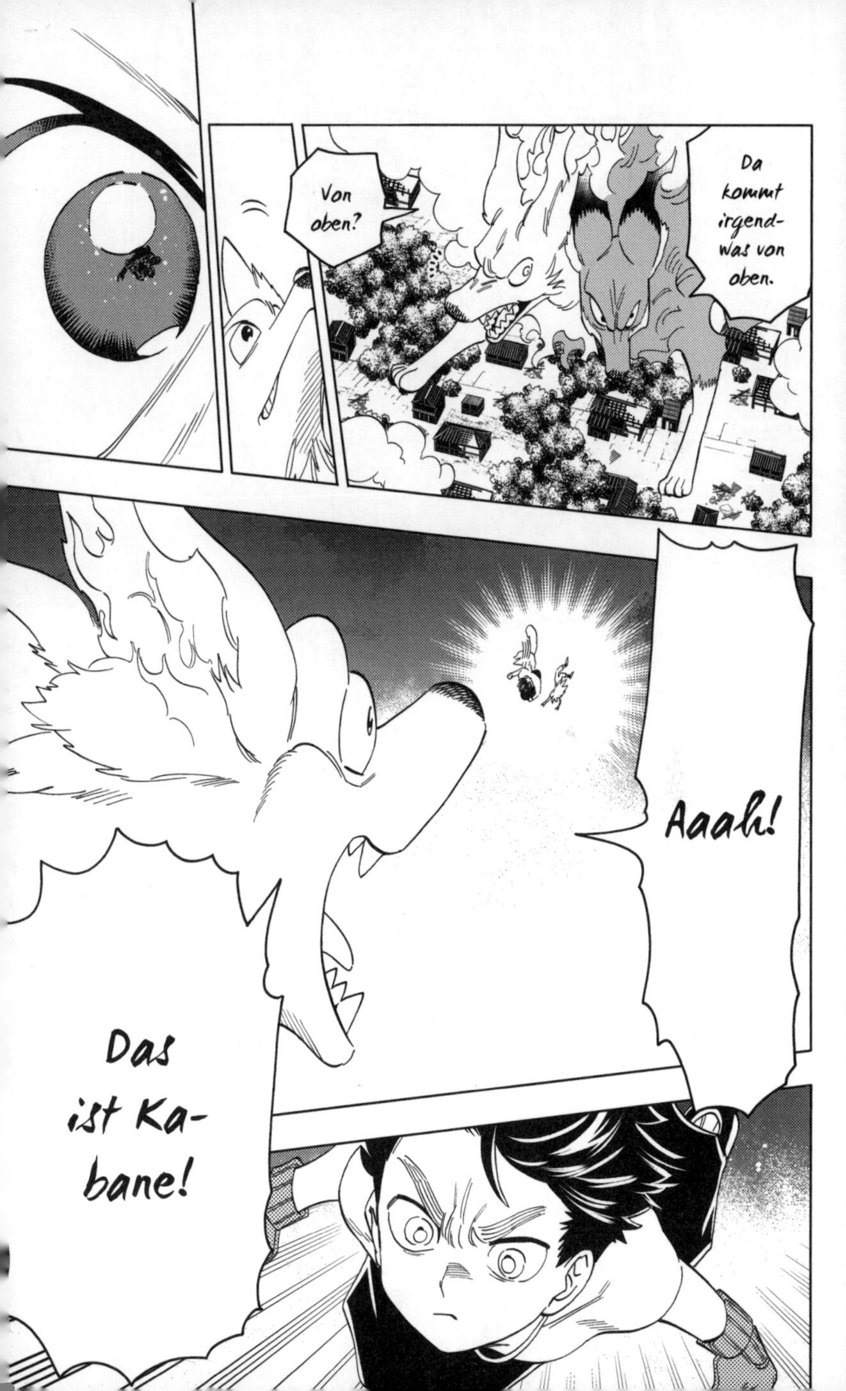
Da kommt irgend-was von oben.
Von oben?
Aaah!
Das ist Ka-bane!

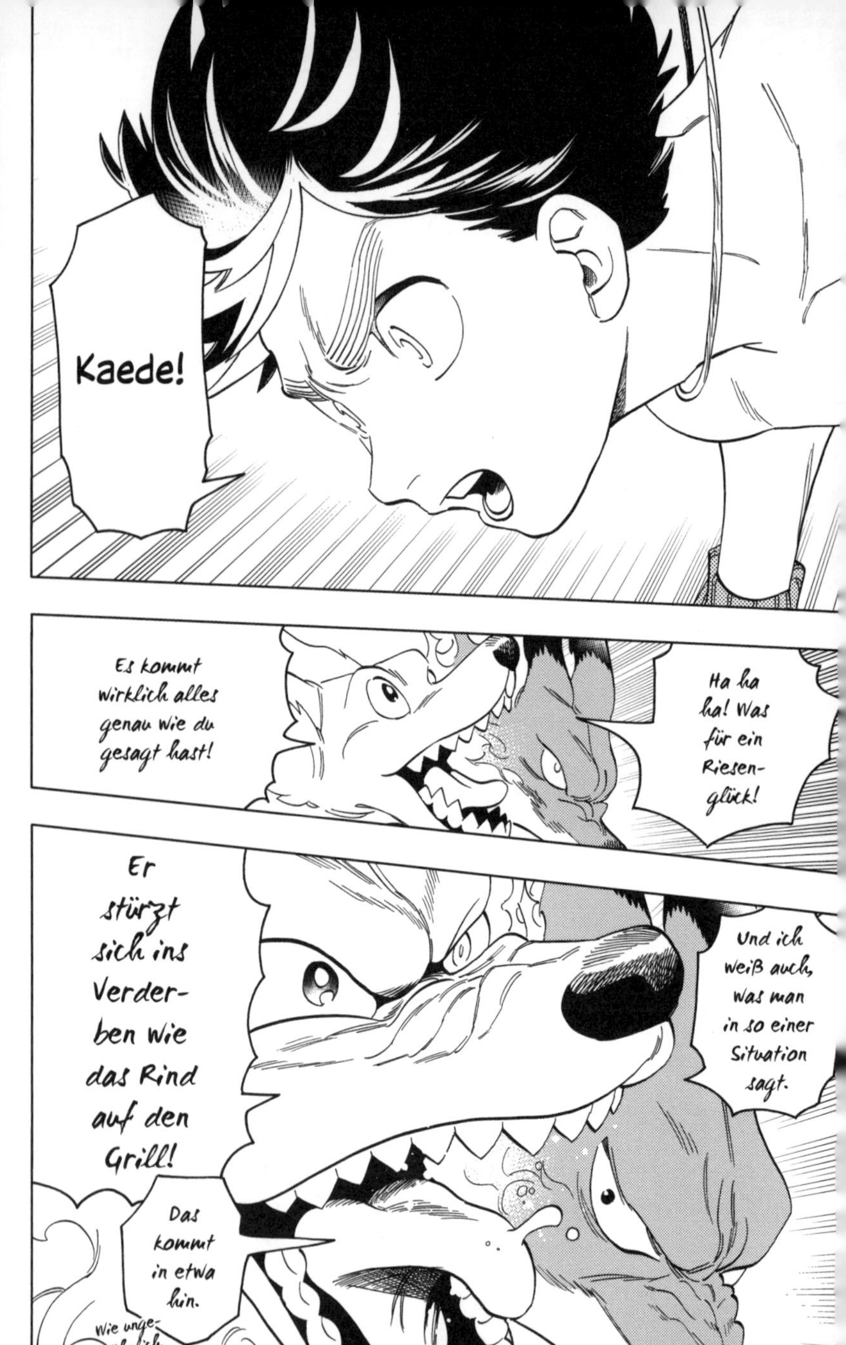
Kaede!
Ha ha ha! Was für ein Riesenglück!
Es kommt wirklich alles genau wie du gesagt hast!
Und ich weiß auch, was man in so einer Situation sagt.
Er stürzt sich ins Verderben wie das Rind auf den Grill!
Das kommt in etwa hin.
Wie ungewöhnlich

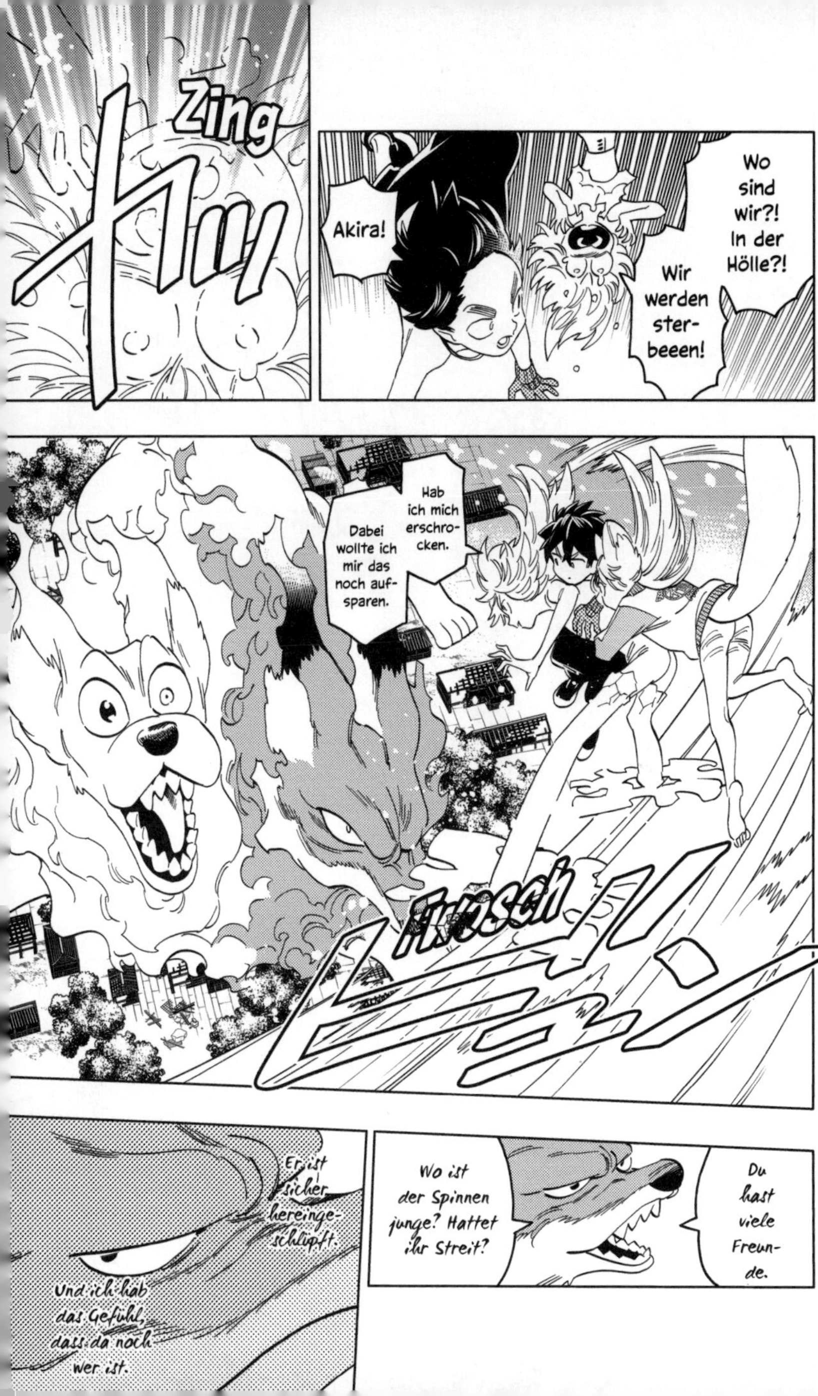

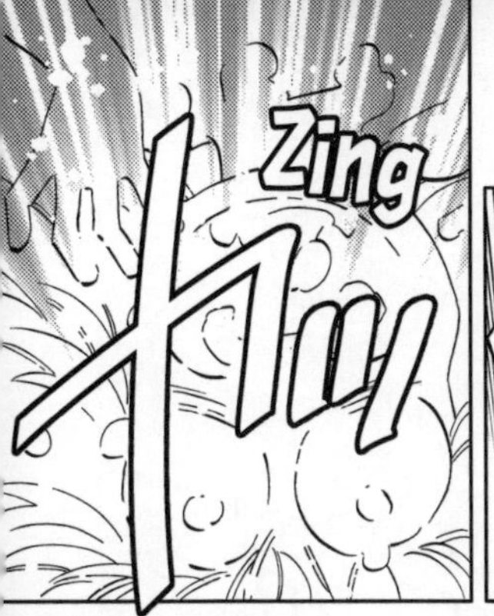

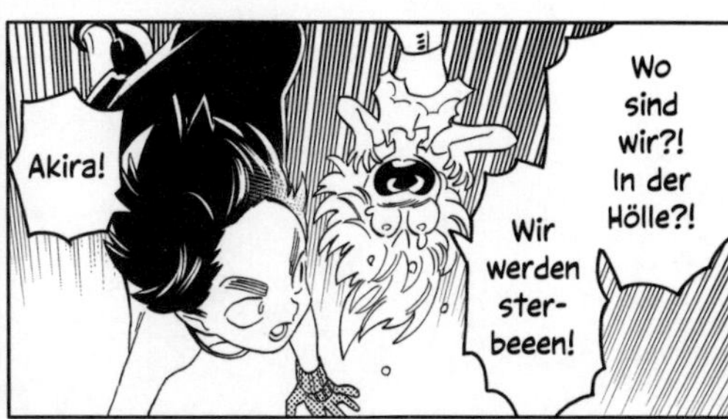

Hab ich mich erschrocken.
Dabei wollte ich mir das noch aufsparen.
Fwosch

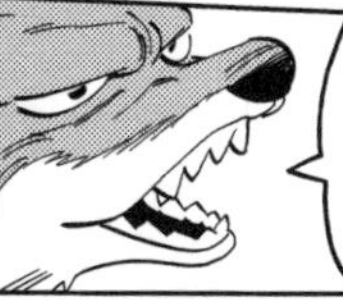

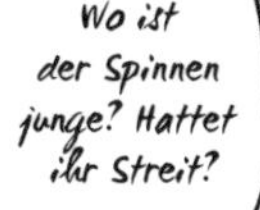

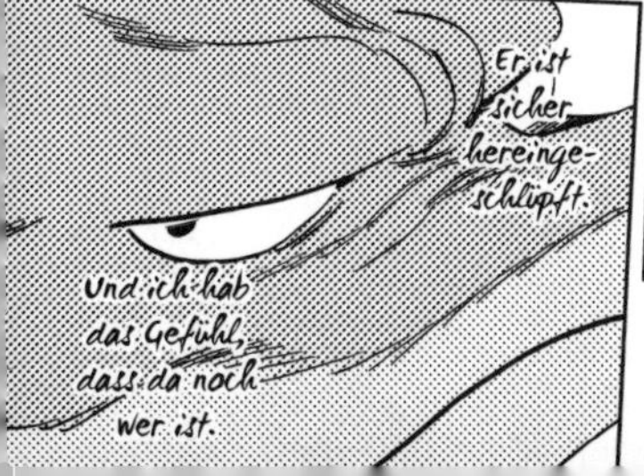

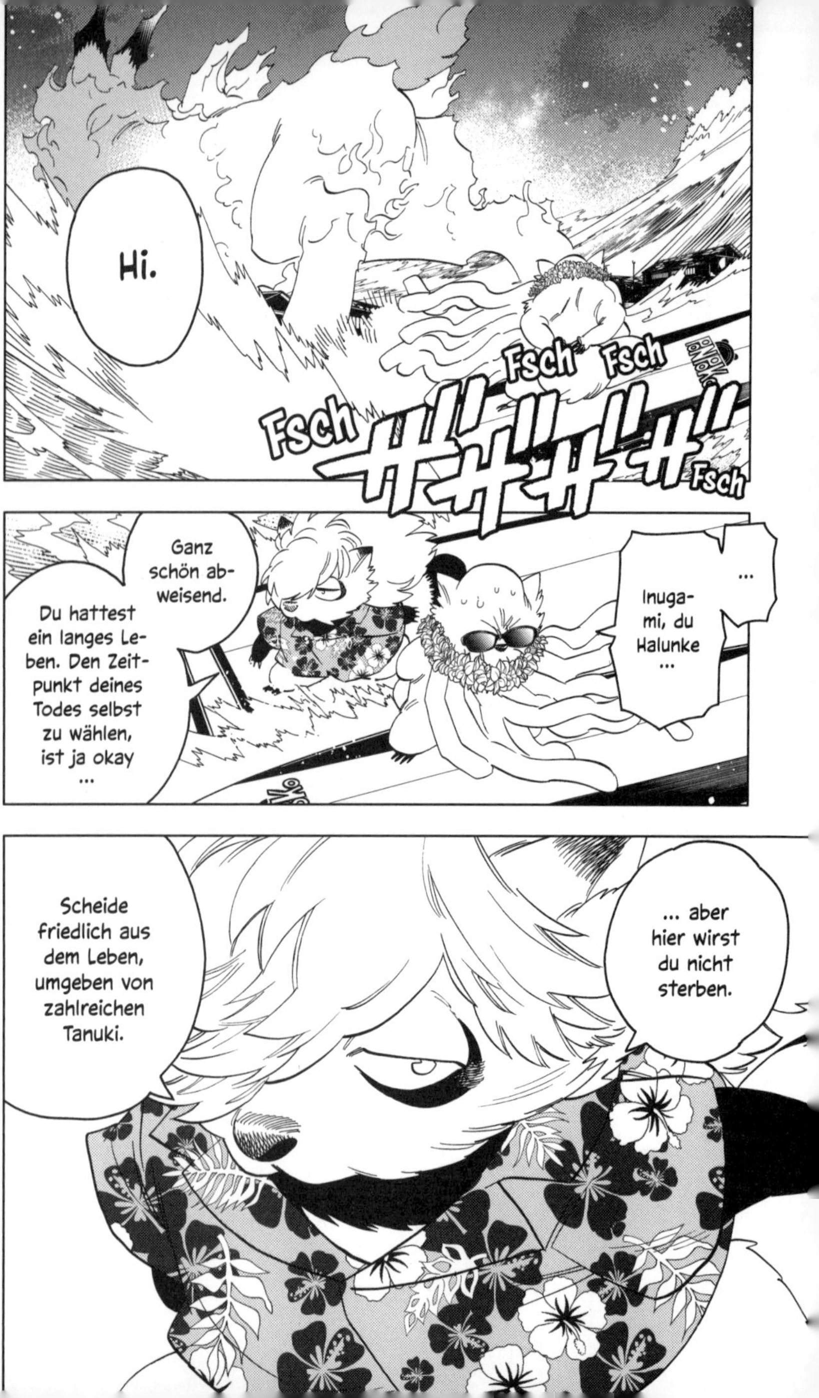

Hi.

Fsch Fsch

Fsch

Fsch

... Inuga- mi, du Halunke ...

Ganz schön ab- weisend.

Du hattest ein langes Le- ben. Den Zeit- punkt deines Todes selbst zu wählen, ist ja okay ...

... aber hier wirst du nicht sterben.

Scheide friedlich aus dem Leben, umgeben von zahlreichen Tanuki.

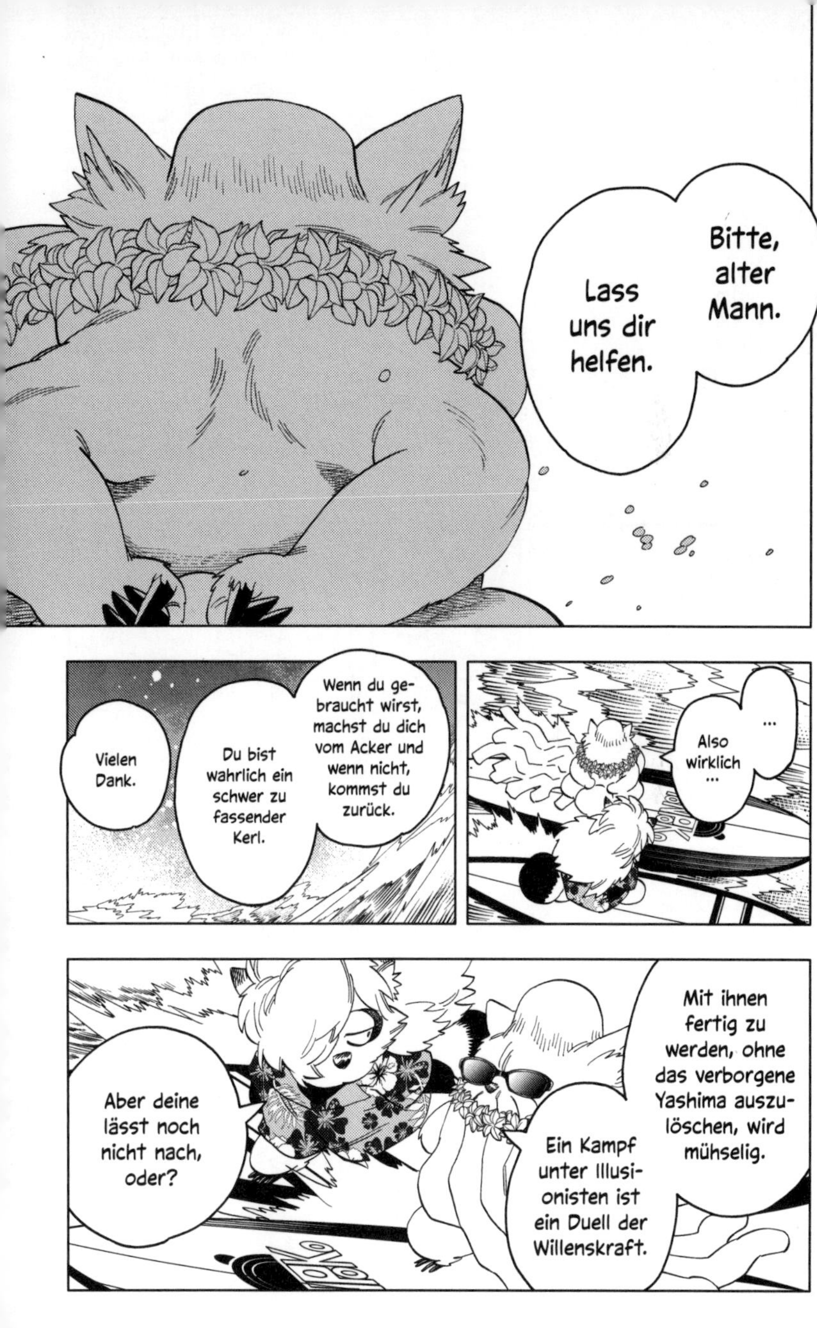

Bitte, alter Mann.
Lass uns dir helfen.

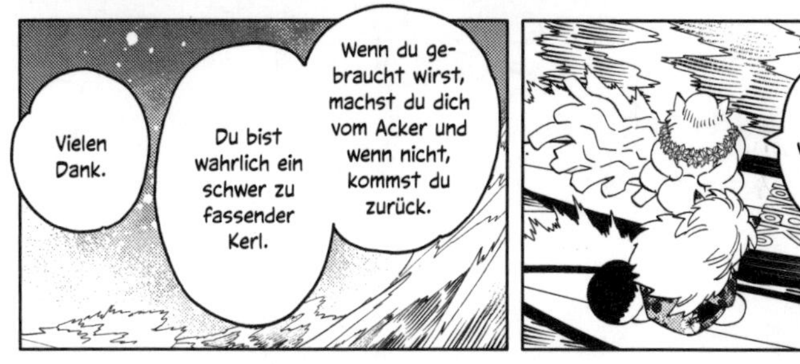

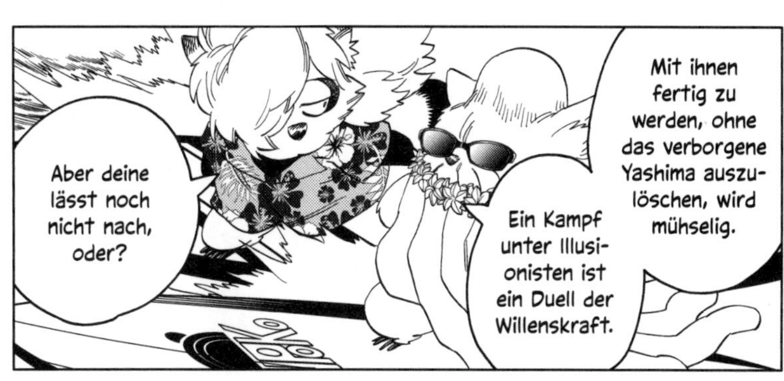

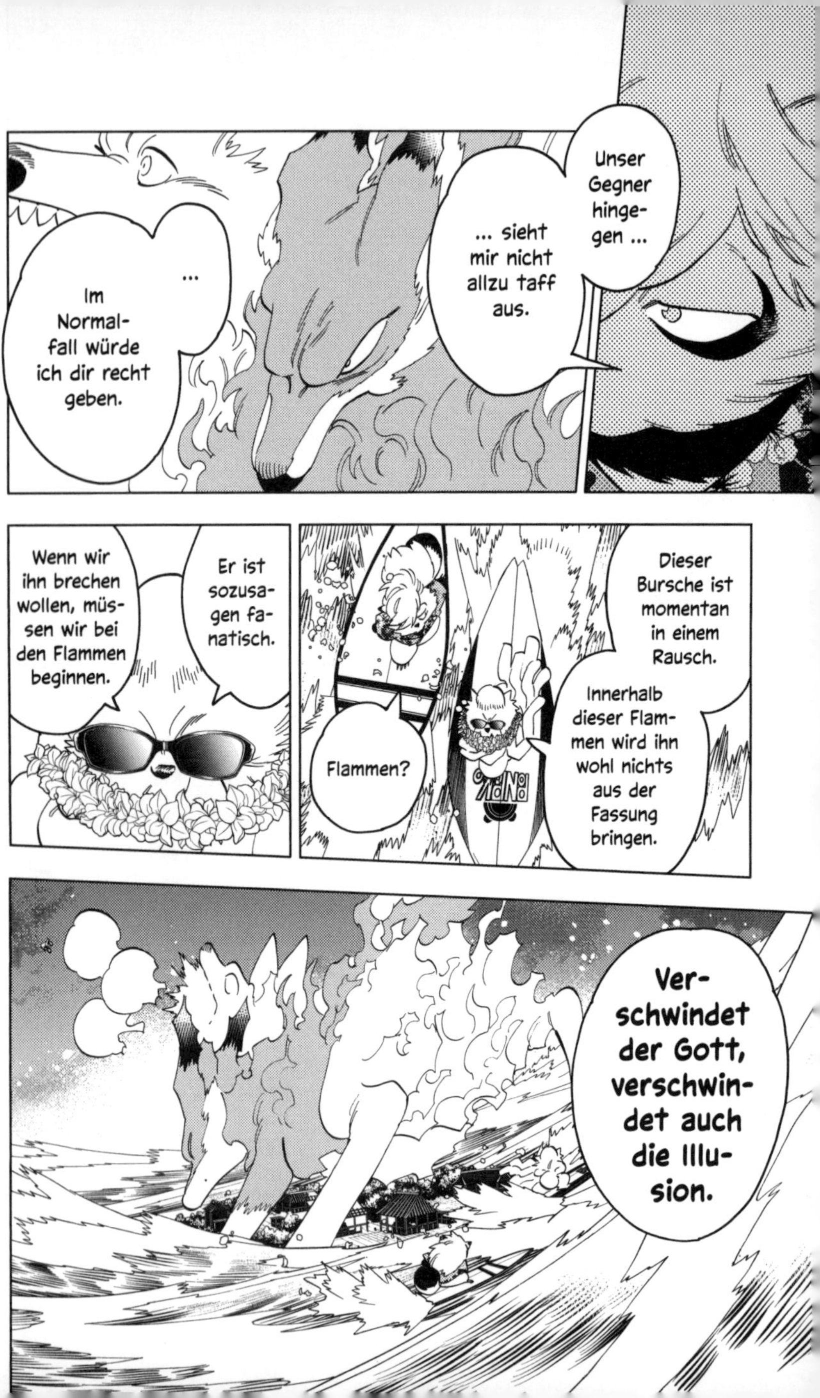

Unser Gegner hingegen ...
... sieht mir nicht allzu taff aus.
...
Im Normalfall würde ich dir recht geben.
Dieser Bursche ist momentan in einem Rausch.
Innerhalb dieser Flammen wird ihn wohl nichts aus der Fassung bringen.
Flammen?
Er ist sozusagen fanatisch.
Wenn wir ihn brechen wollen, müssen wir bei den Flammen beginnen.
Verschwindet der Gott, verschwindet auch die Illusion.

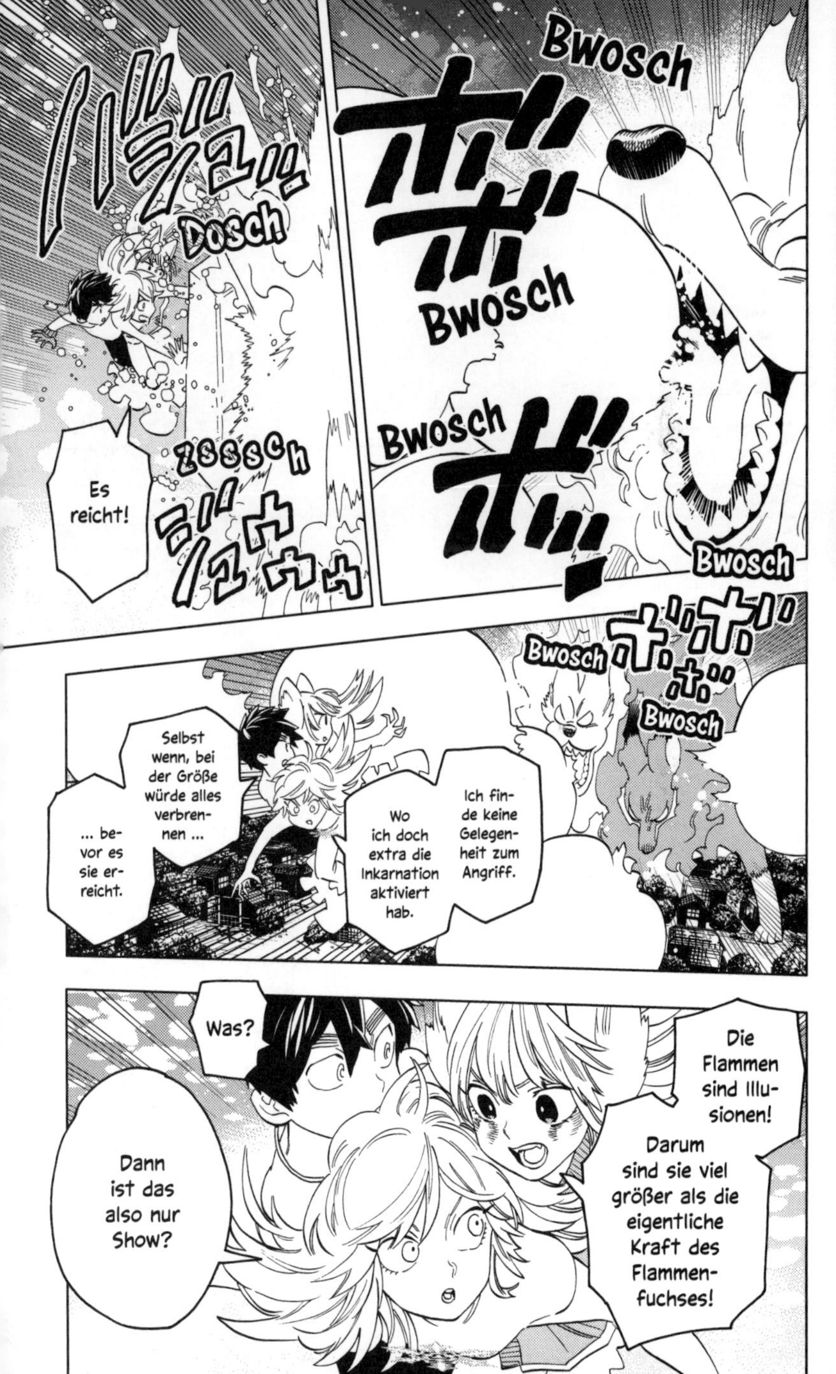

Bwosch
Bwosch
Bwosch
Bwosch
Dosch
Zsssch
Es reicht!
Bwosch
Bwosch
Ich finde keine Gelegenheit zum Angriff.
Wo ich doch extra die Inkarnation aktiviert hab.
Selbst wenn, bei der Größe würde alles verbrennen ...
... bevor es sie erreicht.
Die Flammen sind Illusionen!
Darum sind sie viel größer als die eigentliche Kraft des Flammenfuchses!
Was?
Dann ist das also nur Show?

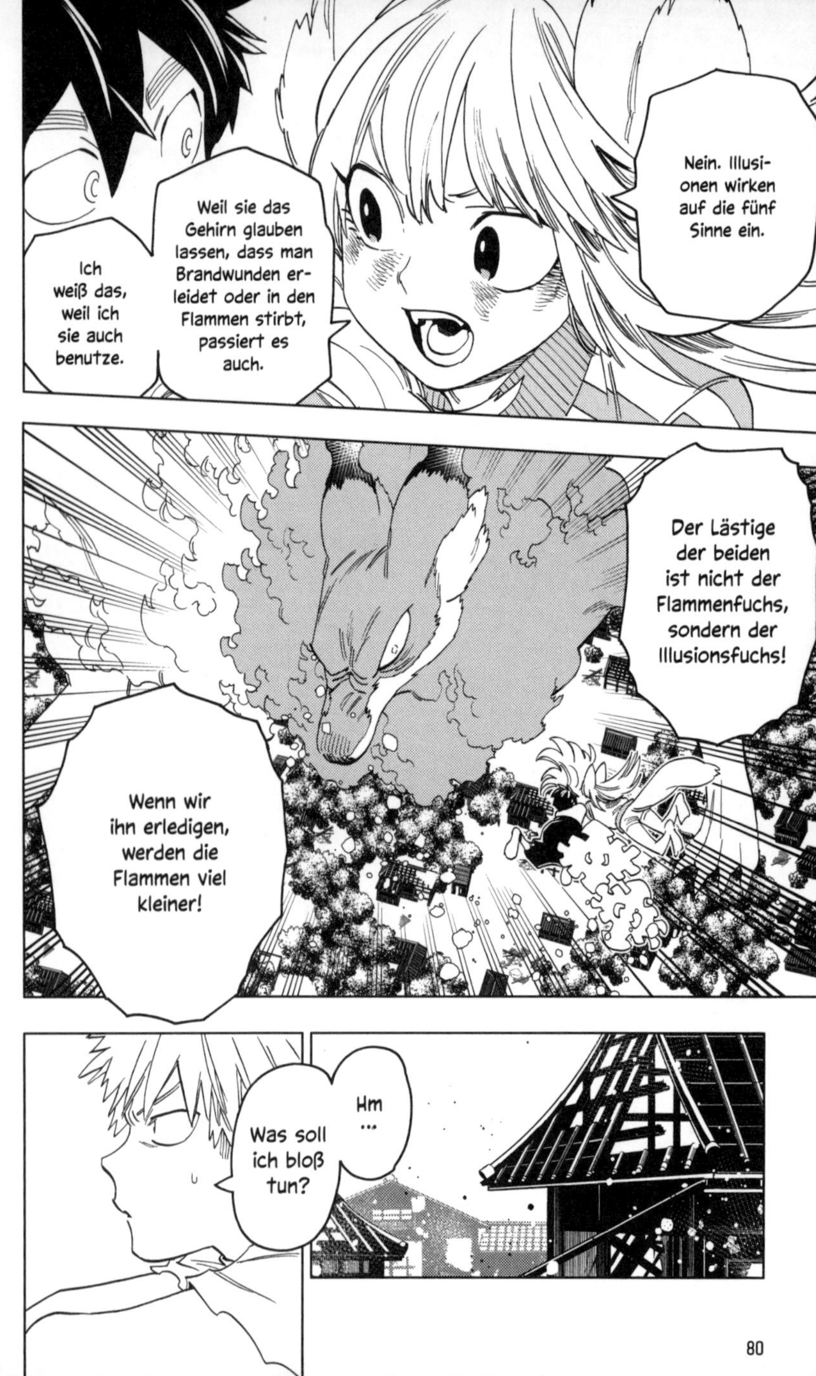
Nein. Illusionen wirken auf die fünf Sinne ein.
Weil sie das Gehirn glauben lassen, dass man Brandwunden erleidet oder in den Flammen stirbt, passiert es auch.
Ich weiß das, weil ich sie auch benutze.
Der Lästige der beiden ist nicht der Flammenfuchs, sondern der Illusionsfuchs!
Wenn wir ihn erledigen, werden die Flammen viel kleiner!
Hm ...
Was soll ich bloß tun?

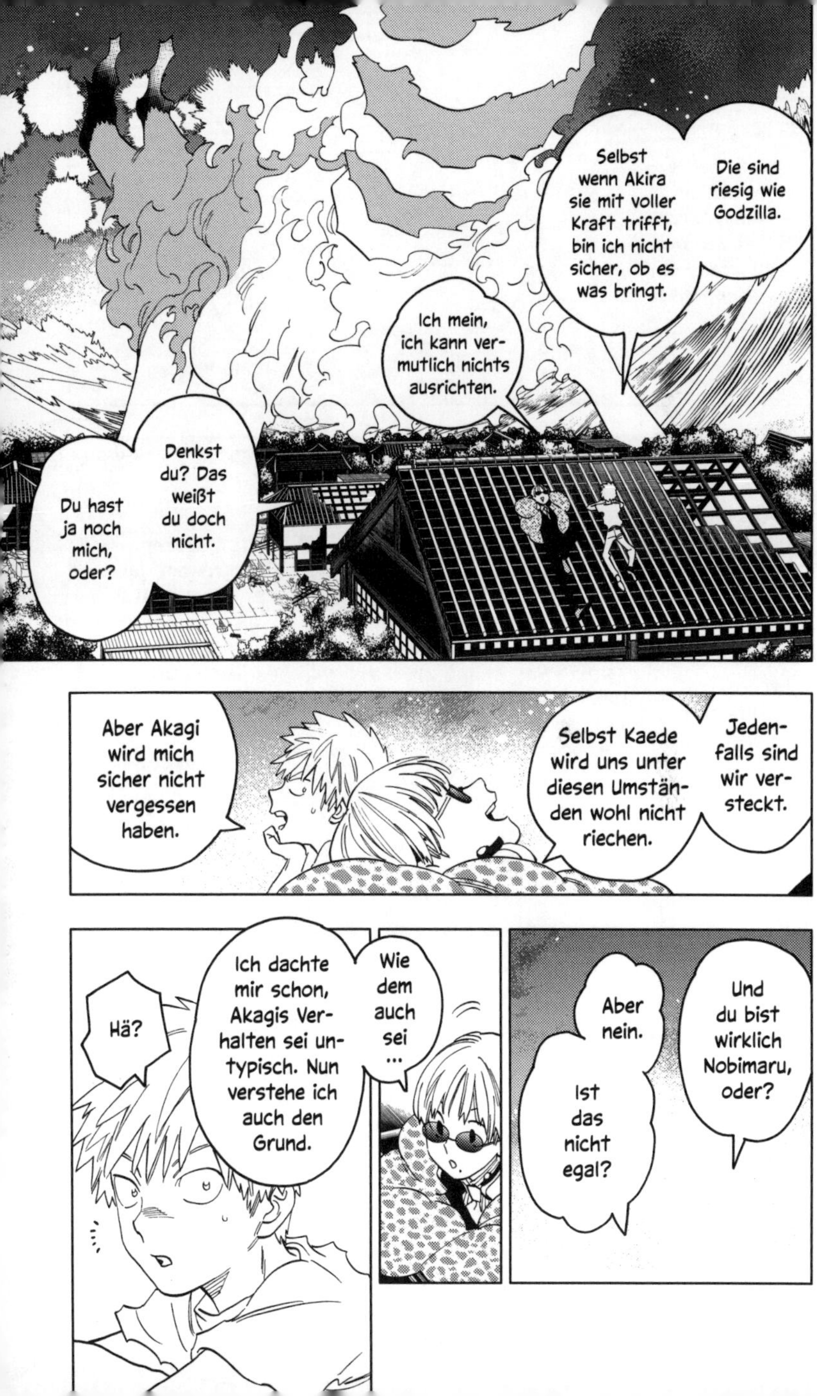

Die sind riesig wie Godzilla.
Selbst wenn Akira sie mit voller Kraft trifft, bin ich nicht sicher, ob es was bringt.
Ich mein, ich kann vermutlich nichts ausrichten.
Denkst du? Das weißt du doch nicht.
Du hast ja noch mich, oder?

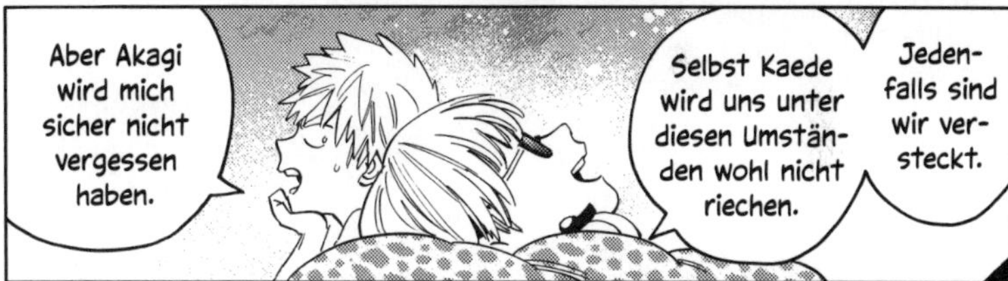

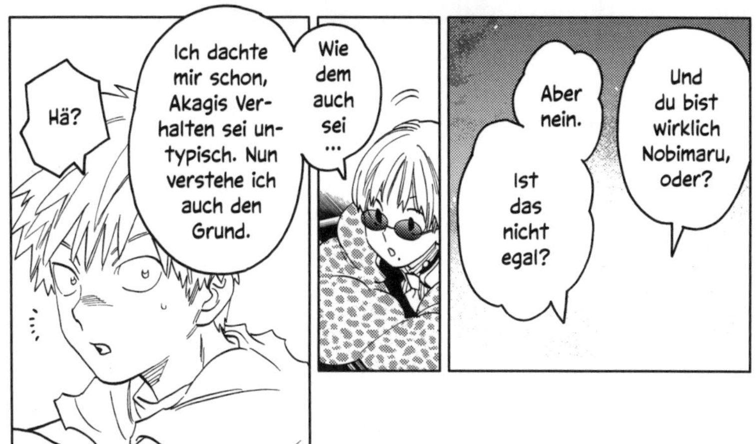

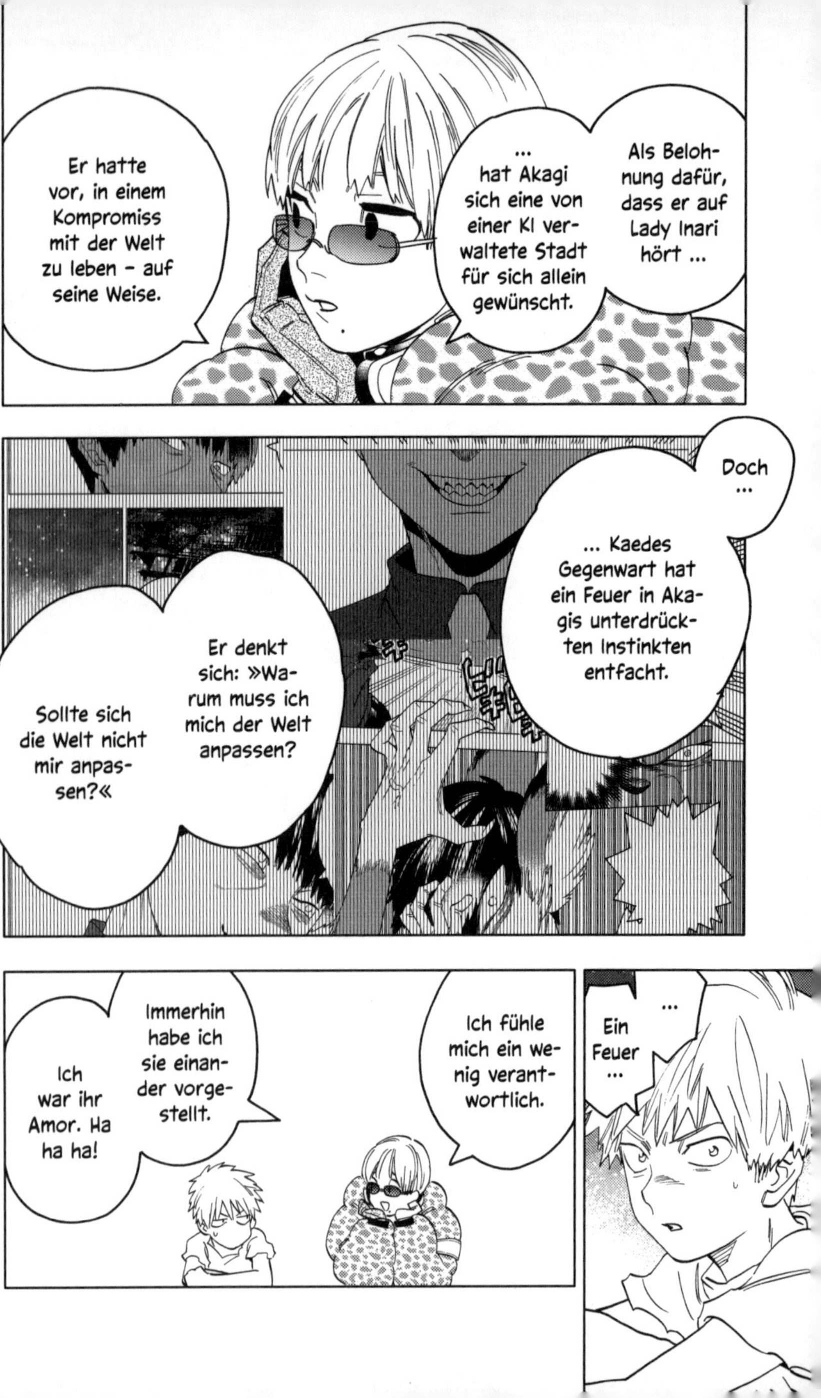

Als Belohnung dafür, dass er auf Lady Inari hört ...

... hat Akagi sich eine von einer KI verwaltete Stadt für sich allein gewünscht.

Er hatte vor, in einem Kompromiss mit der Welt zu leben – auf seine Weise.

Doch ...

... Kaedes Gegenwart hat ein Feuer in Akagis unterdrückten Instinkten entfacht.

Er denkt sich: »Warum muss ich mich der Welt anpassen?

Sollte sich die Welt nicht mir anpassen?«

... Ein Feuer ...

Ich fühle mich ein wenig verantwortlich.

Immerhin habe ich sie einander vorgestellt.

Ich war ihr Amor. Ha ha ha!

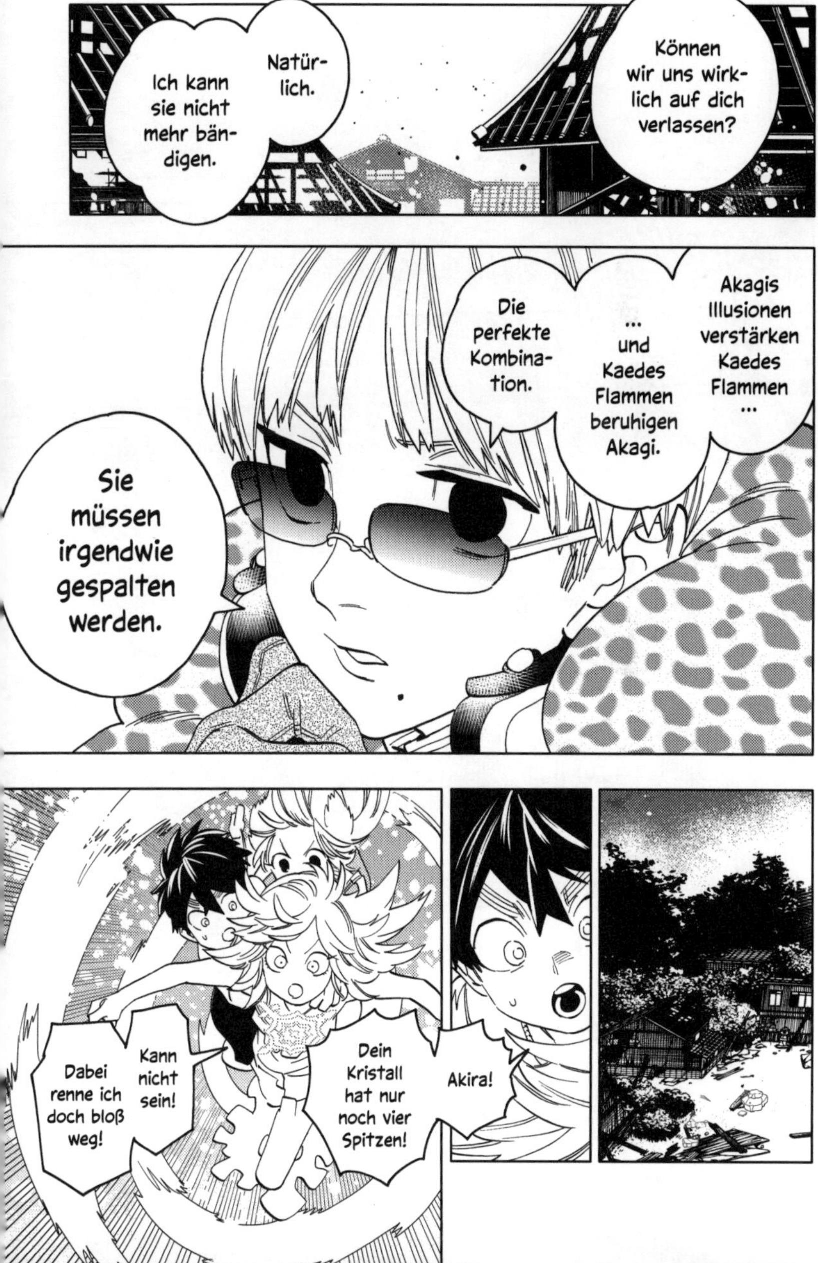

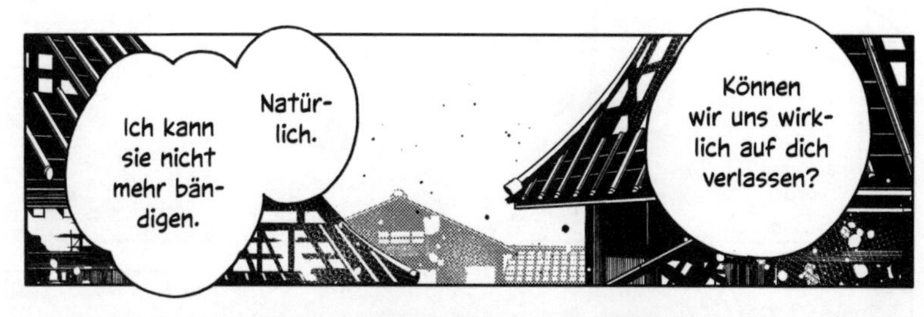

Akagis Illusionen verstärken Kaedes Flammen ...
... und Kaedes Flammen beruhigen Akagi.
Die perfekte Kombination.
Sie müssen irgendwie gespalten werden.

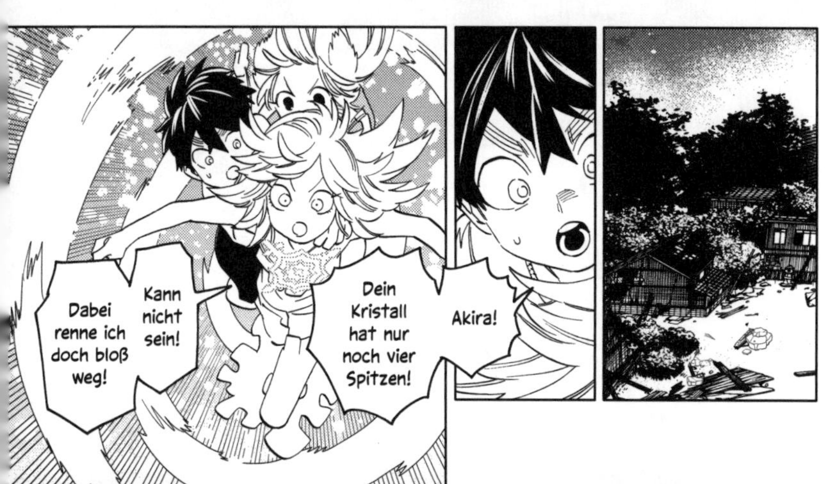

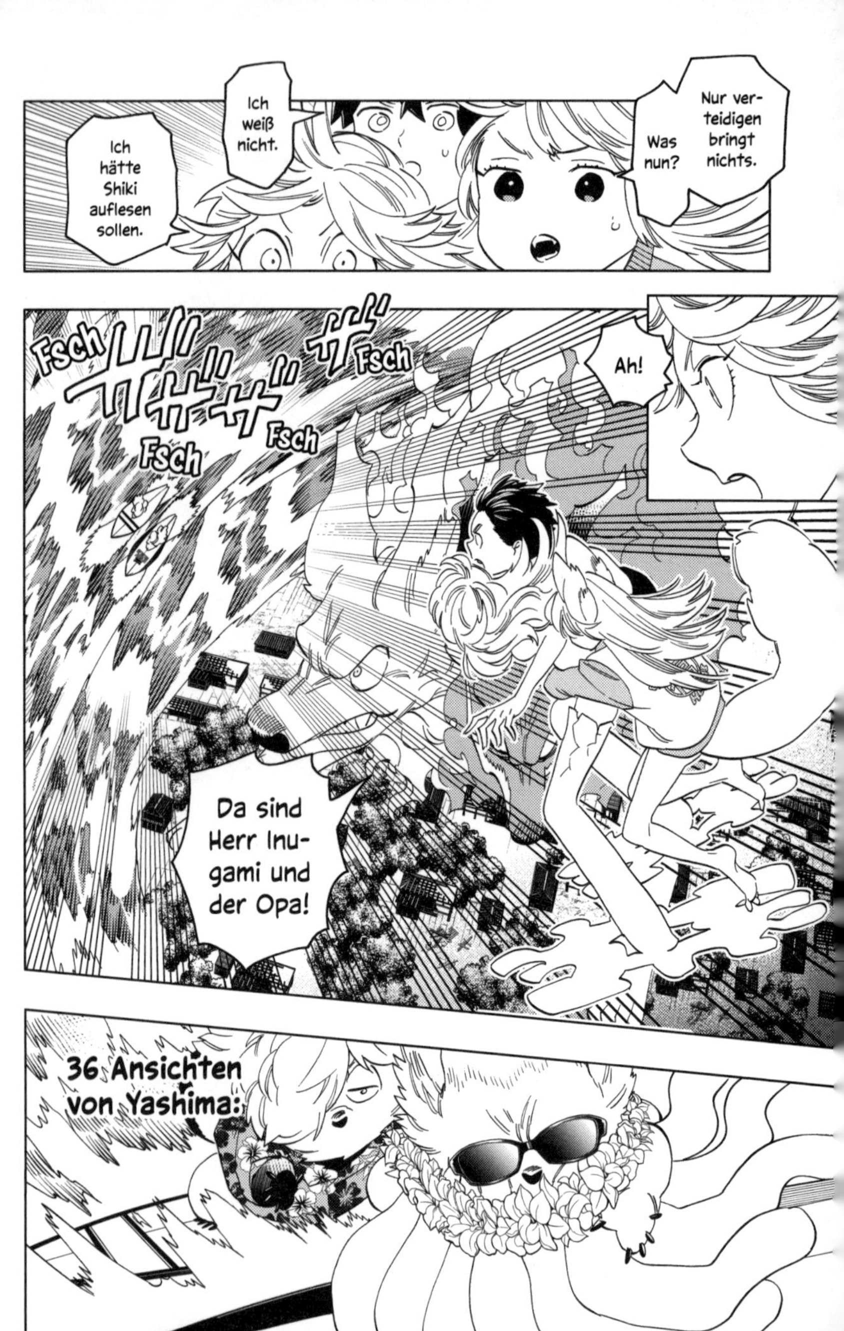
Nur verteidigen bringt nichts.
Was nun?
Ich weiß nicht.
Ich hätte Shiki auflesen sollen.
Ah!
Fsch
Fsch
Fsch
Fsch
Da sind Herr Inugami und der Opa!
36 Ansichten von Yashima:

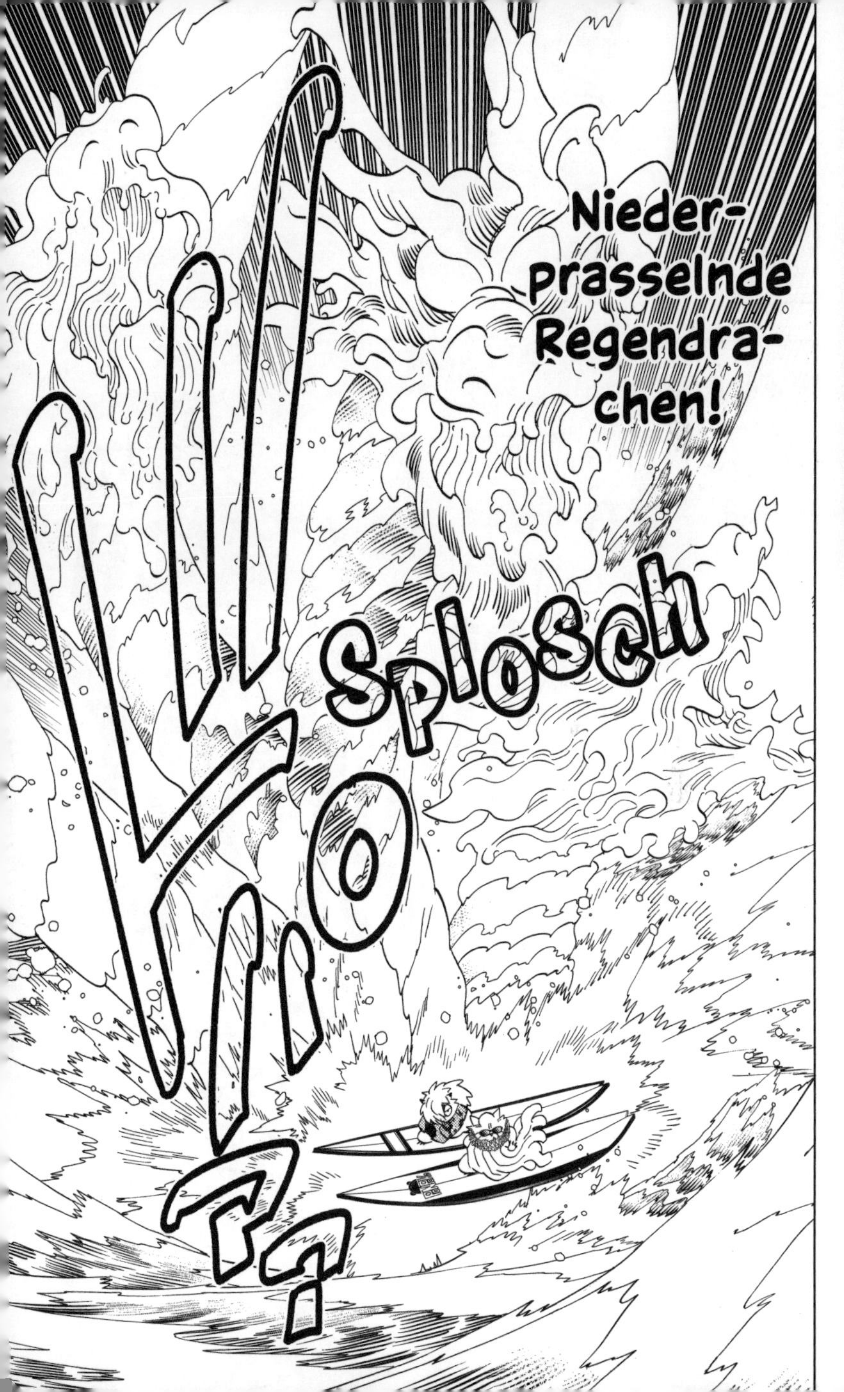
Nieder-
prasselnde
Regendra-
chen!
Splosch

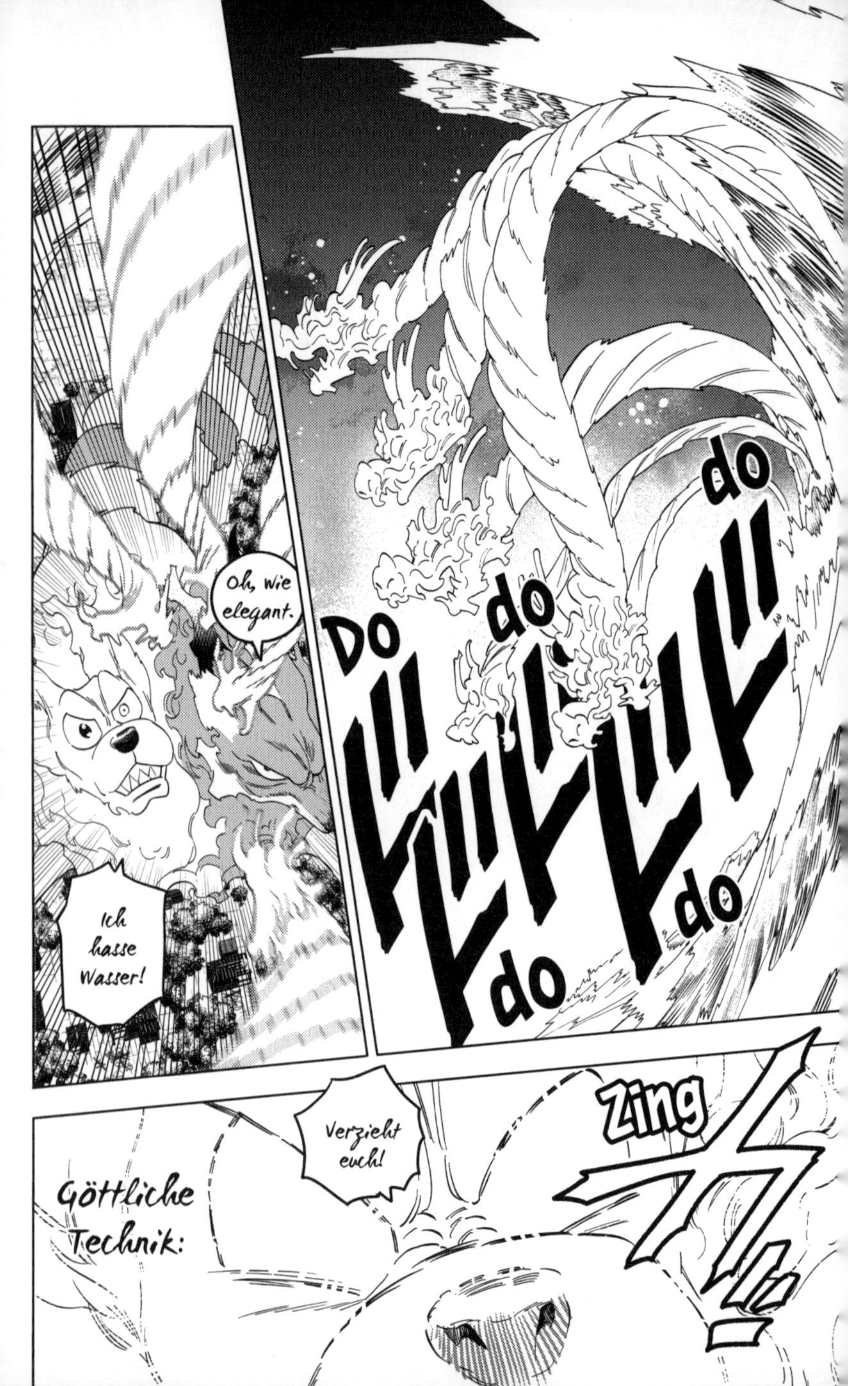
Do
do
do
do
do
Oh, wie elegant.
Ich hasse Wasser!
Zing
Verzieht euch!
Göttliche Technik:

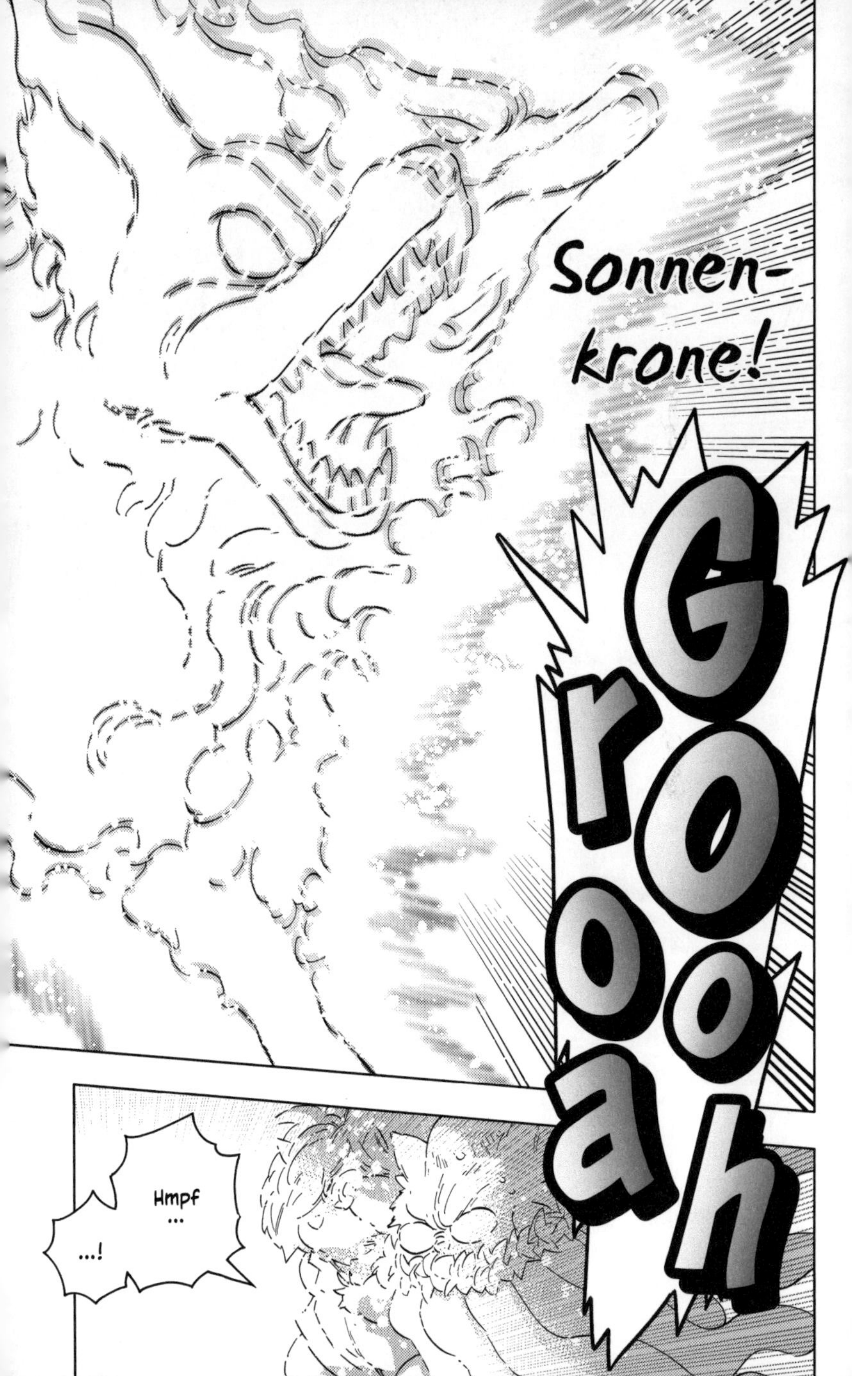

Sonnen-
krone!
Grooooah
Hmpf
...
...!

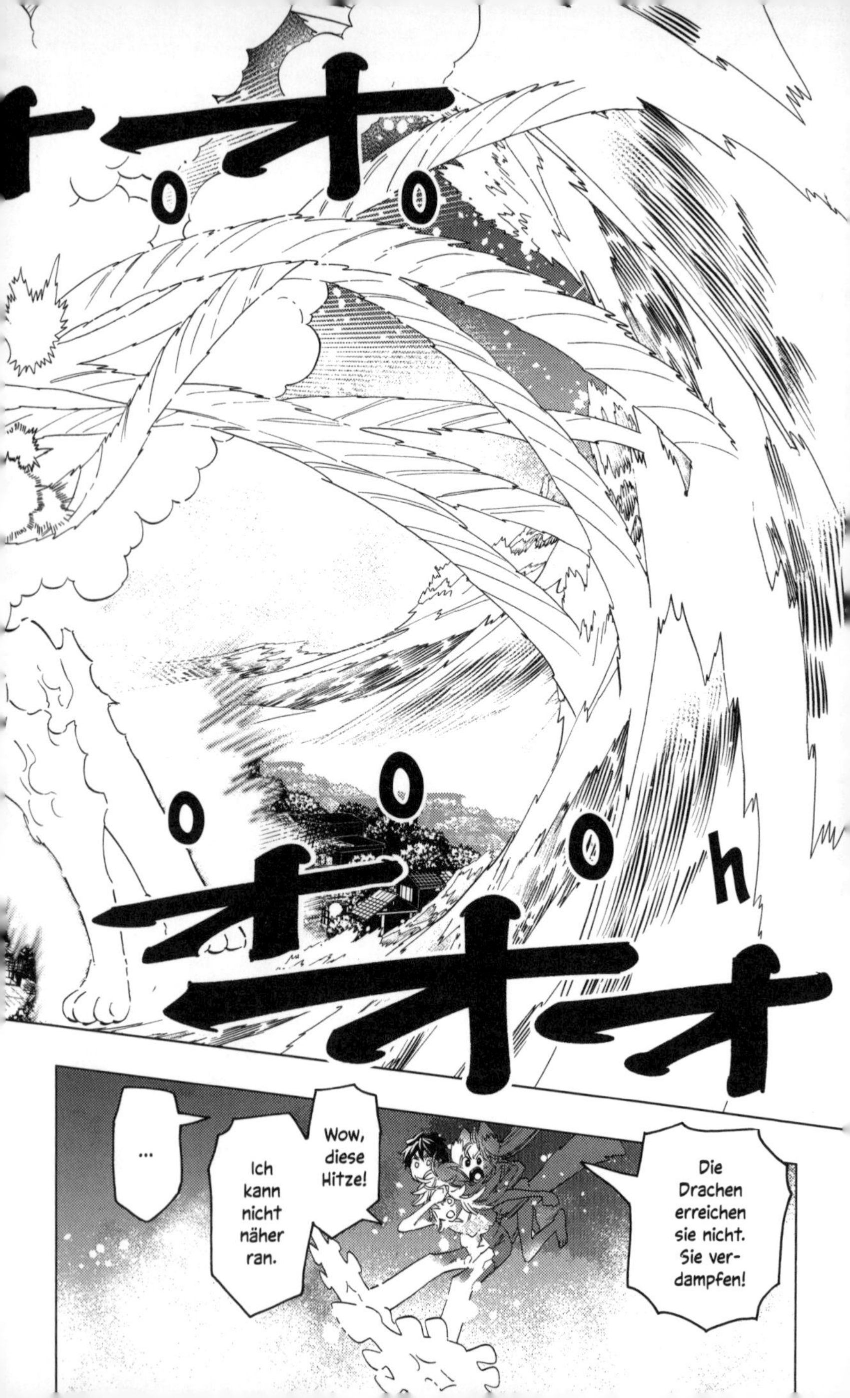
Die Drachen erreichen sie nicht. Sie verdampfen!
Wow, diese Hitze!
Ich kann nicht näher ran.
...

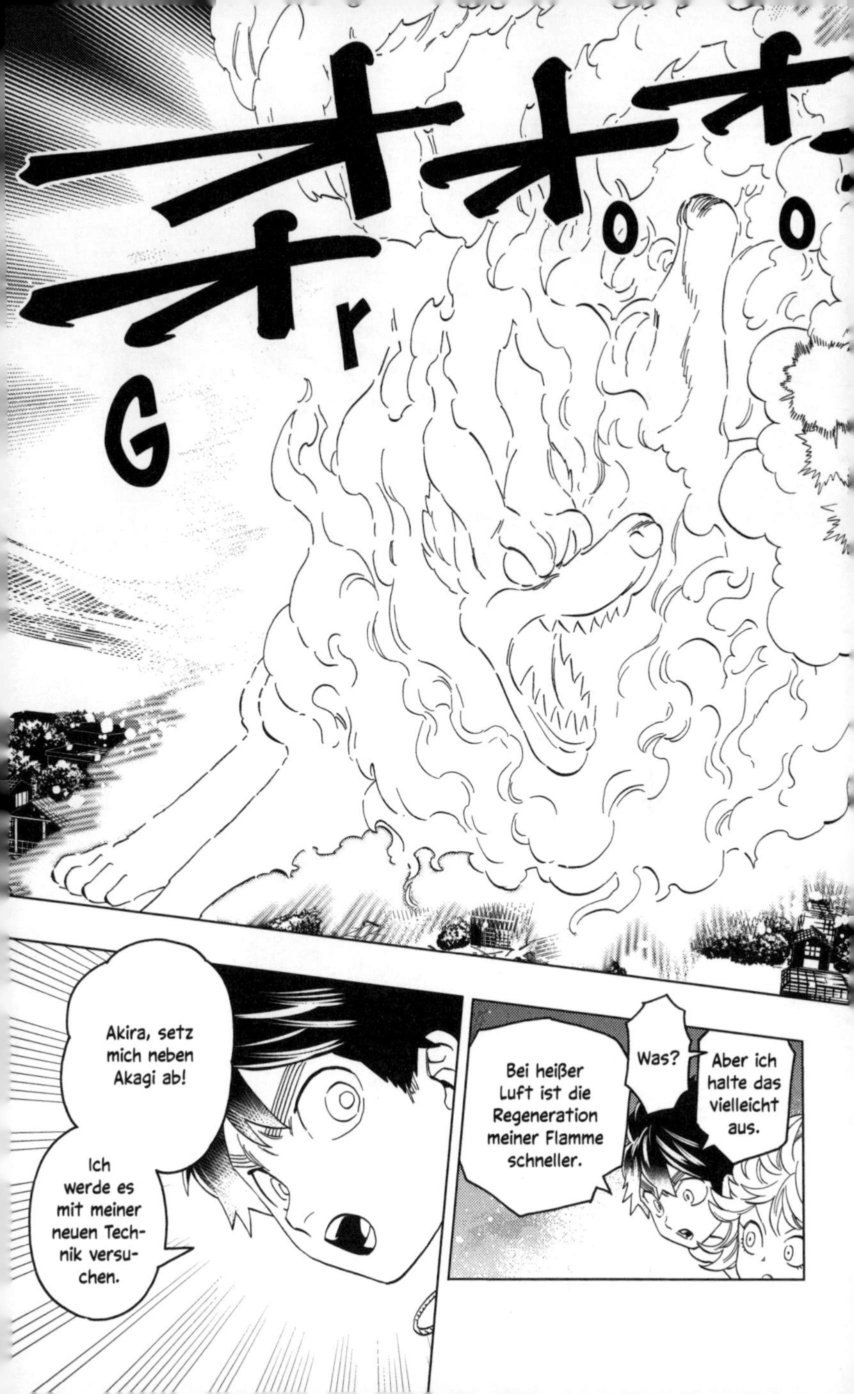
オオオ
Groo
Was?
Aber ich halte das vielleicht aus.
Bei heißer Luft ist die Regeneration meiner Flamme schneller.
Akira, setz mich neben Akagi ab!
Ich werde es mit meiner neuen Technik versuchen.

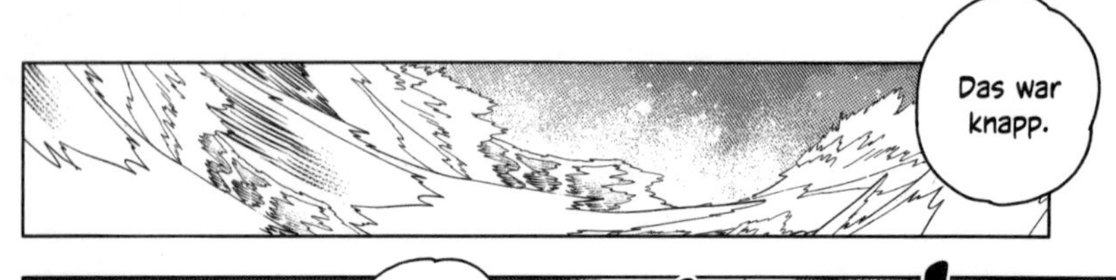

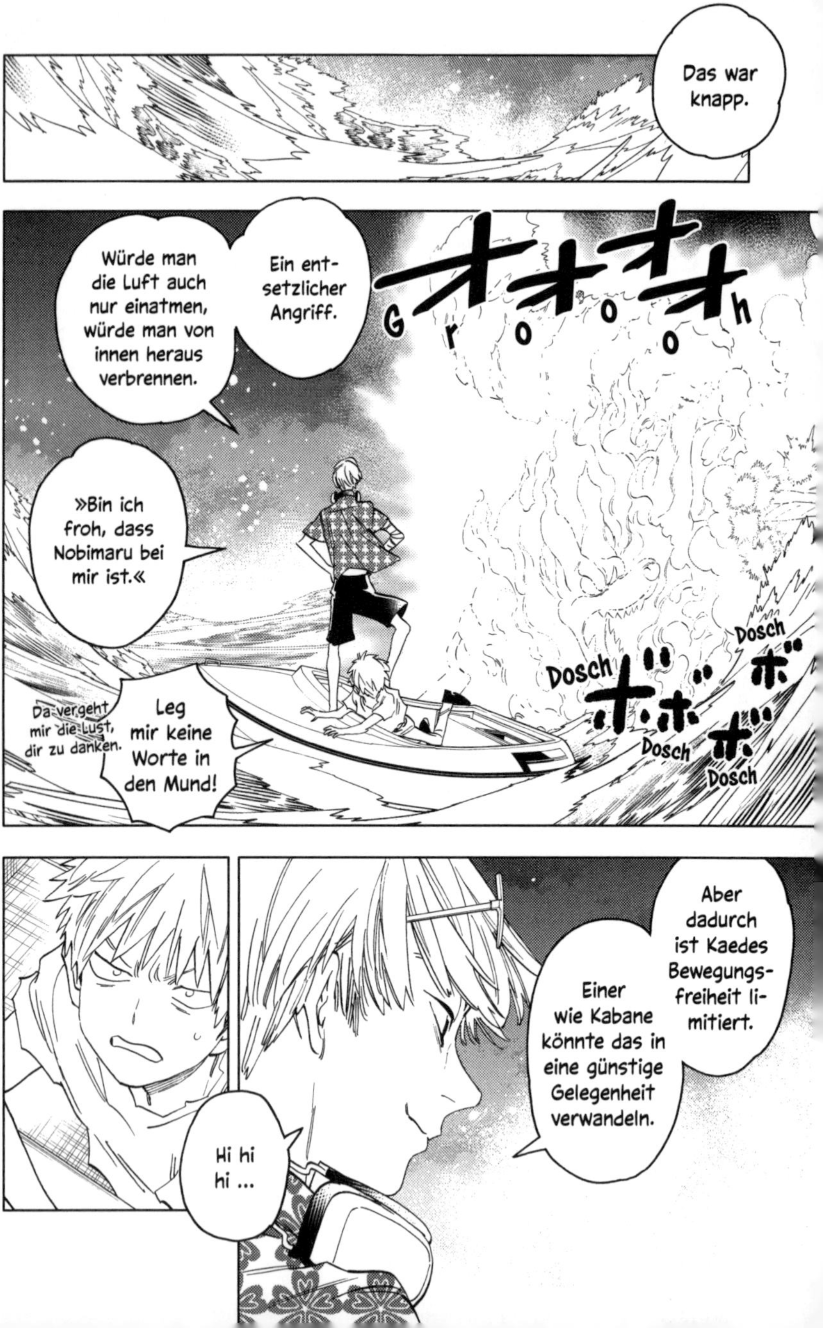

Ein entsetzlicher Angriff.

Würde man die Luft auch nur einatmen, würde man von innen heraus verbrennen.

Groooh

»Bin ich froh, dass Nobimaru bei mir ist.«

Dosch Dosch Dosch Dosch

Leg mir keine Worte in den Mund!

Da vergeht mir die Lust, dir zu danken.

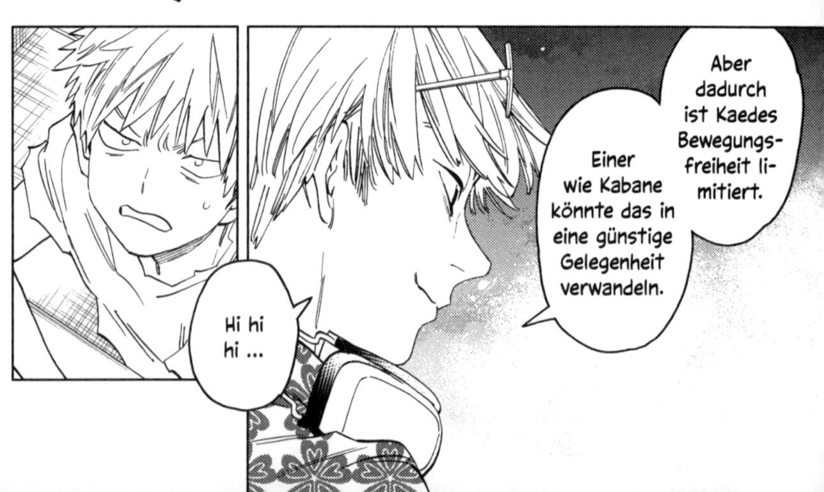

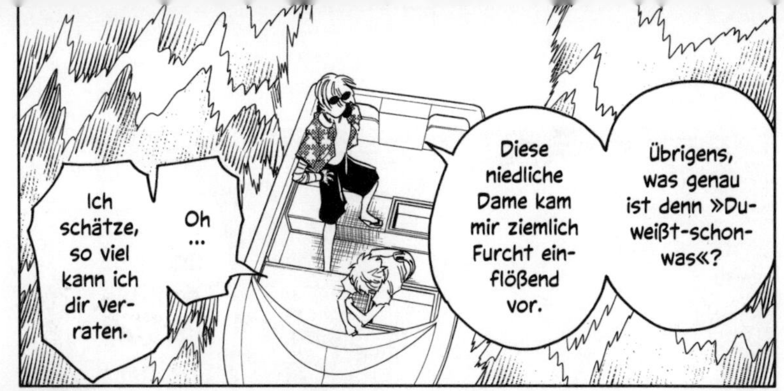
Übrigens, was genau ist denn »Du-weißt-schon-was«?
Diese niedliche Dame kam mir ziemlich Furcht einflößend vor.
Oh …
Ich schätze, so viel kann ich dir verraten.

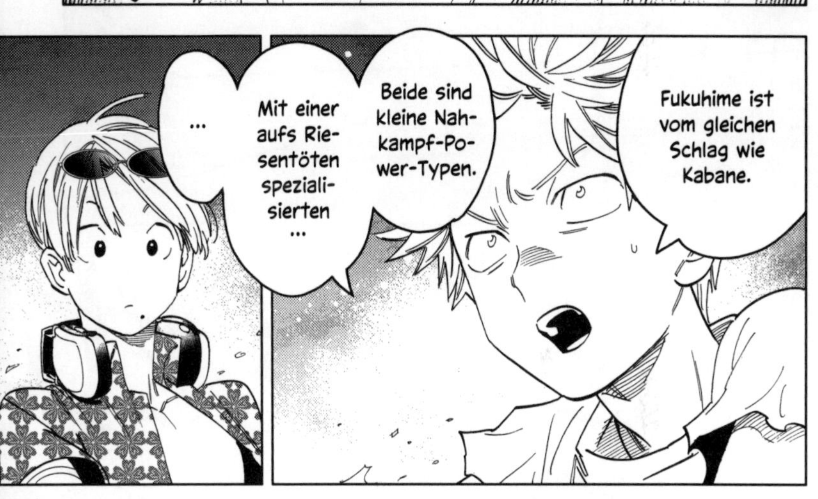
Fukuhime ist vom gleichen Schlag wie Kabane.
Beide sind kleine Nahkampf-Power-Typen.
Mit einer aufs Riesentöten spezialisierten …
…

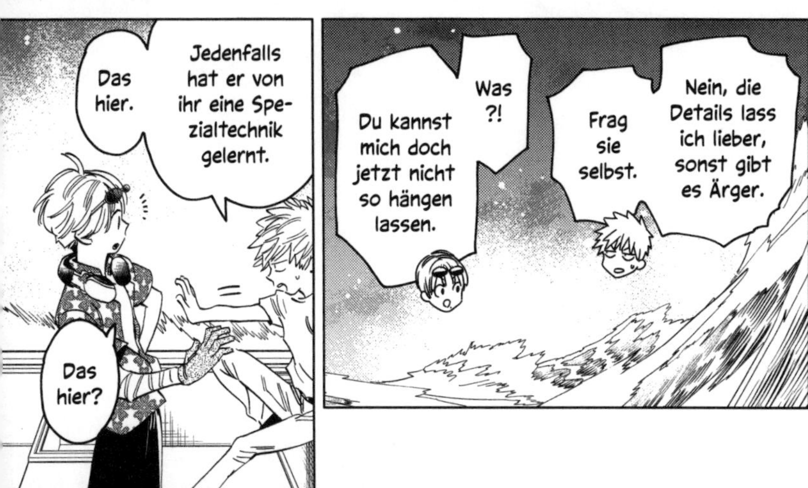
Nein, die Details lass ich lieber, sonst gibt es Ärger.
Frag sie selbst.
Was ?!
Du kannst mich doch jetzt nicht so hängen lassen.
Jedenfalls hat er von ihr eine Spezialtechnik gelernt.
Das hier.
Das hier?

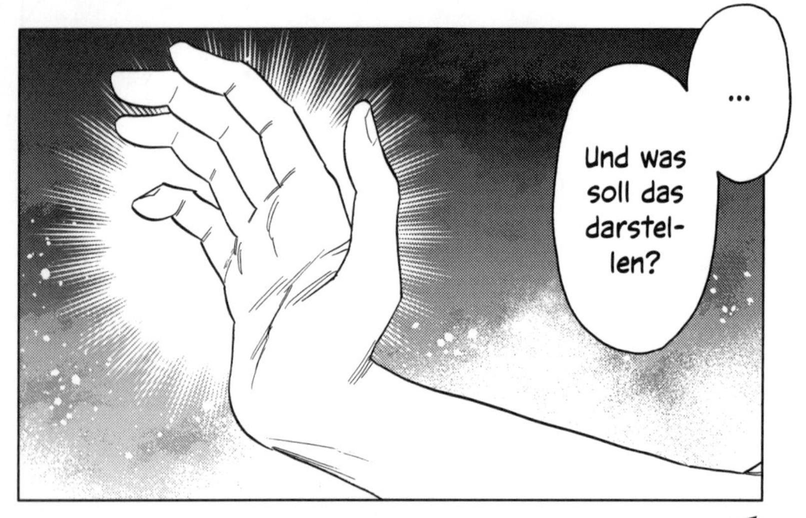

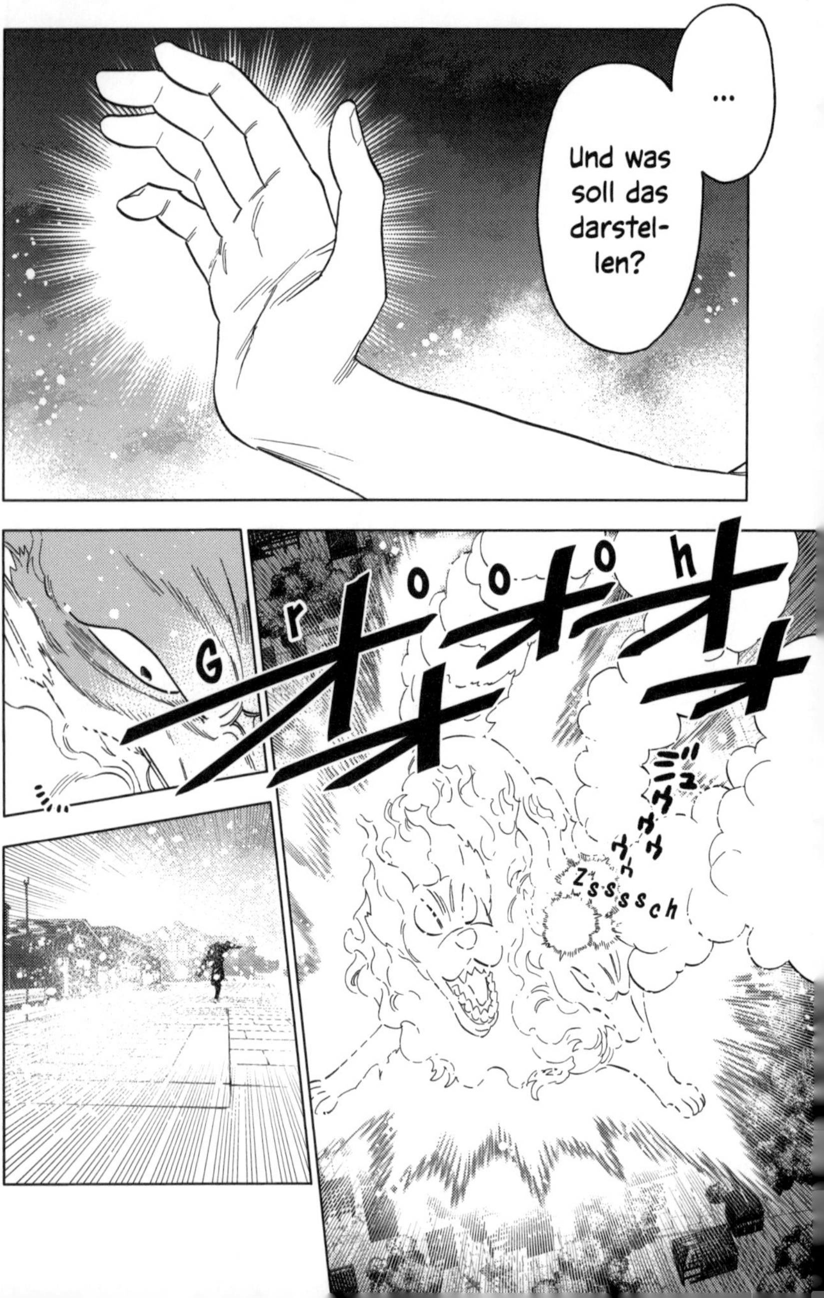

Groooh

Zssssch

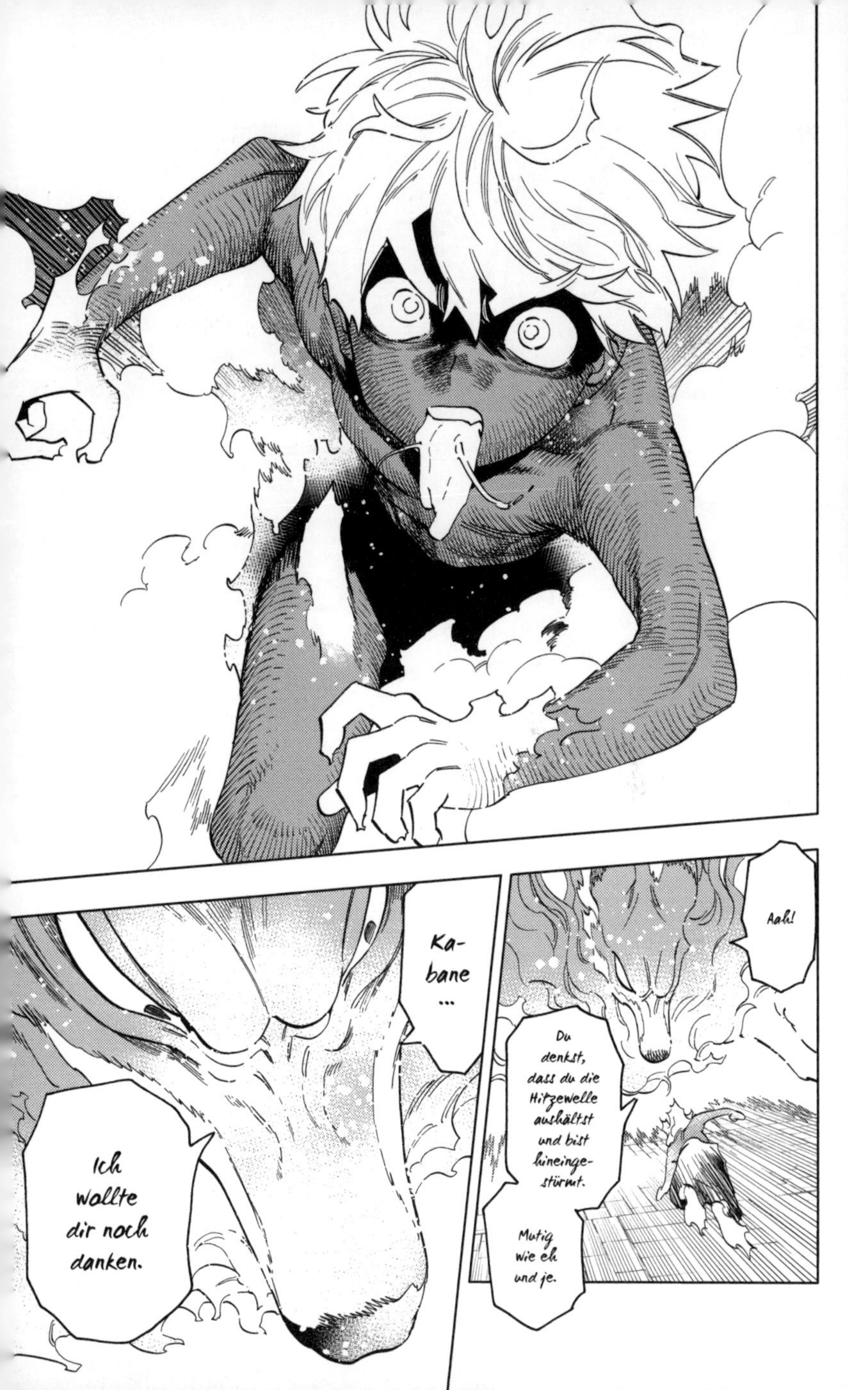
Aah!
Du denkst, dass du die Hitzewelle aushältst und bist hineingestürmt.
Mutig wie eh und je.
Kabane ...
Ich wollte dir noch danken.

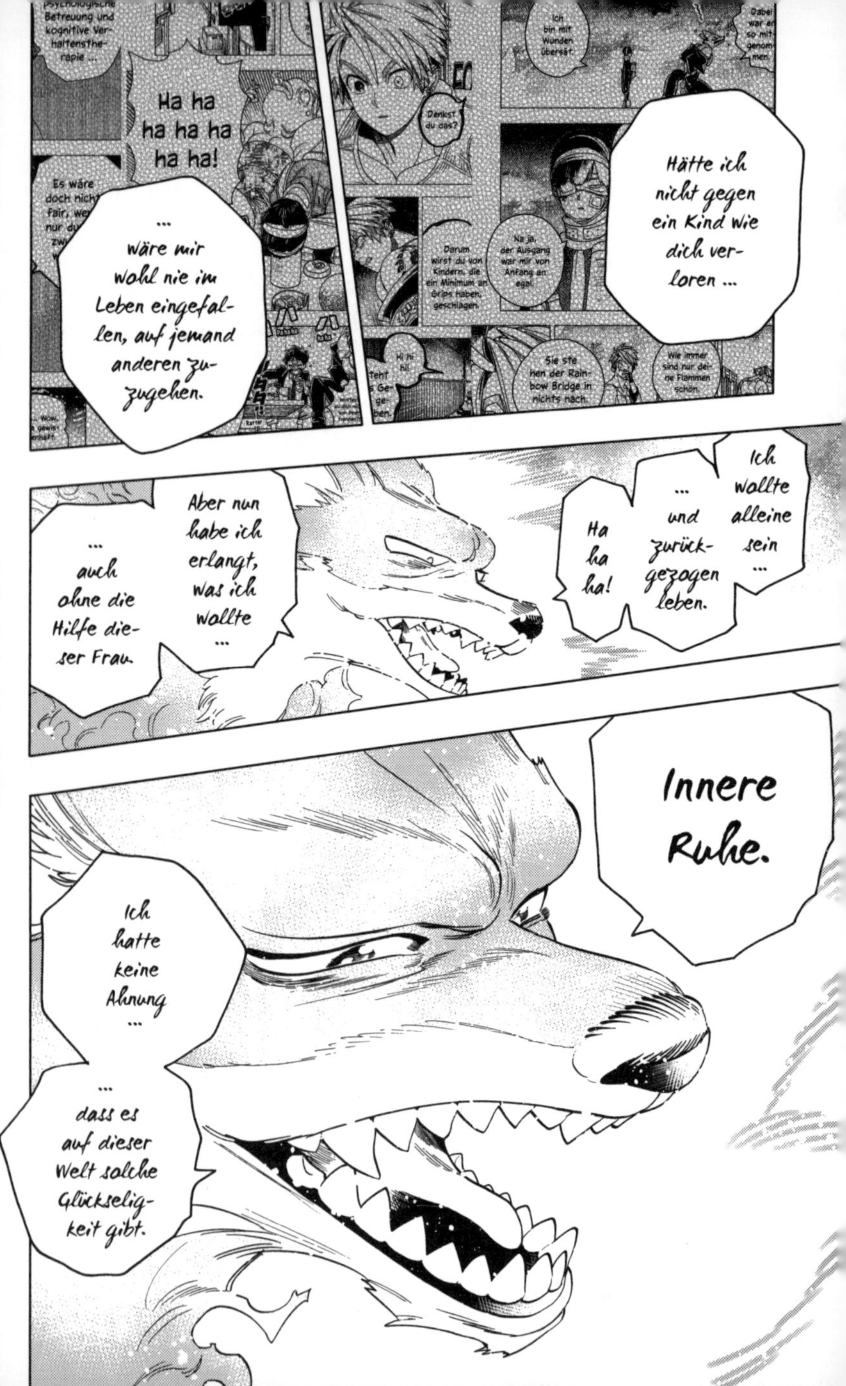

Ich bin mit Wunden übersät.
Denkst du das?
psychologische Betreuung und kognitive Verhaltenstherapie ...
Ha ha ha ha ha ha ha ha!
Na ja, der Ausgang war mir von Anfang an egal.
Darum wirst du von Kindern, die ein Minimum an Grips haben, geschlagen.
Wie immer sind nur deine Flammen schön.
Sie stehen der Rainbow Bridge in nichts nach.
Hi hi hi!
Hätte ich nicht gegen ein Kind wie dich verloren ...
... wäre mir wohl nie im Leben eingefallen, auf jemand anderen zuzugehen.
Ich wollte alleine sein ...
... und zurückgezogen leben.
Ha ha ha!
Aber nun habe ich erlangt, was ich wollte ...
... auch ohne die Hilfe dieser Frau.
Innere Ruhe.
Ich hatte keine Ahnung ...
... dass es auf dieser Welt solche Glückseligkeit gibt.

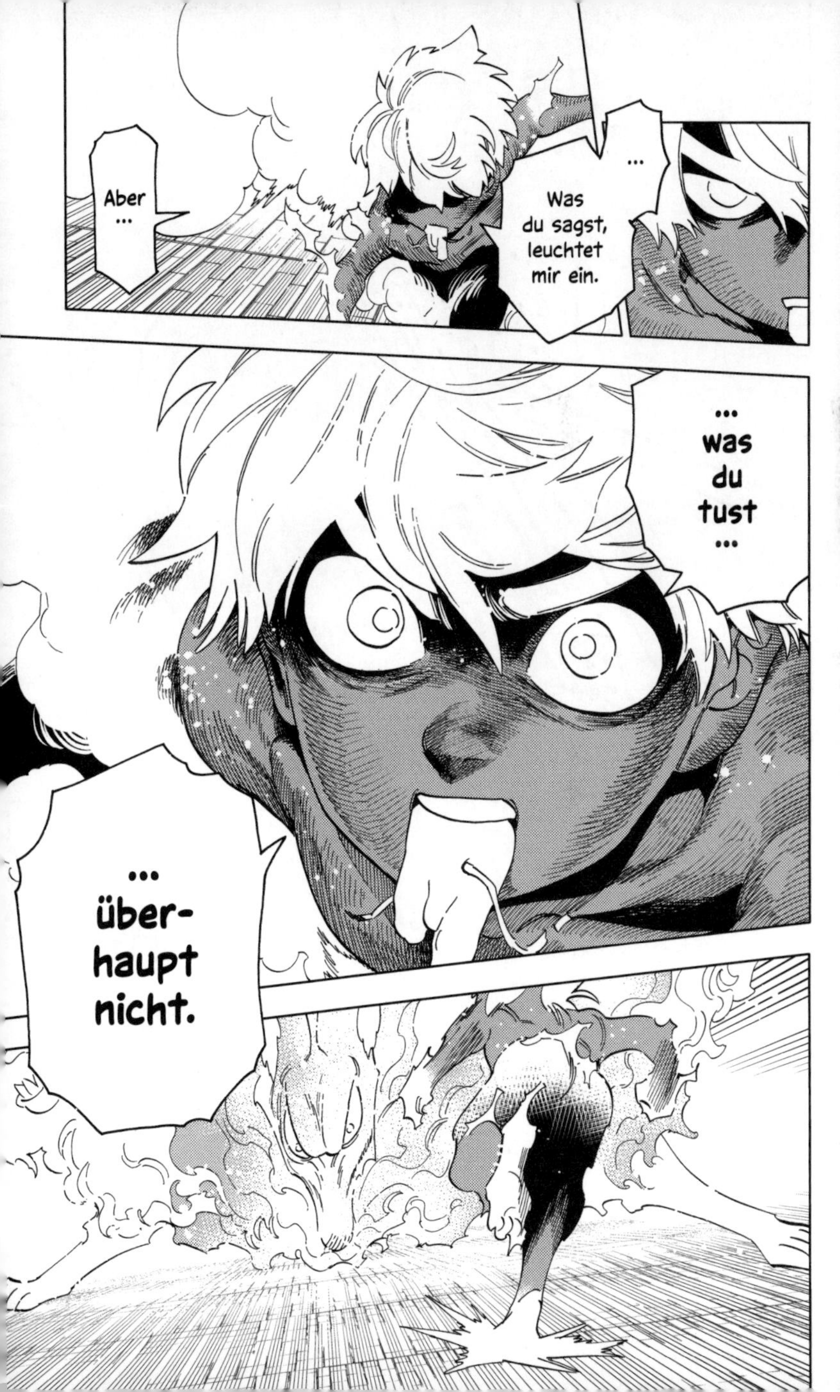
...
Was du sagst, leuchtet mir ein.
Aber ...
... was du tust ...
... über-haupt nicht.

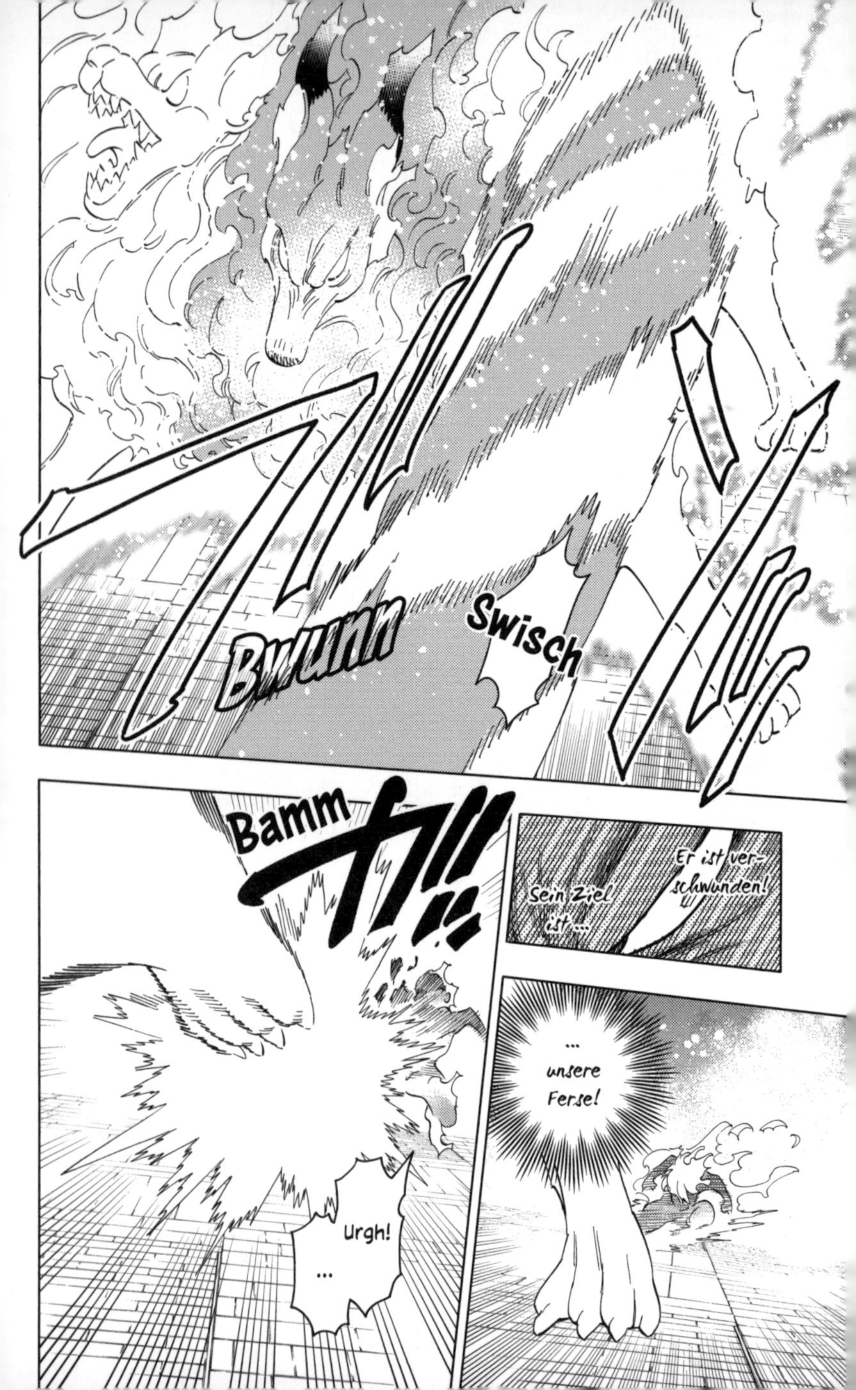

Swisch
Bwunn
Er ist verschwunden!
Sein Ziel ist ...
Bamm
... unsere Ferse!
Urgh! ...

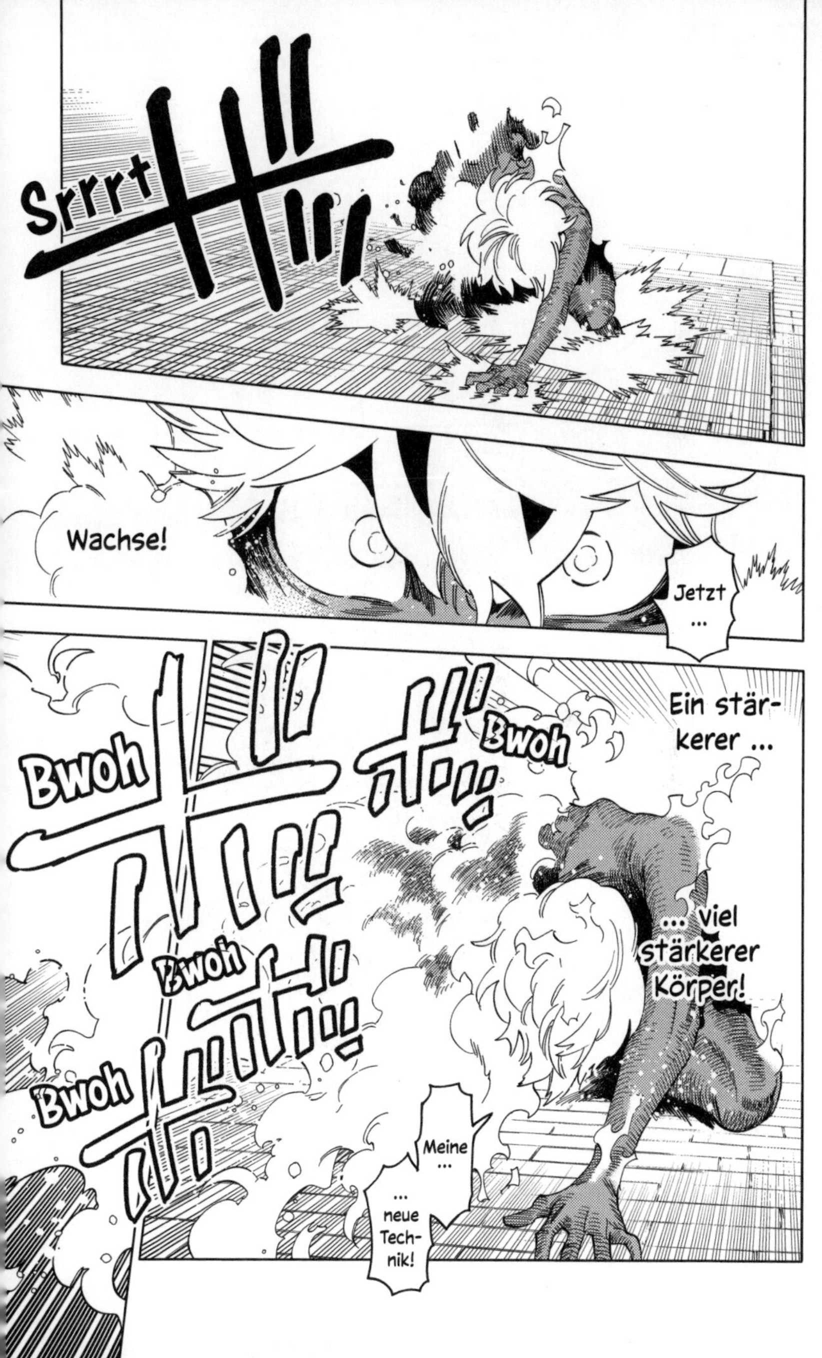
Srrrt
Jetzt ...
Wachse!
Ein stär-
kerer ...
... viel stärkerer Körper!
Bwoh
Bwoh
Bwoh
Bwoh
Meine ...
... neue Tech-
nik!

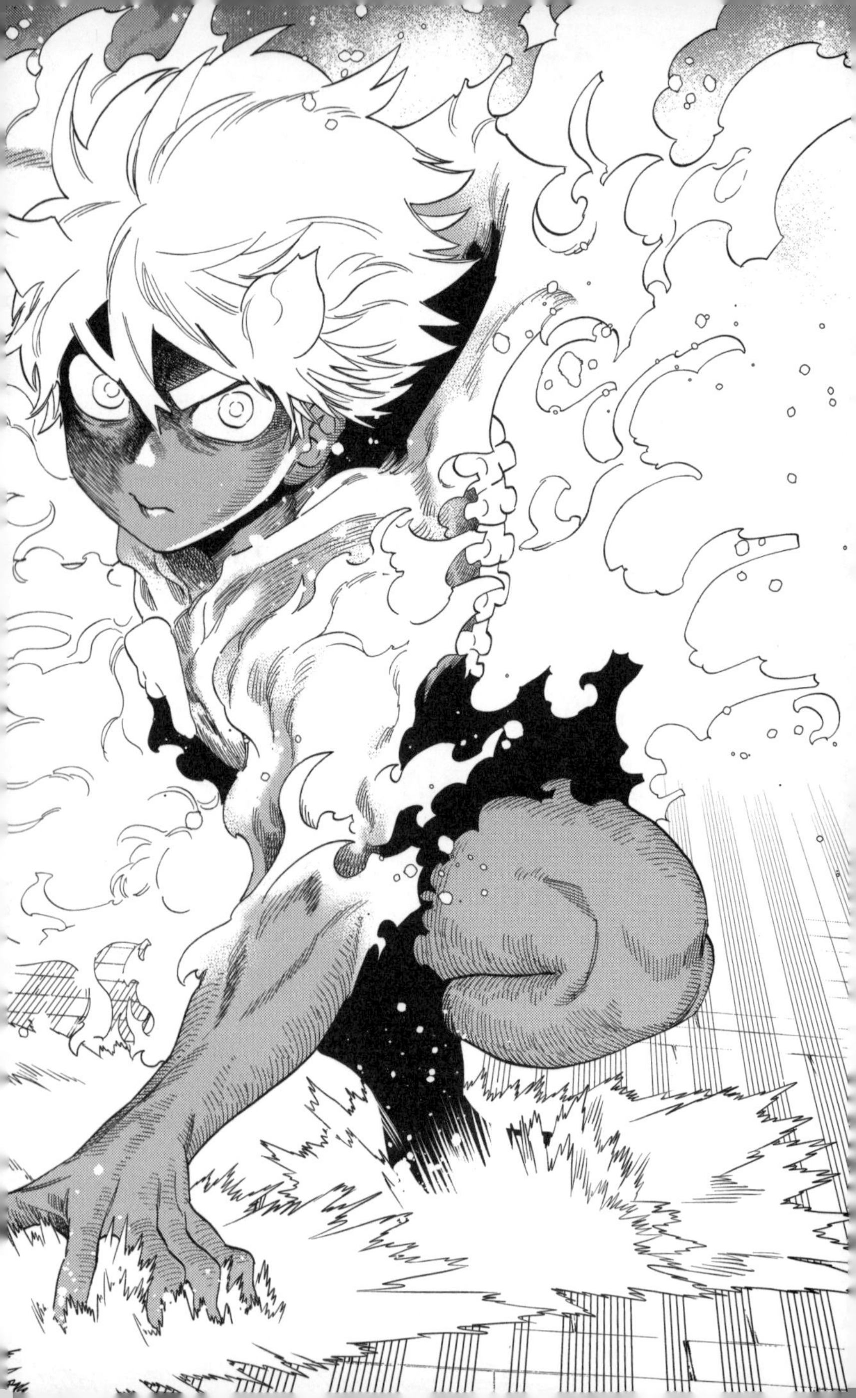

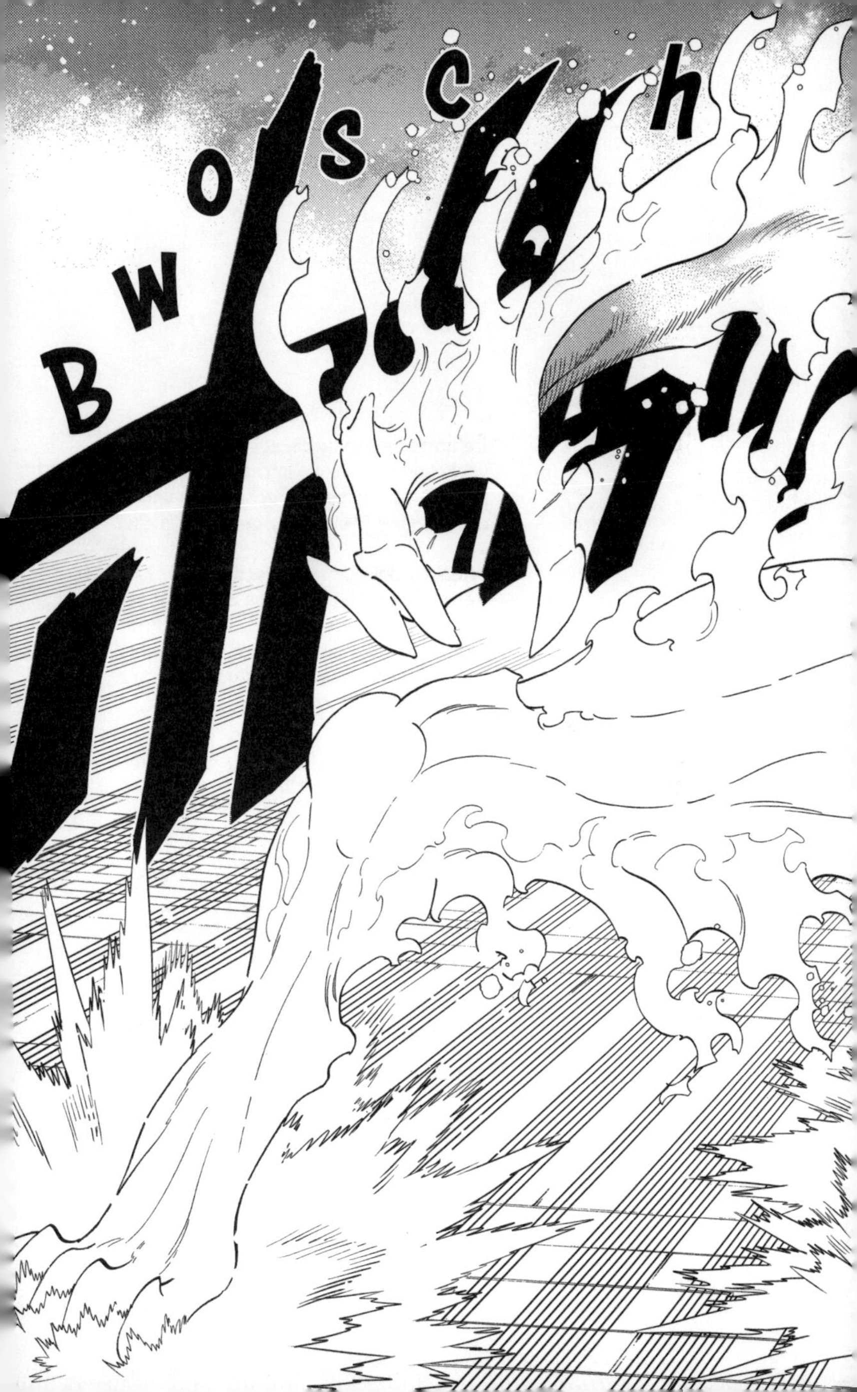
Bwosch

Da im Flaschenkürbis etwa ein halbes Jahr vergangen ist, denke ich, dass Kabane und die anderen dementsprechend um ungefähr drei bis fünf Zentimeter gewachsen sind.

Was? Ihr seht den Unterschied nicht? Verglichen mit dem Beginn der Serie sieht es vielmehr aus, als wären sie geschrumpft? Nein, nein, sagt so was doch nicht. Seht genauer hin! Wenn ihr die Augen zusammenkneift …

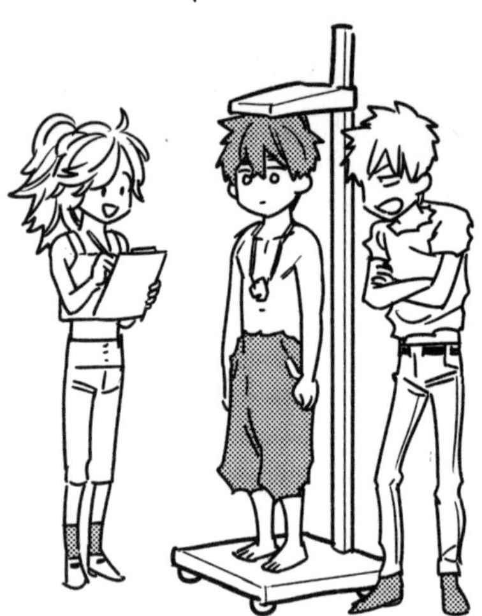

53. Zehnerfaust

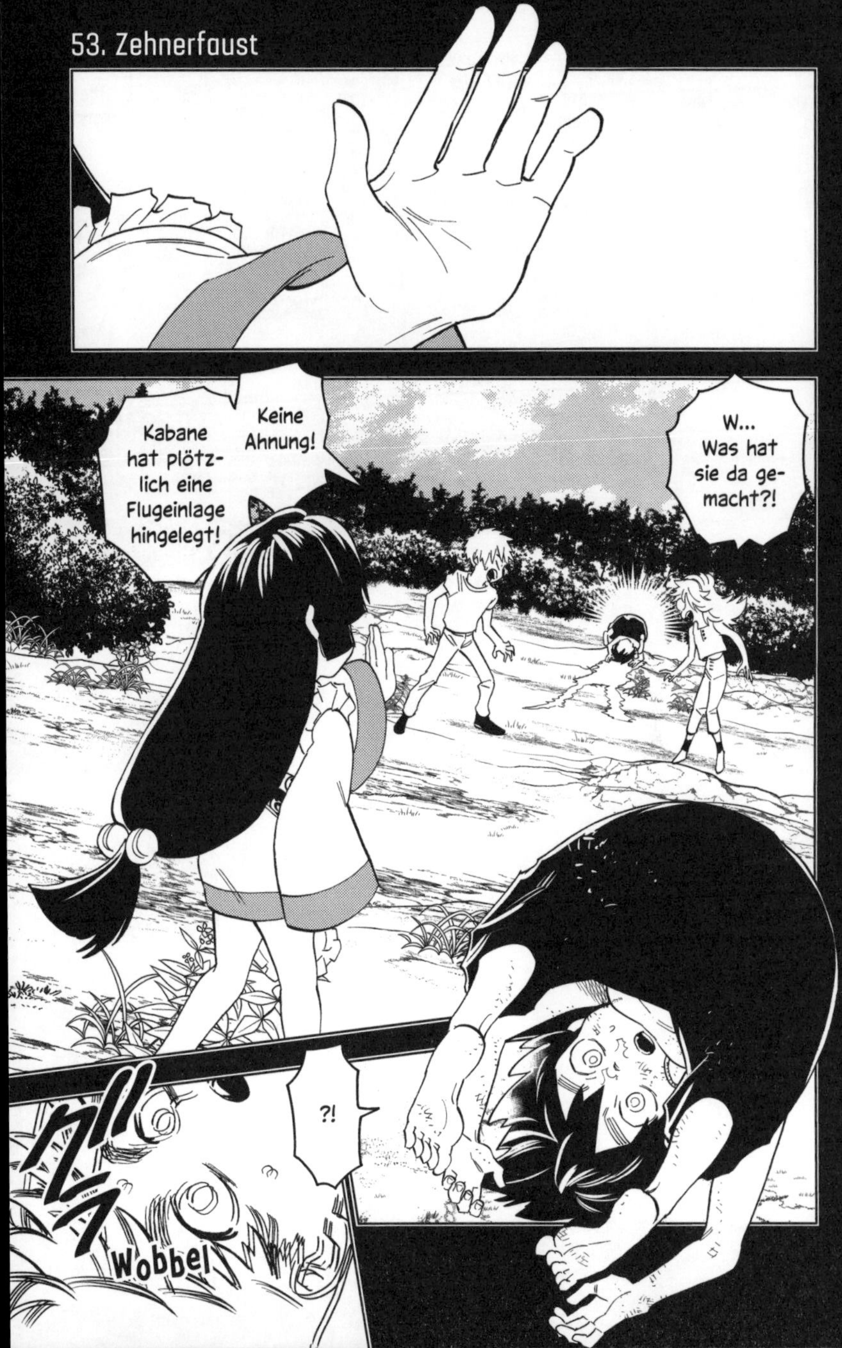

W... Was hat sie da gemacht?!

Keine Ahnung!

Kabane hat plötzlich eine Flugeinlage hingelegt!

?!

Wobbel

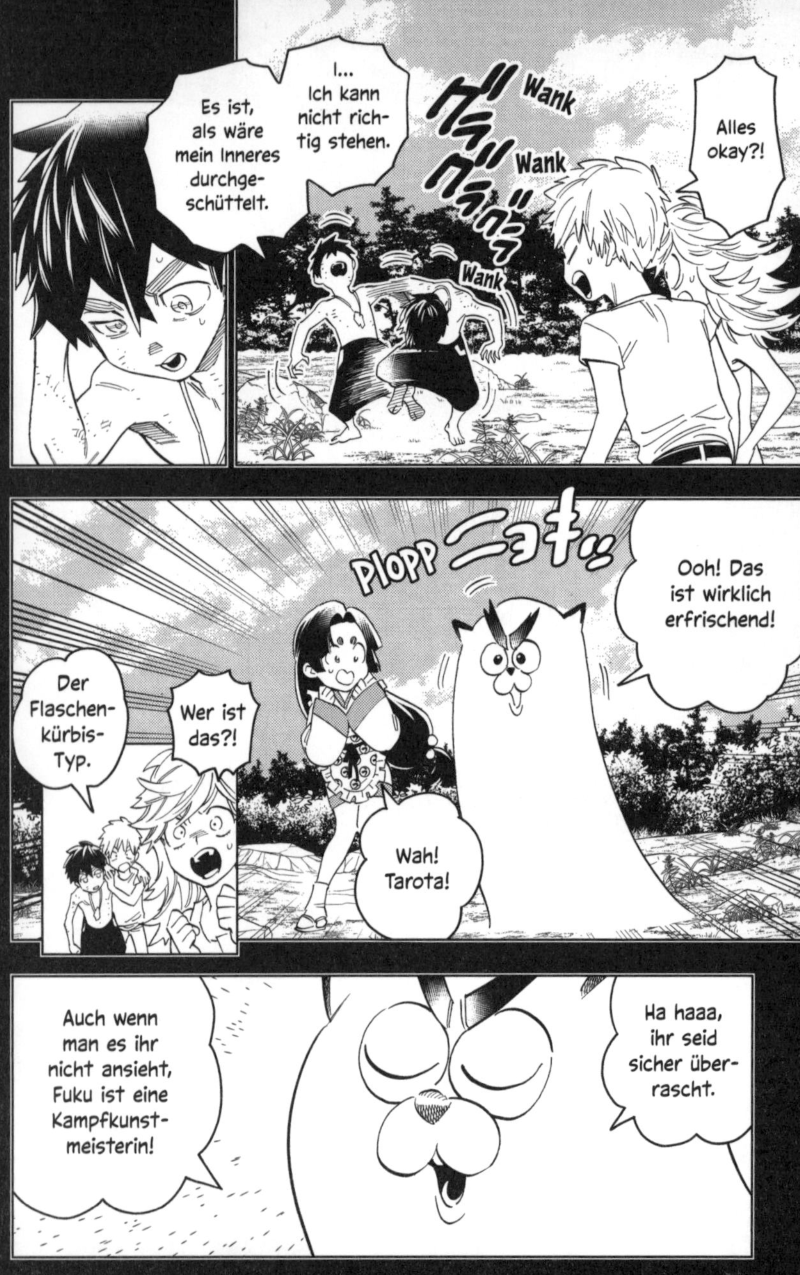

Alles okay?!
Wank
Wank
Wank
I... Ich kann nicht rich-tig stehen.
Es ist, als wäre mein Inneres durchge-schüttelt.
Plopp
Ooh! Das ist wirklich erfrischend!
Wah! Tarota!
Wer ist das?!
Der Flaschen-kürbis-Typ.
Ha haaa, ihr seid sicher über-rascht.
Auch wenn man es ihr nicht ansieht, Fuku ist eine Kampfkunst-meisterin!

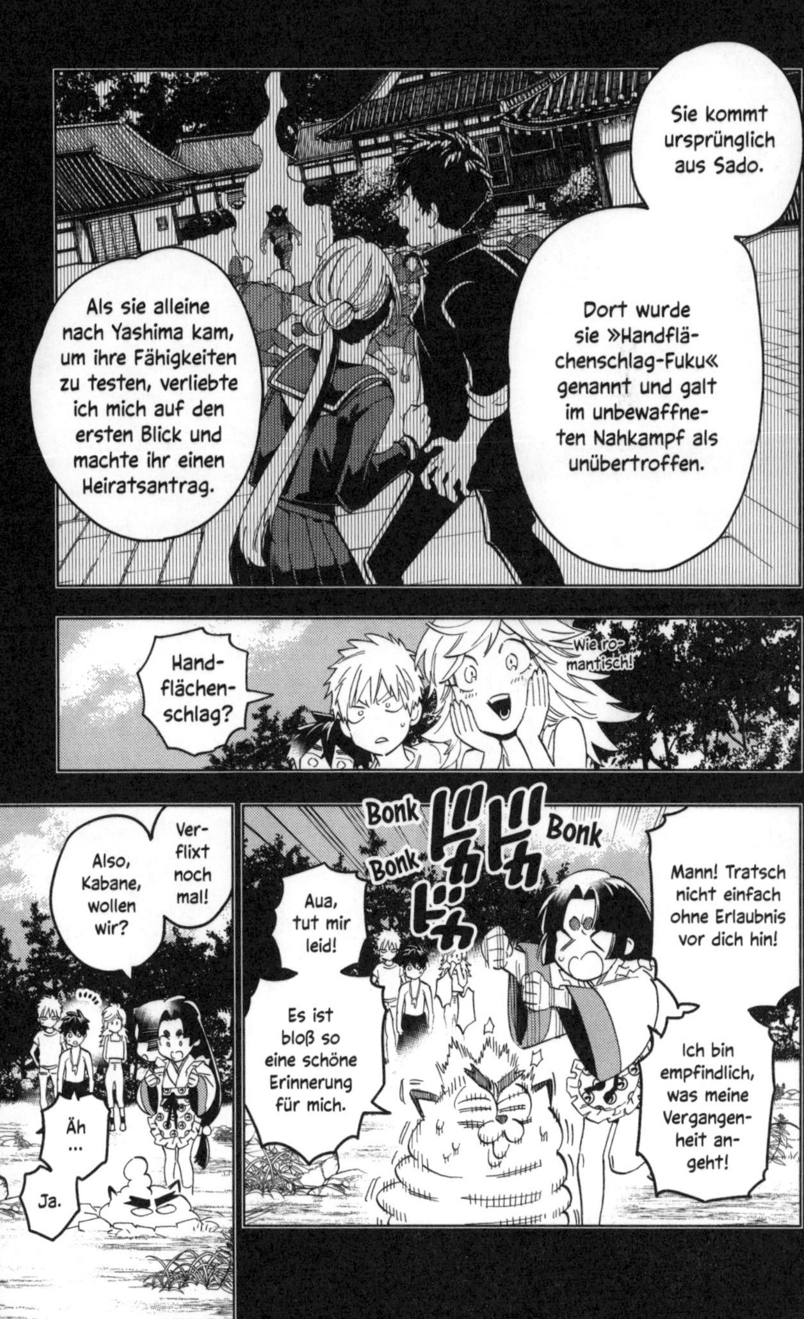
Sie kommt ursprünglich aus Sado.
Dort wurde sie »Handflächenschlag-Fuku« genannt und galt im unbewaffneten Nahkampf als unübertroffen.
Als sie alleine nach Yashima kam, um ihre Fähigkeiten zu testen, verliebte ich mich auf den ersten Blick und machte ihr einen Heiratsantrag.
Wie romantisch!
Handflächenschlag?
Bonk
Bonk
Bonk
Mann! Tratsch nicht einfach ohne Erlaubnis vor dich hin!
Ich bin empfindlich, was meine Vergangenheit angeht!
Aua, tut mir leid!
Es ist bloß so eine schöne Erinnerung für mich.
Verflixt noch mal!
Also, Kabane, wollen wir?
Äh …
Ja.

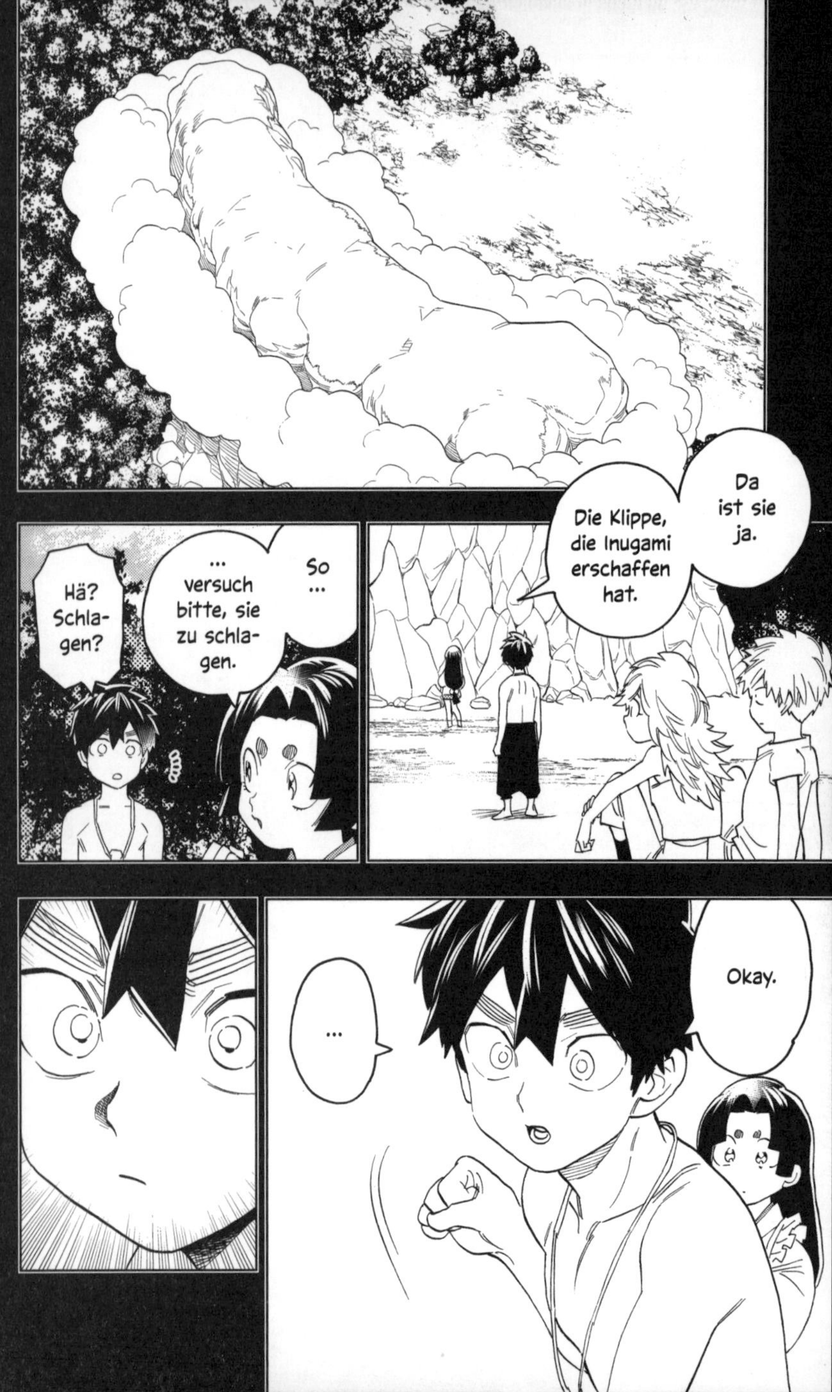

Da ist sie ja.
Die Klippe, die Inugami erschaffen hat.
So ...
... versuch bitte, sie zu schlagen.
Hä? Schlagen?
Okay.
...

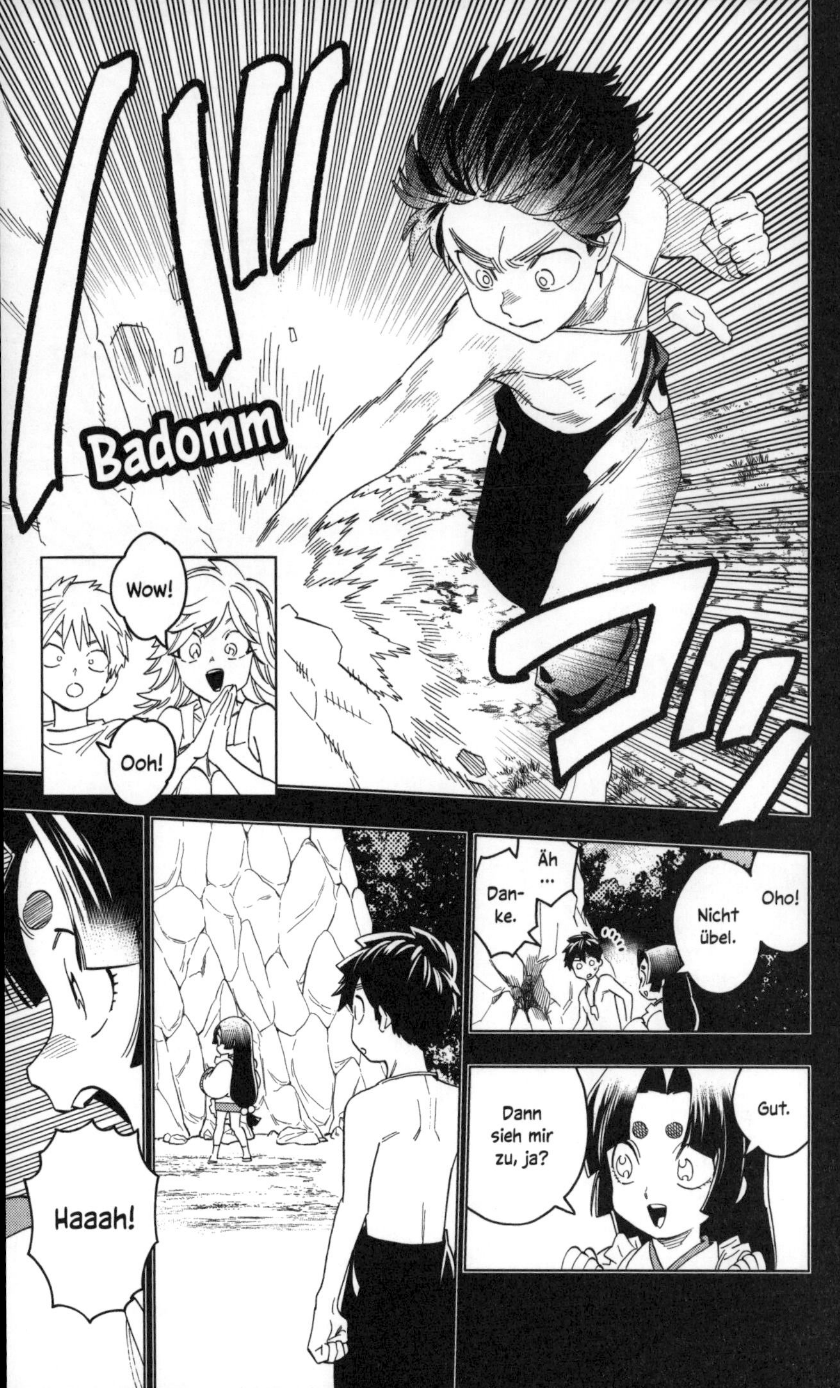

Badomm
Wow!
Ooh!
Oho!
Nicht übel.
Äh ... Danke.
Gut.
Dann sieh mir zu, ja?
Haaah!

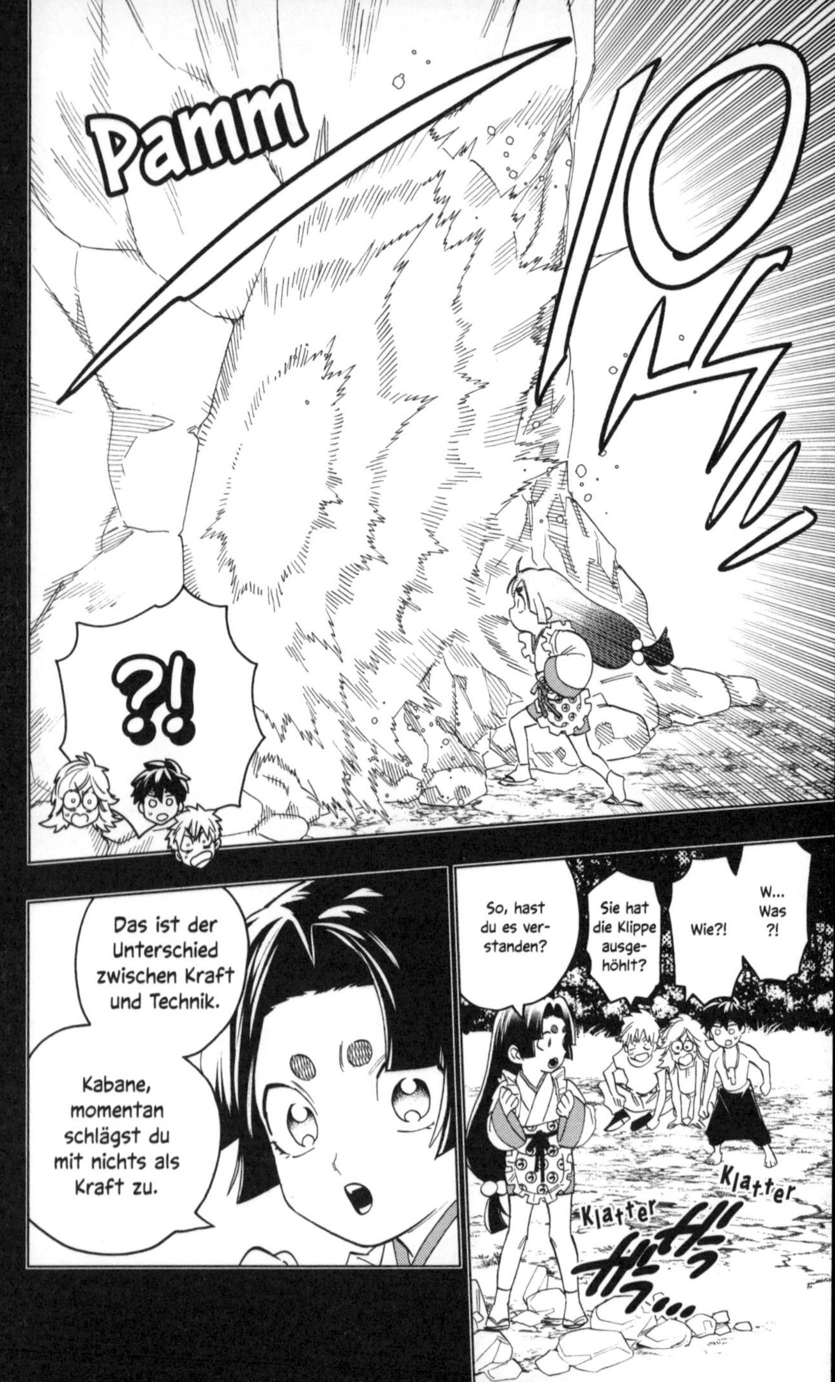
Pamm
?!
W... Was ?!
Wie?!
Sie hat die Klippe ausge-höhlt?
So, hast du es ver-standen?
Klatter
Klatter
Das ist der Unterschied zwischen Kraft und Technik.
Kabane, momentan schlägst du mit nichts als Kraft zu.

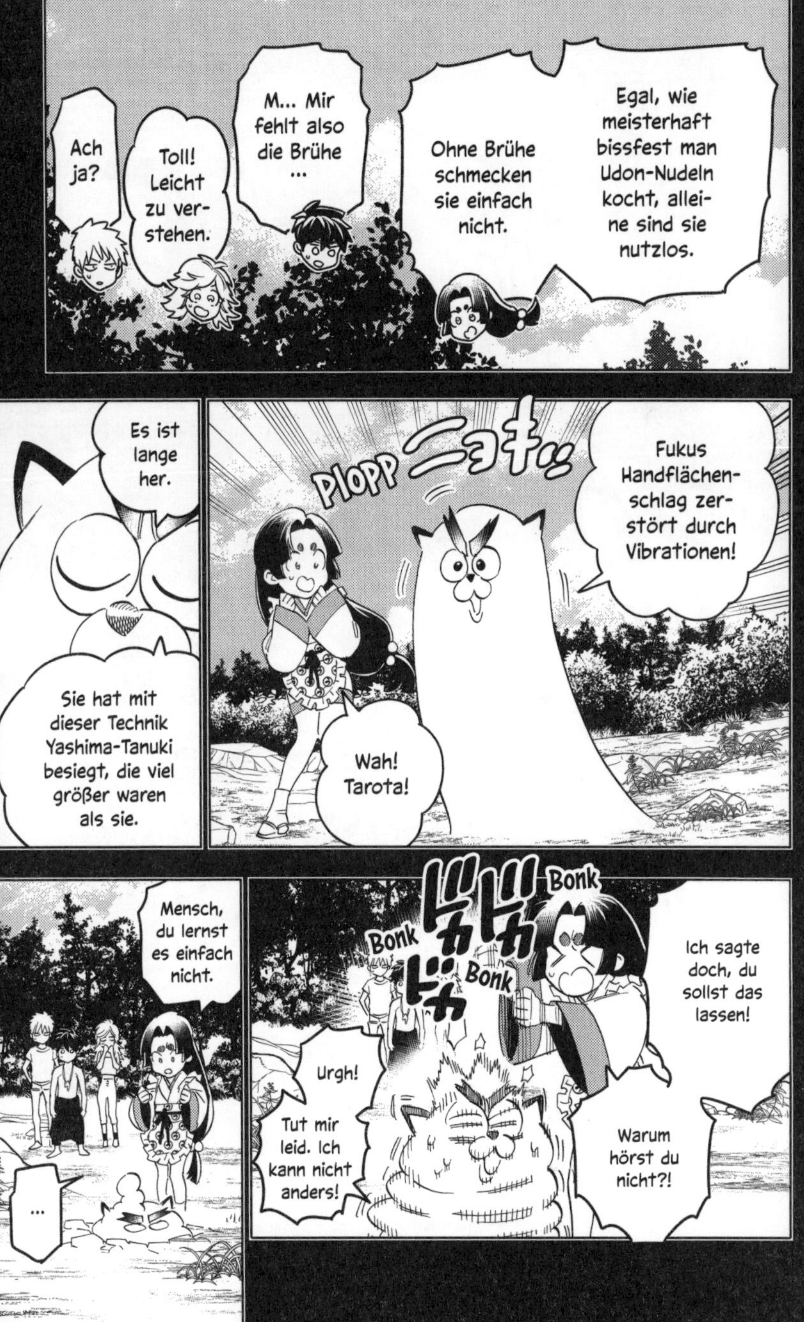

Egal, wie meisterhaft bissfest man Udon-Nudeln kocht, alleine sind sie nutzlos.
Ohne Brühe schmecken sie einfach nicht.
M... Mir fehlt also die Brühe ...
Toll! Leicht zu verstehen.
Ach ja?
PLOPP
Fukus Handflächenschlag zerstört durch Vibrationen!
Wah! Tarota!
Es ist lange her.
Sie hat mit dieser Technik Yashima-Tanuki besiegt, die viel größer waren als sie.
Bonk
Bonk
Bonk
Ich sagte doch, du sollst das lassen!
Warum hörst du nicht?!
Urgh!
Tut mir leid. Ich kann nicht anders!
Mensch, du lernst es einfach nicht.
...

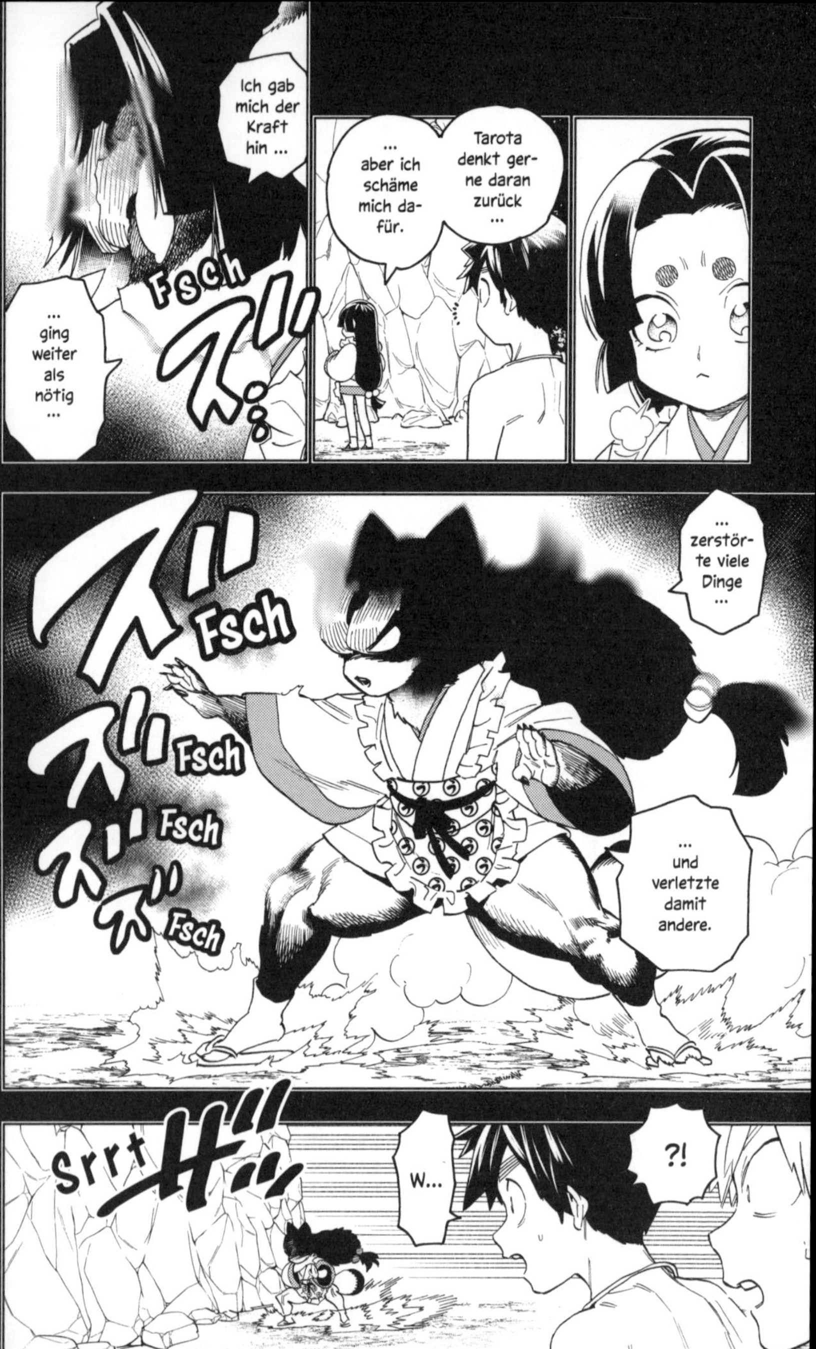

Tarota denkt gerne daran zurück ...
... aber ich schäme mich dafür.
Ich gab mich der Kraft hin ...
... ging weiter als nötig ...
Fsch
... zerstörte viele Dinge ...
... und verletzte damit andere.
Fsch
Fsch
Fsch
Fsch
?!
W...
Srrt

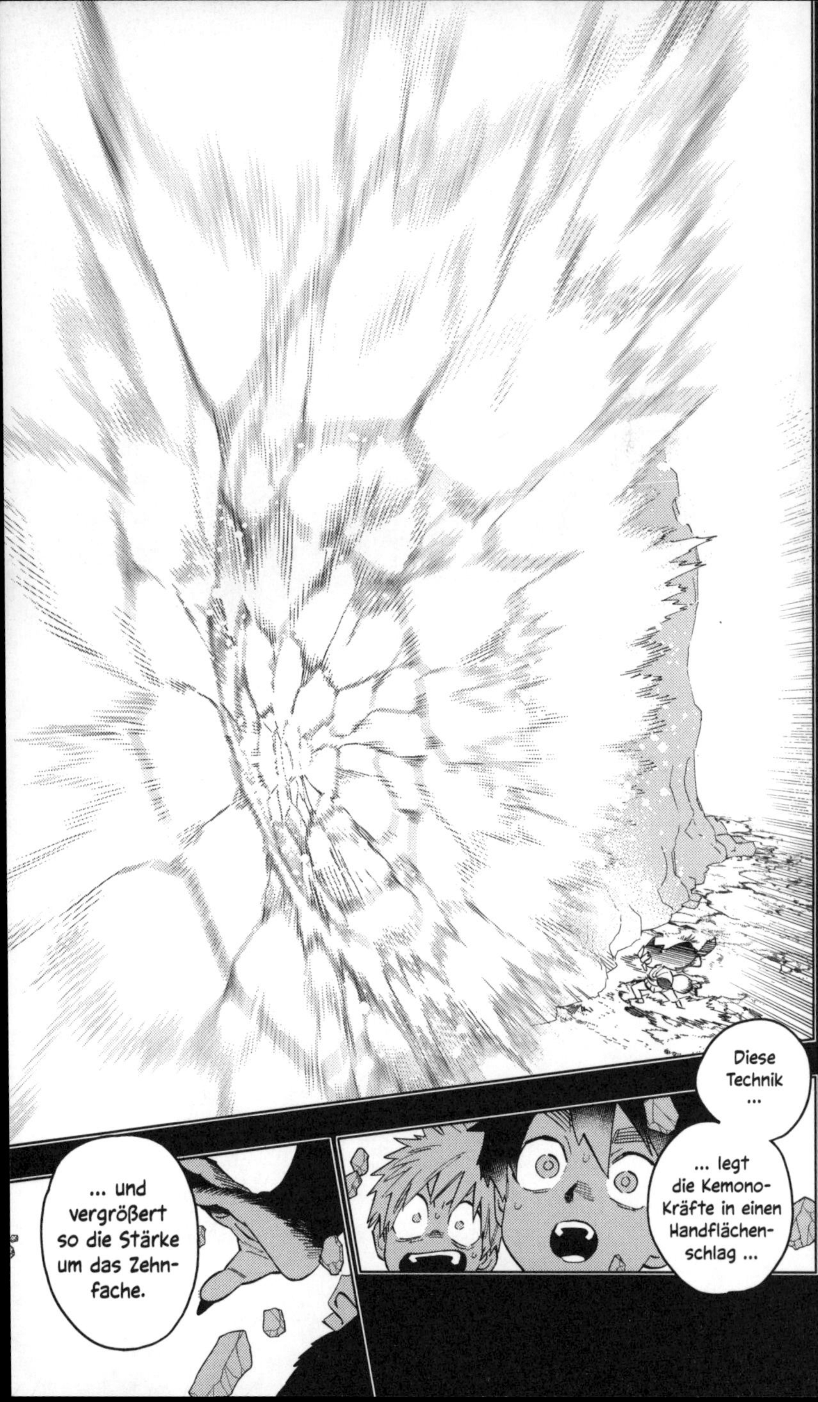
Diese Technik ...
... legt die Kemono-Kräfte in einen Handflächen-schlag ...
... und vergrößert so die Stärke um das Zehn-fache.

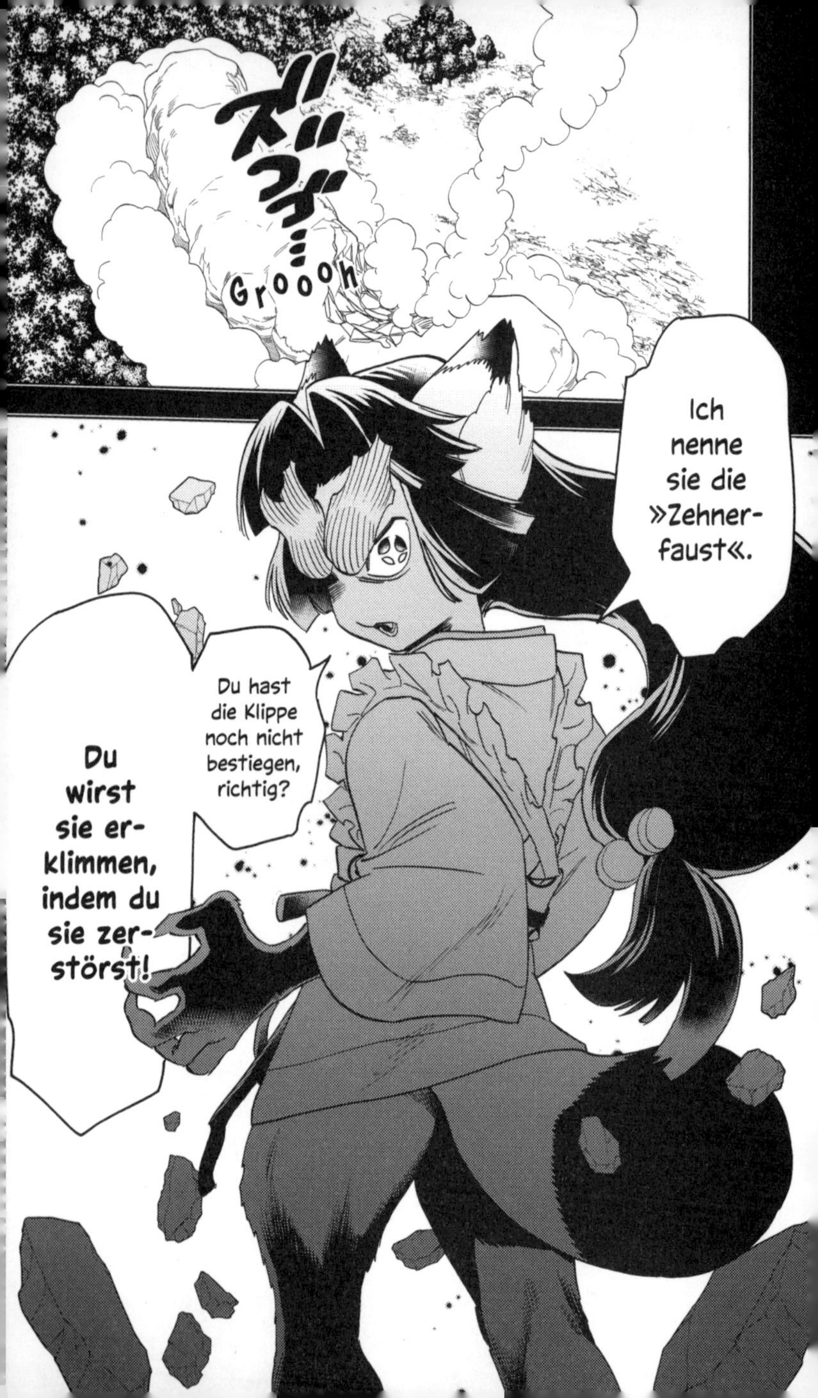
Groooh
Ich nenne sie die »Zehnerfaust«.
Du hast die Klippe noch nicht bestiegen, richtig?
Du wirst sie erklimmen, indem du sie zerstörst!

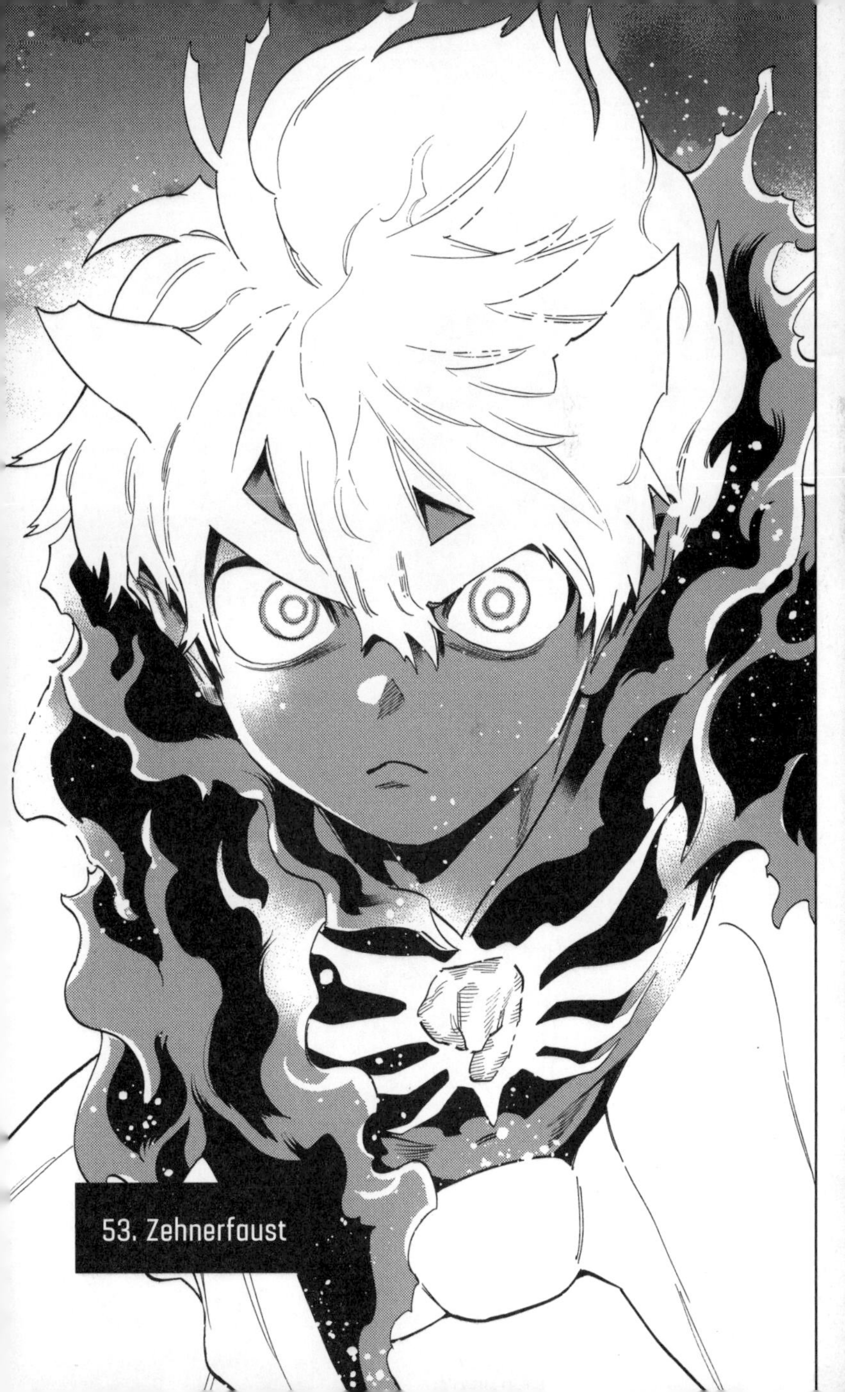

53. Zehnerfaust

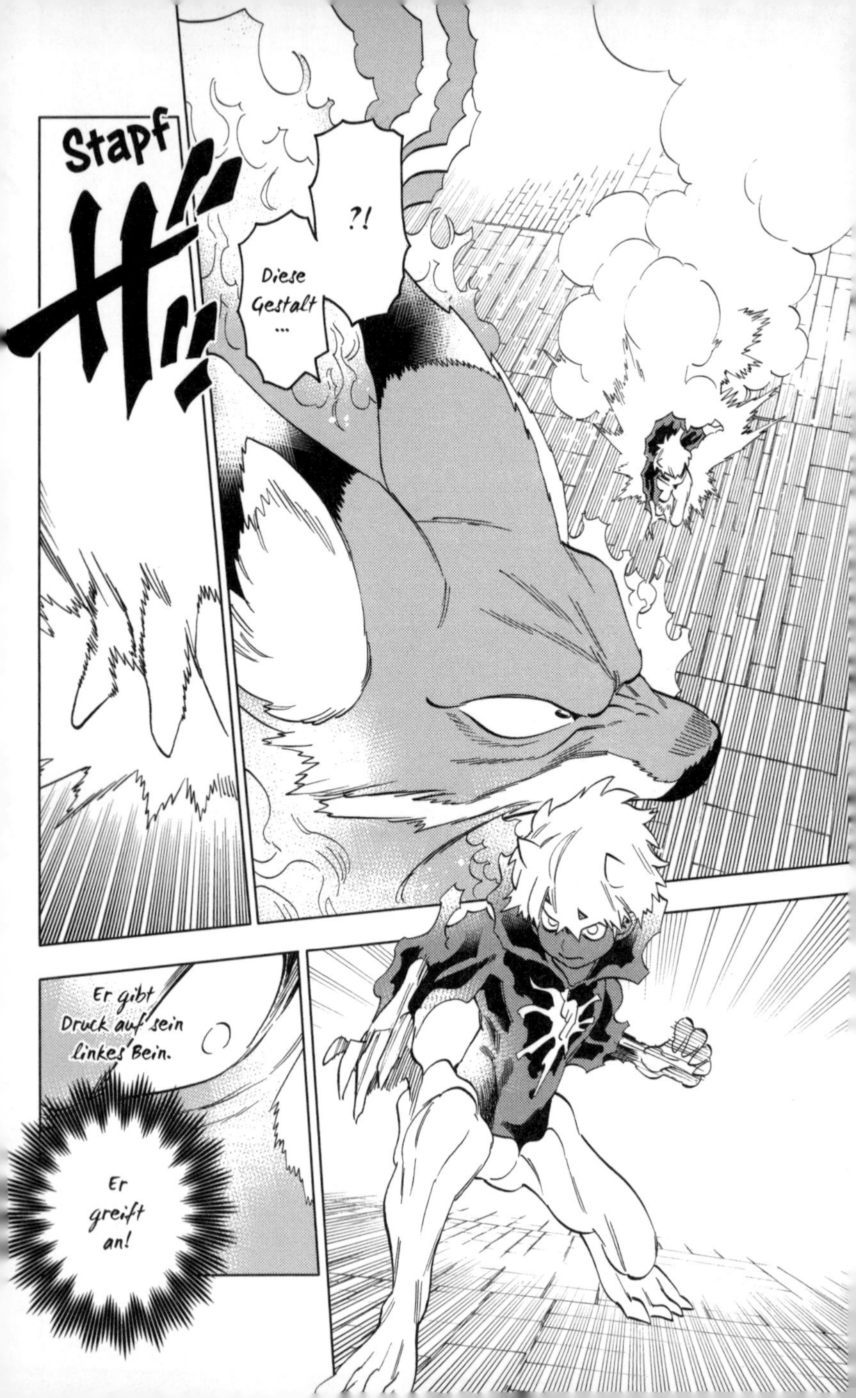
?!
Diese Gestalt ...
Stapf
Er gibt Druck auf sein linkes Bein.
Er greift an!

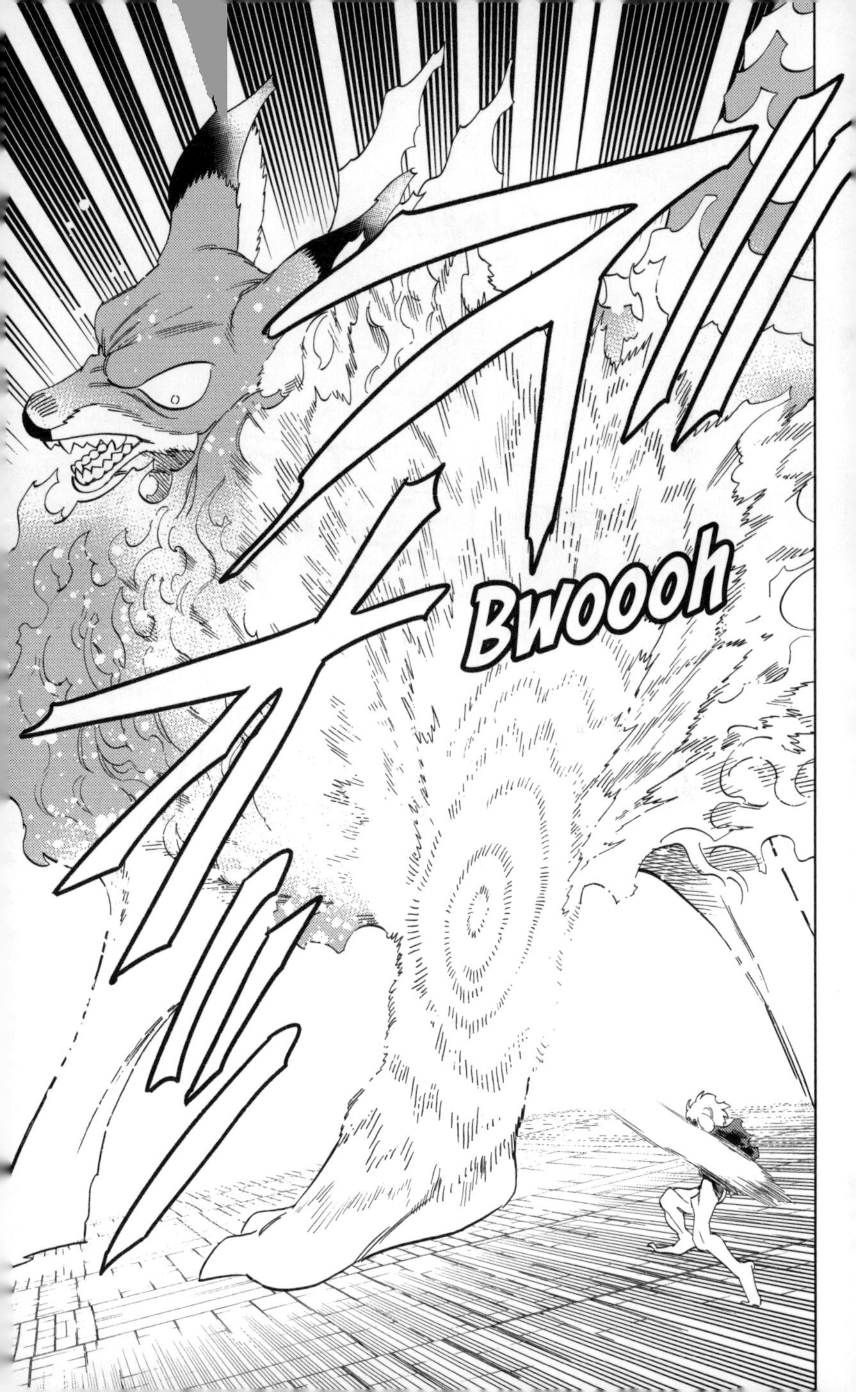
Bwooooh

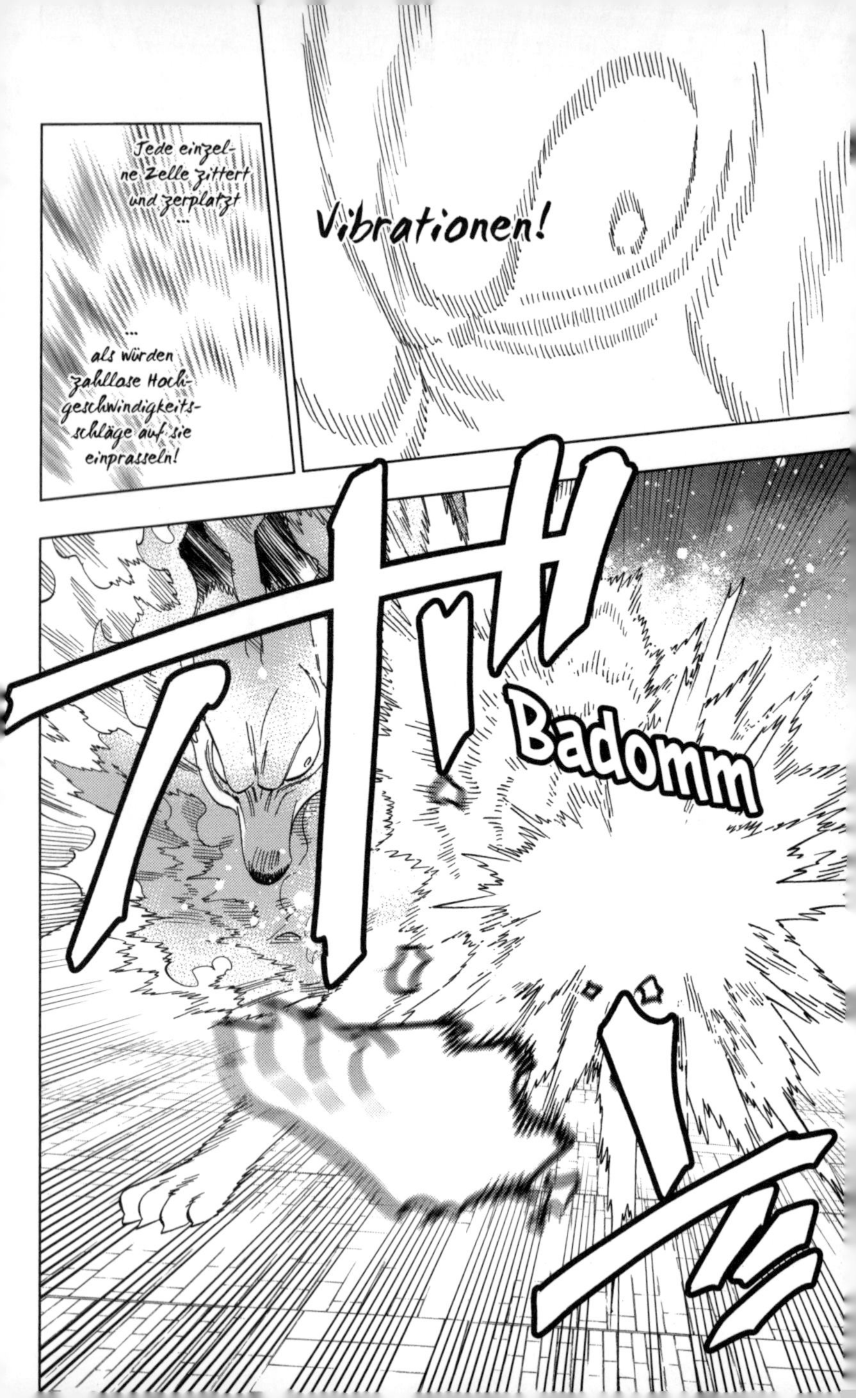
Vibrationen!
Jede einzelne Zelle zittert und zerplatzt ...
... als würden zahllose Hochgeschwindigkeitsschläge auf sie einprasseln!
Badomm

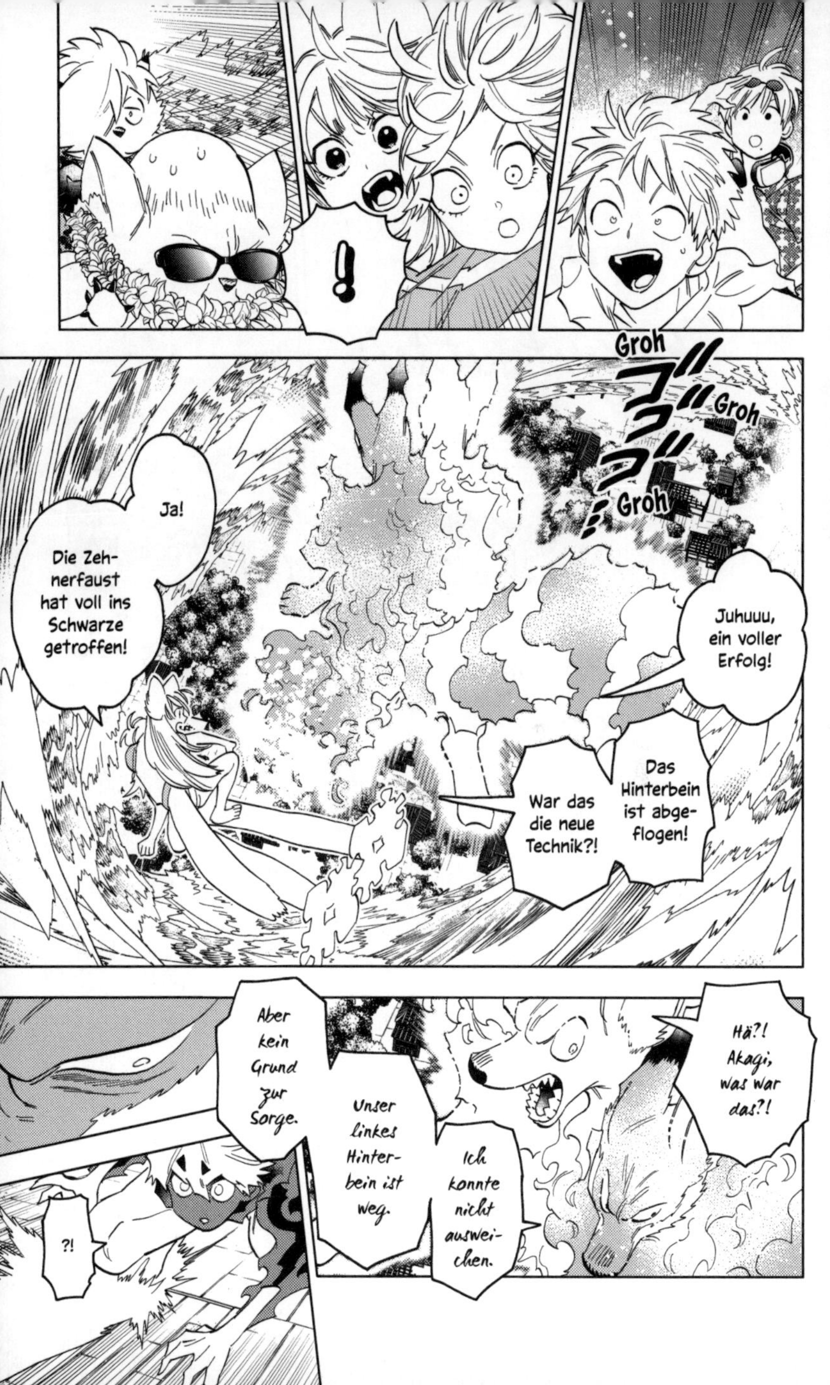
!
Groh
Groh
Groh
Juhuuu, ein voller Erfolg!
Das Hinterbein ist abgeflogen!
War das die neue Technik?!
Ja!
Die Zehnerfaust hat voll ins Schwarze getroffen!
Hä?! Akagi, was war das?!
Ich konnte nicht ausweichen.
Unser linkes Hinterbein ist weg.
Aber kein Grund zur Sorge.
?!

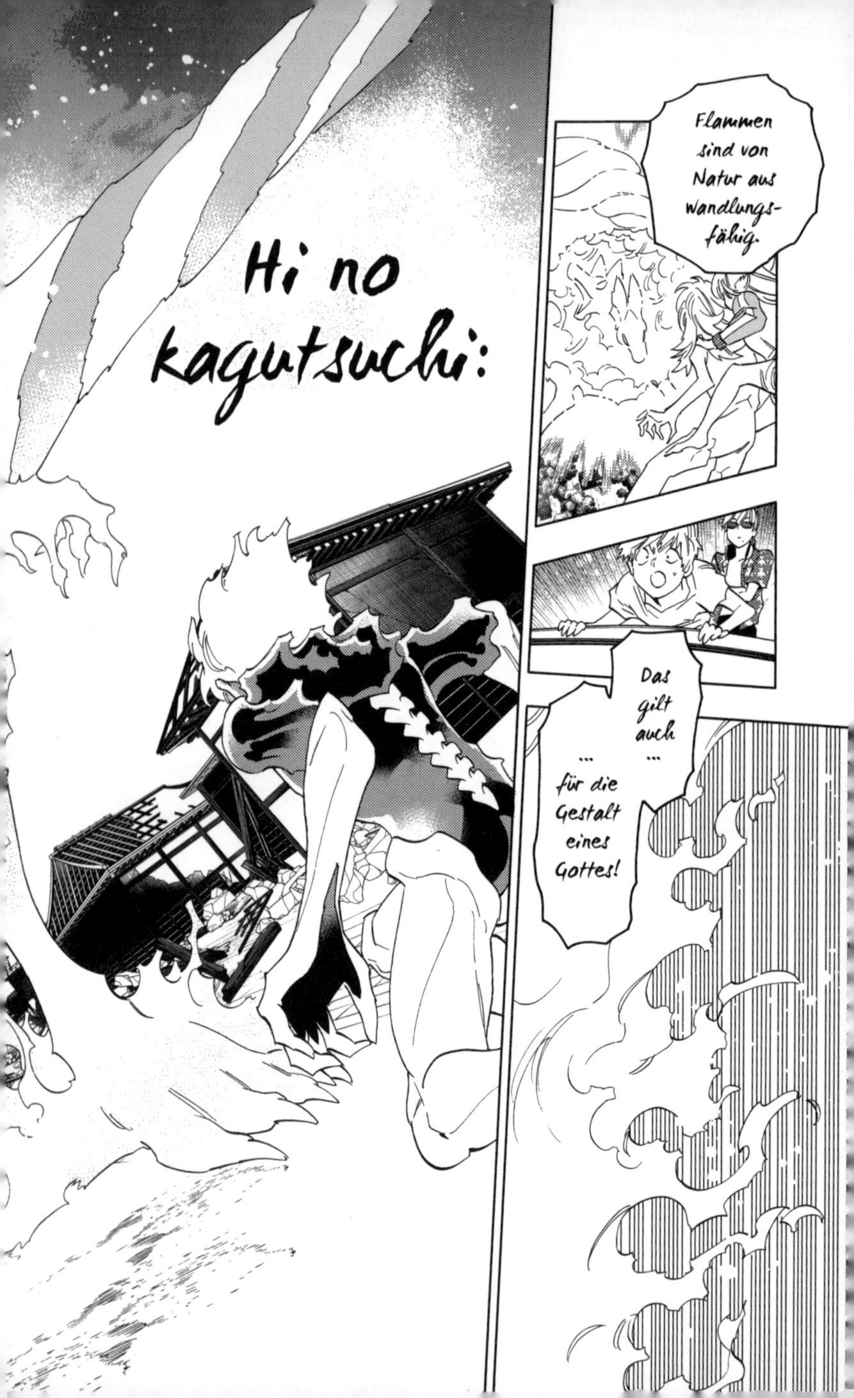
Flammen sind von Natur aus wandlungsfähig.
Das gilt auch ...
... für die Gestalt eines Gottes!
Hi no kagutsuchi:

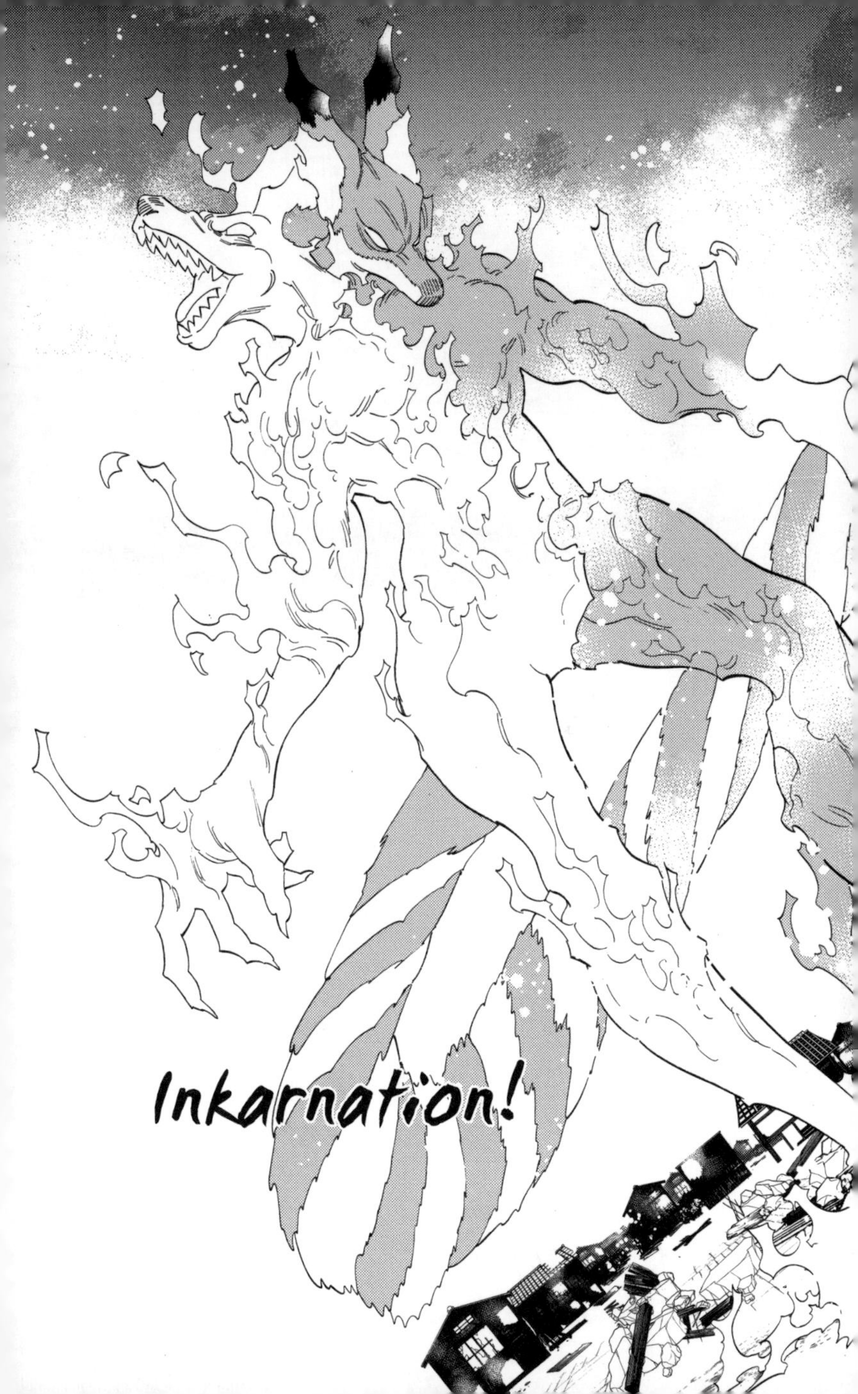
Inkarnation!

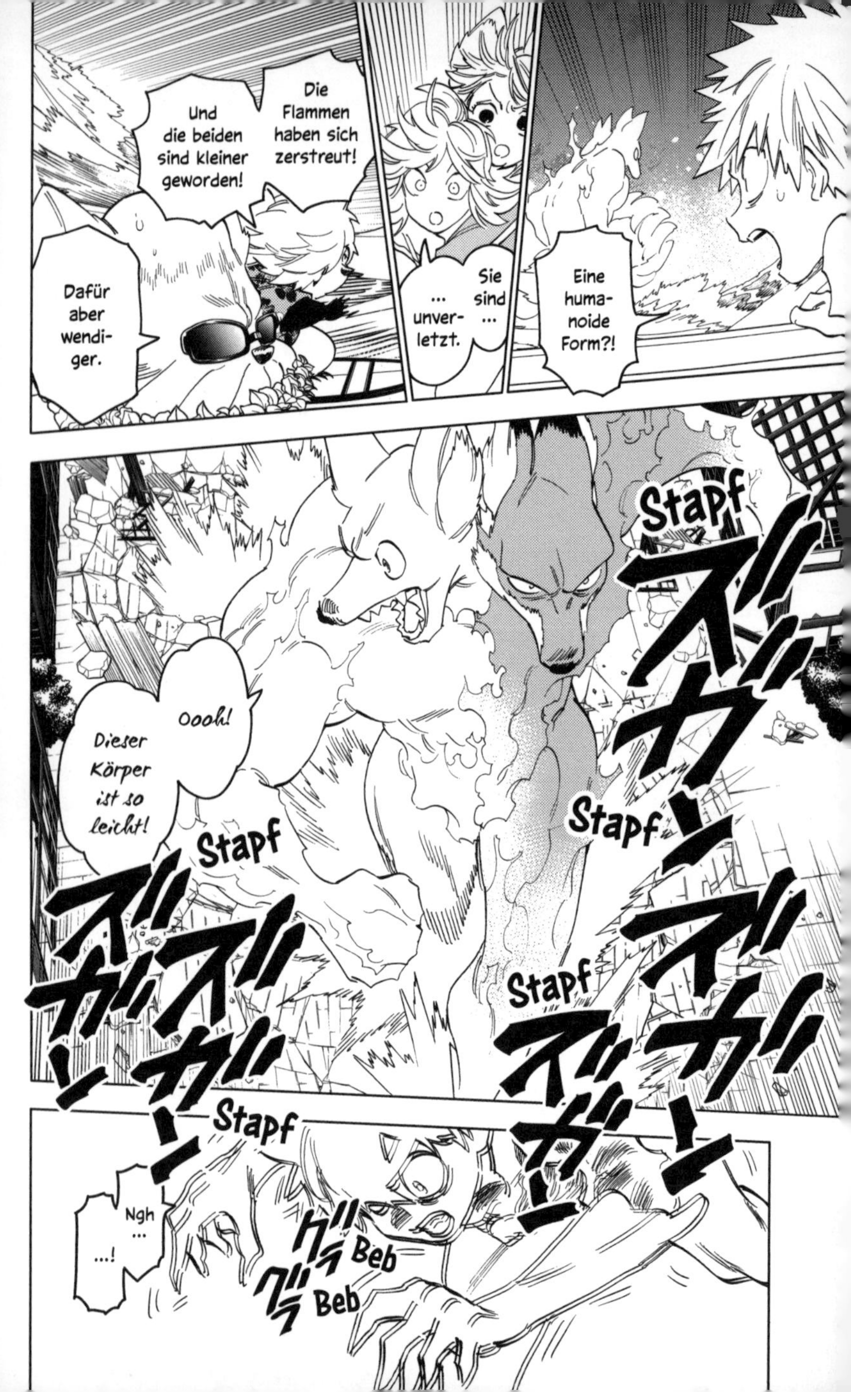
Die Flammen haben sich zerstreut!
Und die beiden sind kleiner geworden!
Dafür aber wendiger.
Sie sind ...
... unverletzt.
Eine humanoide Form?!
Stapf
Stapf
Oooh!
Dieser Körper ist so leicht!
Stapf
Stapf
Stapf
Ngh ... ...!
Beb
Beb

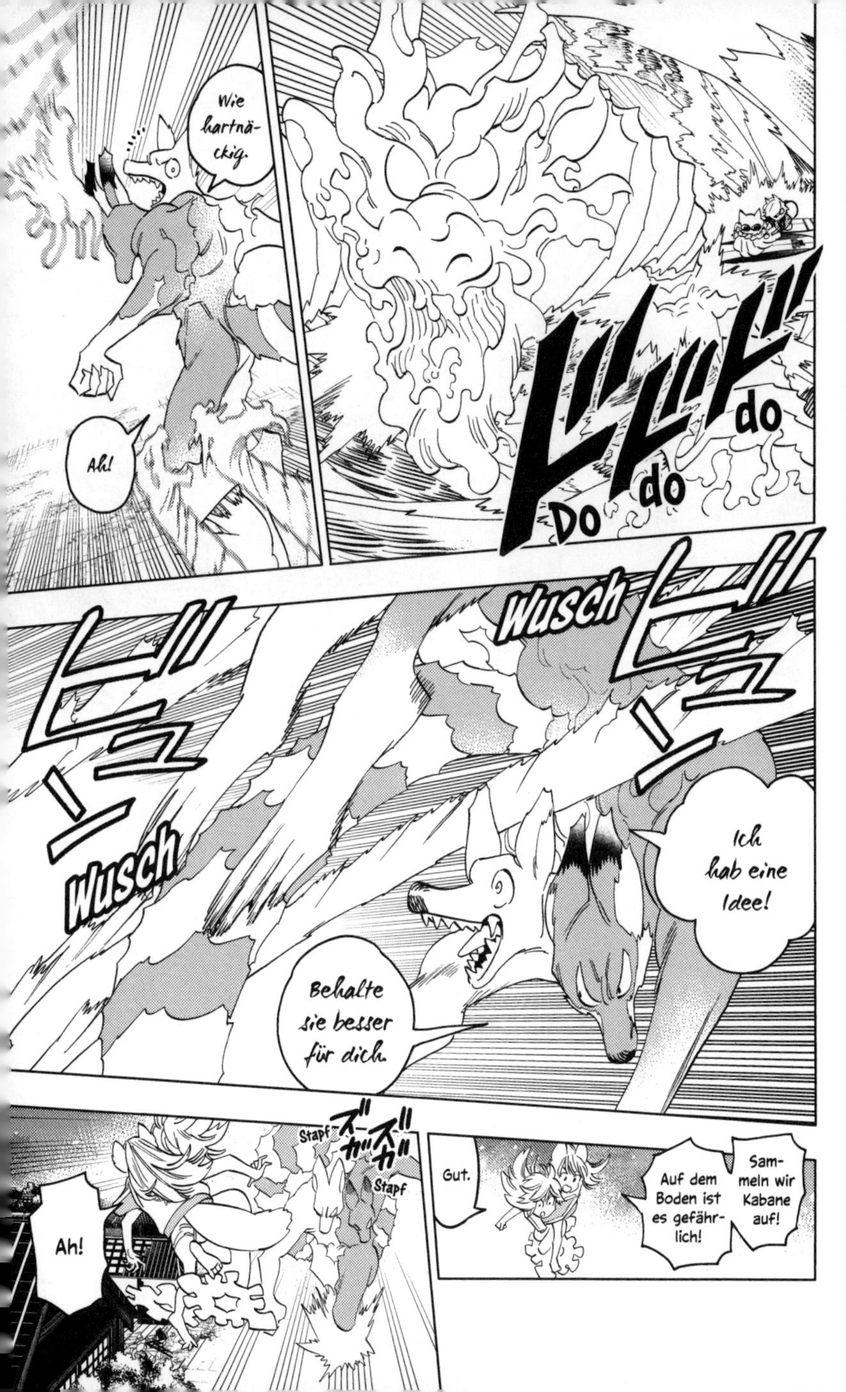
Do do do
Wie hartnäckig.
Ah!
wusch
Ich hab eine Idee!
Behalte sie besser für dich.
wusch
Sammeln wir Kabane auf!
Auf dem Boden ist es gefährlich!
Gut.
Stapf
Stapf
Ah!

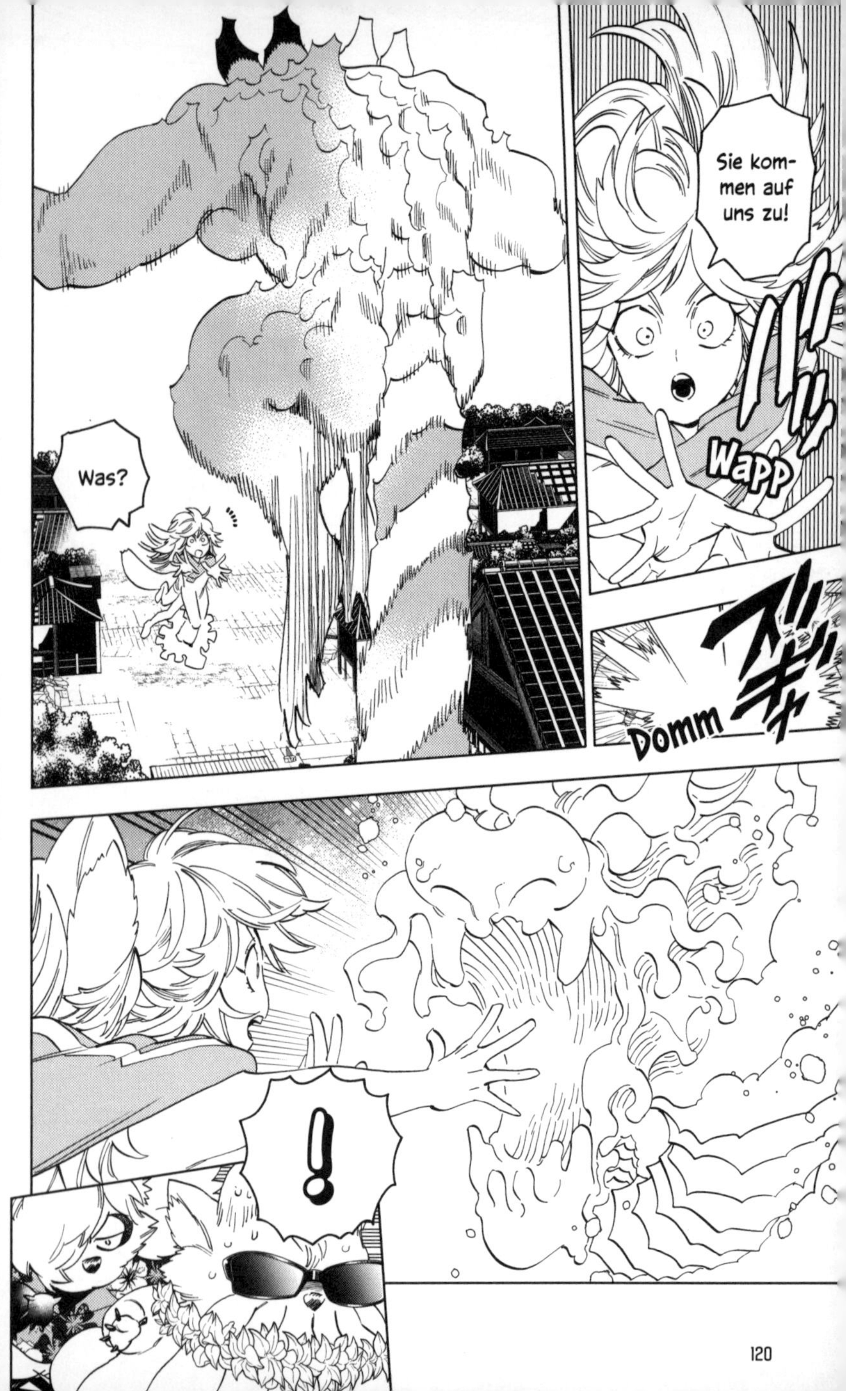
Sie kommen auf uns zu!
Wapp
Was?
Domm
!

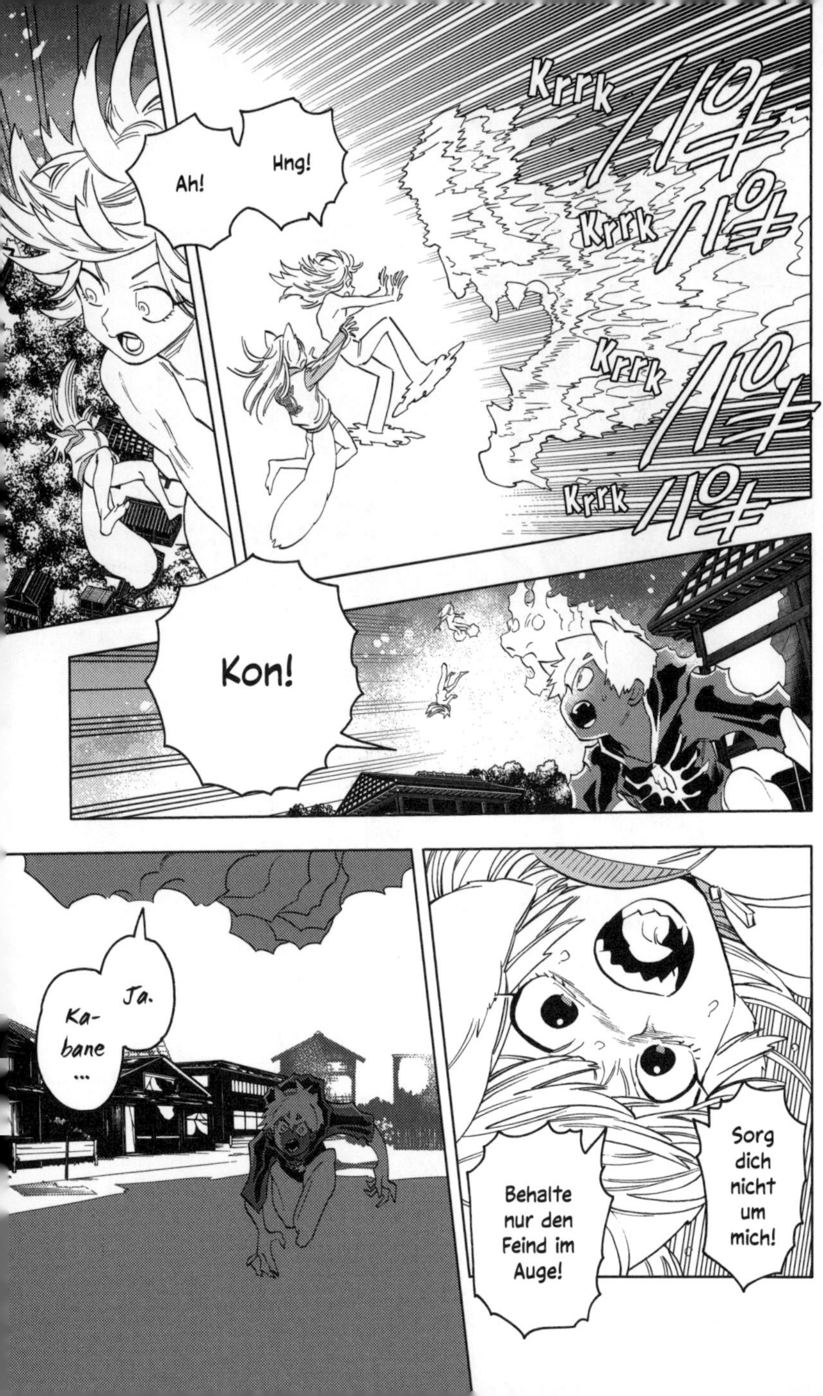

Krrk
Krrk
Krrk
Krrk
Hng!
Ah!
Kon!
Sorg dich nicht um mich!
Behalte nur den Feind im Auge!
Ja.
Kabane ...

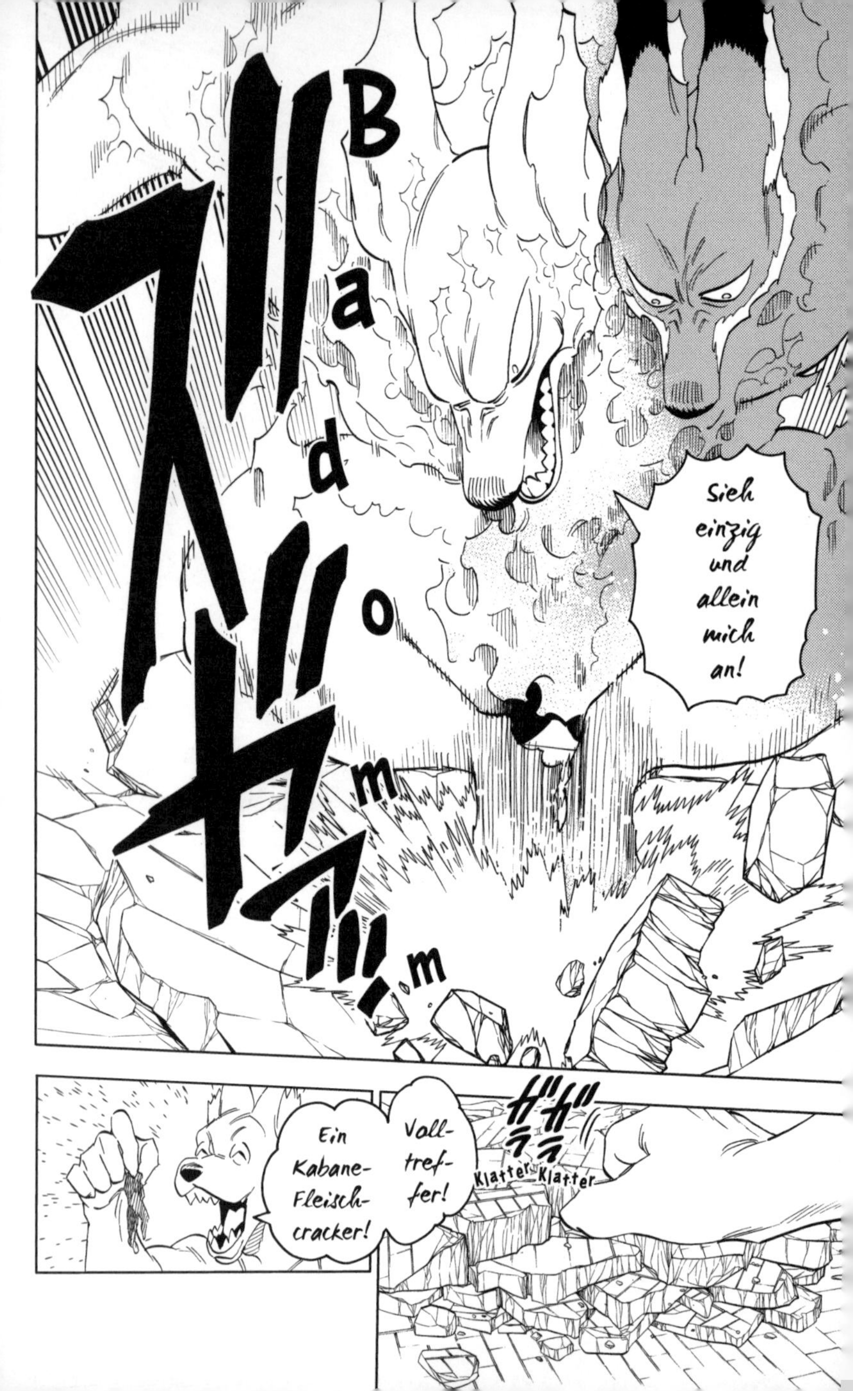
Badoom
Sieh einzig und allein mich an!
Klatter Klatter
Volltreffer!
Ein Kabane-Fleischcracker!

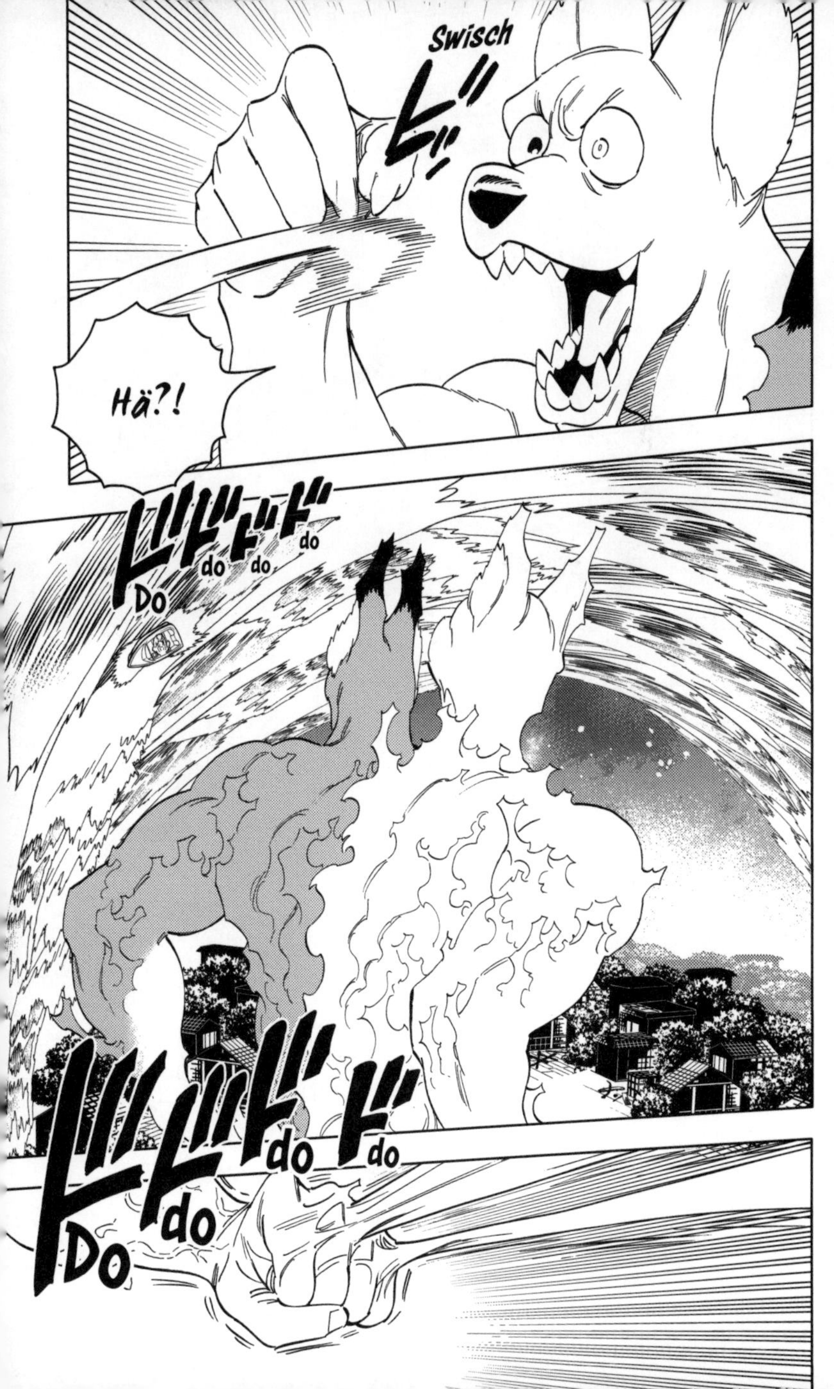
Swisch
Hä?!
Do do do do
Do do do do

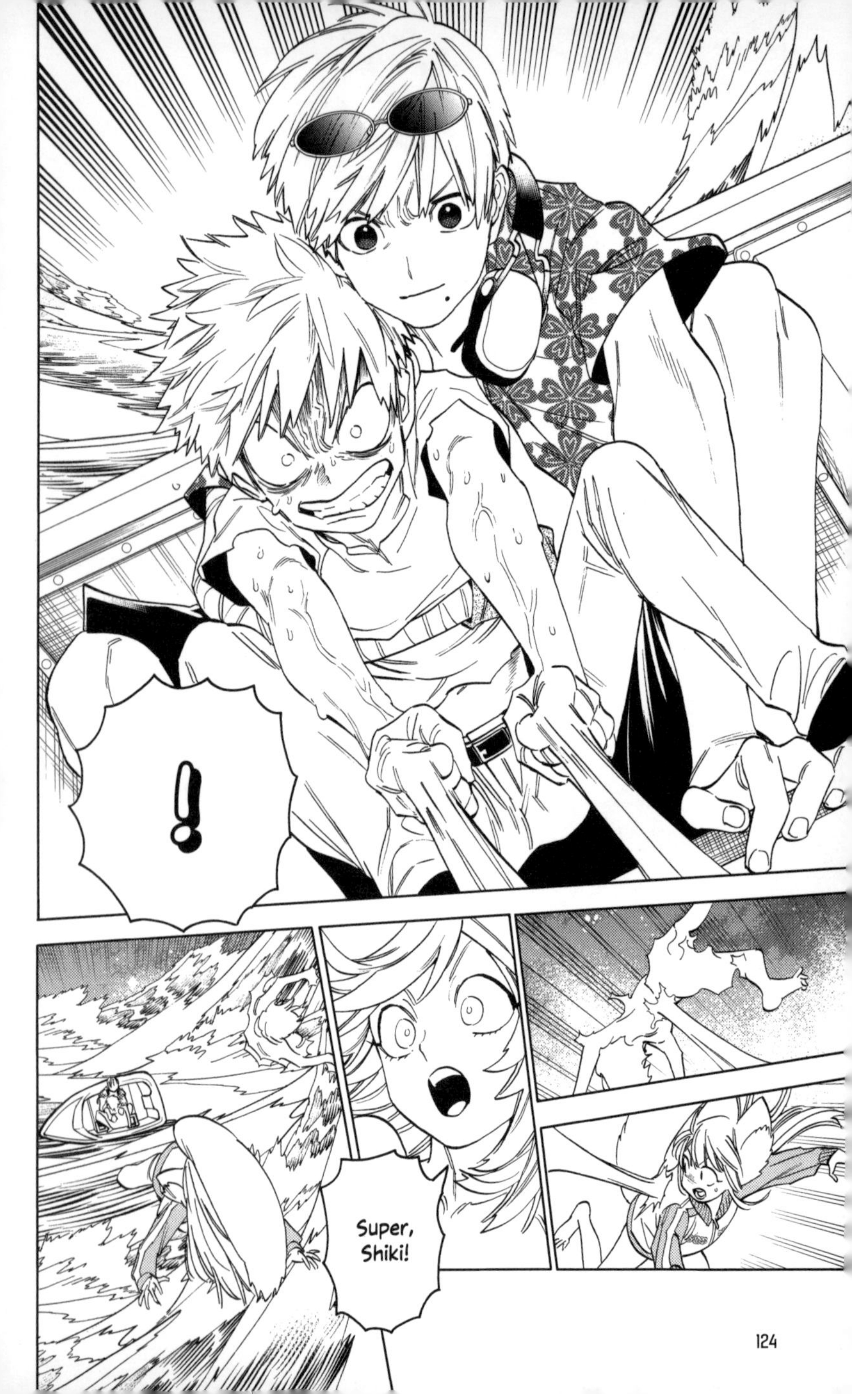
!
Super, Shiki!

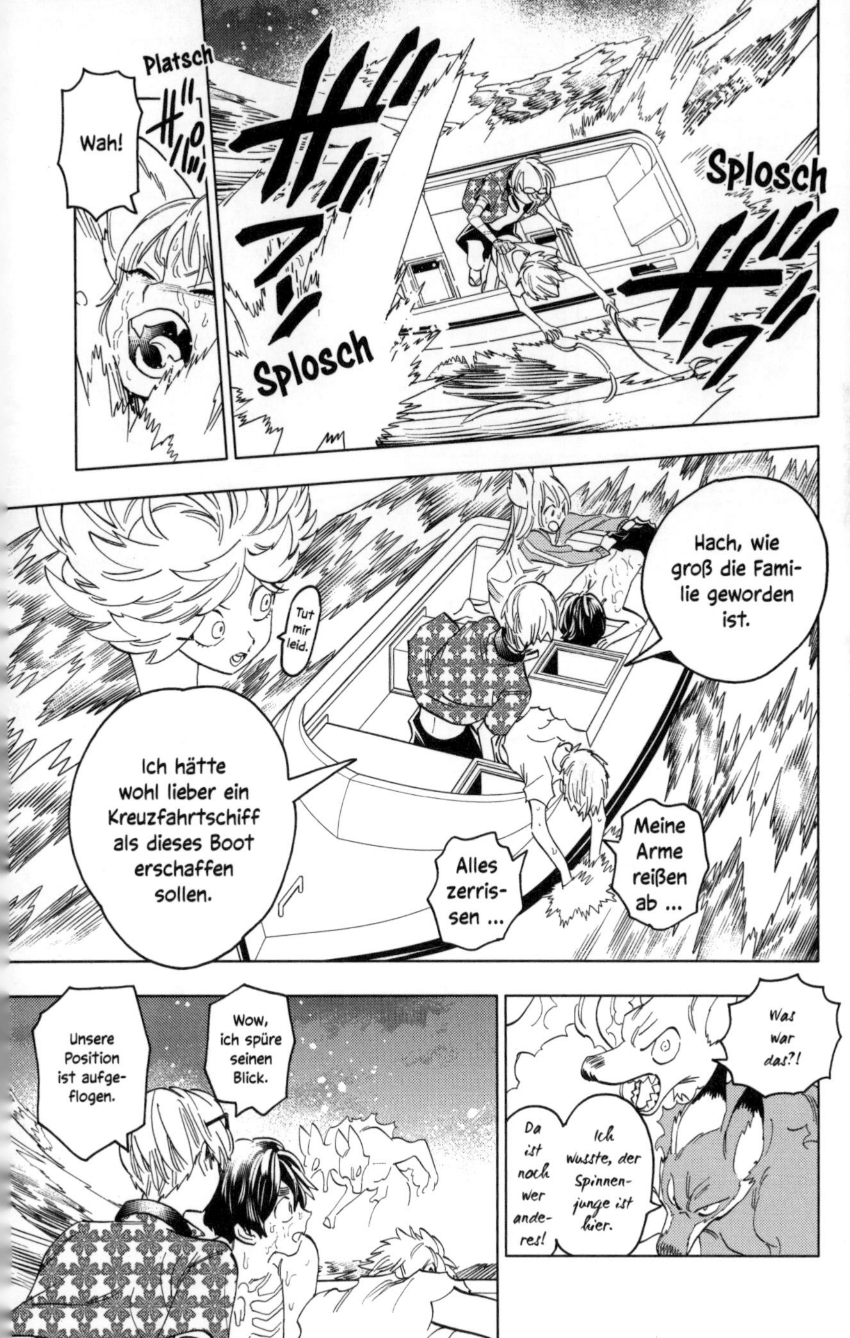
Splosch
Splosch
Platsch
Wah!
Hach, wie groß die Familie geworden ist.
Tut mir leid.
Meine Arme reißen ab ...
Alles zerrissen ...
Ich hätte wohl lieber ein Kreuzfahrtschiff als dieses Boot erschaffen sollen.
Was war das?!
Ich wusste, der Spinnenjunge ist hier.
Da ist noch wer anderes!
Wow, ich spüre seinen Blick.
Unsere Position ist aufgeflogen.

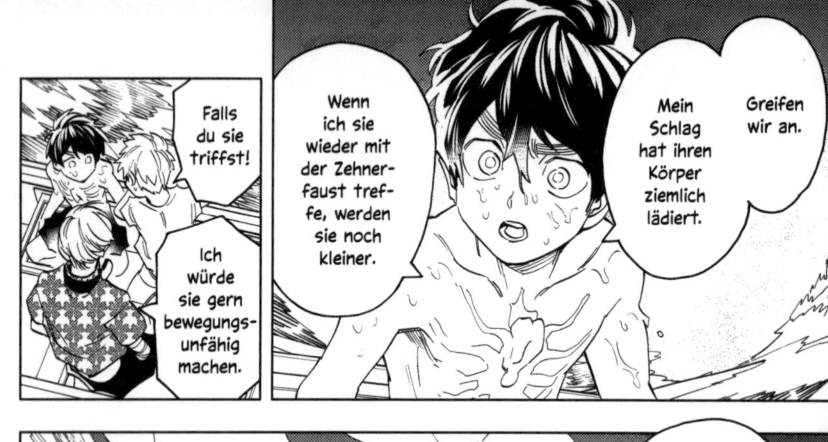
Greifen wir an.
Mein Schlag hat ihren Körper ziemlich lädiert.
Wenn ich sie wieder mit der Zehnerfaust treffe, werden sie noch kleiner.
Falls du sie triffst!
Ich würde sie gern bewegungsunfähig machen.

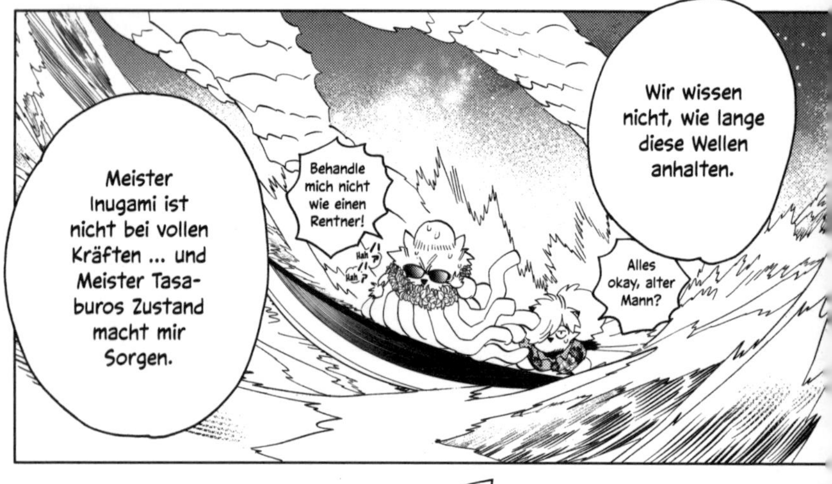
Wir wissen nicht, wie lange diese Wellen anhalten.
Alles okay, alter Mann?
Behandle mich nicht wie einen Rentner!
Meister Inugami ist nicht bei vollen Kräften ... und Meister Tasaburos Zustand macht mir Sorgen.

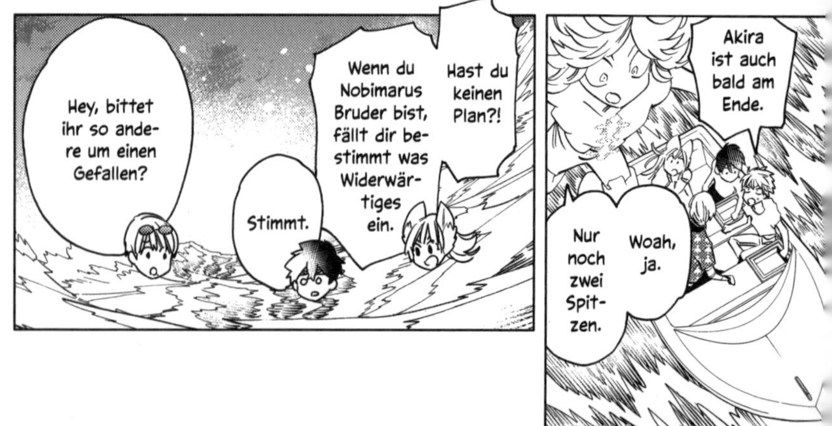
Akira ist auch bald am Ende.
Woah, ja.
Nur noch zwei Spitzen.
Hast du keinen Plan?!
Wenn du Nobimarus Bruder bist, fällt dir bestimmt was Widerwärtiges ein.
Stimmt.
Hey, bittet ihr so andere um einen Gefallen?

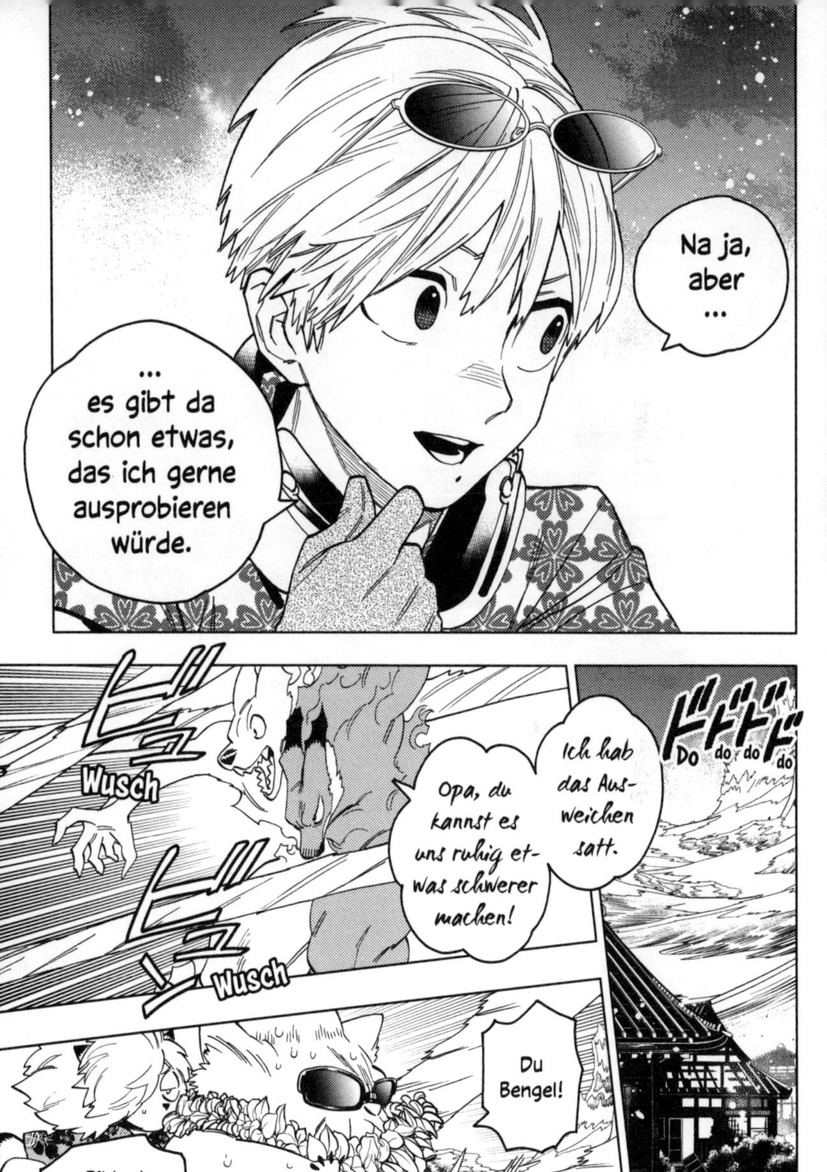
Na ja, aber ...
... es gibt da schon etwas, das ich gerne ausprobieren würde.
ドドドド Do do do do
Ich hab das Aus- weichen satt.
Opa, du kannst es uns ruhig et- was schwerer machen!
Wusch
Wusch
Du Bengel!
Bildest dir was ein, bloß weil du recht jung bist!

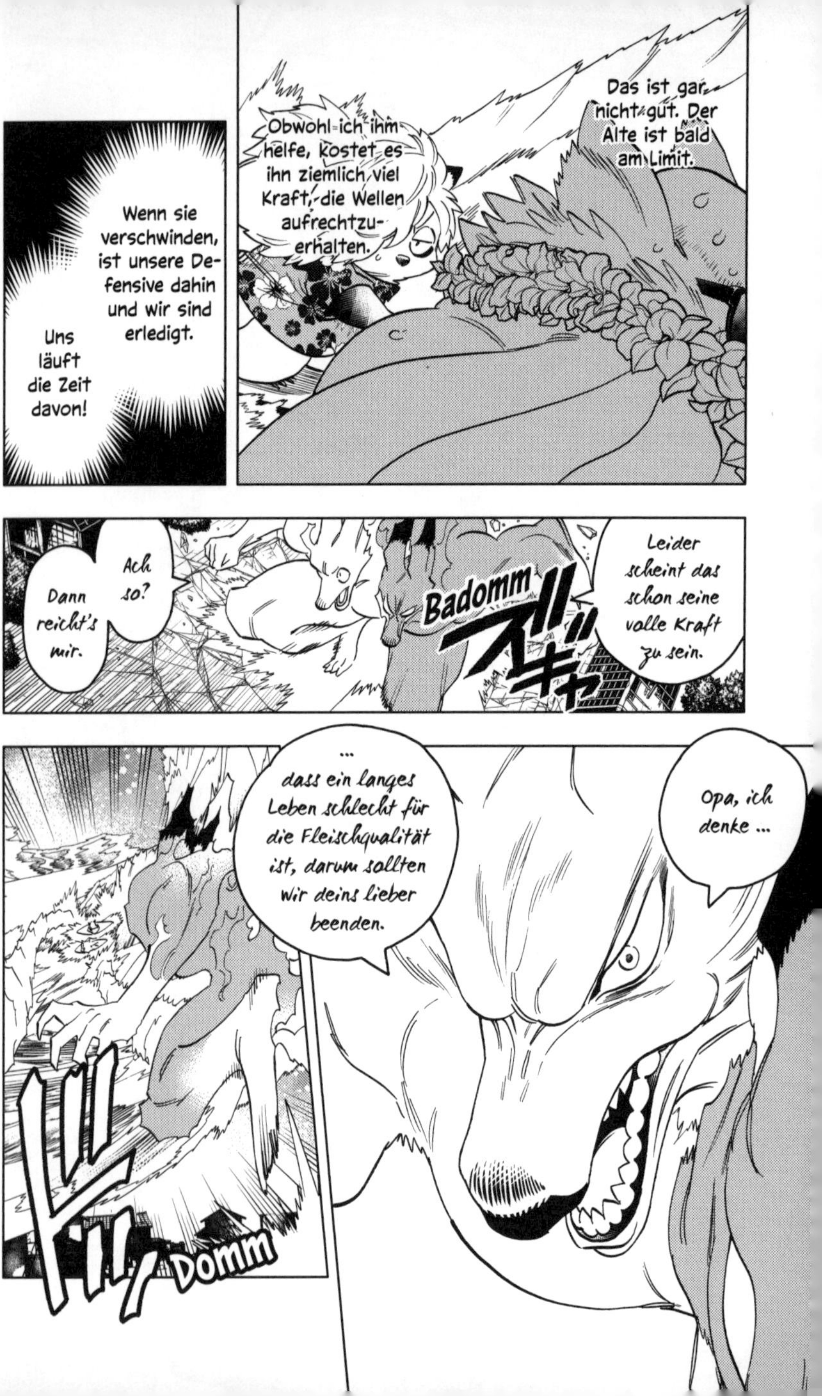

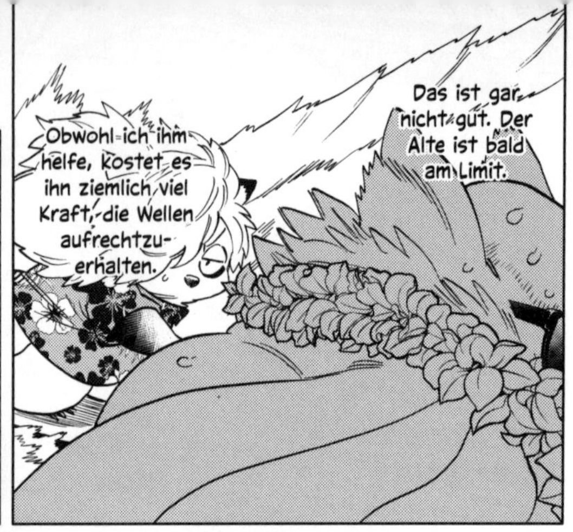

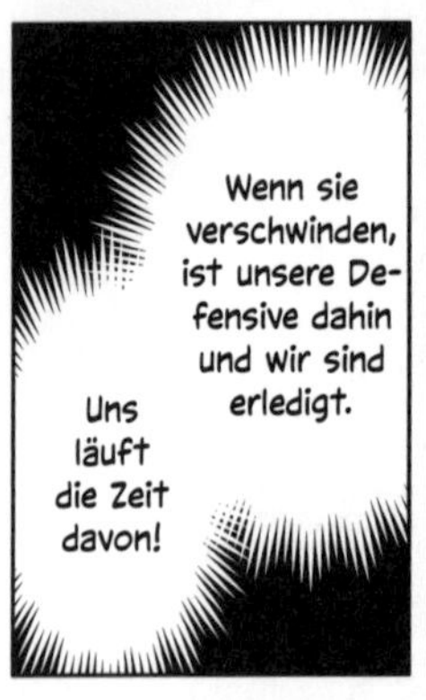

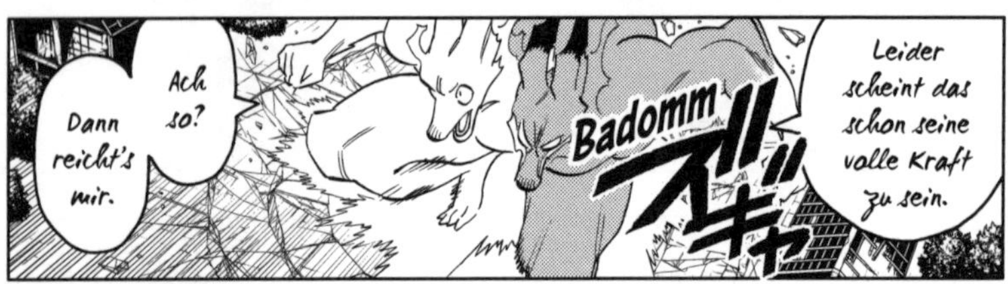

Opa, ich denke ...

... dass ein langes Leben schlecht für die Fleischqualität ist, darum sollten wir deins lieber beenden.

Domm

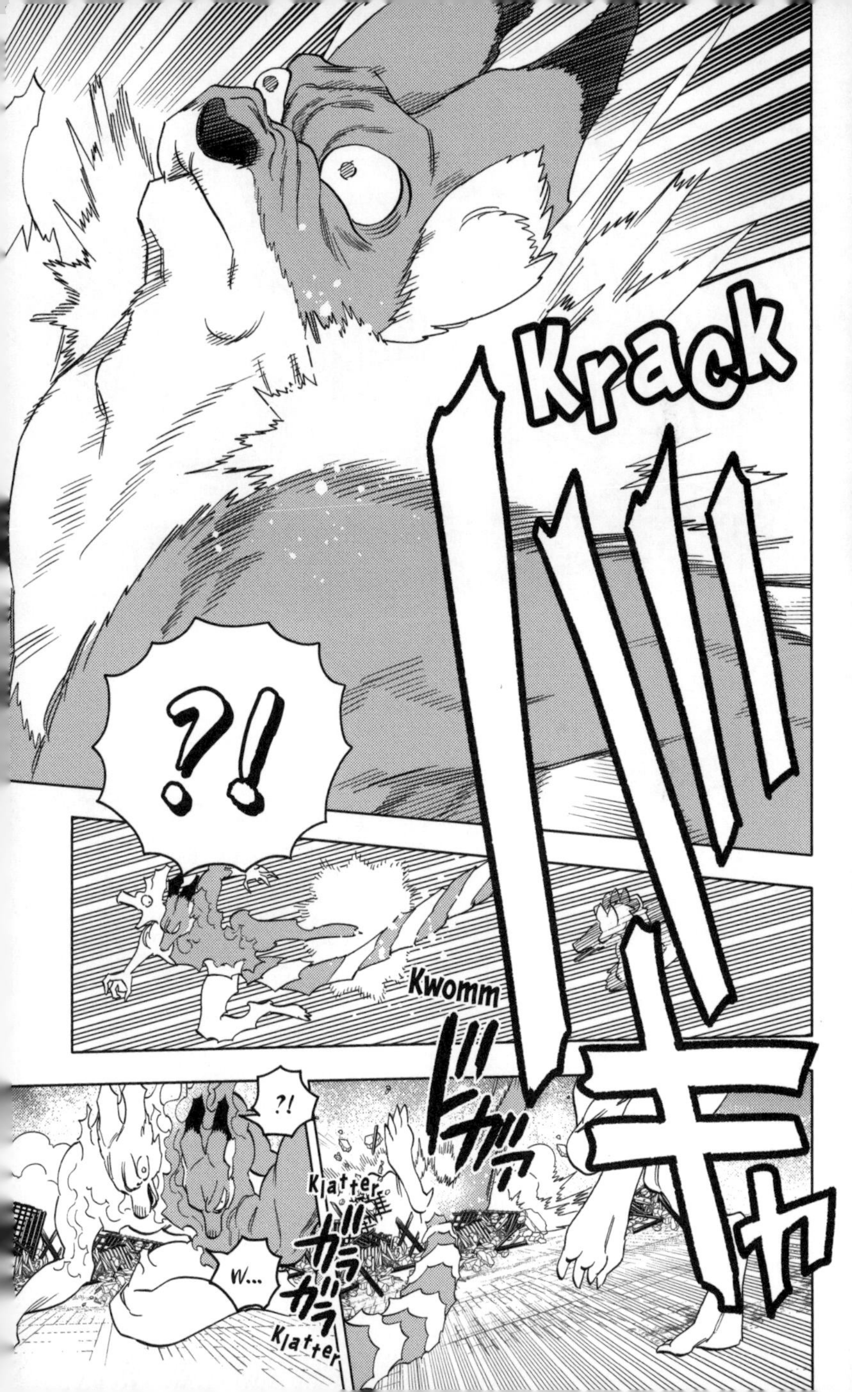

Krack
?!
Kwomm
?!
Klatter
W...
Klatter

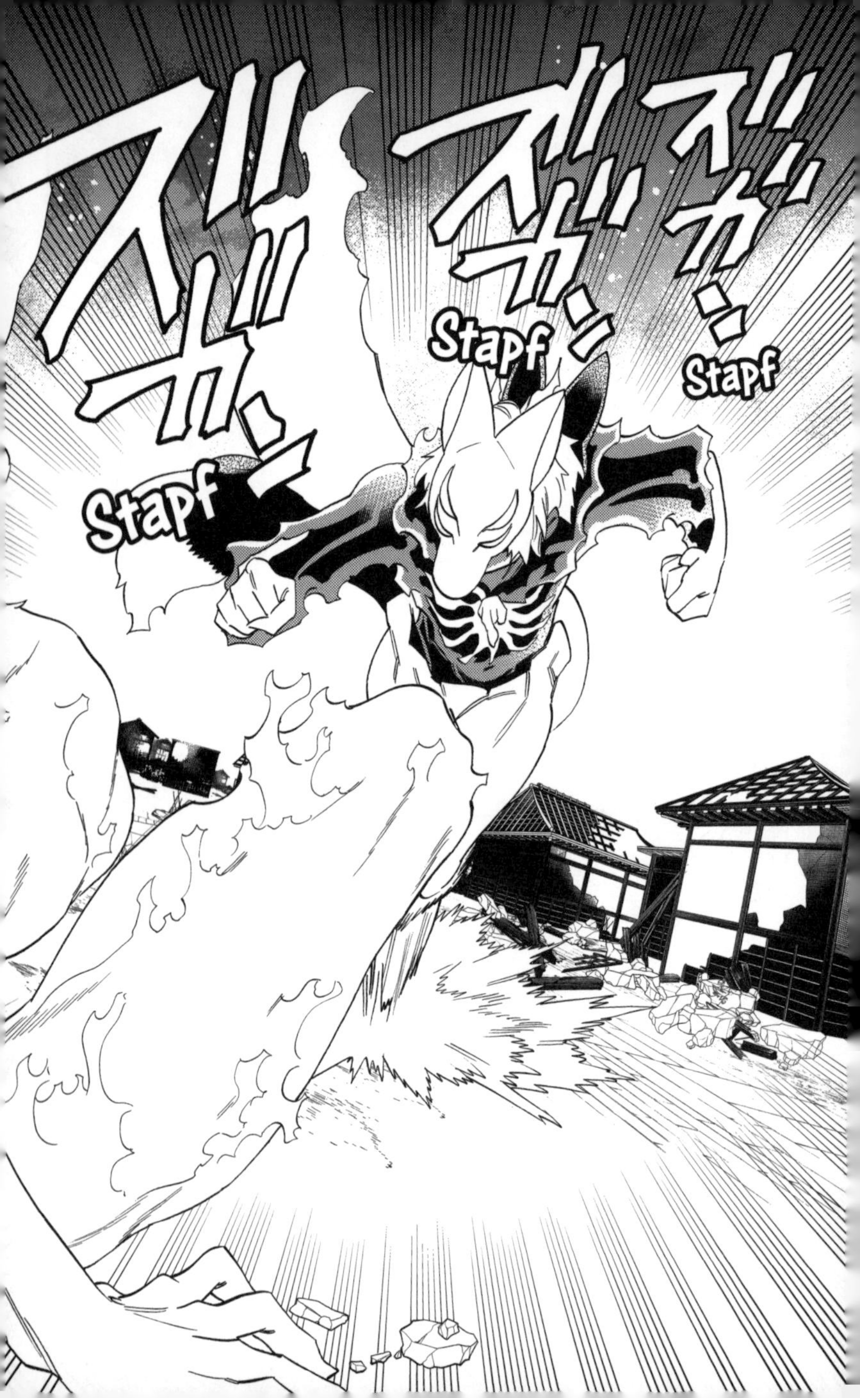
Stapf
Stapf
Stapf

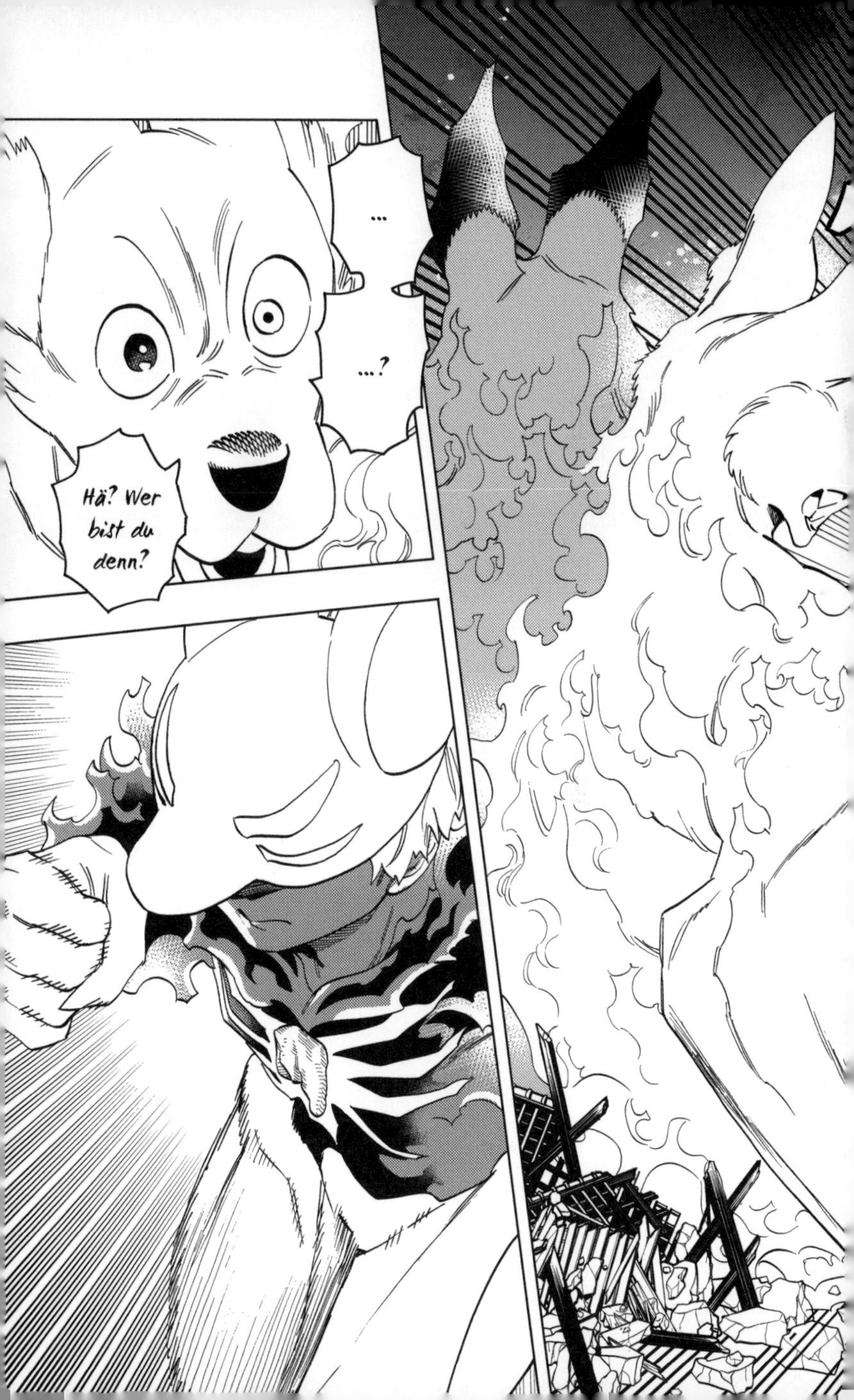
...
...?
Hä? Wer bist du denn?

Mein Lieblingssushi ist …

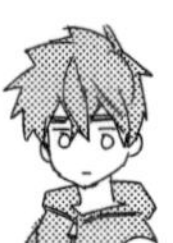

Running-Sushi mit allen zusammen

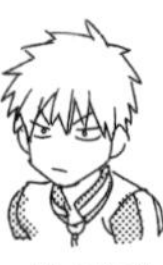

Thunfisch, Oktopus, Sepia

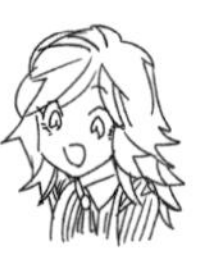

Lachs, Eismeergarnele, Gunkan-maki

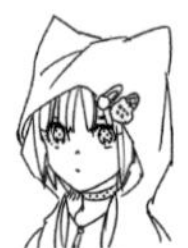

Was ist Sushi?!

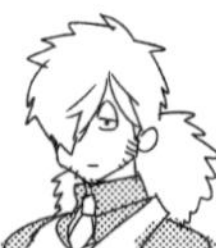

Engawa, Butt, Rote Meerbrasse

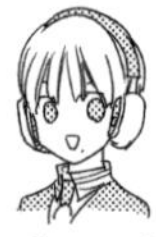

Bevorzugt Saisonales

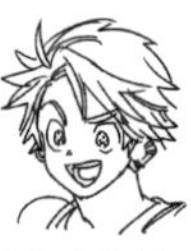

Keine Vorlieben oder Abneigungen

Isst auch die Garnierung

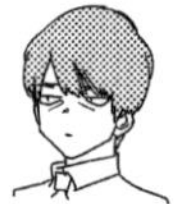

Weigert sich, Sushi zu essen

54. Charakter

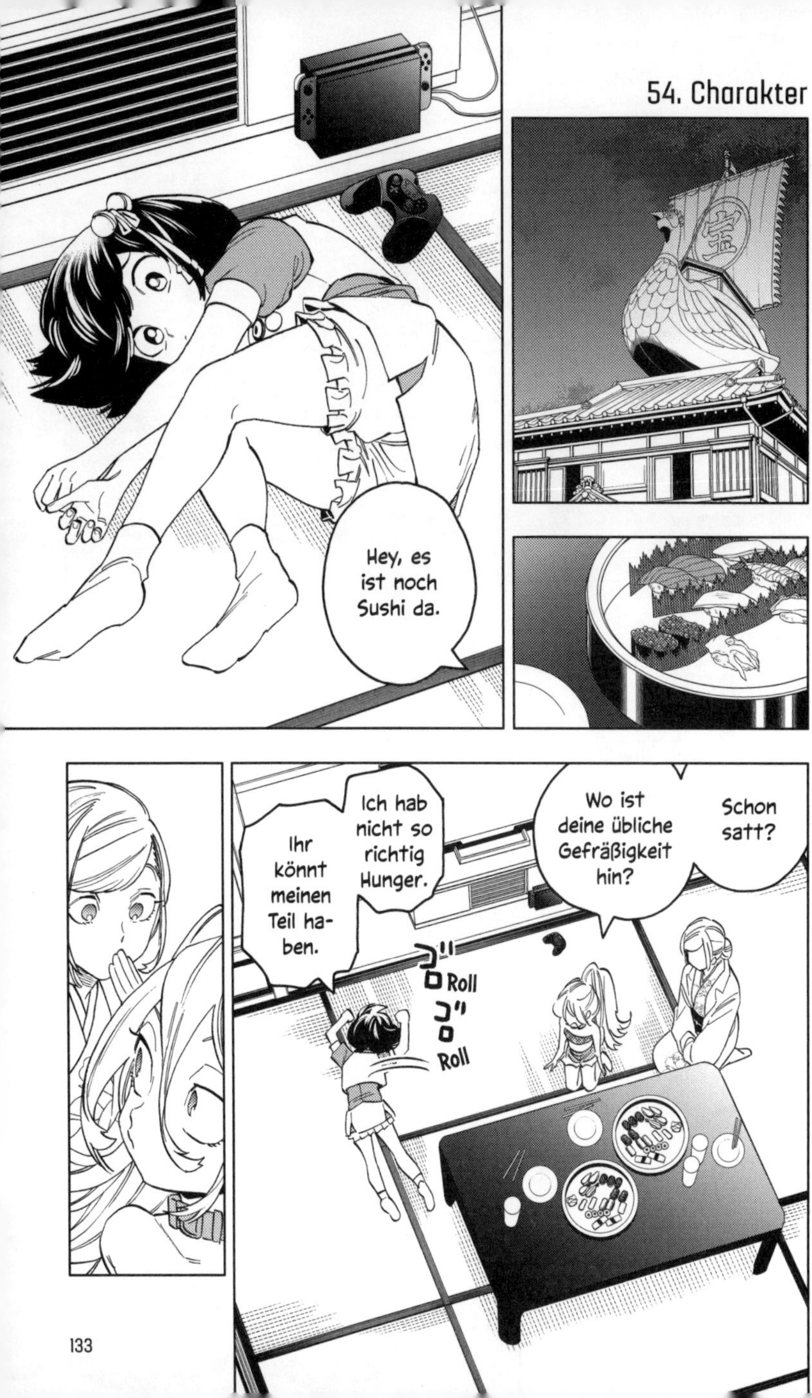

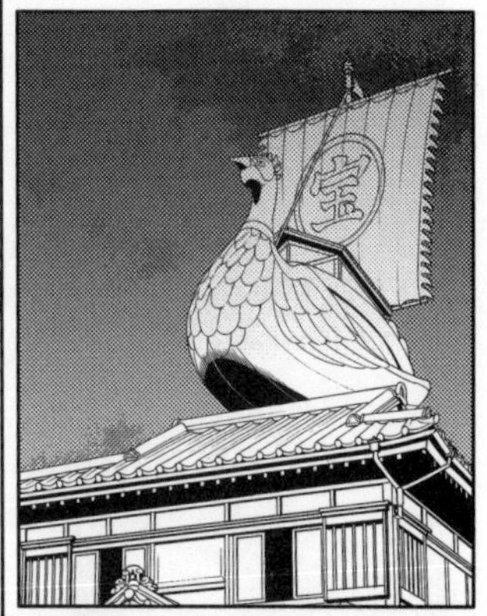

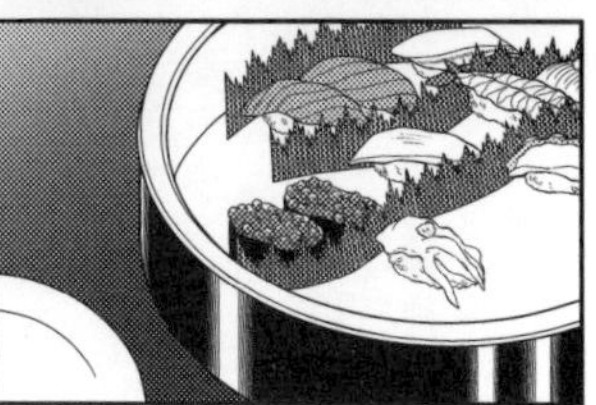

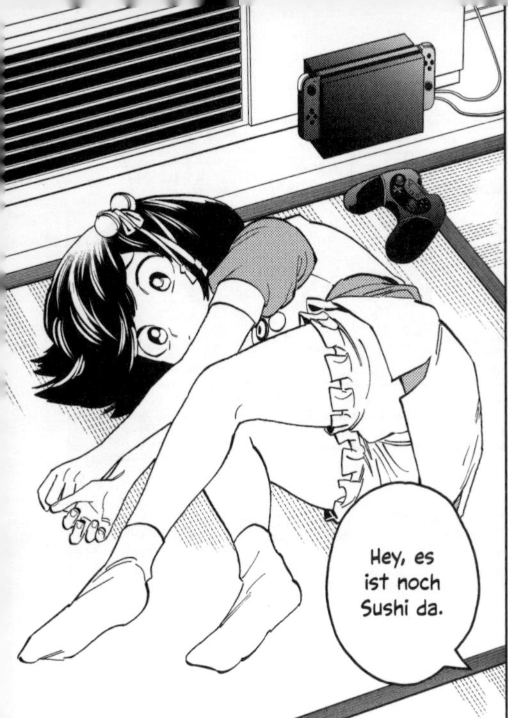

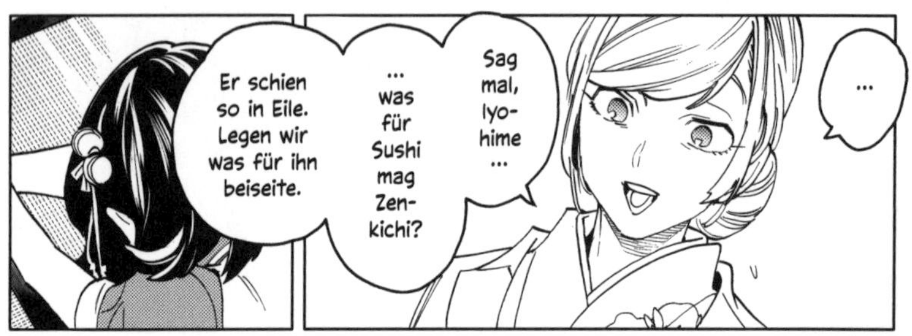
...
Sag mal, Iyo-hime ...
... was für Sushi mag Zen-kichi?
Er schien so in Eile. Legen wir was für ihn beiseite.

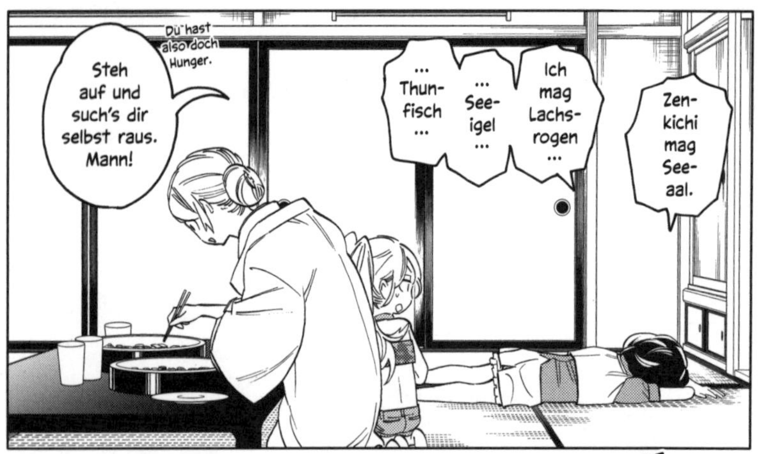
Zen-kichi mag See-aal.
Ich mag Lachs-rogen ...
... See-igel ...
... Thun-fisch ...
Du hast also doch Hunger.
Steh auf und such's dir selbst raus. Mann!

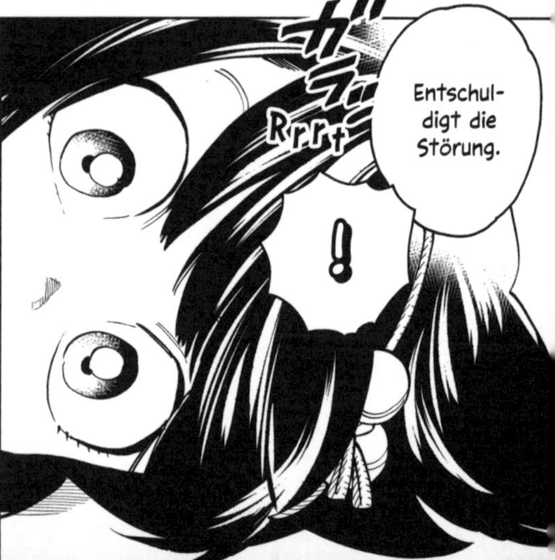
Entschul-digt die Störung.
Rrrt
!

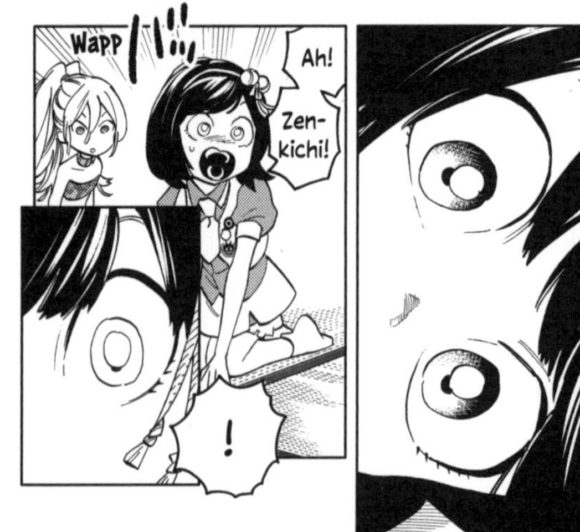
Wapp
Ah!
Zen-kichi!
!

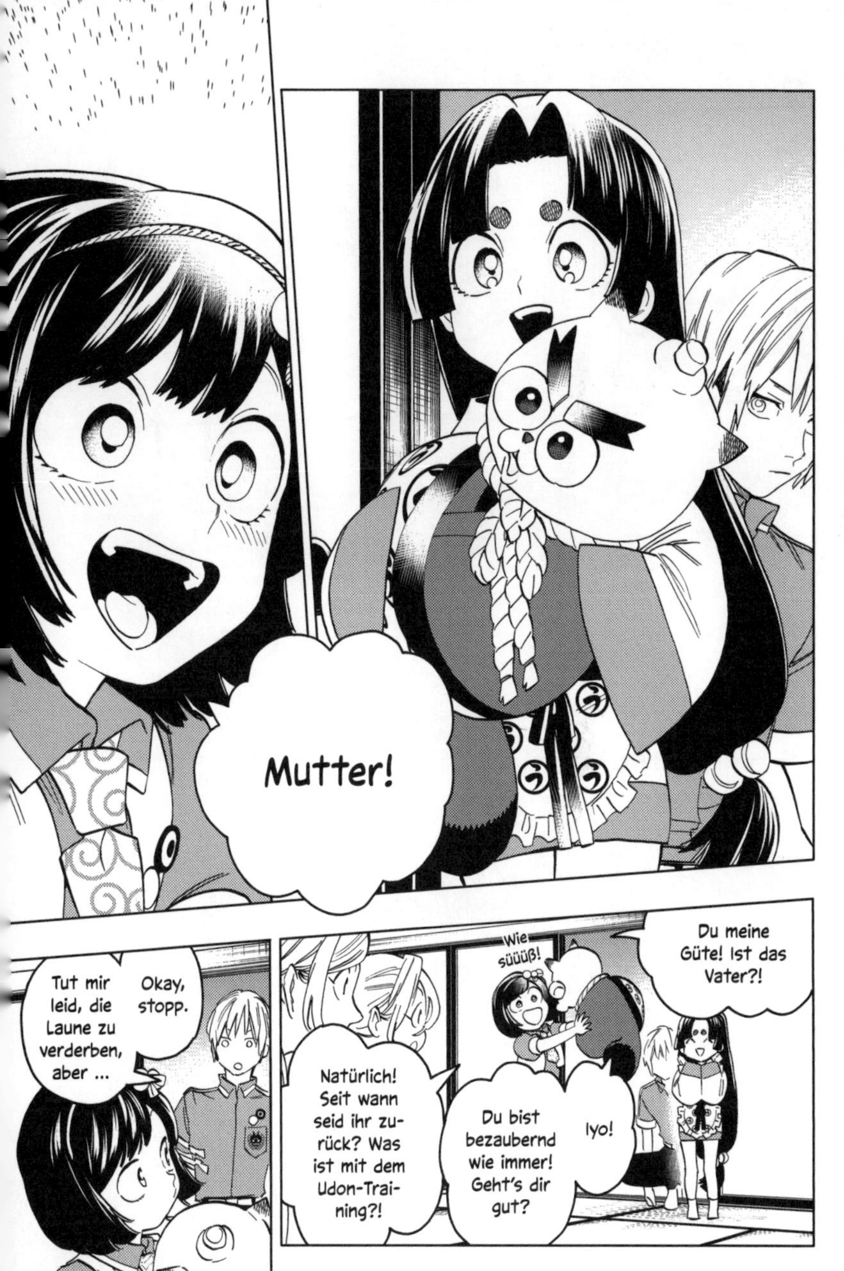
Mutter!
Du meine Güte! Ist das Vater?!
Wie süüüß!
Iyo!
Du bist bezaubernd wie immer! Geht's dir gut?
Natürlich! Seit wann seid ihr zurück? Was ist mit dem Udon-Training?!
Okay, stopp.
Tut mir leid, die Laune zu verderben, aber ...

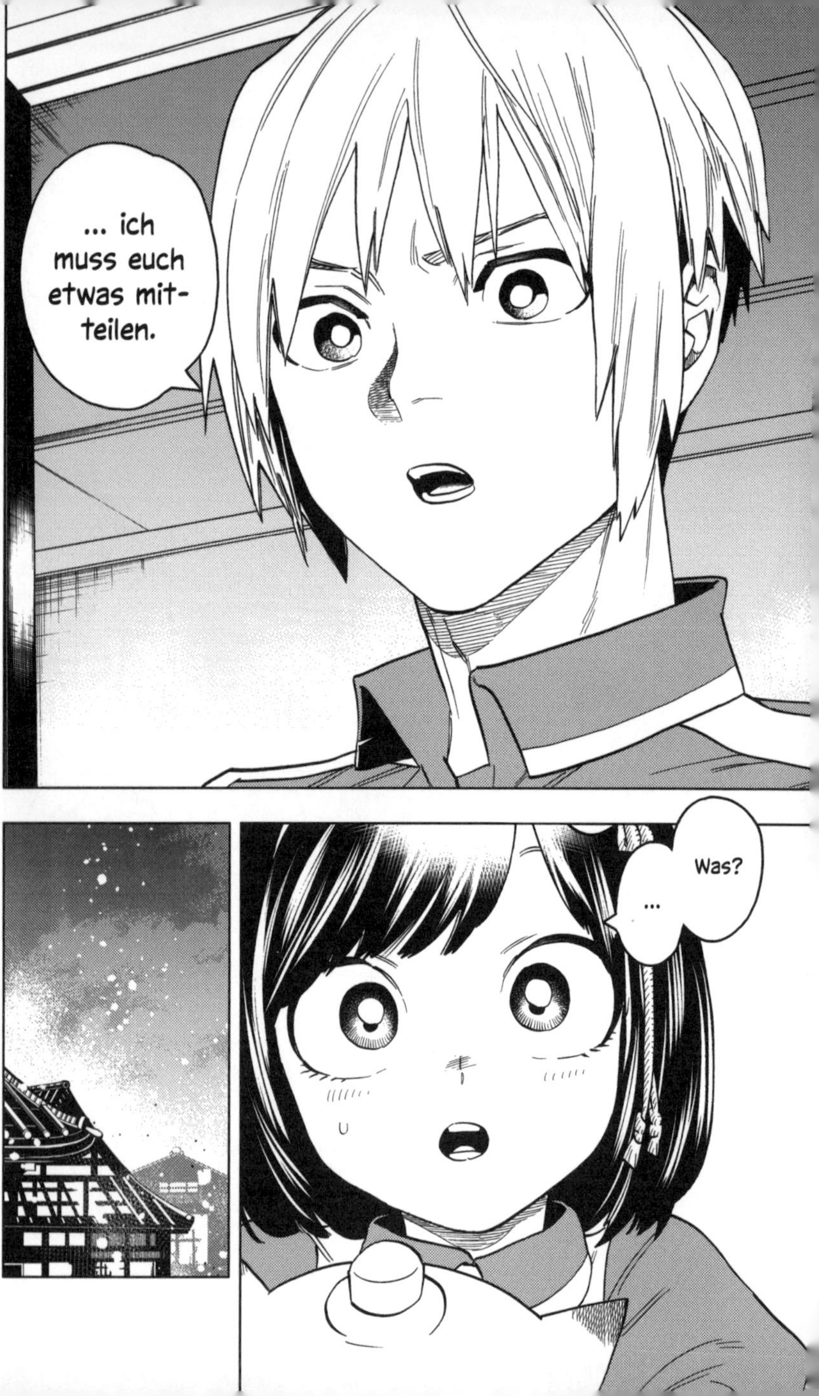

... ich muss euch etwas mitteilen.

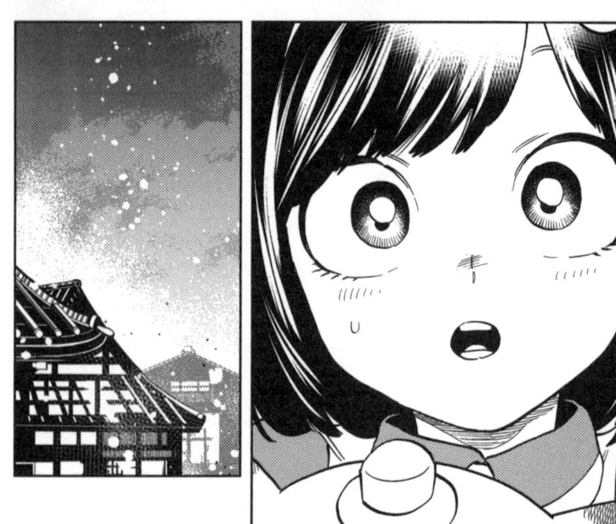

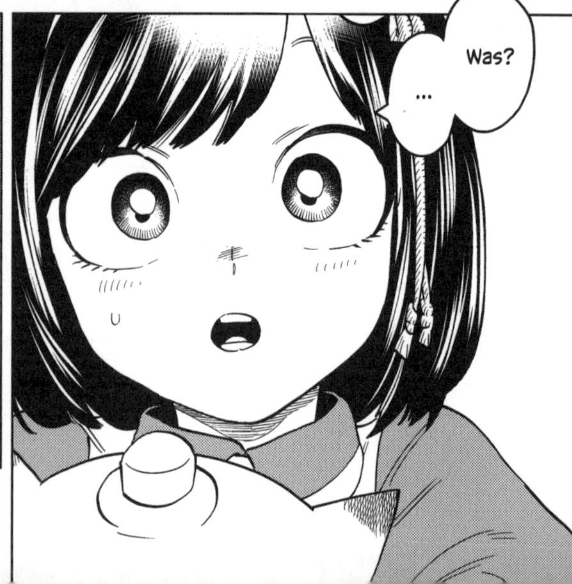

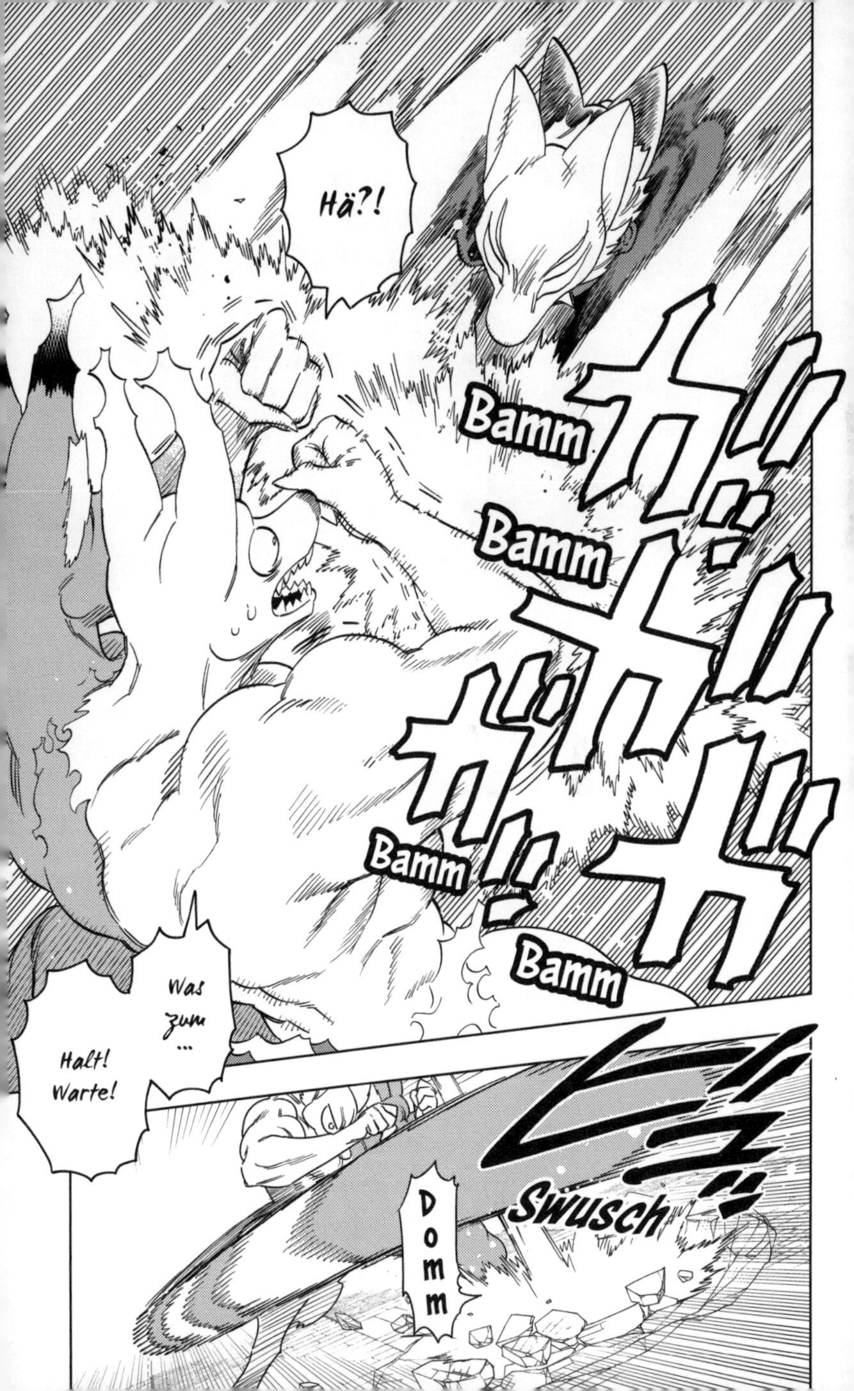

Hä?!
Bamm
Bamm
Bamm
Bamm
Was zum ...
Halt! Warte!
Swusch
Domm

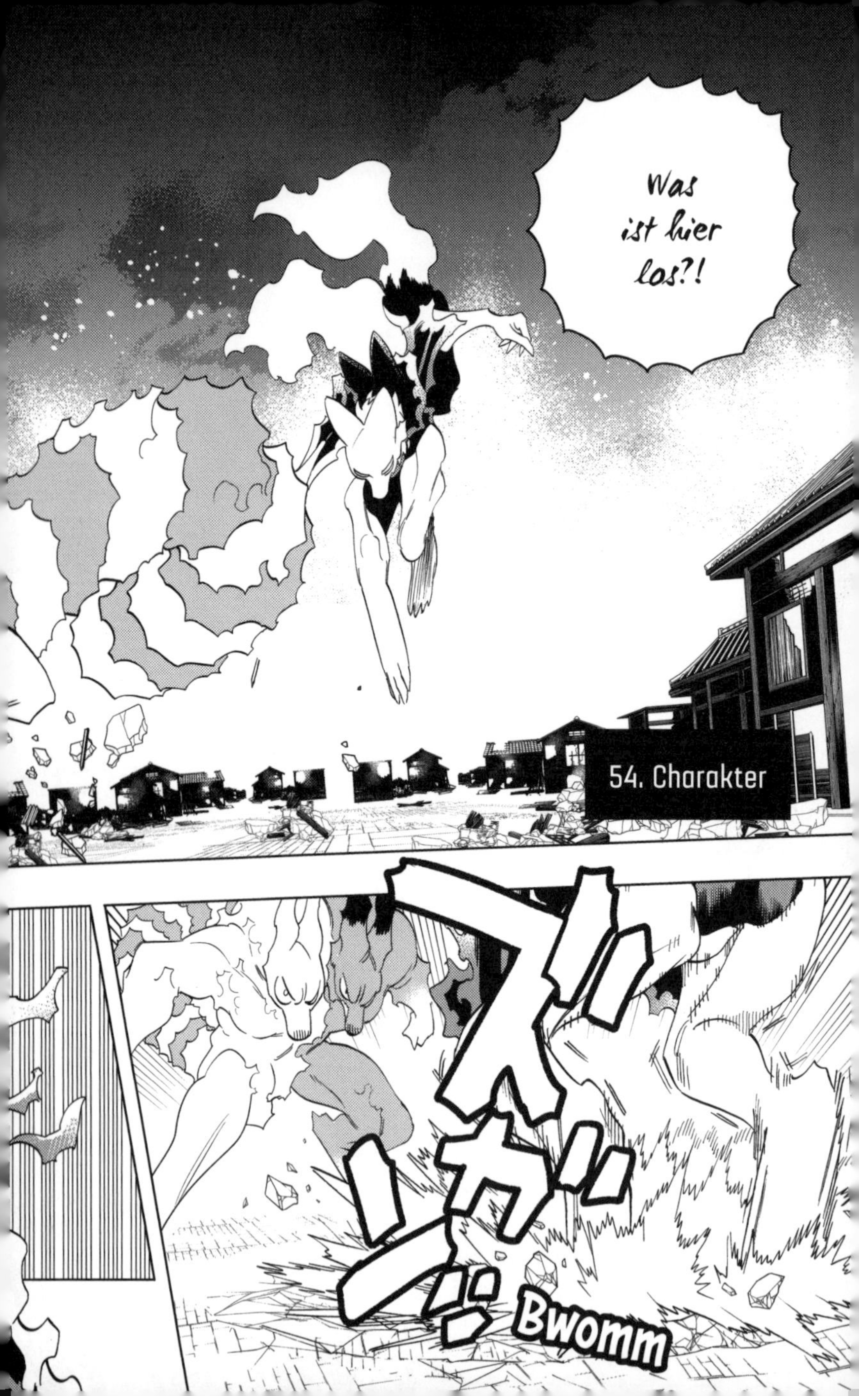
Was ist hier los?!
54. Charakter
Bwomm

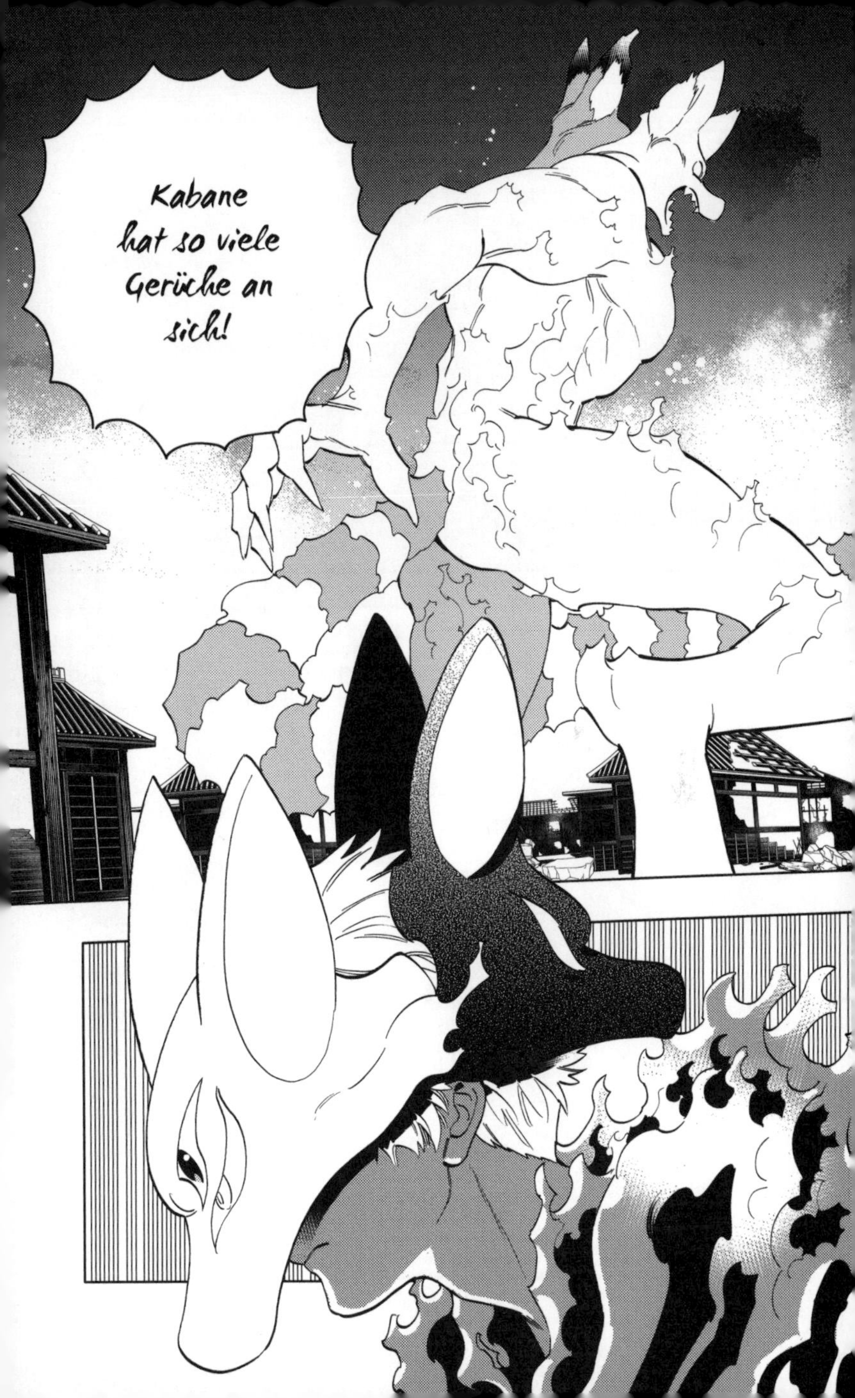
Kabane hat so viele Gerüche an sich!

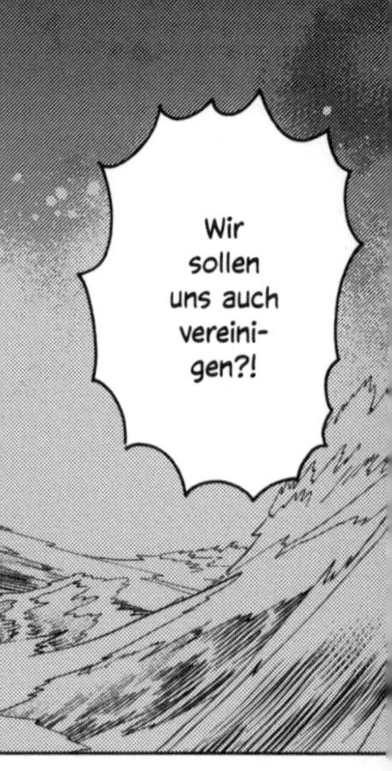
Wir sollen uns auch vereinigen?!

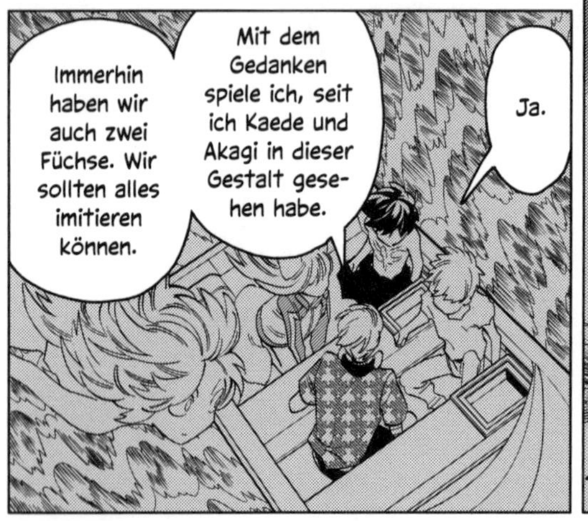
Ja.
Mit dem Gedanken spiele ich, seit ich Kaede und Akagi in dieser Gestalt gesehen habe.
Immerhin haben wir auch zwei Füchse. Wir sollten alles imitieren können.

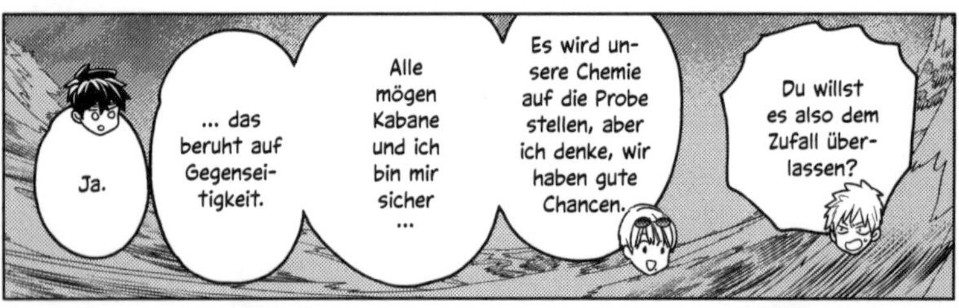
Du willst es also dem Zufall überlassen?
Es wird unsere Chemie auf die Probe stellen, aber ich denke, wir haben gute Chancen.
Alle mögen Kabane und ich bin mir sicher ...
... das beruht auf Gegenseitigkeit.
Ja.

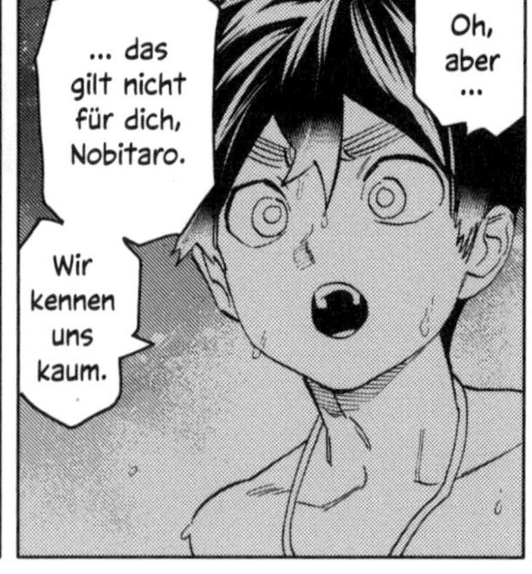
Oh, aber ...
... das gilt nicht für dich, Nobitaro.
Wir kennen uns kaum.

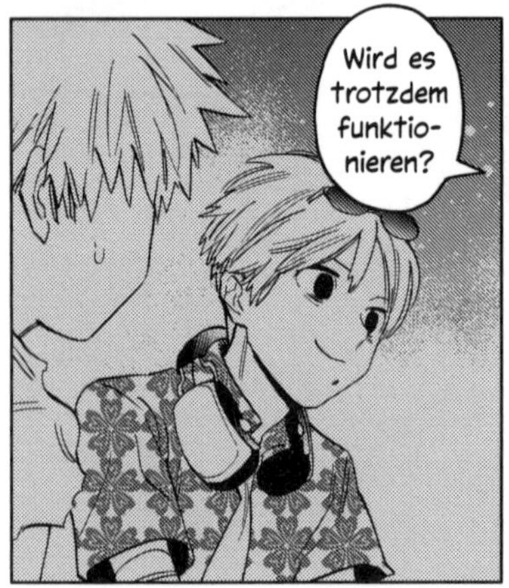
Wird es trotzdem funktionieren?

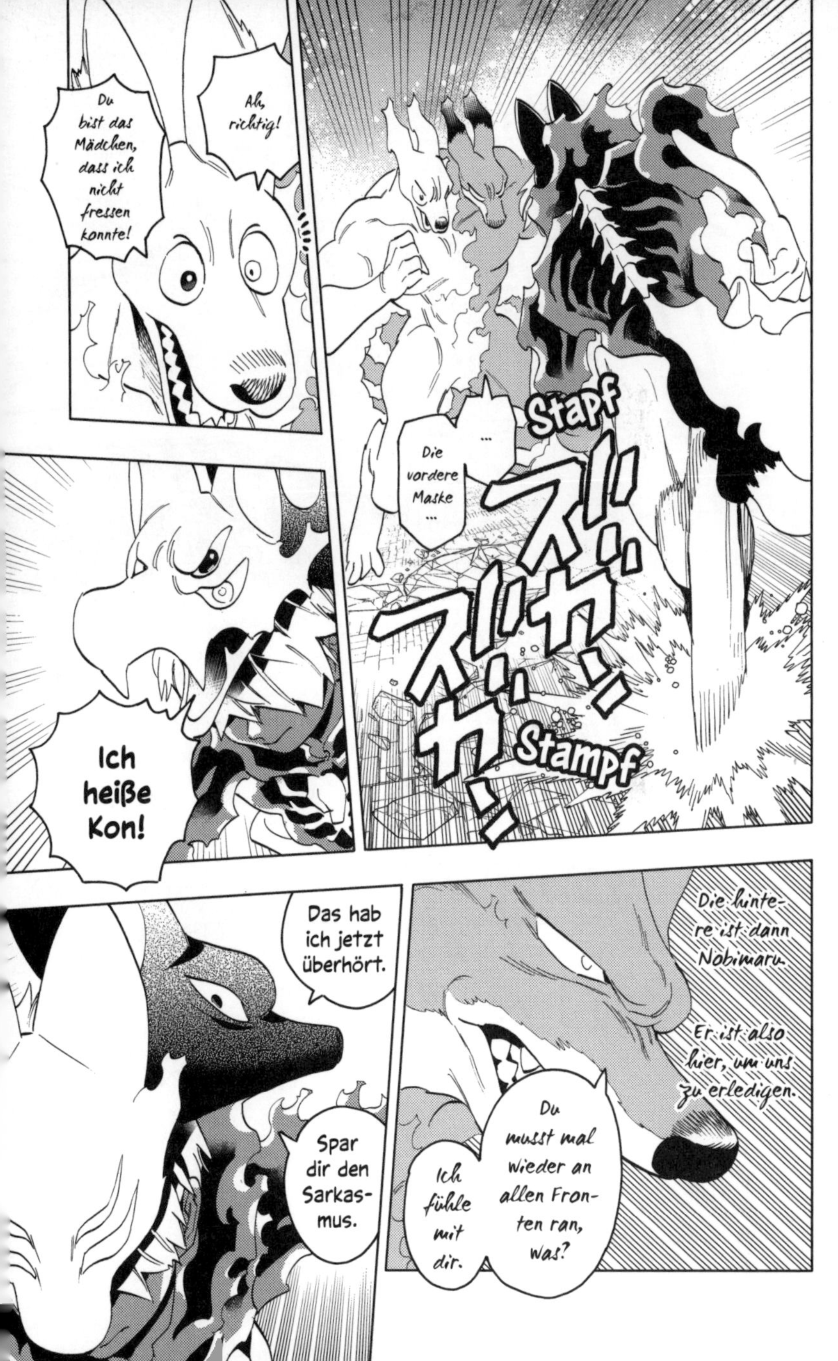
Stapf
Stampf
…
Die vordere Maske …
Ah, richtig!
Du bist das Mädchen, dass ich nicht fressen konnte!
Ich heiße Kon!
Die hintere ist dann Nobimaru.
Er ist also hier, um uns zu erledigen.
Du musst mal wieder an allen Fronten ran, was?
Ich fühle mit dir.
Das hab ich jetzt überhört.
Spar dir den Sarkasmus.

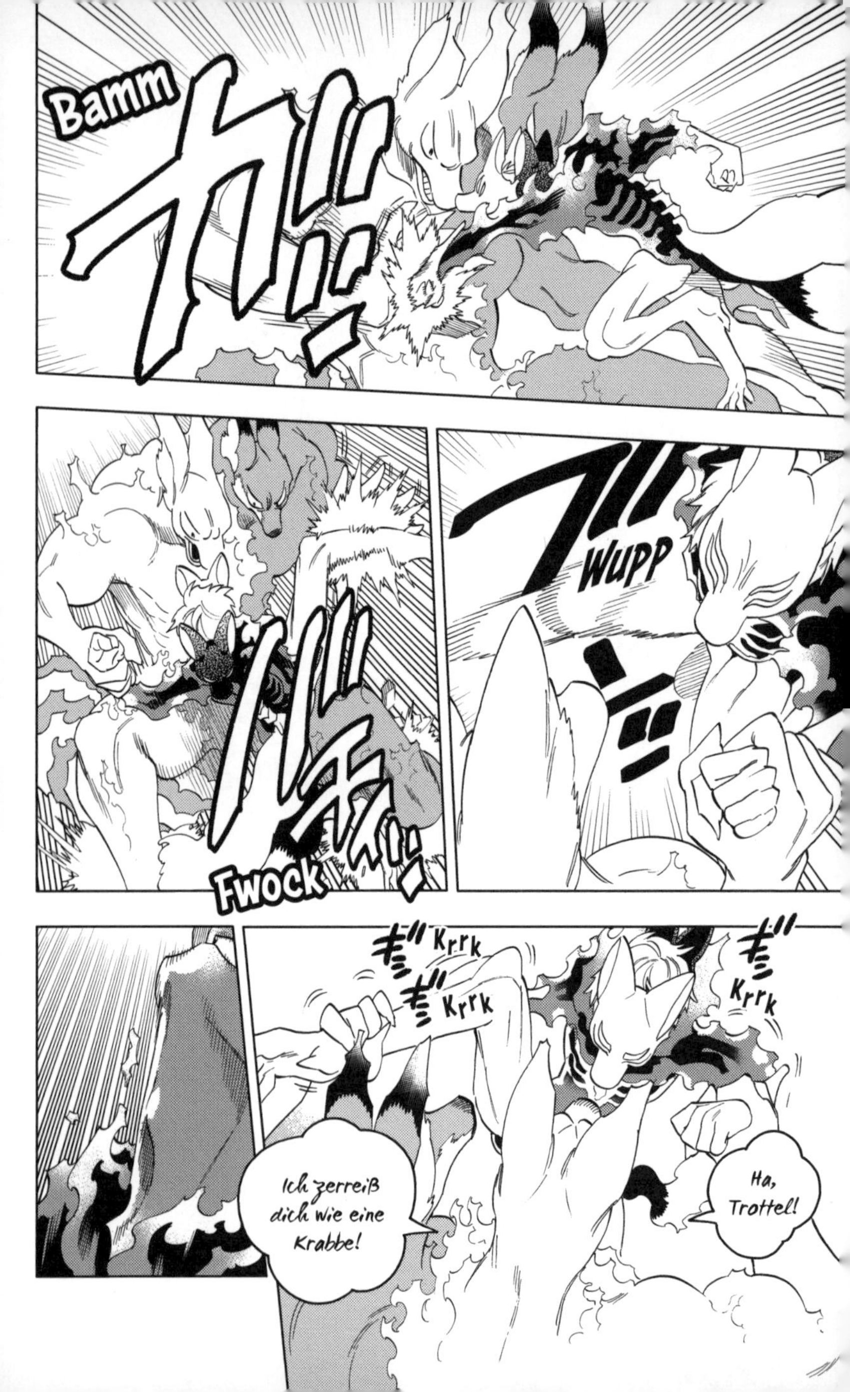
Bamm
Wupp
Fwock
Krrk
Krrk
Krrk
Ha, Trottel!
Ich zerreiß dich wie eine Krabbe!

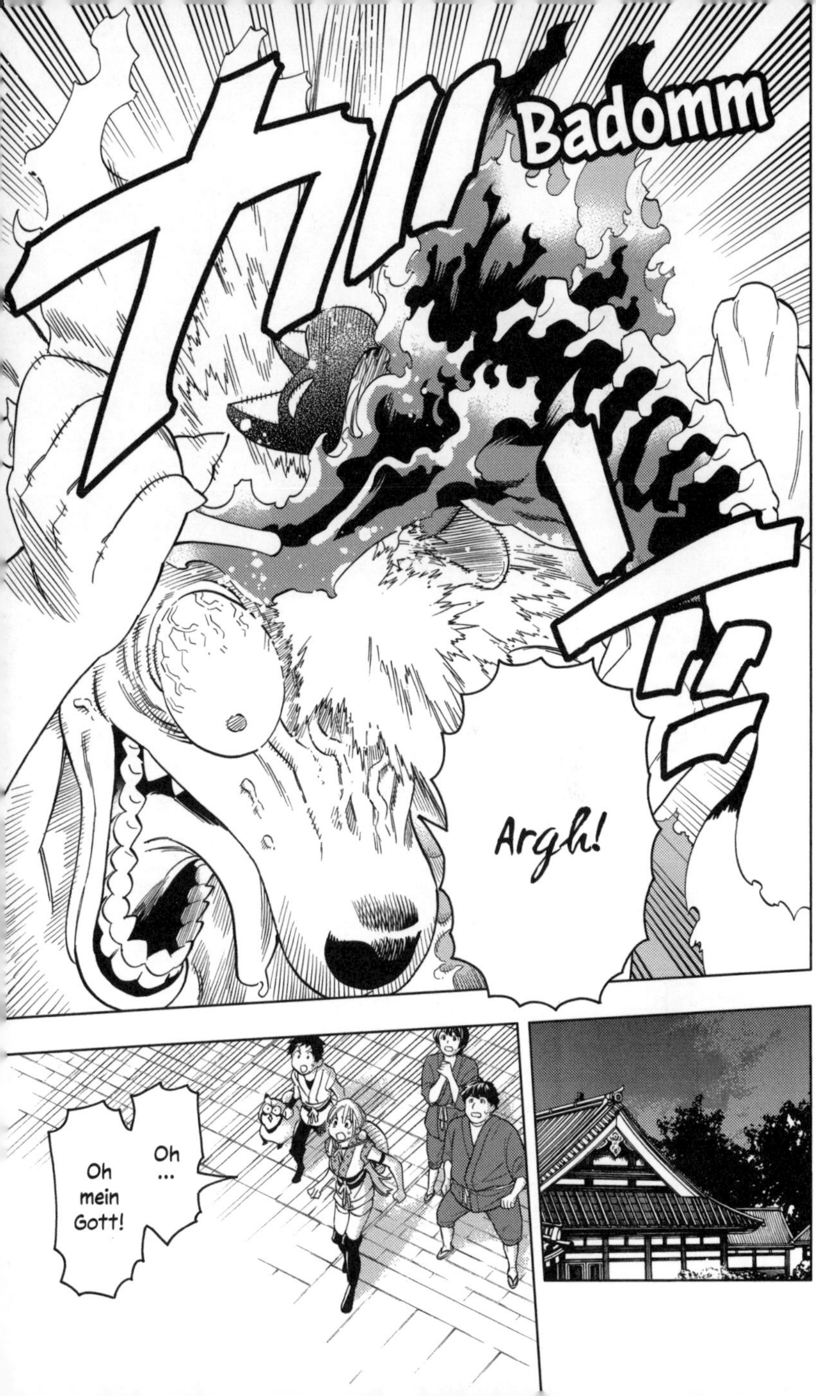

Badomm

Argh!

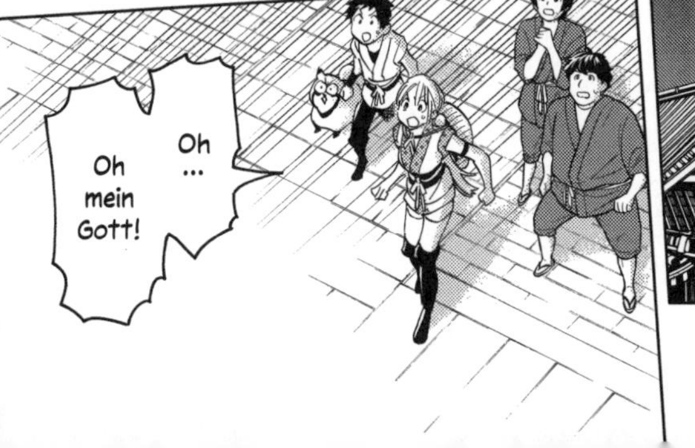

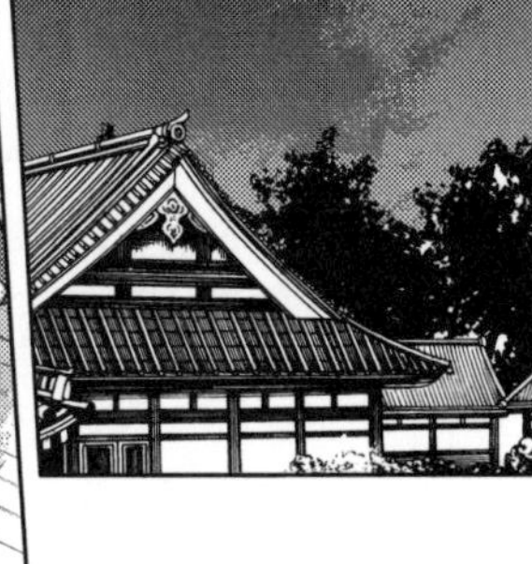

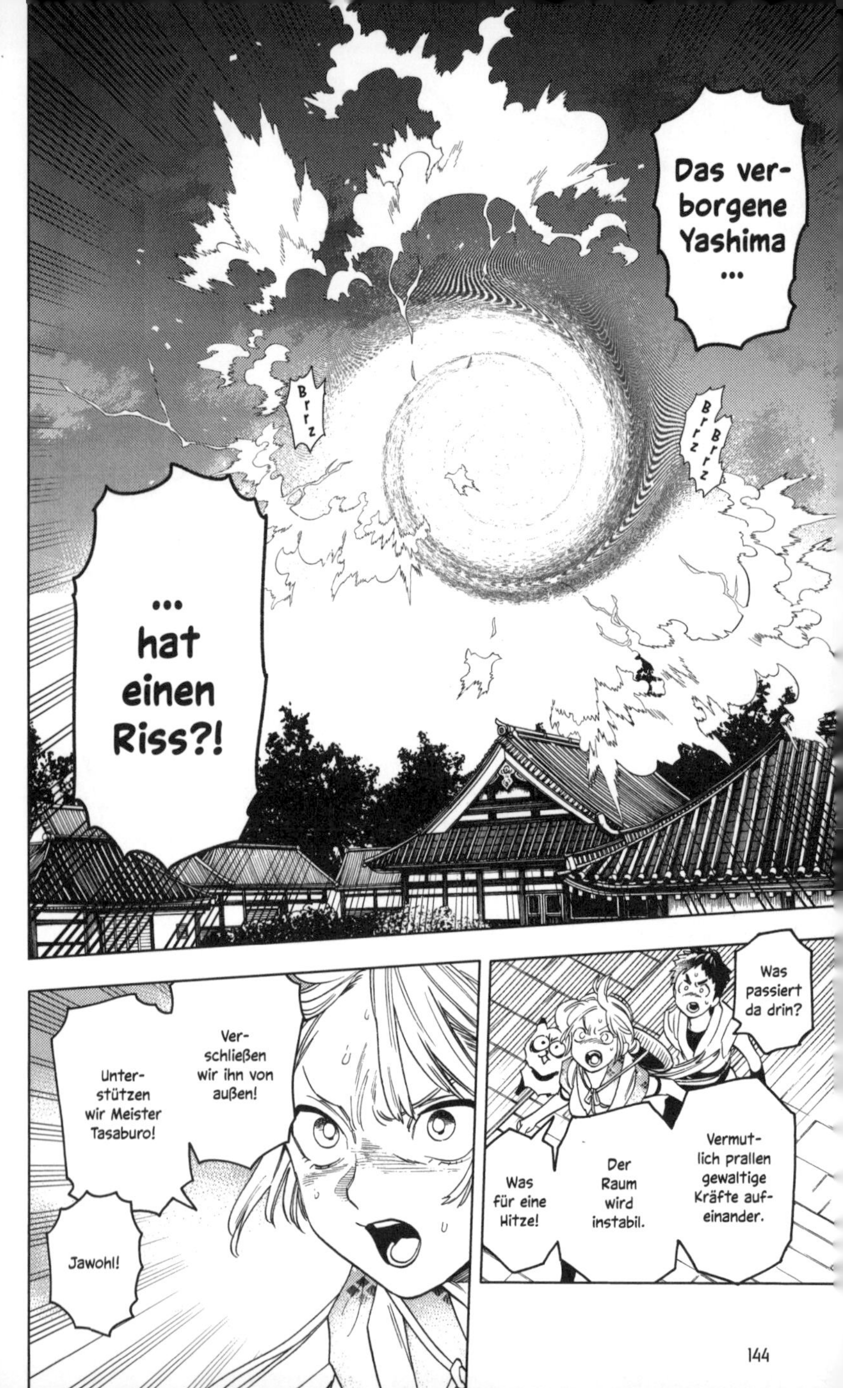
Das verborgene Yashima ...
Brrz
Brrz Brrz
... hat einen Riss?!
Was passiert da drin?
Vermutlich prallen gewaltige Kräfte aufeinander.
Der Raum wird instabil.
Was für eine Hitze!
Verschließen wir ihn von außen!
Unterstützen wir Meister Tasaburo!
Jawohl!

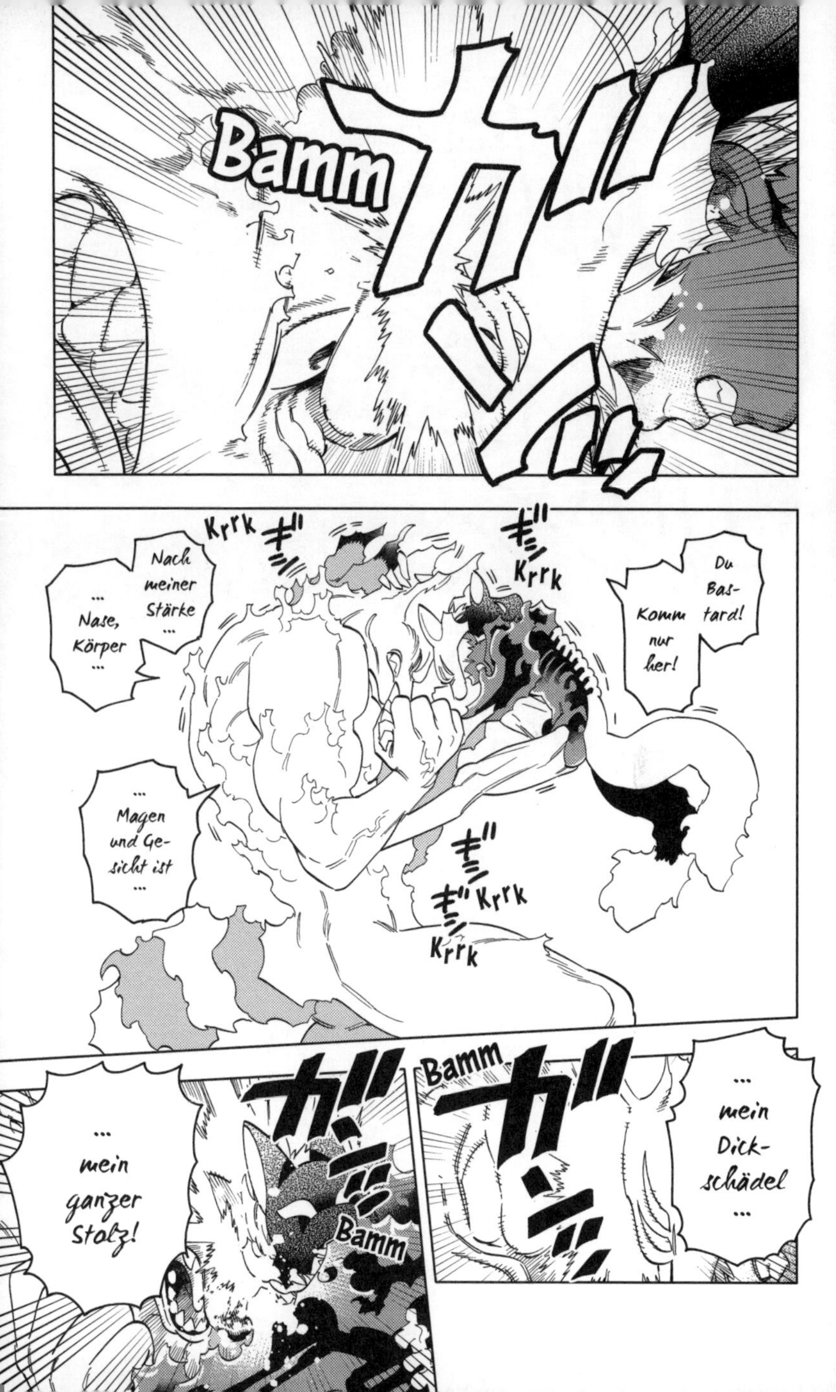

Bamm
Krrk
Krrk
Du Bastard!
Komm nur her!
Nach meiner Stärke …
… Nase, Körper …
… Magen und Gesicht ist …
Krrk
Krrk
Bamm
… mein Dickschädel …
… mein ganzer Stolz!
Bamm

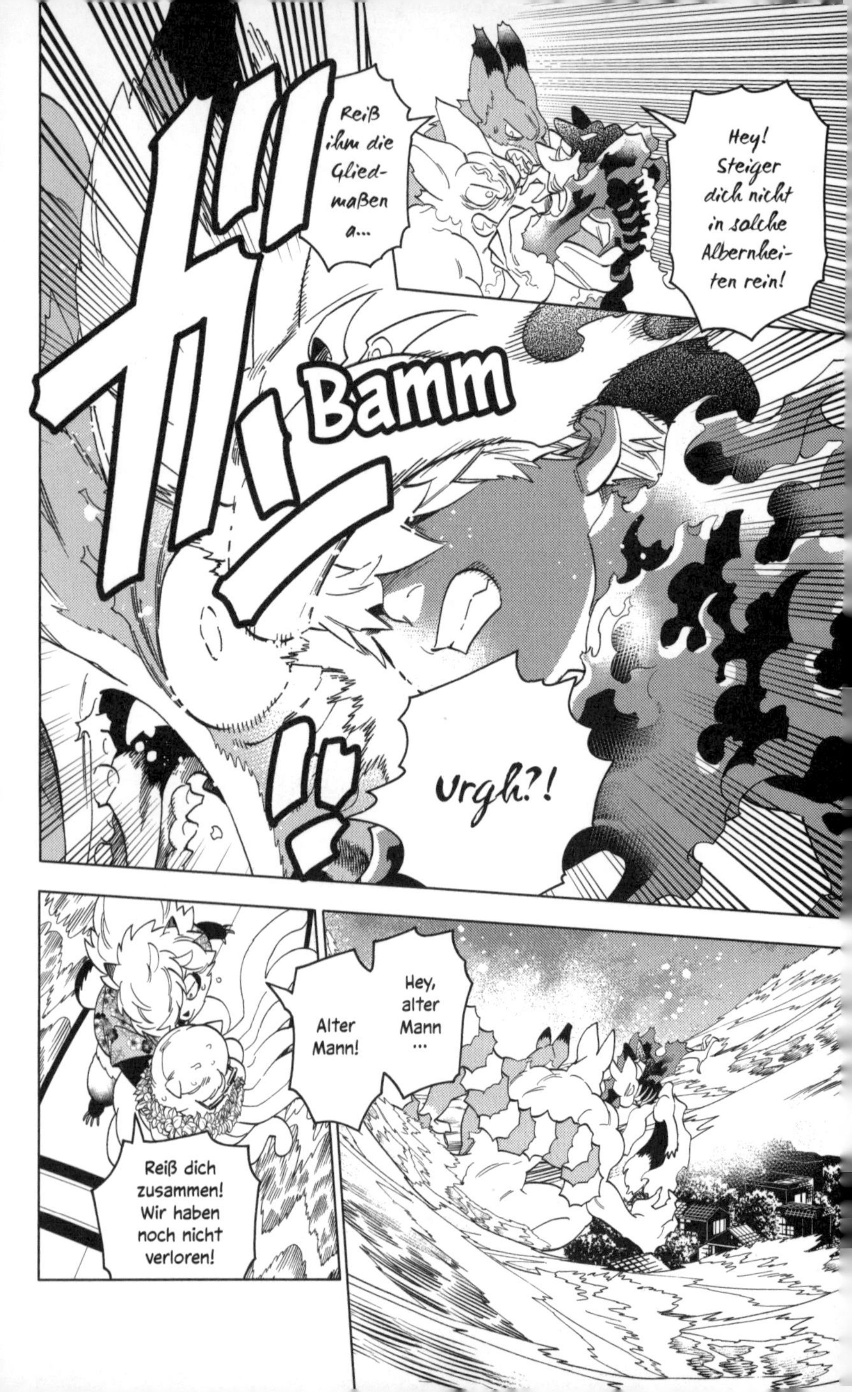
Hey! Steiger dich nicht in solche Albernheiten rein!
Reiß ihm die Gliedmaßen a...
Bamm
Urgh?!
Hey, alter Mann ...
Alter Mann!
Reiß dich zusammen! Wir haben noch nicht verloren!

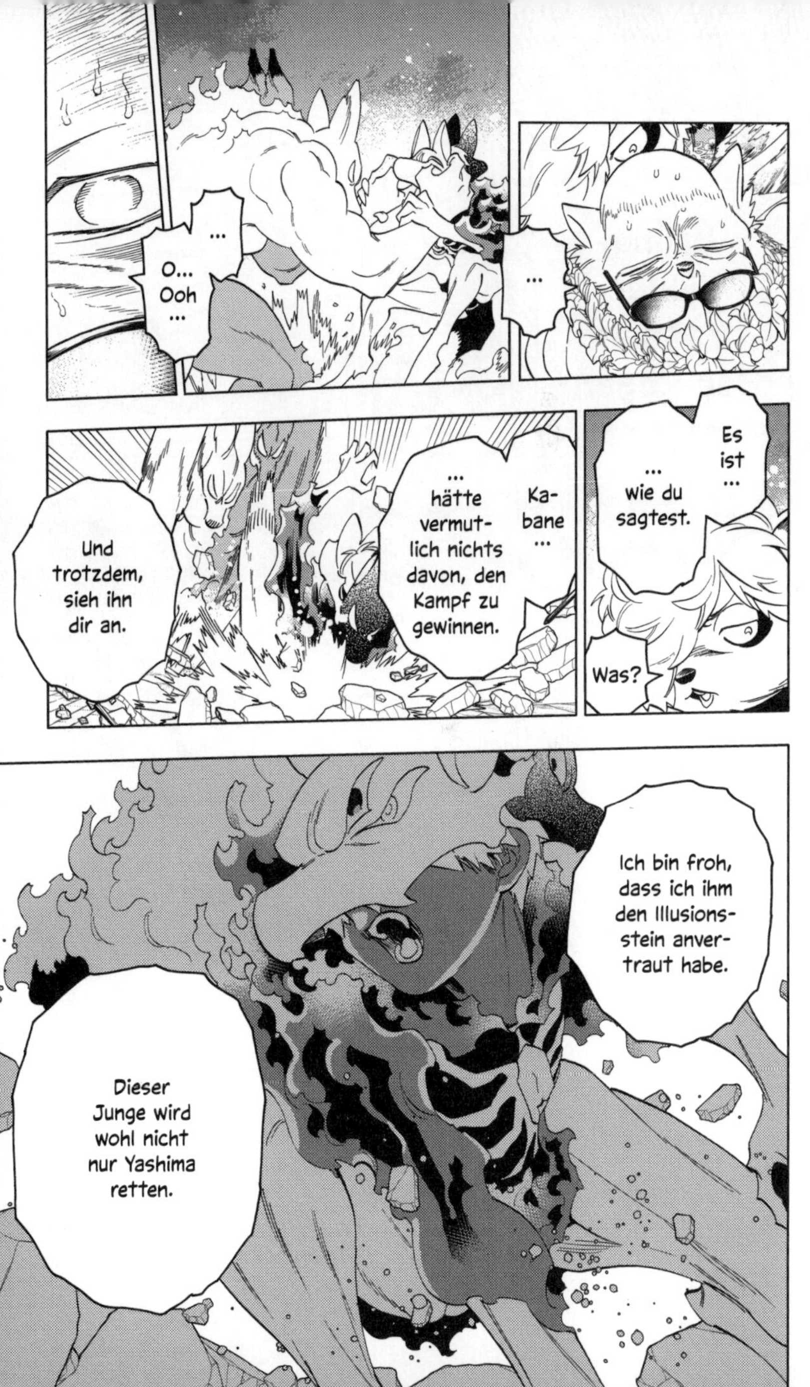

...
...
O... Ooh ...
Es ist ...
... wie du sagtest.
Was?
Kabane ...
... hätte vermutlich nichts davon, den Kampf zu gewinnen.
Und trotzdem, sieh ihn dir an.
Ich bin froh, dass ich ihm den Illusionsstein anvertraut habe.
Dieser Junge wird wohl nicht nur Yashima retten.

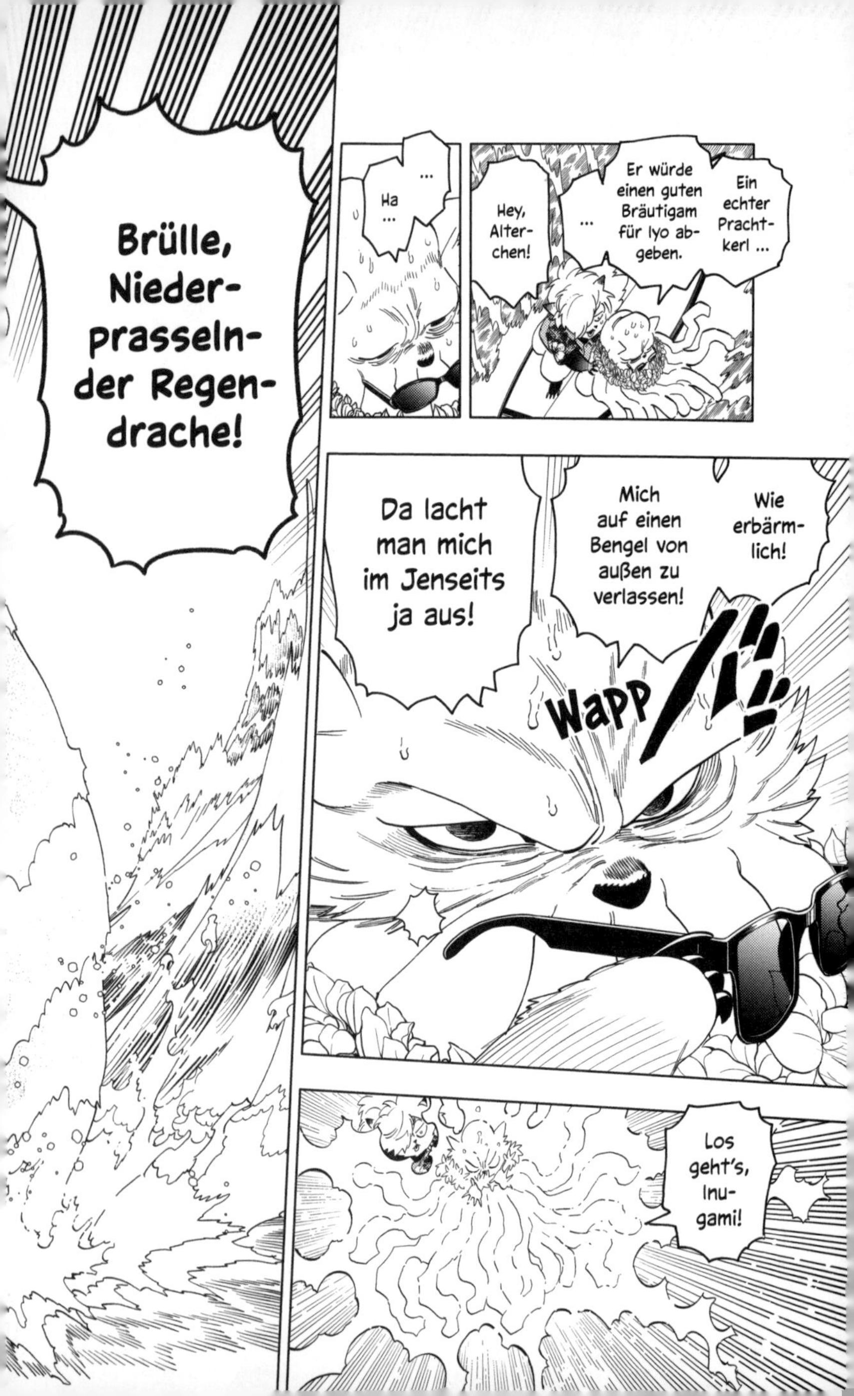
Ein echter Prachtkerl ...
Er würde einen guten Bräutigam für Iyo abgeben.
...
Hey, Alterchen!
...
Ha ...
Wie erbärmlich!
Mich auf einen Bengel von außen zu verlassen!
Da lacht man mich im Jenseits ja aus!
Wapp
Los geht's, Inugami!
Brülle, Niederprasselnder Regendrache!

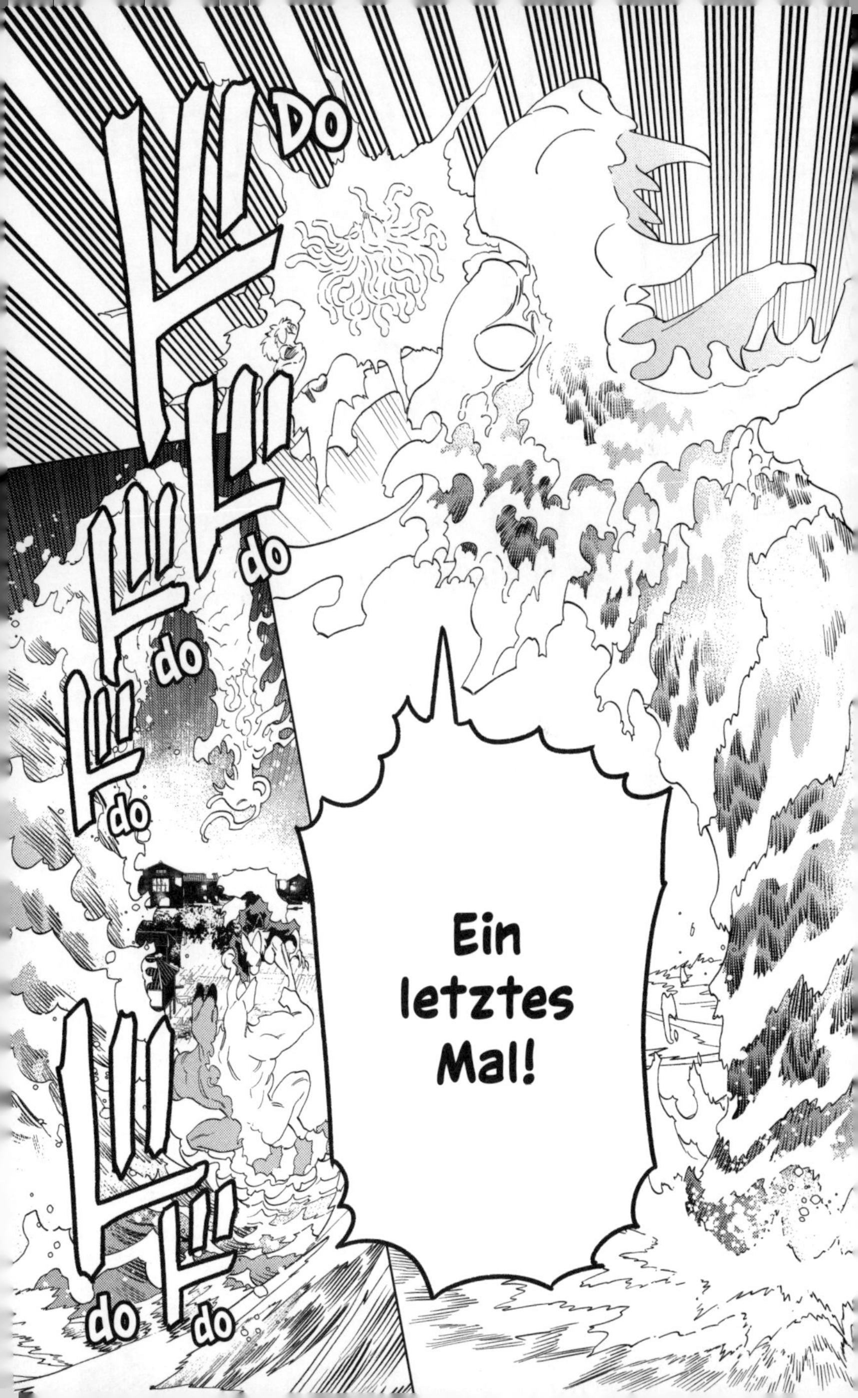
Ein letztes Mal!
DO
do
do
do
do
do

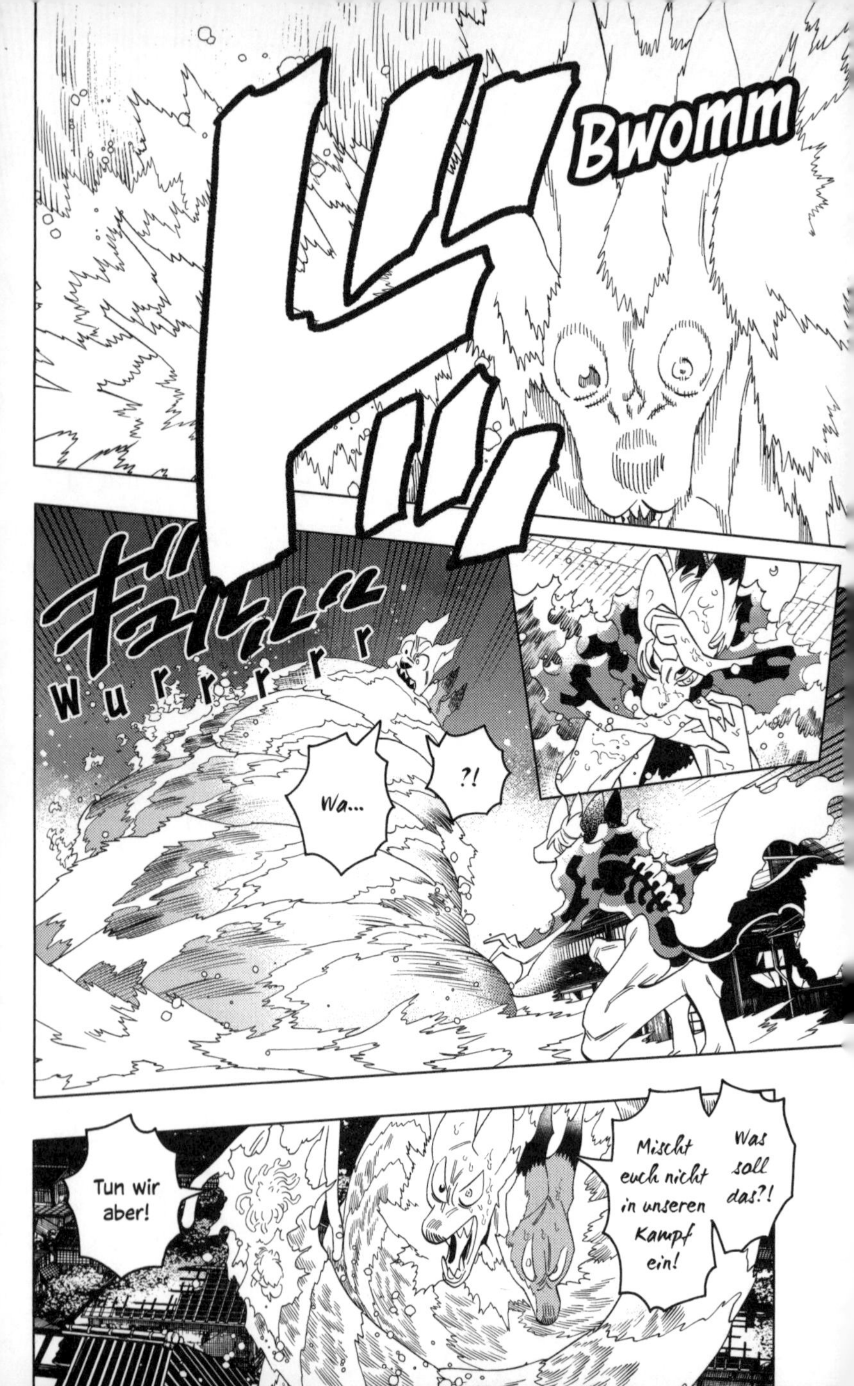
Bwomm
Wurrrrr
?!
Wa...
Was soll das?!
Mischt euch nicht in unseren Kampf ein!
Tun wir aber!

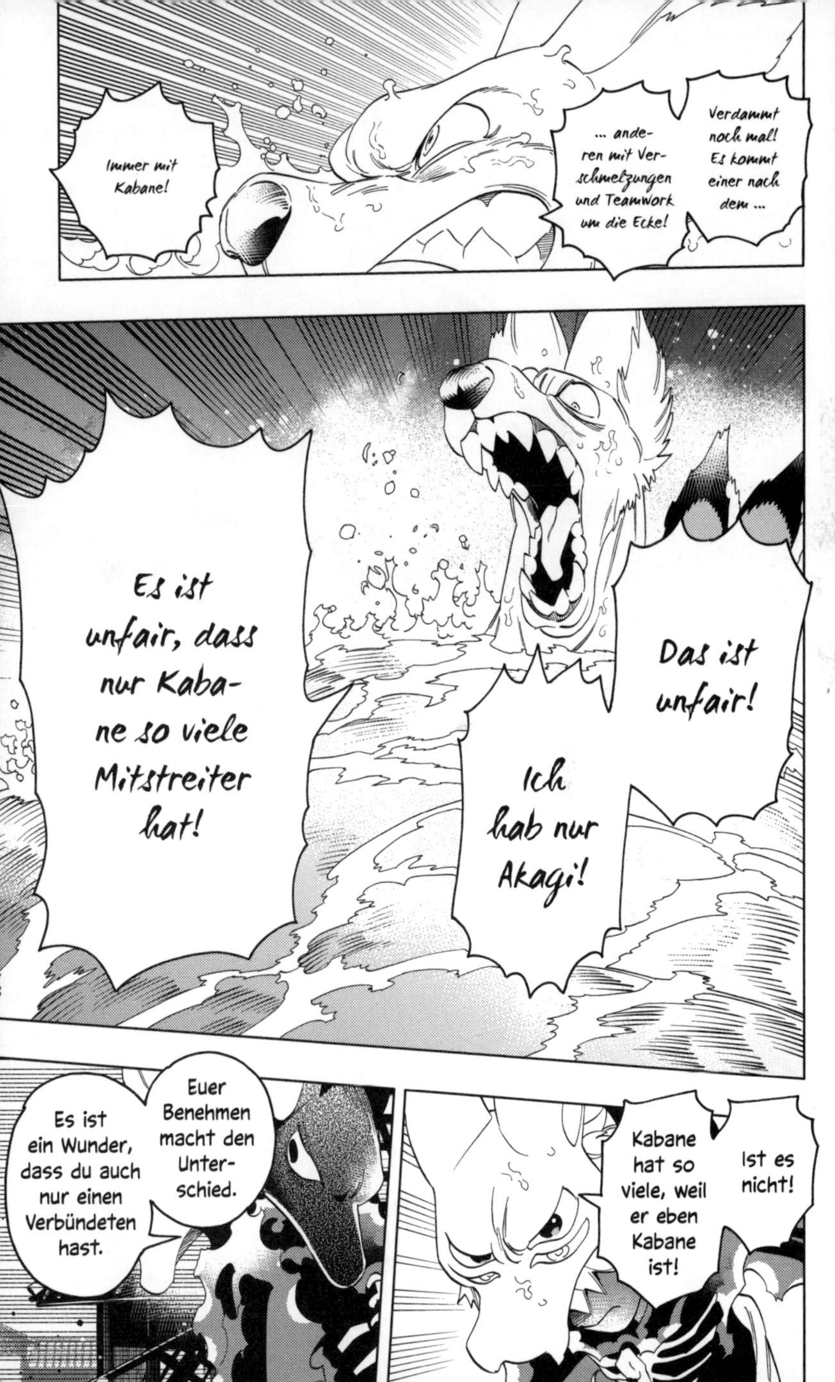
Verdammt noch mal! Es kommt einer nach dem ...
... anderen mit Verschmelzungen und Teamwork um die Ecke!
Immer mit Kabane!
Das ist unfair!
Ich hab nur Akagi!
Es ist unfair, dass nur Kabane so viele Mitstreiter hat!
Ist es nicht!
Kabane hat so viele, weil er eben Kabane ist!
Euer Benehmen macht den Unterschied.
Es ist ein Wunder, dass du auch nur einen Verbündeten hast.

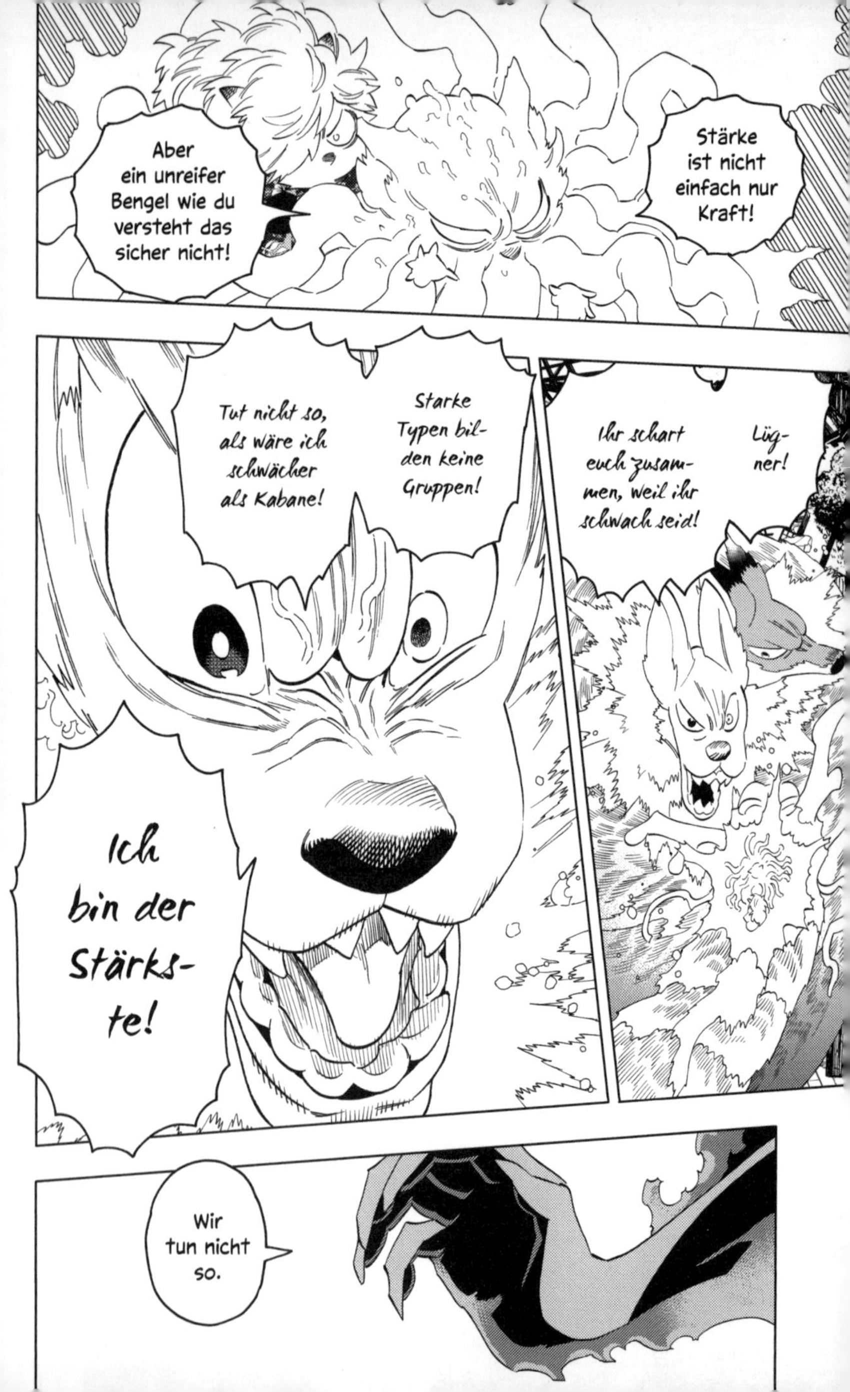
Stärke ist nicht einfach nur Kraft!
Aber ein unreifer Bengel wie du versteht das sicher nicht!
Lügner!
Ihr schart euch zusammen, weil ihr schwach seid!
Starke Typen bilden keine Gruppen!
Tut nicht so, als wäre ich schwächer als Kabane!
Ich bin der Stärkste!
Wir tun nicht so.

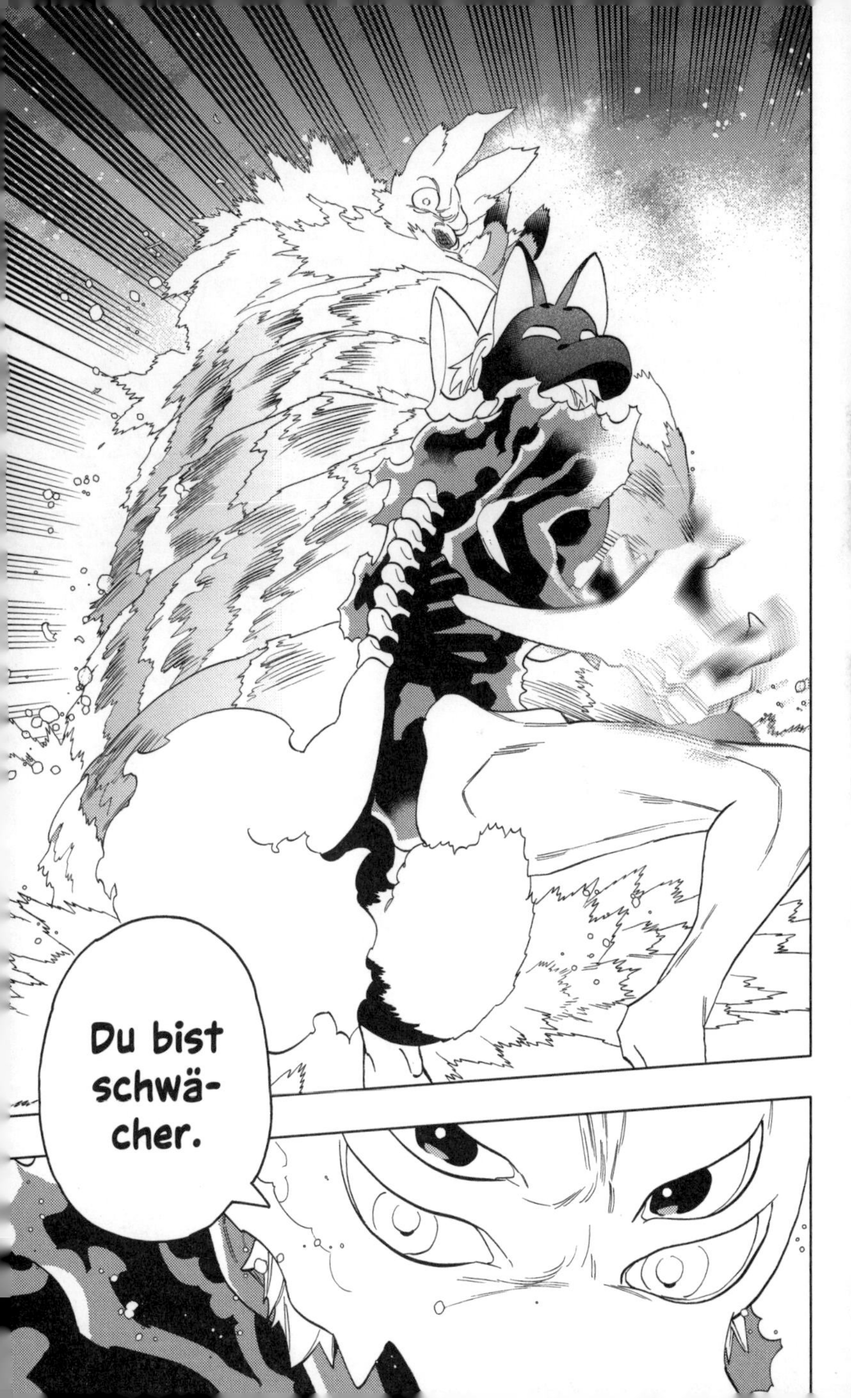
Du bist schwä-
cher.

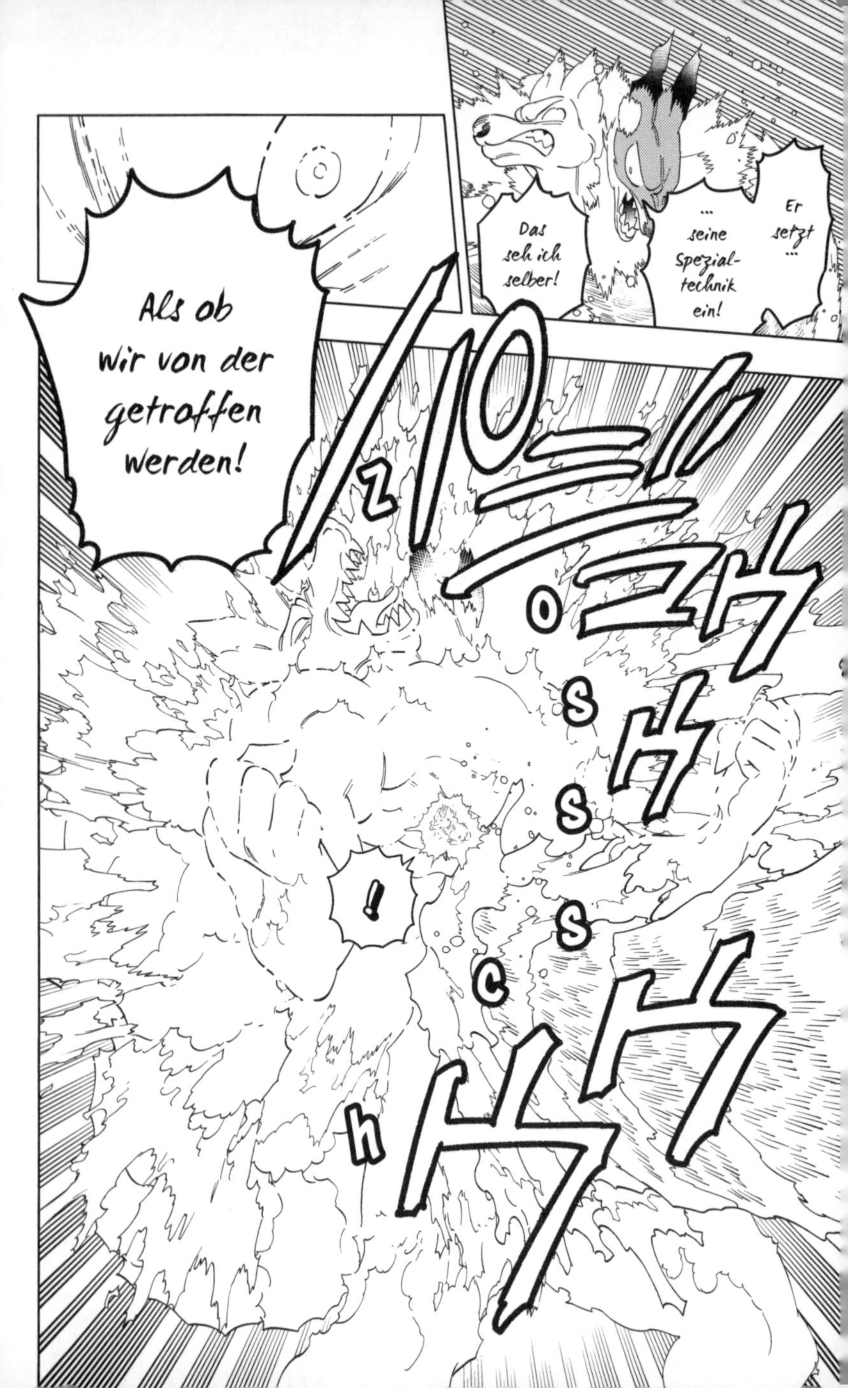
Er setzt …
… seine Spezial-technik ein!
Das seh ich selber!
Als ob wir von der getroffen werden!
!
zossscch

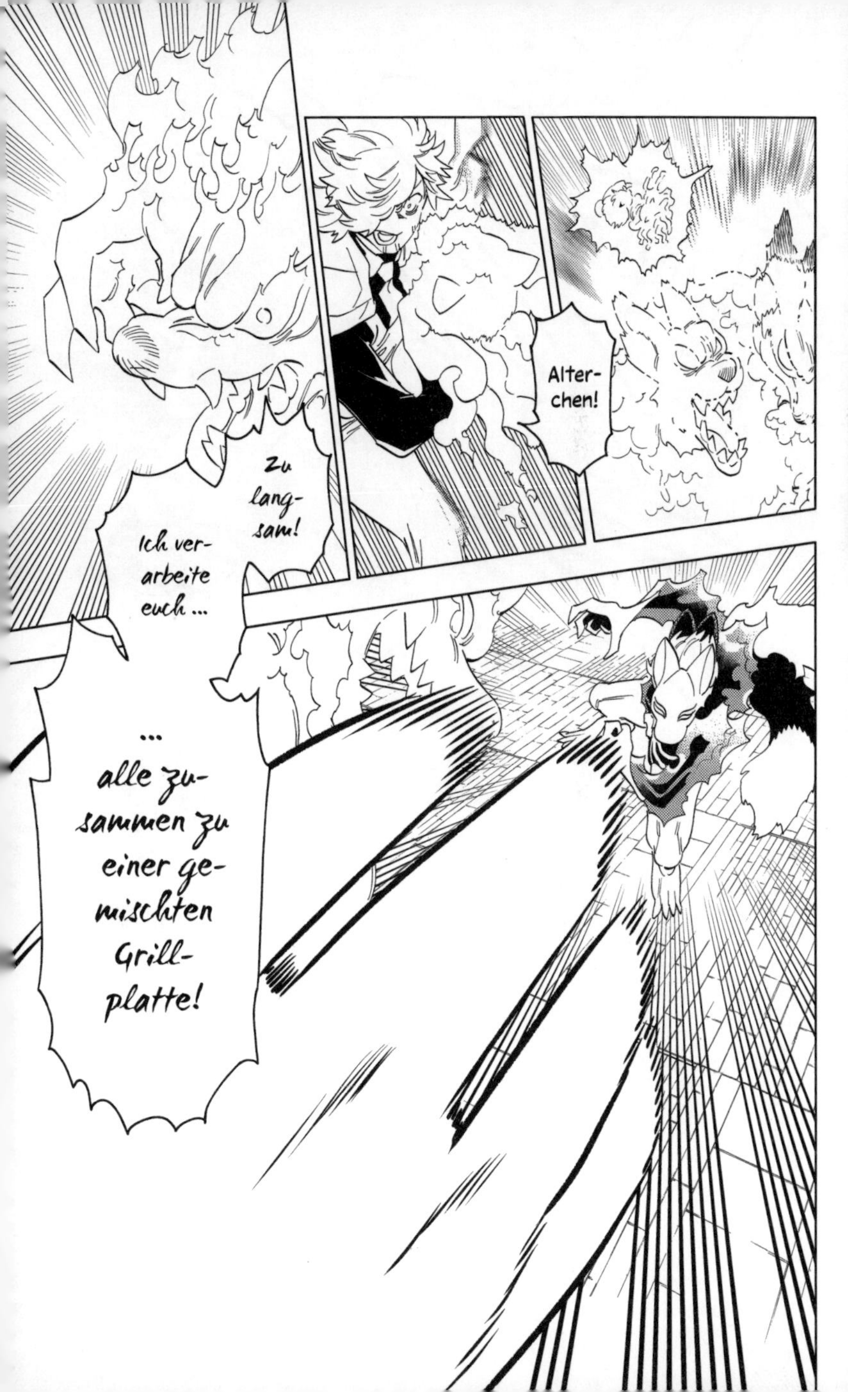

Alterchen!
Zu langsam!
Ich verarbeite euch ...
... alle zusammen zu einer gemischten Grillplatte!

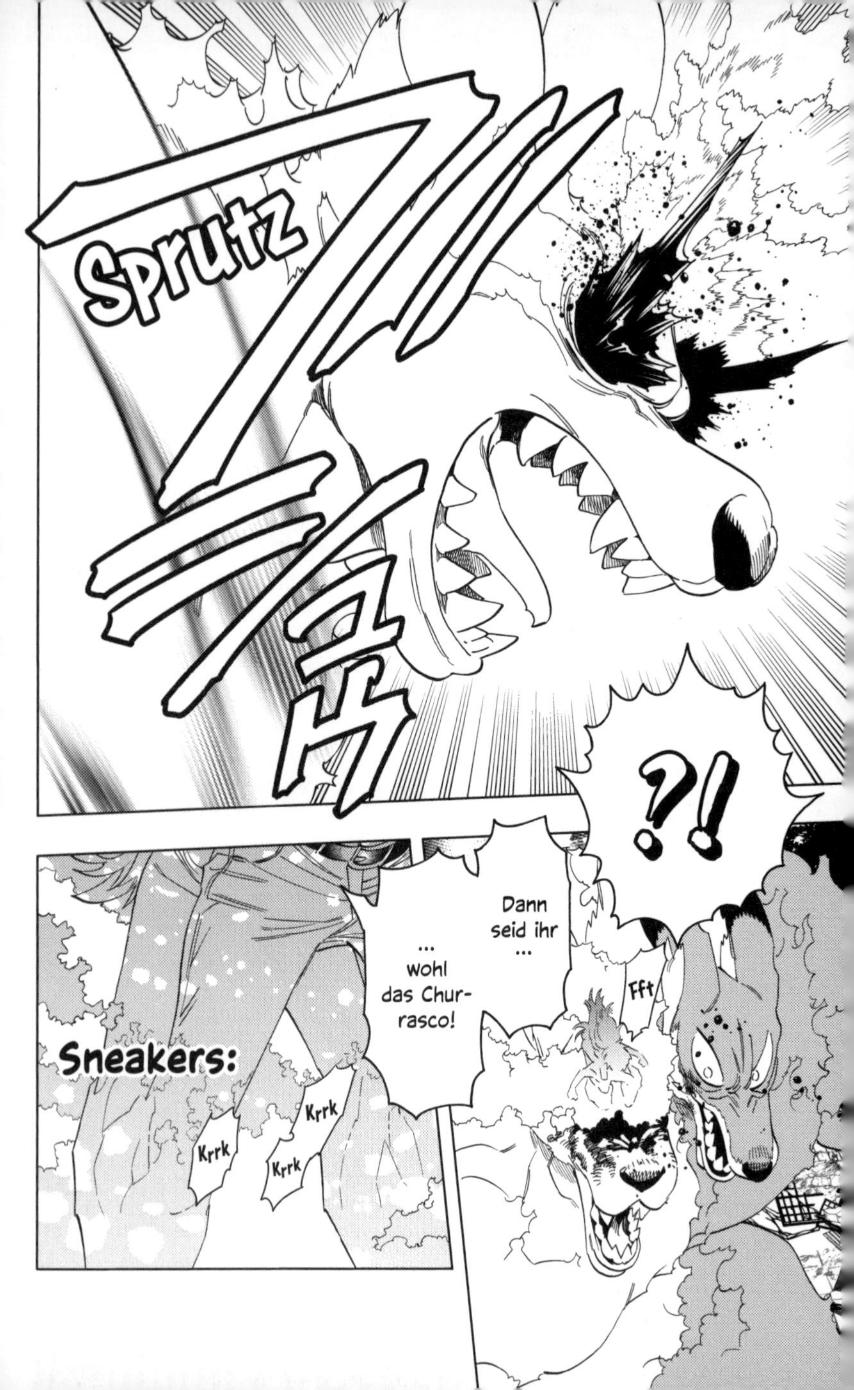
Sprutz
?!
Dann seid ihr ...
... wohl das Churrasco!
Fft
Sneakers:
Krrk
Krrk
Krrk

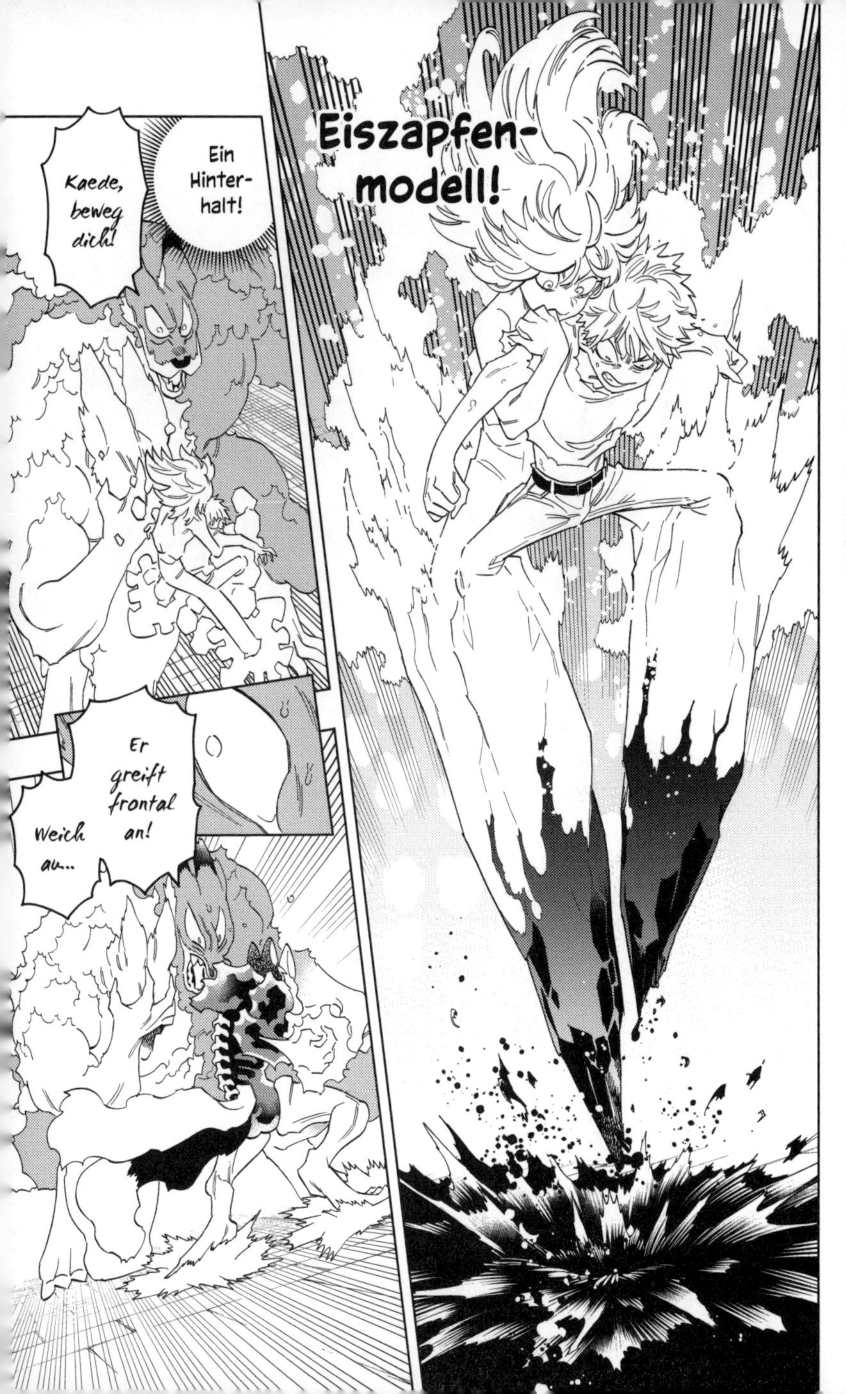
Eiszapfen-
modell!
Ein Hinter-
halt!
Kaede, beweg dich!
Er greift frontal an!
Weich au...

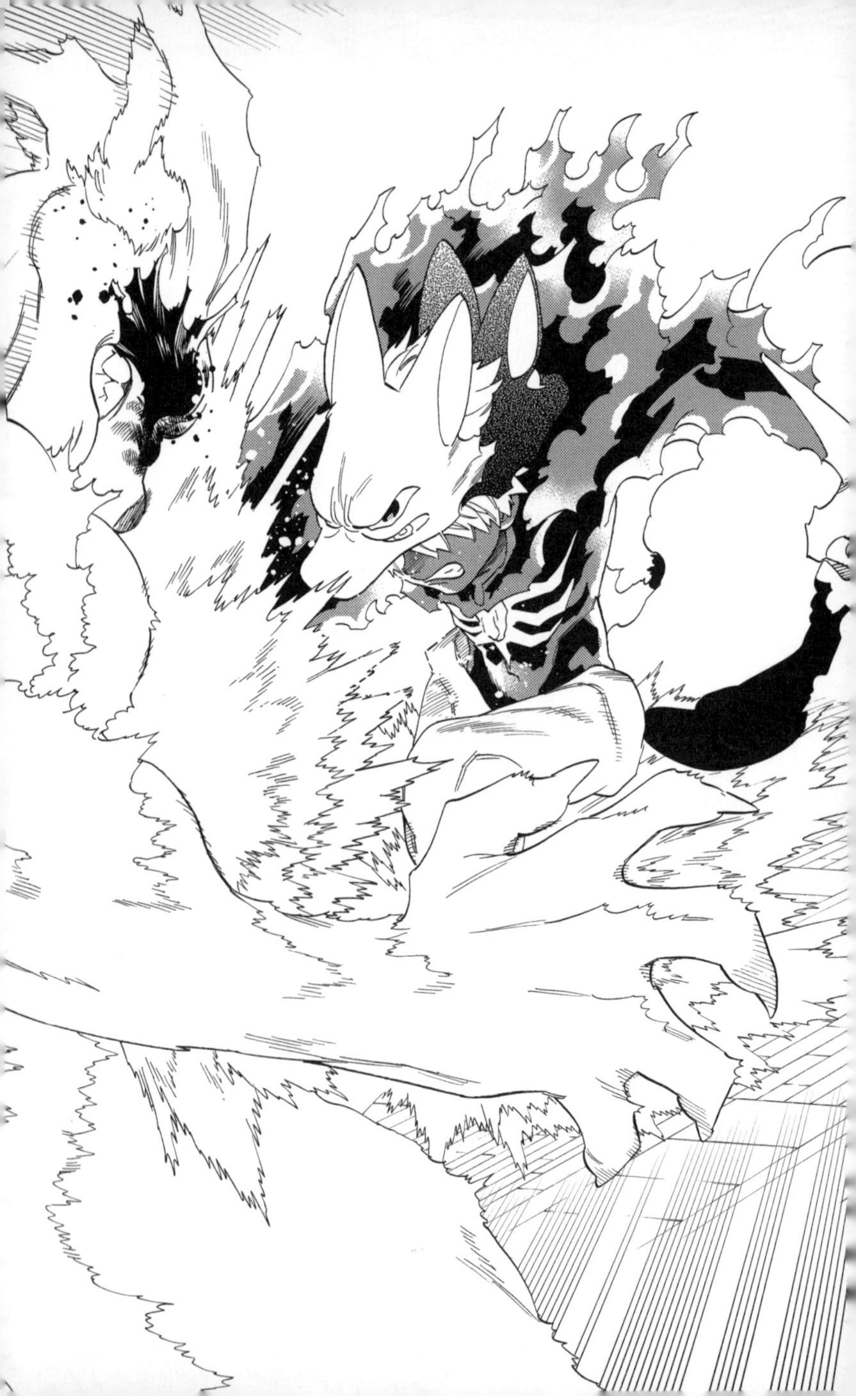

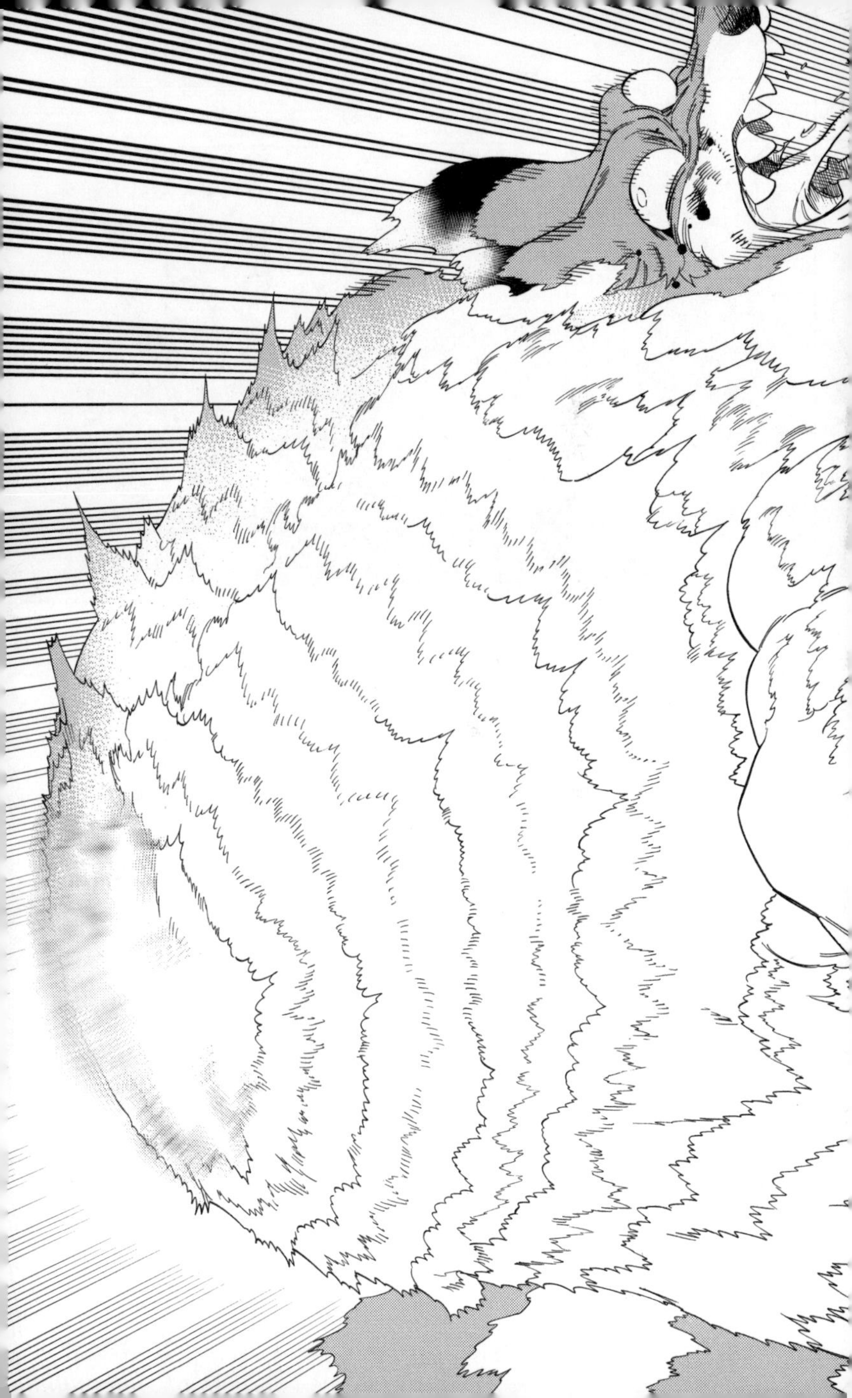

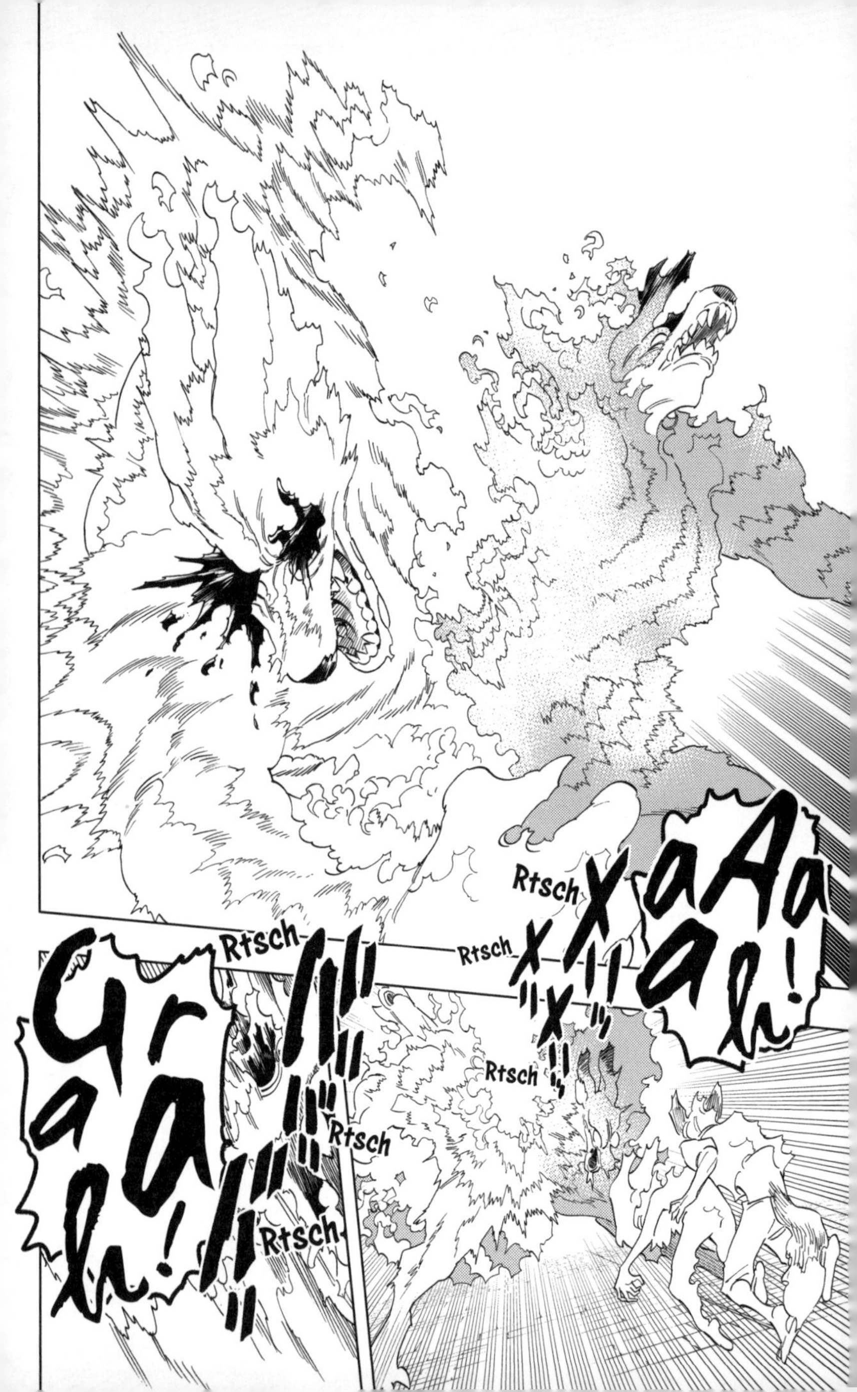

Rtsch
Rtsch
Rtsch
Rtsch
Rtsch
Rtsch
Graaah!

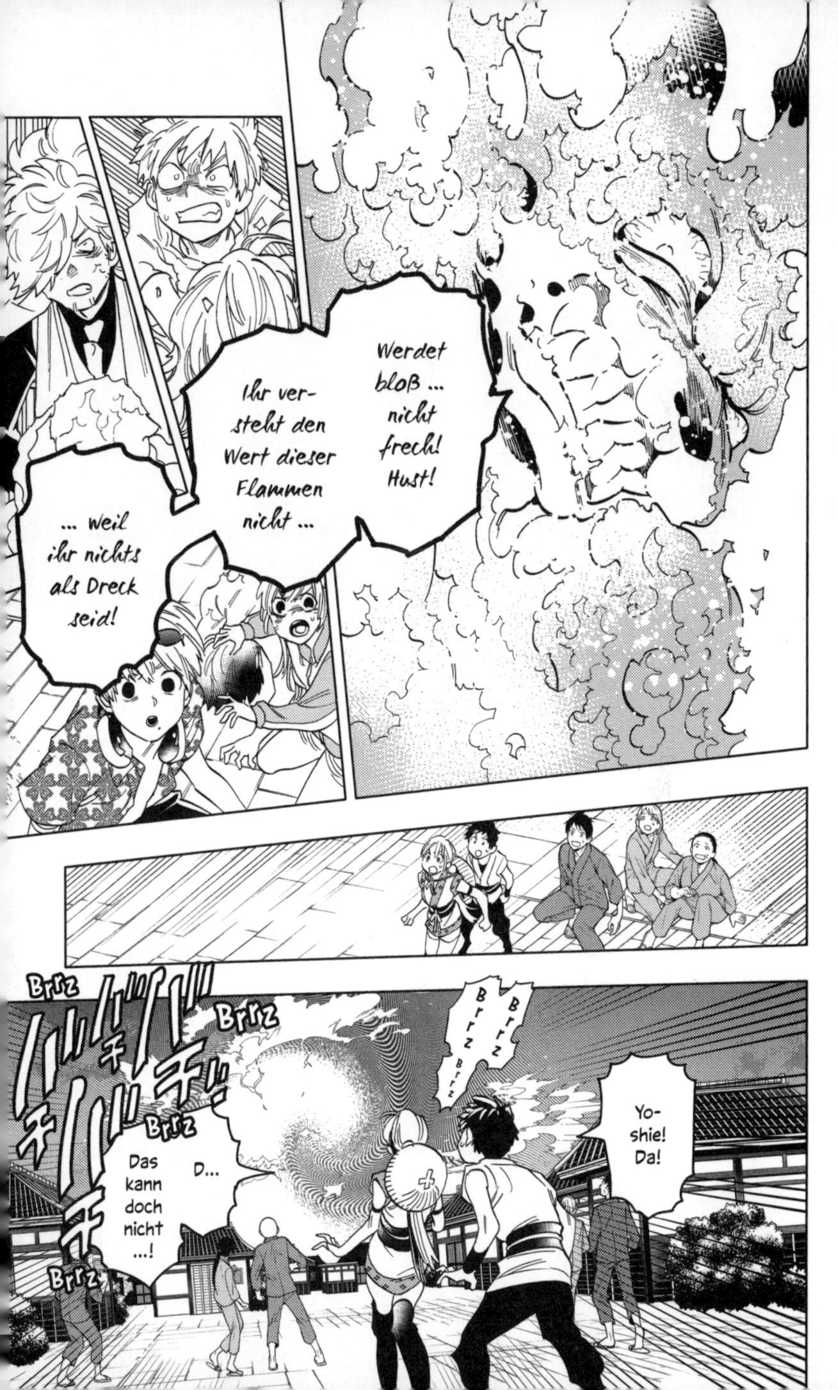

Werdet bloß ... nicht frech! Hust!
Ihr versteht den Wert dieser Flammen nicht ...
... weil ihr nichts als Dreck seid!
Brrz
Brrz
Brrz
Brrz
Brrz Brrz Brrz
Yoshie! Da!
D...
Das kann doch nicht ...!

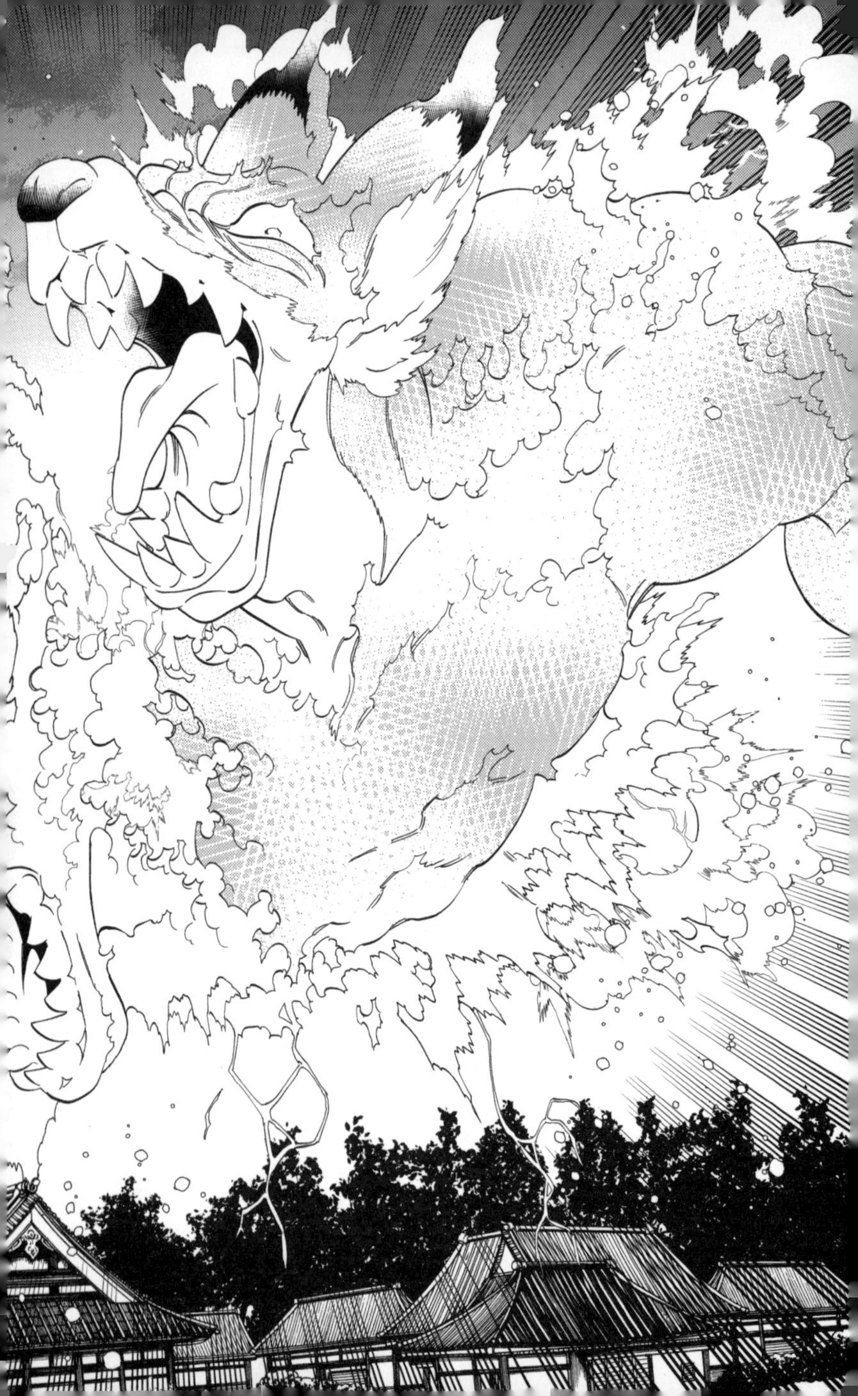

Sterbt aus, ihr Bazillen! Ihr sollt gereinigt werden ...

... während ihr Buße dafür tut ...

... einen Gott beleidigt zu haben!

Ihr denkt jetzt vielleicht »wenn sie sich doch vereinigen können, werden sie dann umso stärker, je mehr sie sind?« Aber so einfach ist das nicht. Es ist wie beim Tauziehen. Die Gesamtmenge an Kraft mag zwar steigen, doch je mehr Mitstreiter man hat, desto eher bleibt einem keine andere Taktik als simples »mit aller Kraft ziehen« übrig, nicht wahr? Man könnte seine Kraft zwar steigern, aber da es schwer ist, die Kontrolle zu behalten, ist auch ein anderes Ergebnis nicht ausgeschlossen.

Aus diesem Grund ist die Chemie wichtig, wenn man eine starke Vereinigung zustande bringen will - genau wie Nobimaru gesagt hat. Die Stärke von Kaedes und Akagis Vereinigung ist vor allem auf Akagis Fähigkeit zurückzuführen, sich an Kaede anzupassen.

Aber ich will es in einfachen Worten ausdrücken: Was Kabane und die anderen machen, ist streng genommen keine Vereinigung, sondern Kemono, die auf Verwandlungen und Illusionen spezialisiert sind, arbeiten Hand in Hand, um ihre Gestalten zu verändern.

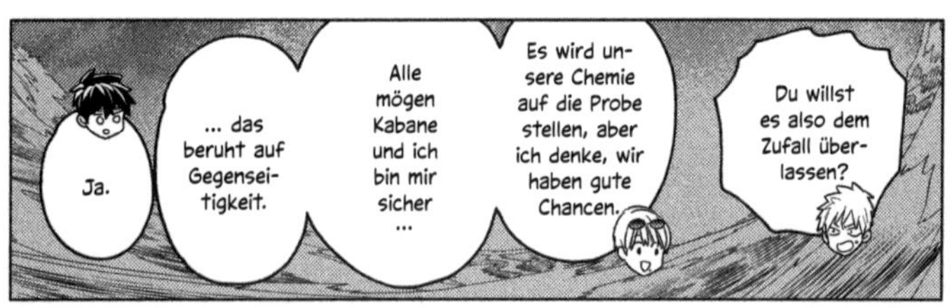

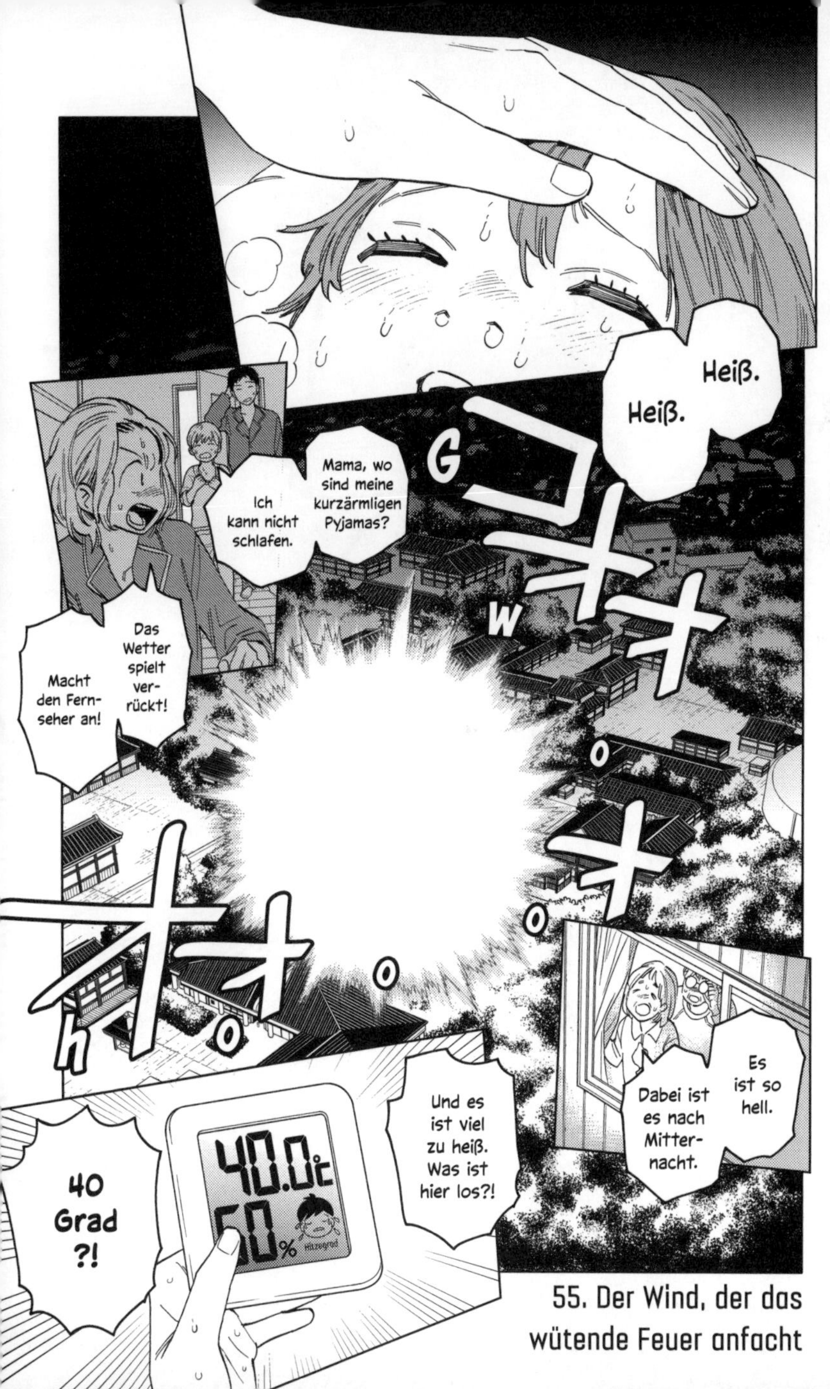

55. Der Wind, der das wütende Feuer anfacht

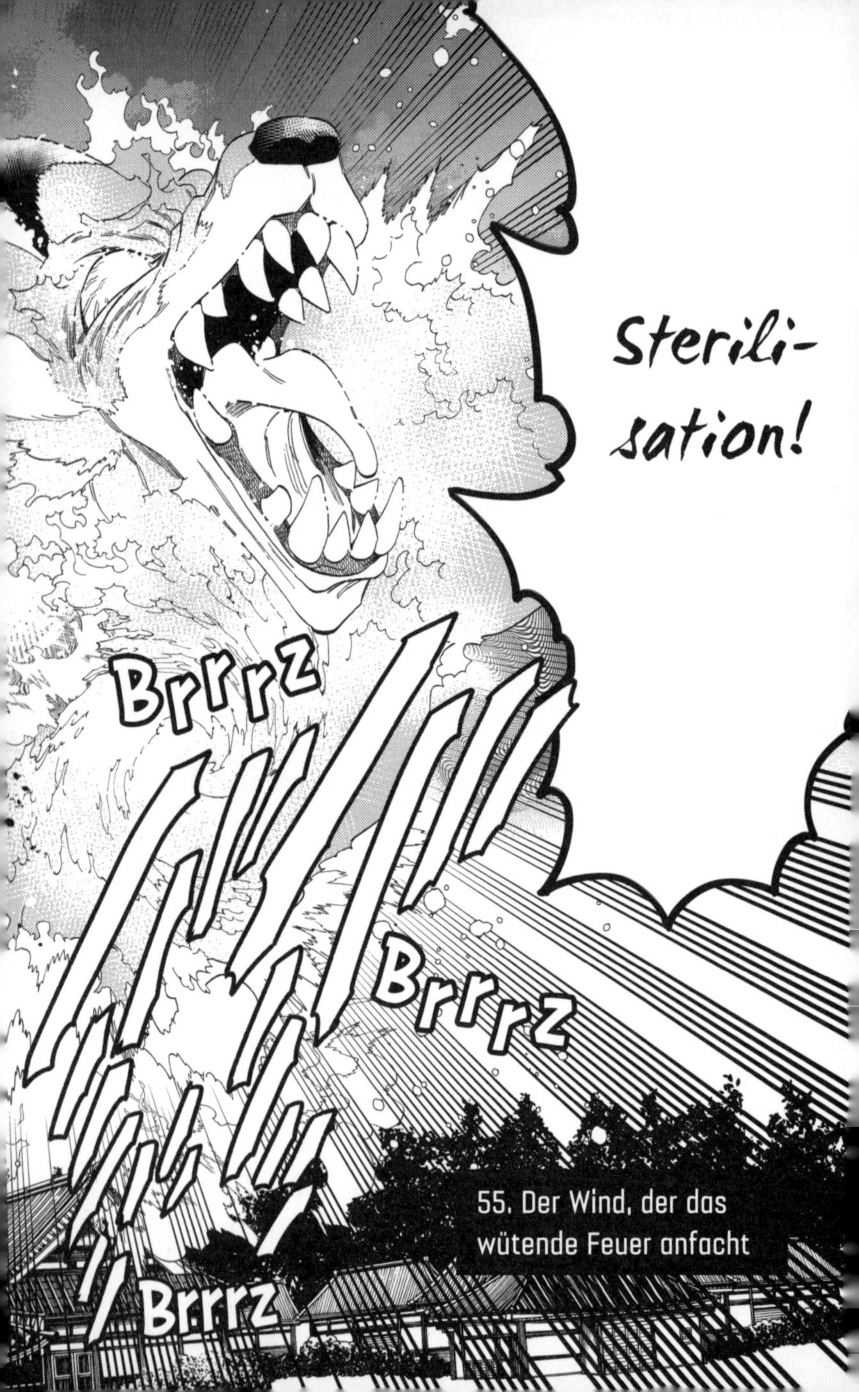
Sterili-
sation!
Brrrz
Brrrz
Brrrz
55. Der Wind, der das
wütende Feuer anfacht

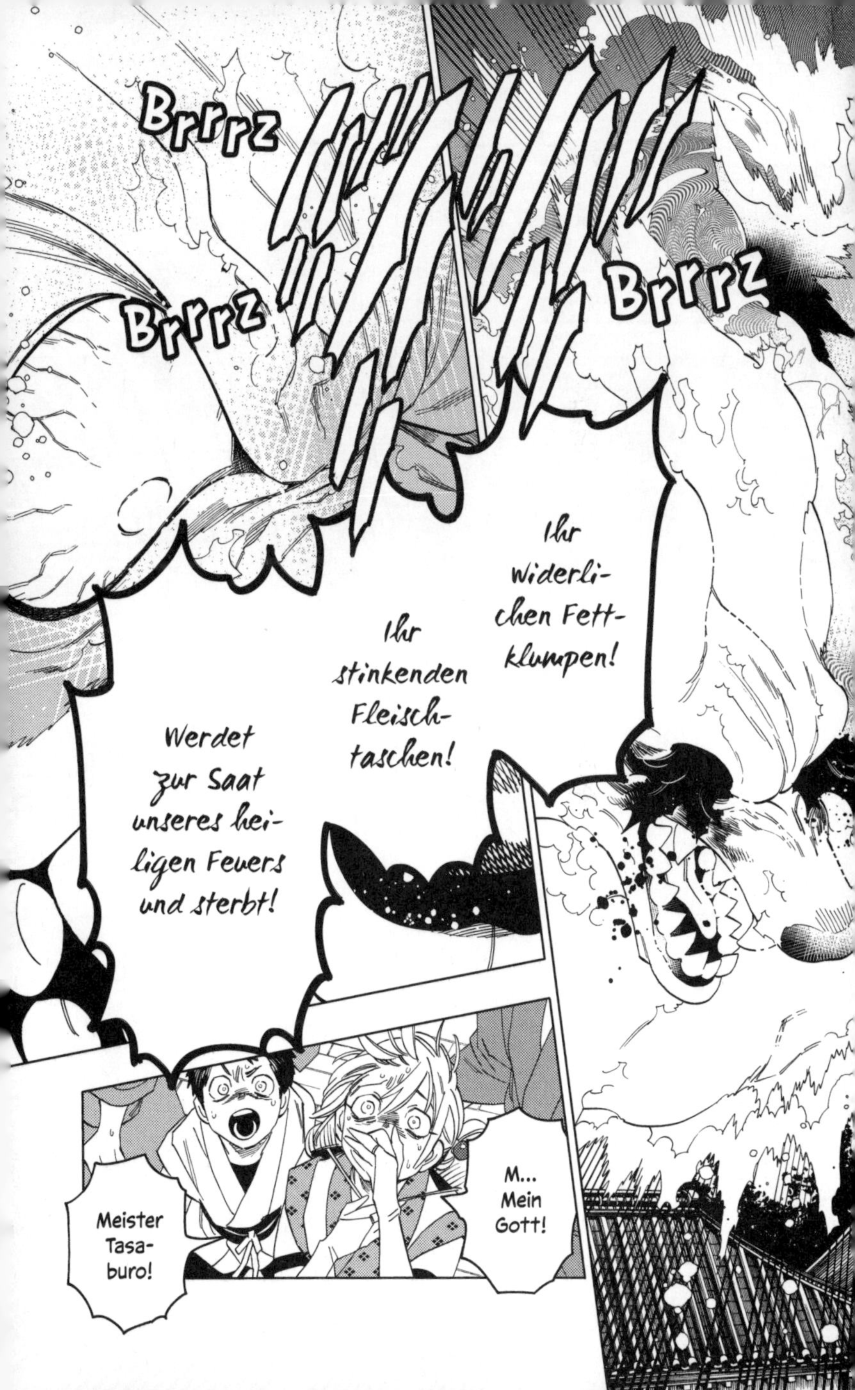
Brrrz
Brrrz
Brrrz
Ihr widerlichen Fettklumpen!
Ihr stinkenden Fleischtaschen!
Werdet zur Saat unseres heiligen Feuers und sterbt!
M... Mein Gott!
Meister Tasaburo!

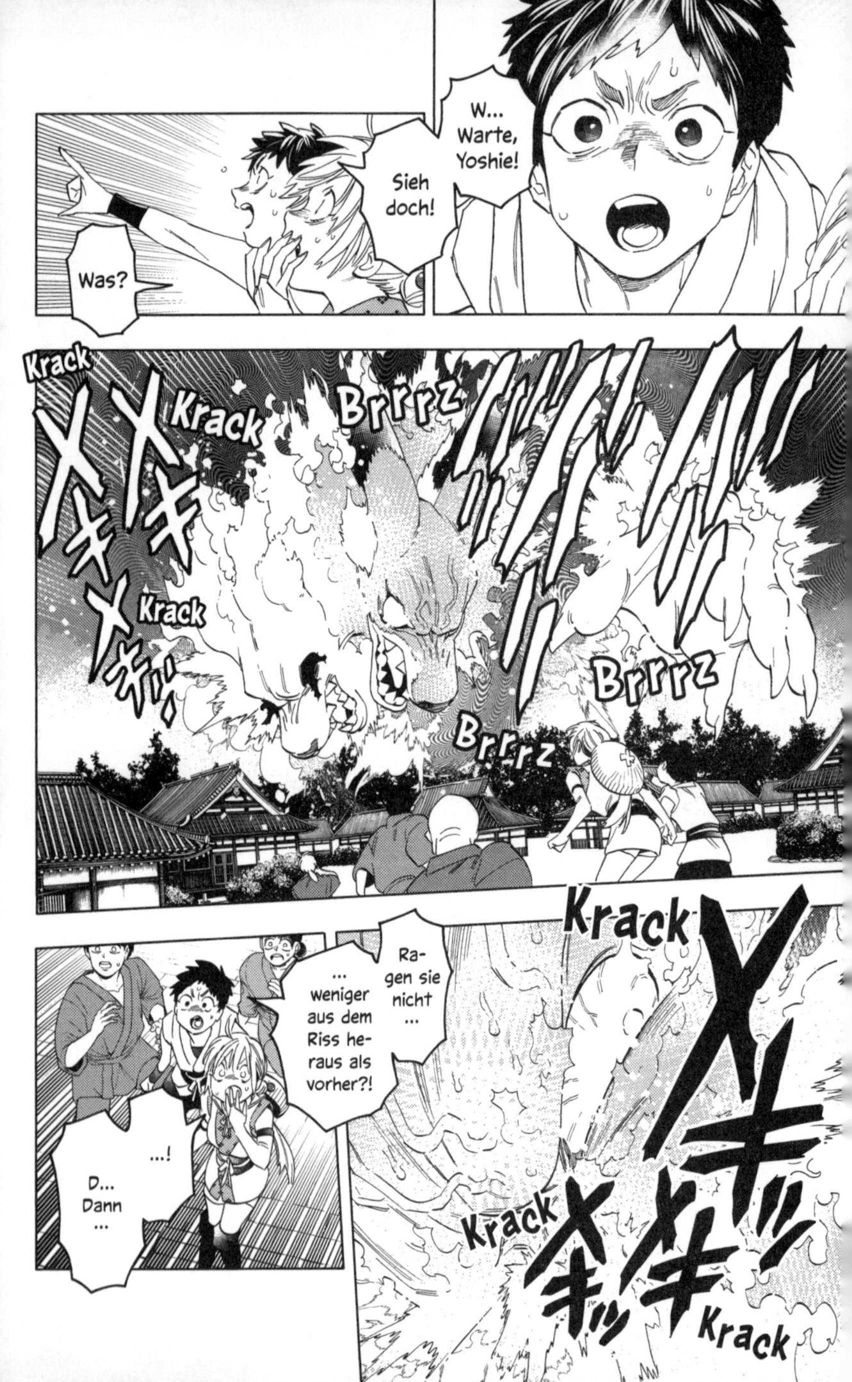
W... Warte, Yoshie!
Sieh doch!
Was?
Krack
Krack
Krack
Brrrz
Brrrz
Brrrz
Ra- gen sie nicht ...
... weniger aus dem Riss he- raus als vorher?!
...!
D... Dann ...
Krack
Krack
Krack

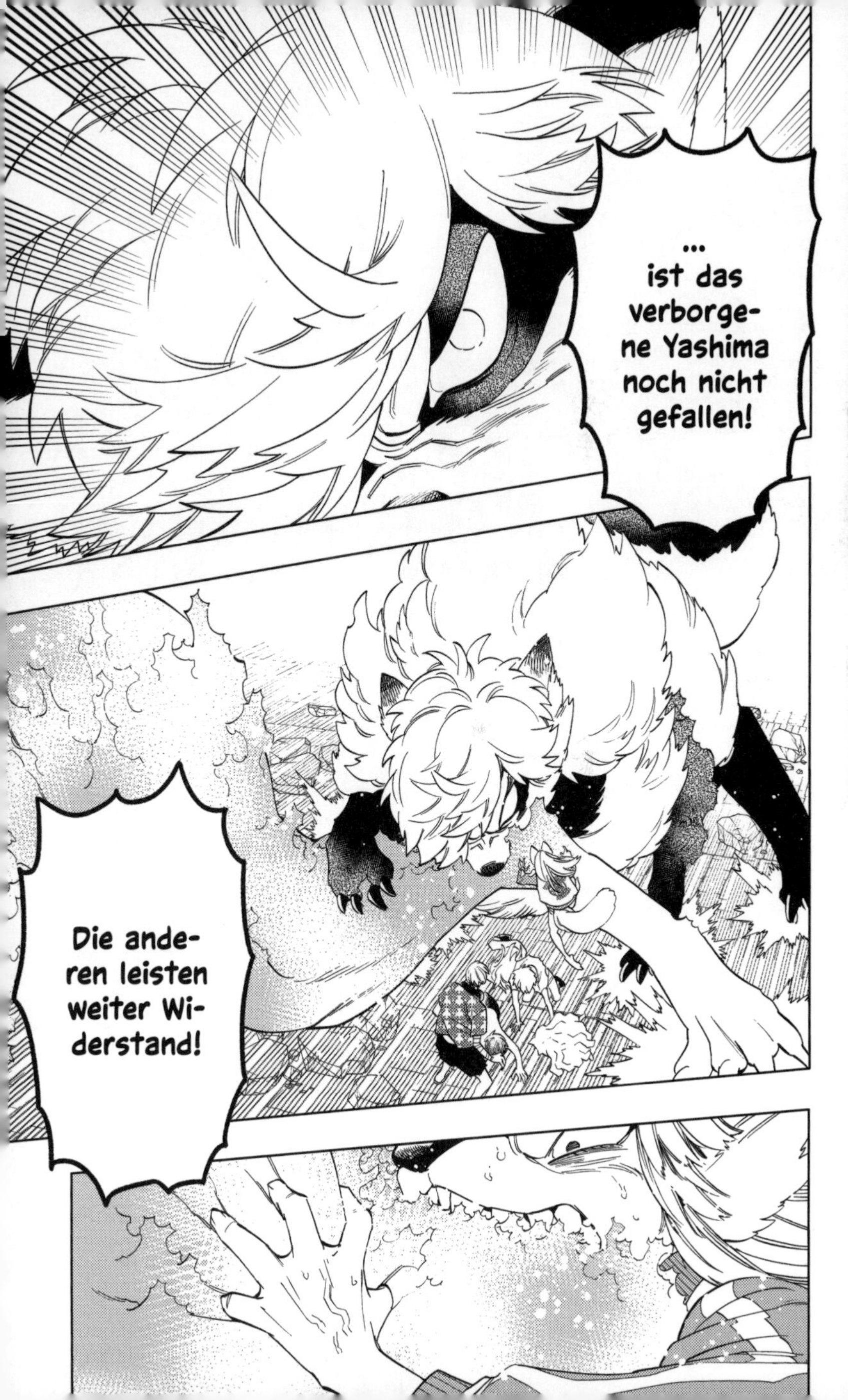
...
ist das verborgene Yashima noch nicht gefallen!
Die anderen leisten weiter Widerstand!

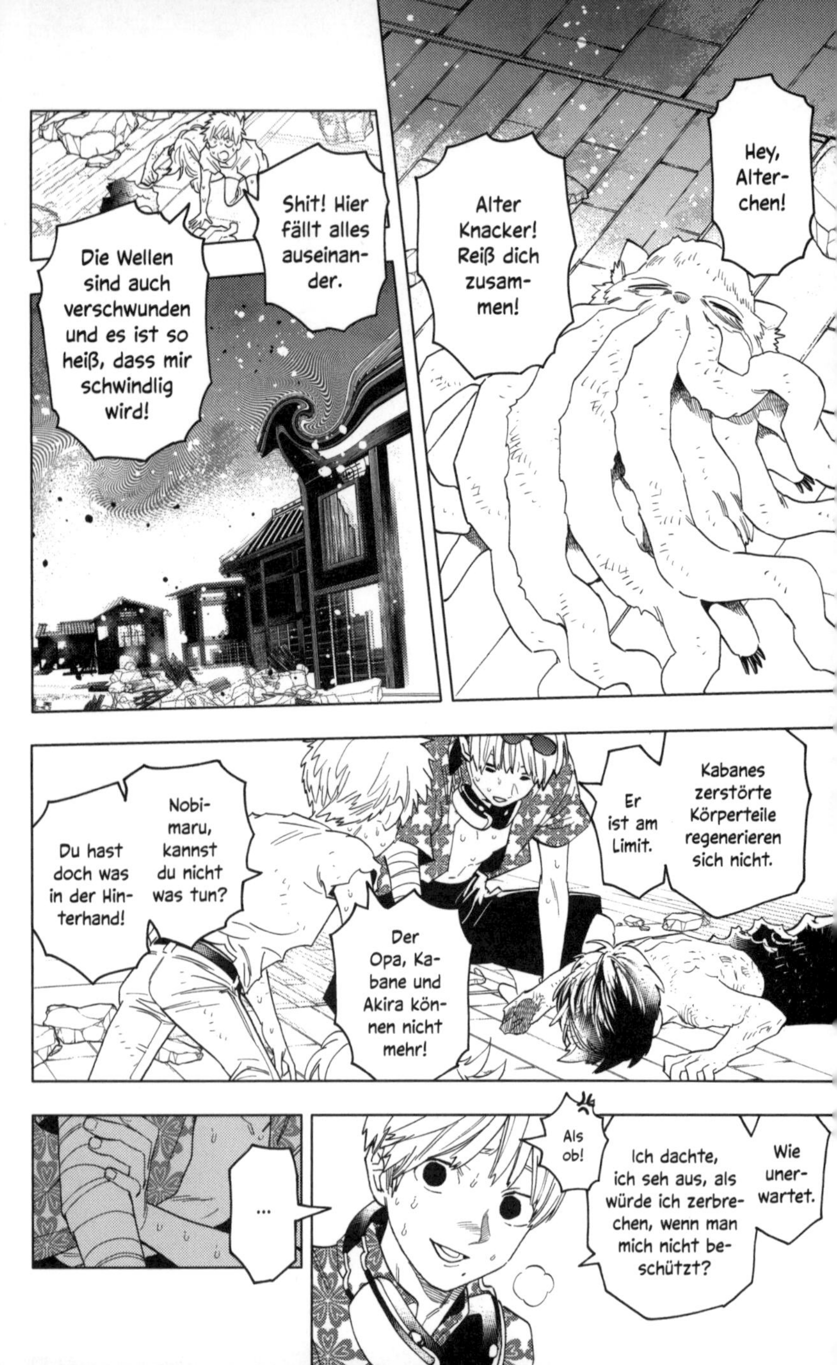
Hey, Alterchen!
Alter Knacker! Reiß dich zusammen!
Shit! Hier fällt alles auseinander.
Die Wellen sind auch verschwunden und es ist so heiß, dass mir schwindlig wird!
Kabanes zerstörte Körperteile regenerieren sich nicht.
Er ist am Limit.
Nobimaru, kannst du nicht was tun?
Du hast doch was in der Hinterhand!
Der Opa, Kabane und Akira können nicht mehr!
Wie unerwartet.
Ich dachte, ich seh aus, als würde ich zerbrechen, wenn man mich nicht beschützt?
Als ob!
...

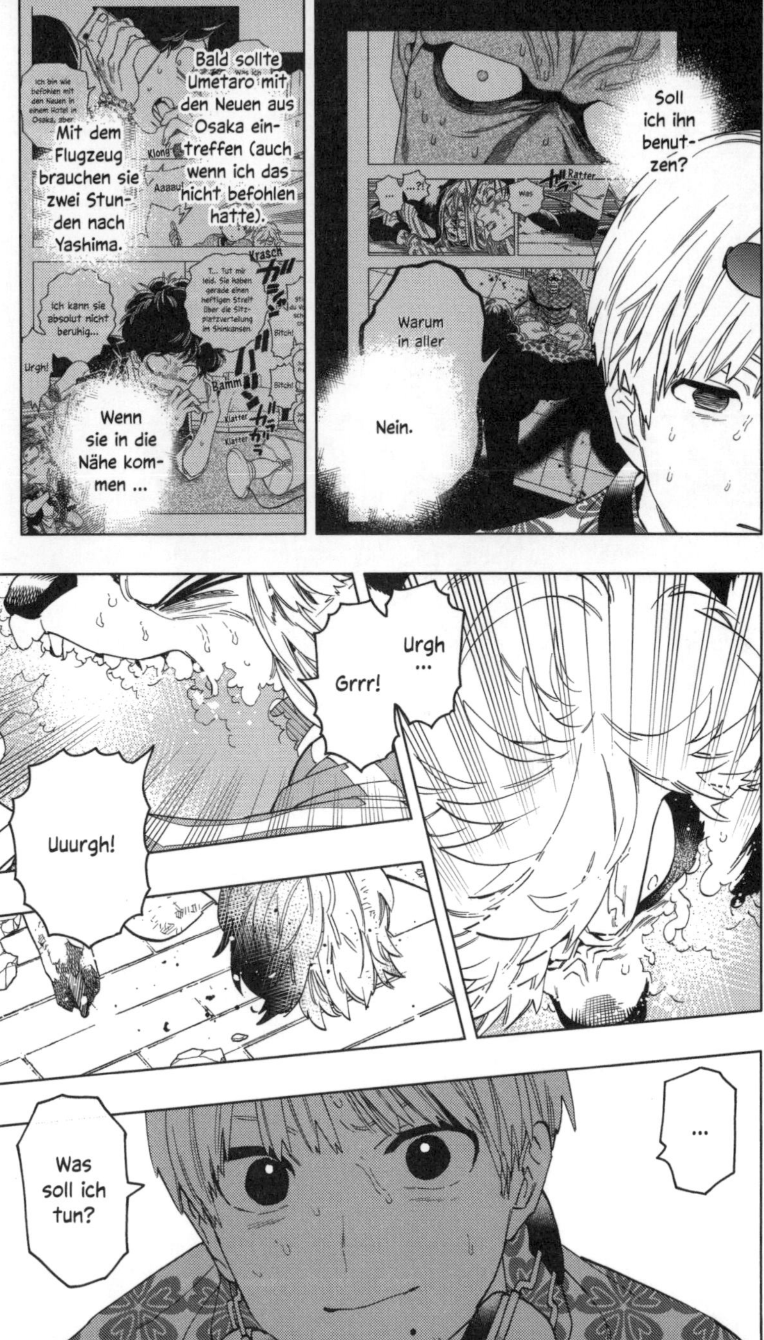
Soll ich ihn benutzen?
Ratter
Was
...?!
...
Warum in aller
Nein.
Was ich
Ich bin wie befohlen mit den Neuen in einem Hotel in Osaka, aber
Bald sollte Umetaro mit den Neuen aus Osaka eintreffen (auch wenn ich das nicht befohlen hatte).
Klong
Aaaau!
Mit dem Flugzeug brauchen sie zwei Stunden nach Yashima.
Krasch
T... Tut mir leid. Sie haben gerade einen heftigen Streit über die Sitzplatzverteilung im Shinkansen
Bitch!
Bitch!
Ich kann sie absolut nicht beruhig...
Urgh!
Bamm
Klatter
Klatter
Wenn sie in die Nähe kommen ...
Urgh ...
Grrr!
Uuurgh!
...
Was soll ich tun?

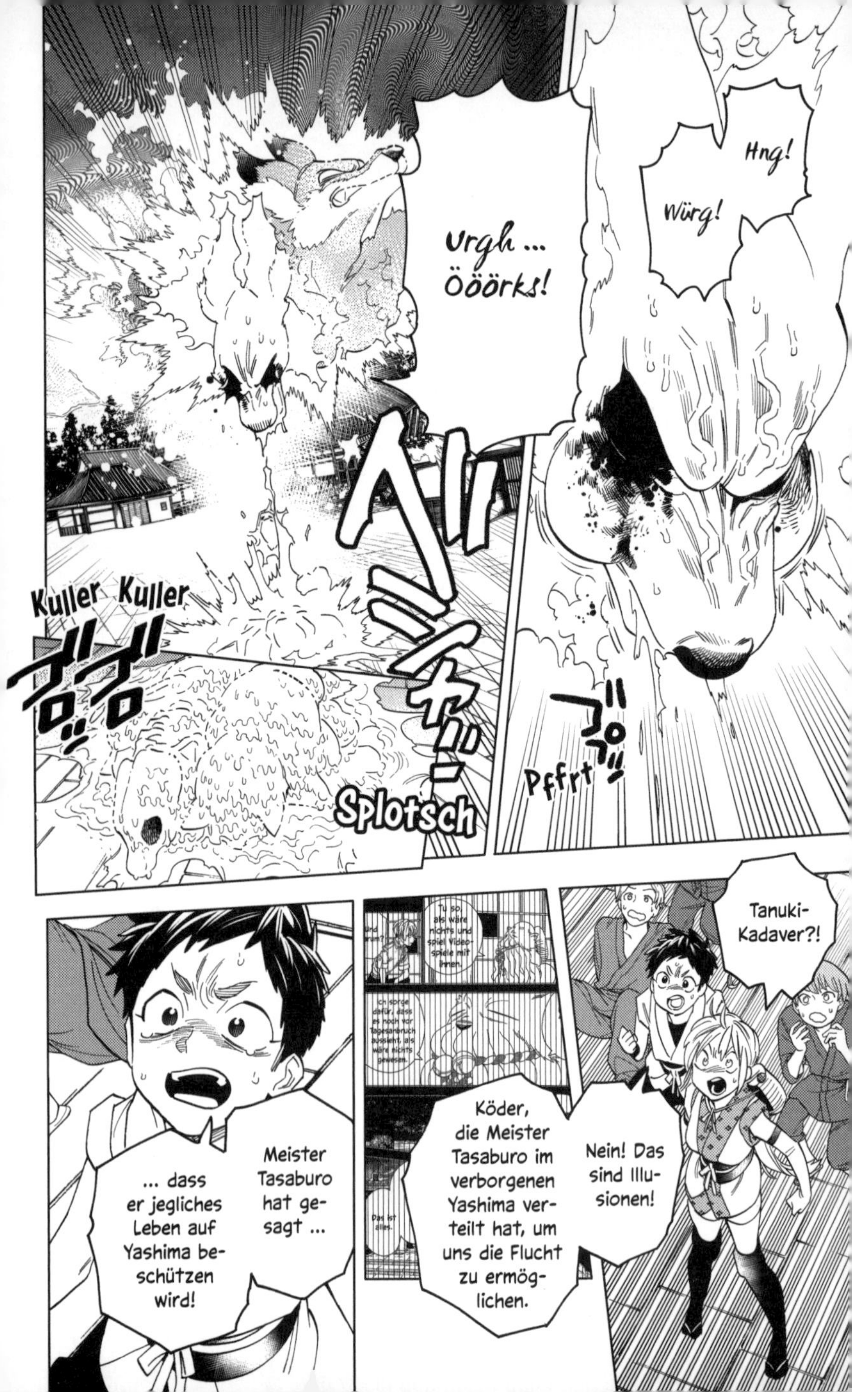
Hng!
Würg!
Pffrt
Urgh ... Ööörks!
Splotsch
Kuller Kuller
Tanuki-Kadaver?!
Nein! Das sind Illusionen!
Tu so, als wäre nichts und spiel Videospiele mit ihnen.
Ich sorge dafür, dass es noch vor Tagesanbruch aussieht, als wäre nichts gewesen.
Köder, die Meister Tasaburo im verborgenen Yashima verteilt hat, um uns die Flucht zu ermöglichen.
Meister Tasaburo hat gesagt ...
... dass er jegliches Leben auf Yashima beschützen wird!

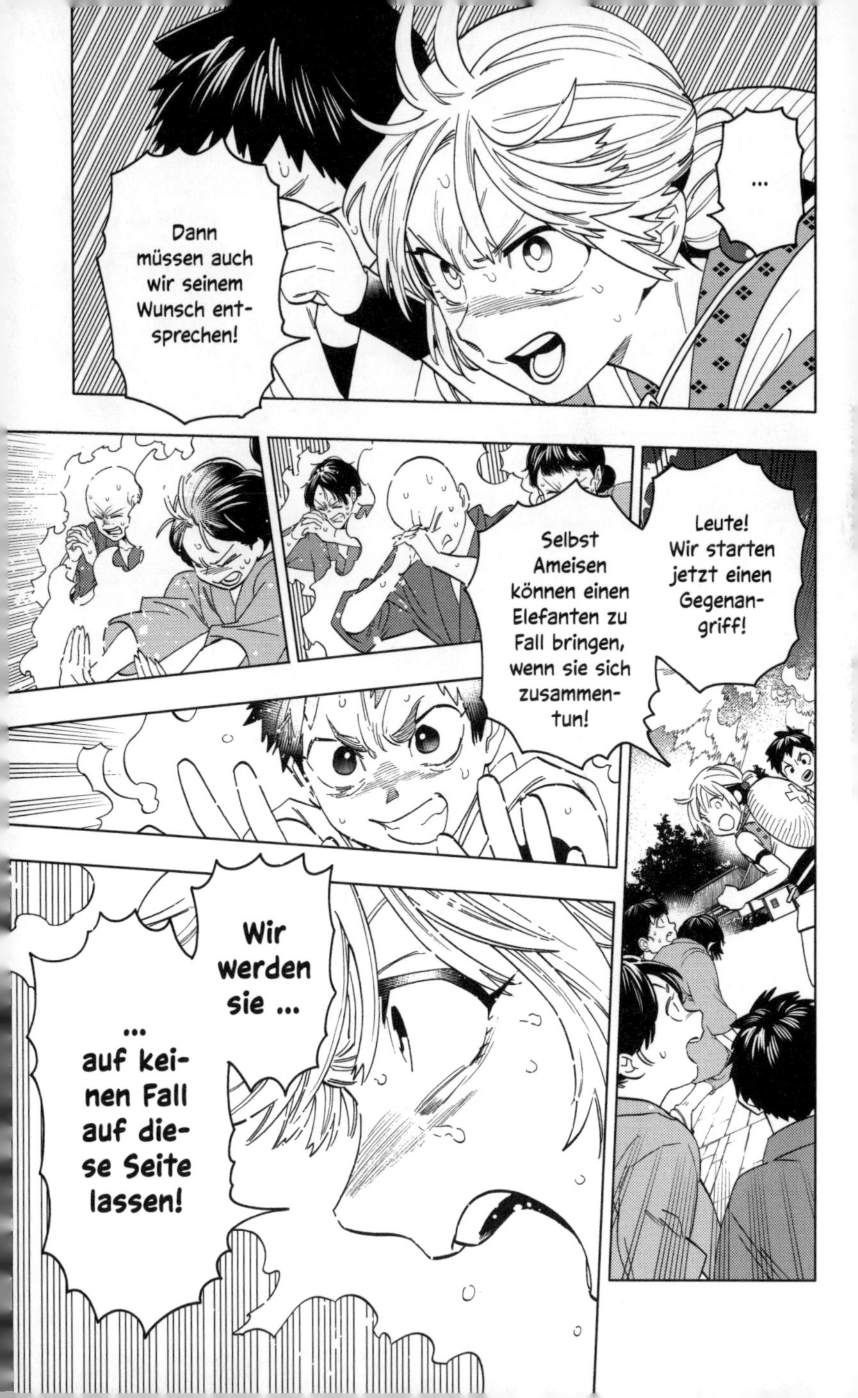

…

Dann müssen auch wir seinem Wunsch entsprechen!

Leute! Wir starten jetzt einen Gegenangriff!

Selbst Ameisen können einen Elefanten zu Fall bringen, wenn sie sich zusammentun!

Wir werden sie …

… auf keinen Fall auf diese Seite lassen!

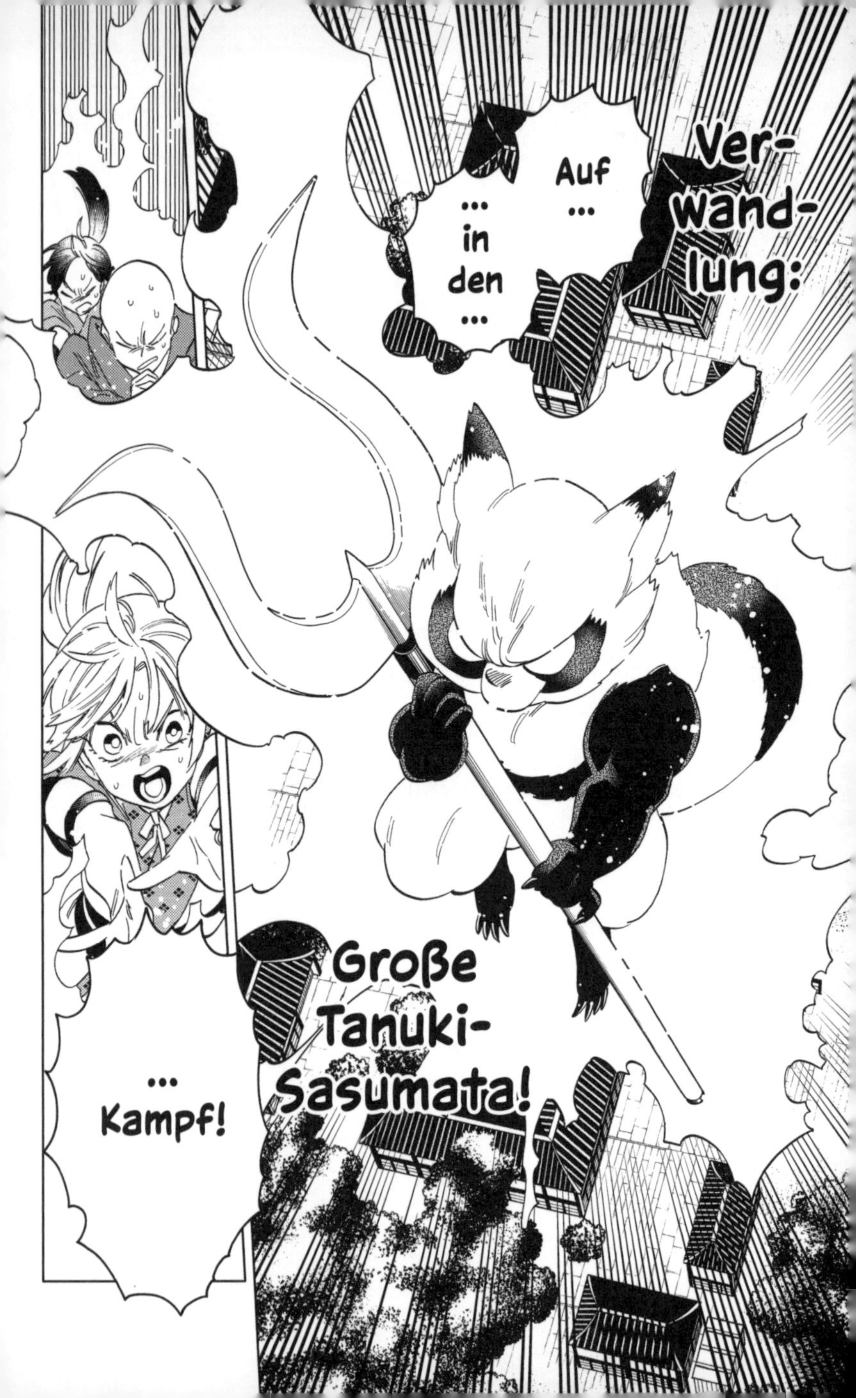
Ver-
wand-
lung:
Auf ...
... in
den ...
Große
Tanuki-
Sasumata!
... Kampf!

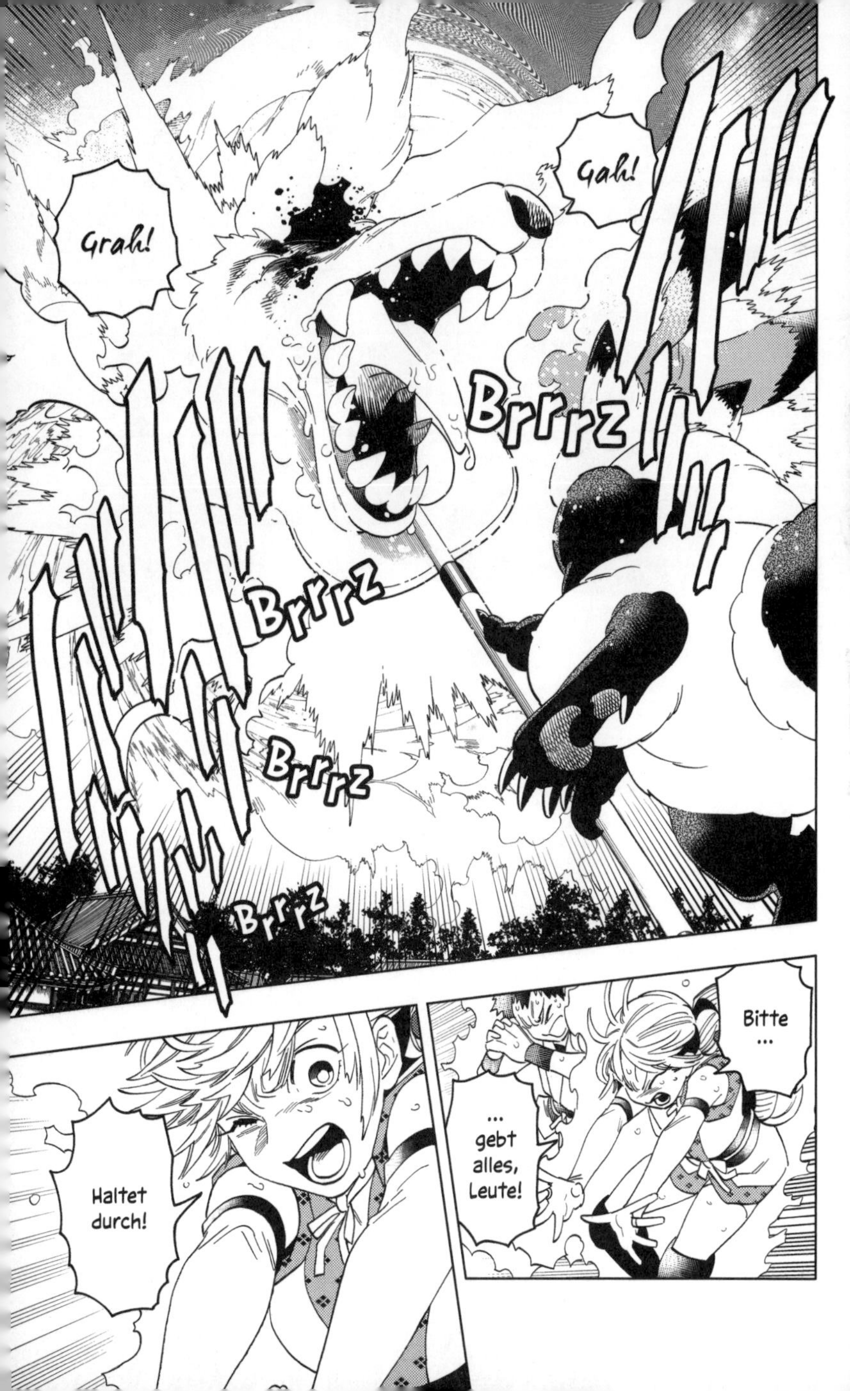
Gah!
Grah!
Brrrz
Brrrz
Brrrz
Brrrz
Bitte ...
... gebt alles, Leute!
Haltet durch!

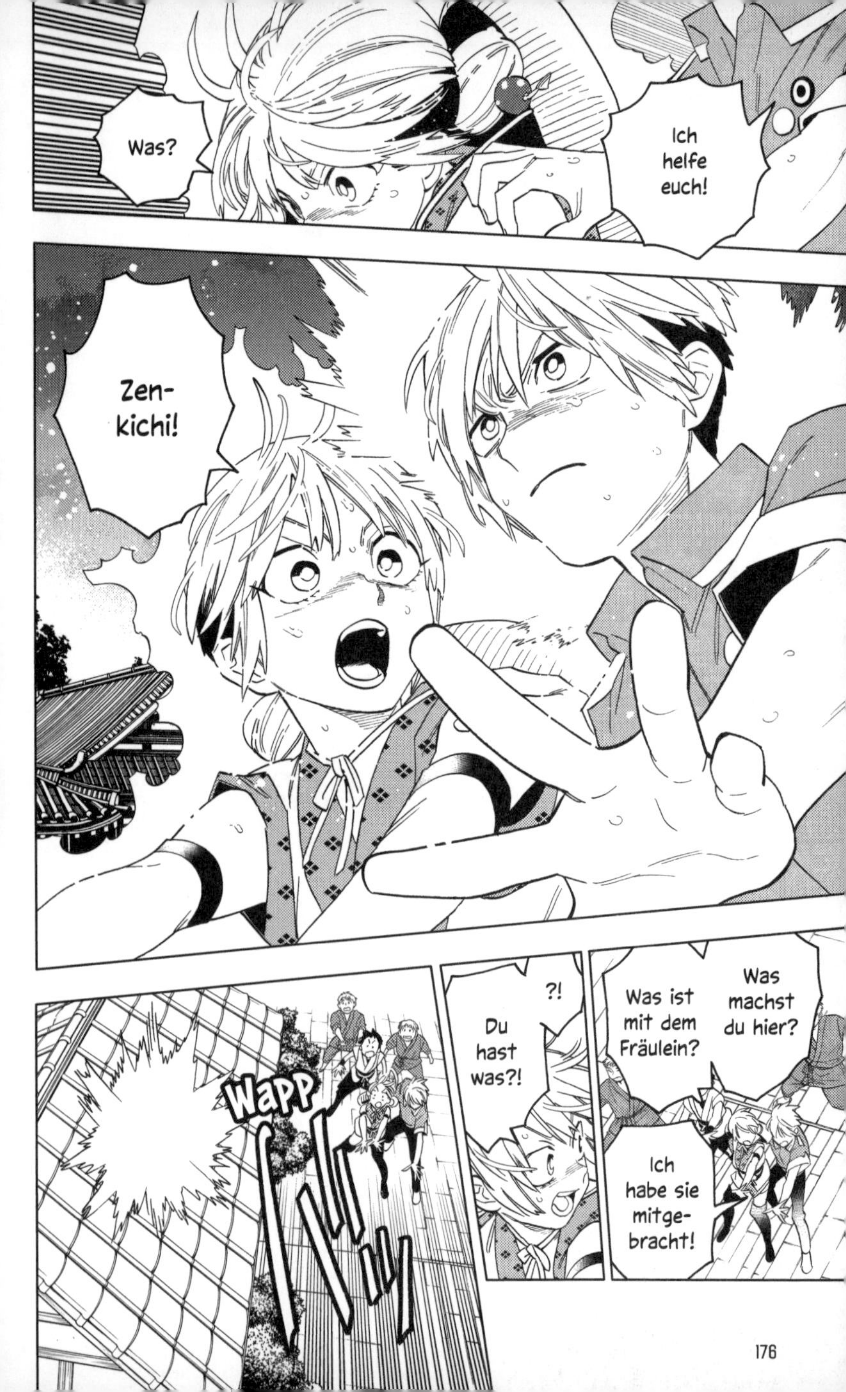
Ich helfe euch!
Was?
Zen-kichi!
Was machst du hier?
Was ist mit dem Fräulein?
Ich habe sie mitgebracht!
?!
Du hast was?!
Wapp

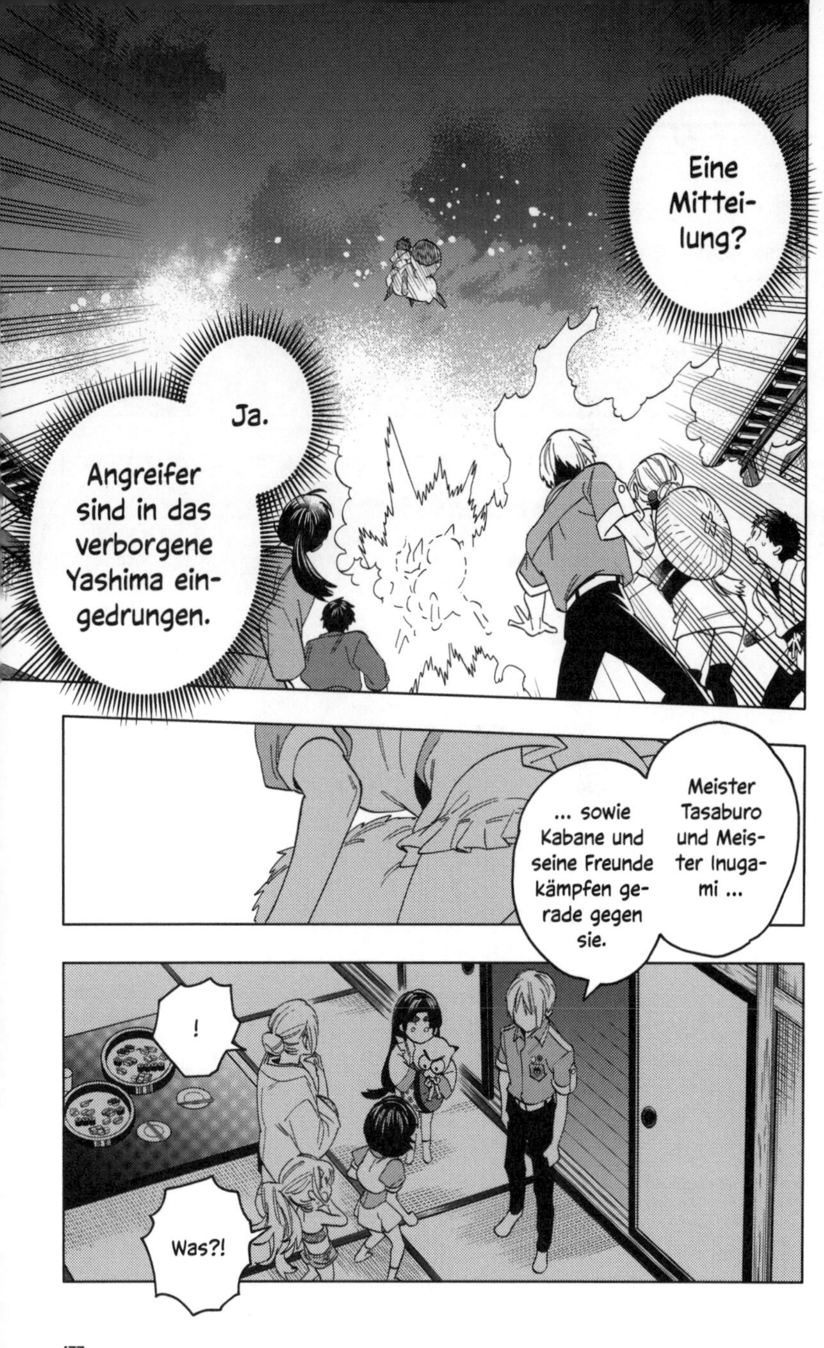
Eine Mittei-lung?
Ja.
Angreifer sind in das verborgene Yashima ein-gedrungen.
Meister Tasaburo und Meis-ter Inuga-mi ...
... sowie Kabane und seine Freunde kämpfen ge-rade gegen sie.
!
Was?!

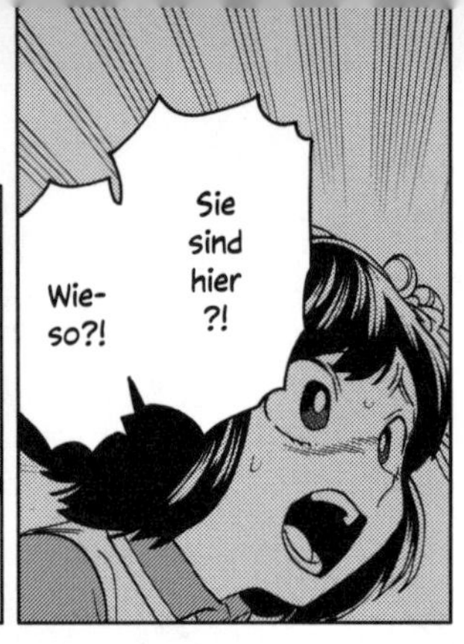
Sie sind hier ?!
Wie-so?!

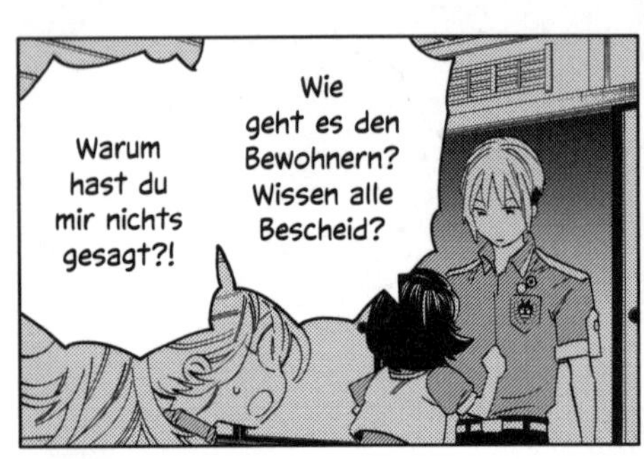
Wie geht es den Bewohnern? Wissen alle Bescheid?
Warum hast du mir nichts gesagt?!

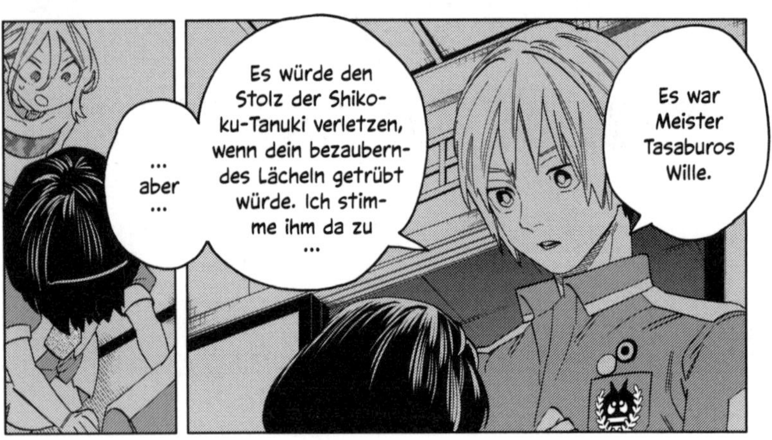
Es war Meister Tasaburos Wille.
Es würde den Stolz der Shiko-ku-Tanuki verletzen, wenn dein bezaubern-des Lächeln getrübt würde. Ich stim-me ihm da zu ...
... aber ...

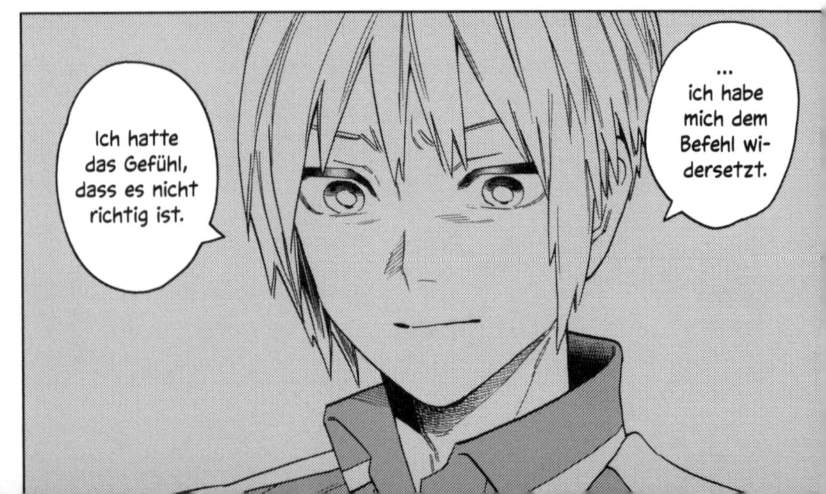
... ich habe mich dem Befehl wi-dersetzt.
Ich hatte das Gefühl, dass es nicht richtig ist.

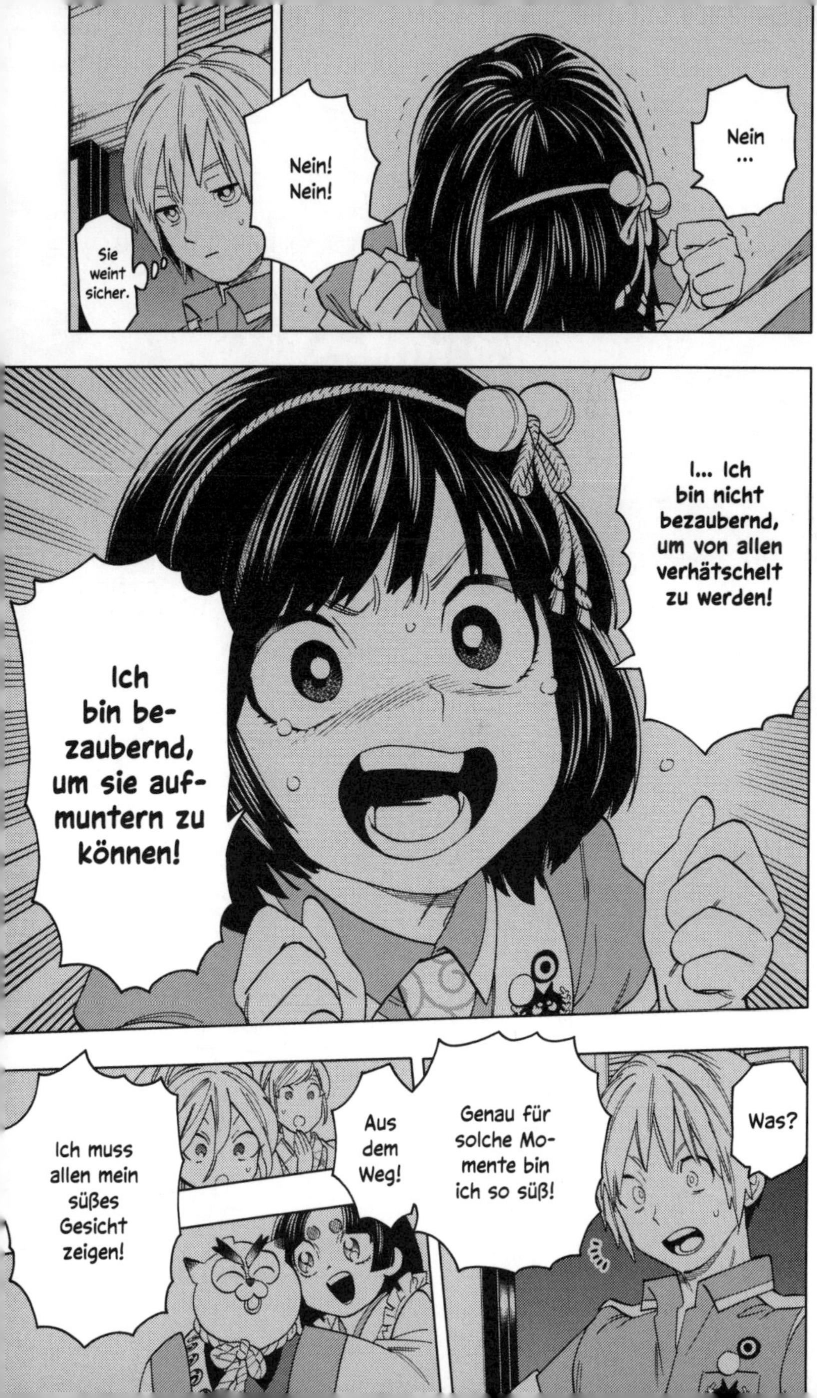

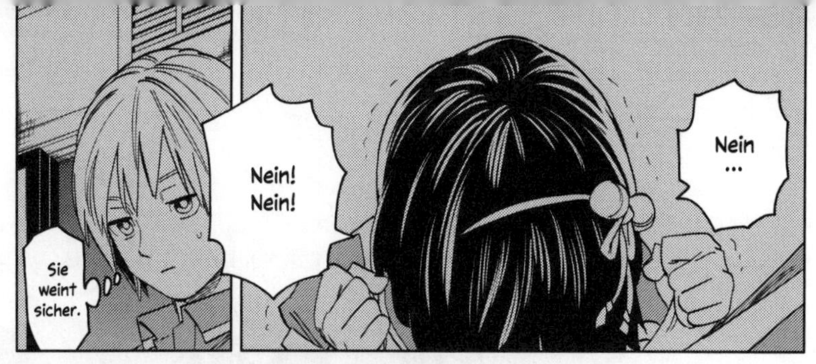

I... Ich bin nicht bezaubernd, um von allen verhätschelt zu werden!

Ich bin bezaubernd, um sie aufmuntern zu können!

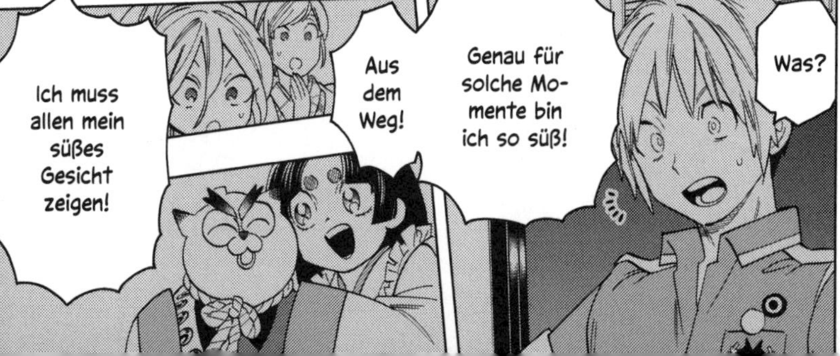

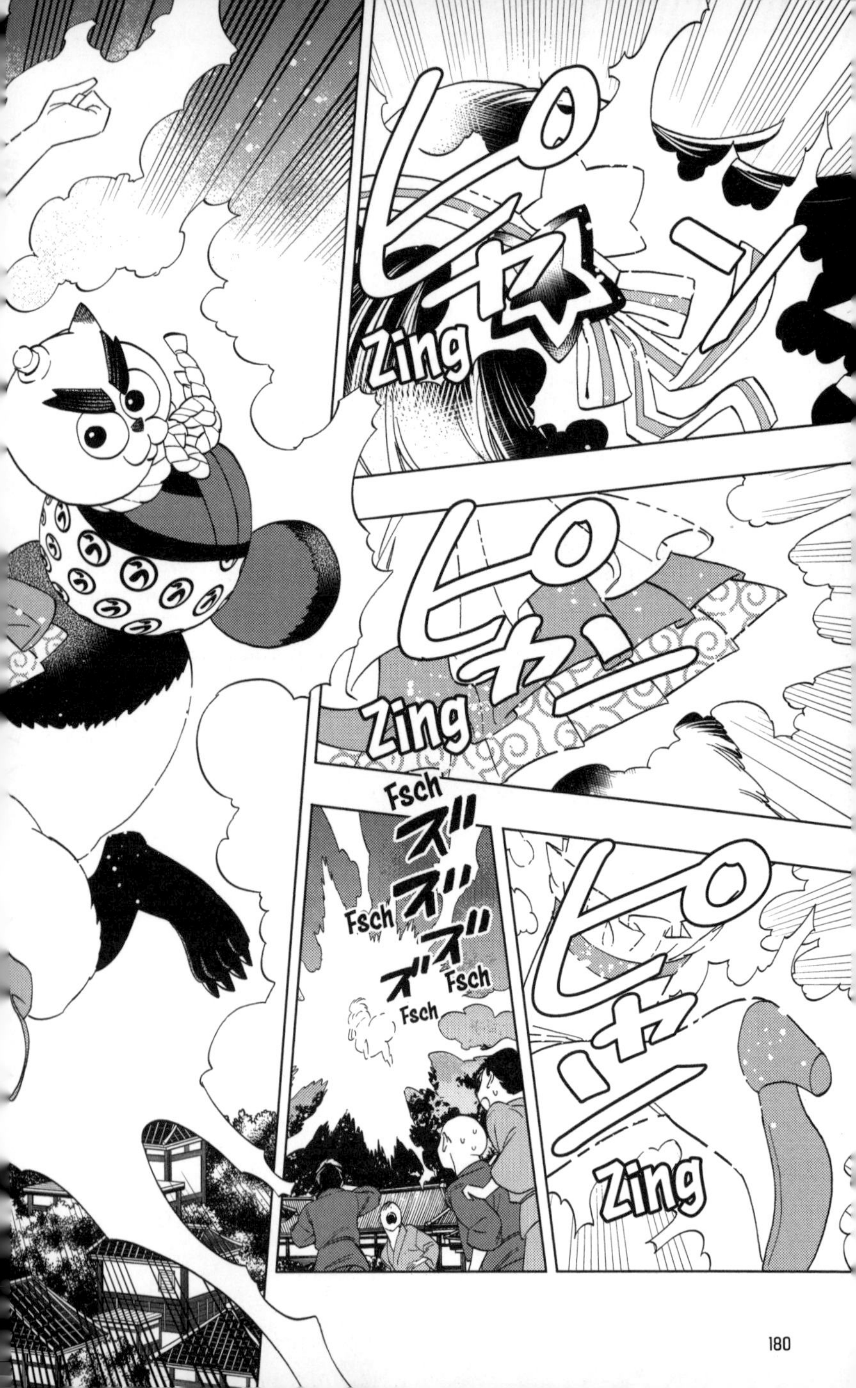
Zing
Zing
Zing
Fsch ズ
Fsch ズ
ズ
ズ Fsch
Fsch

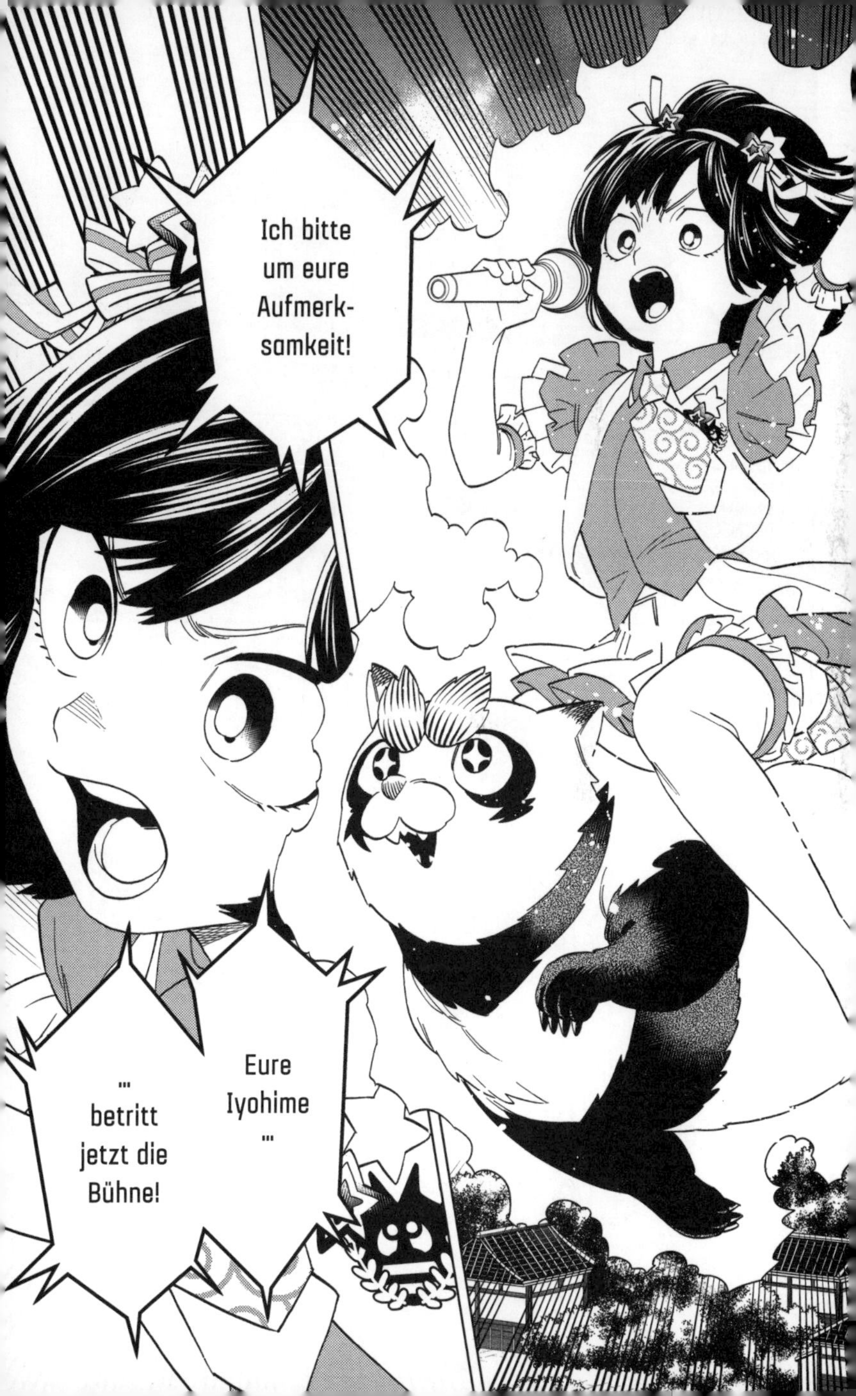
Ich bitte um eure Aufmerksamkeit!
Eure Iyohime …
… betritt jetzt die Bühne!

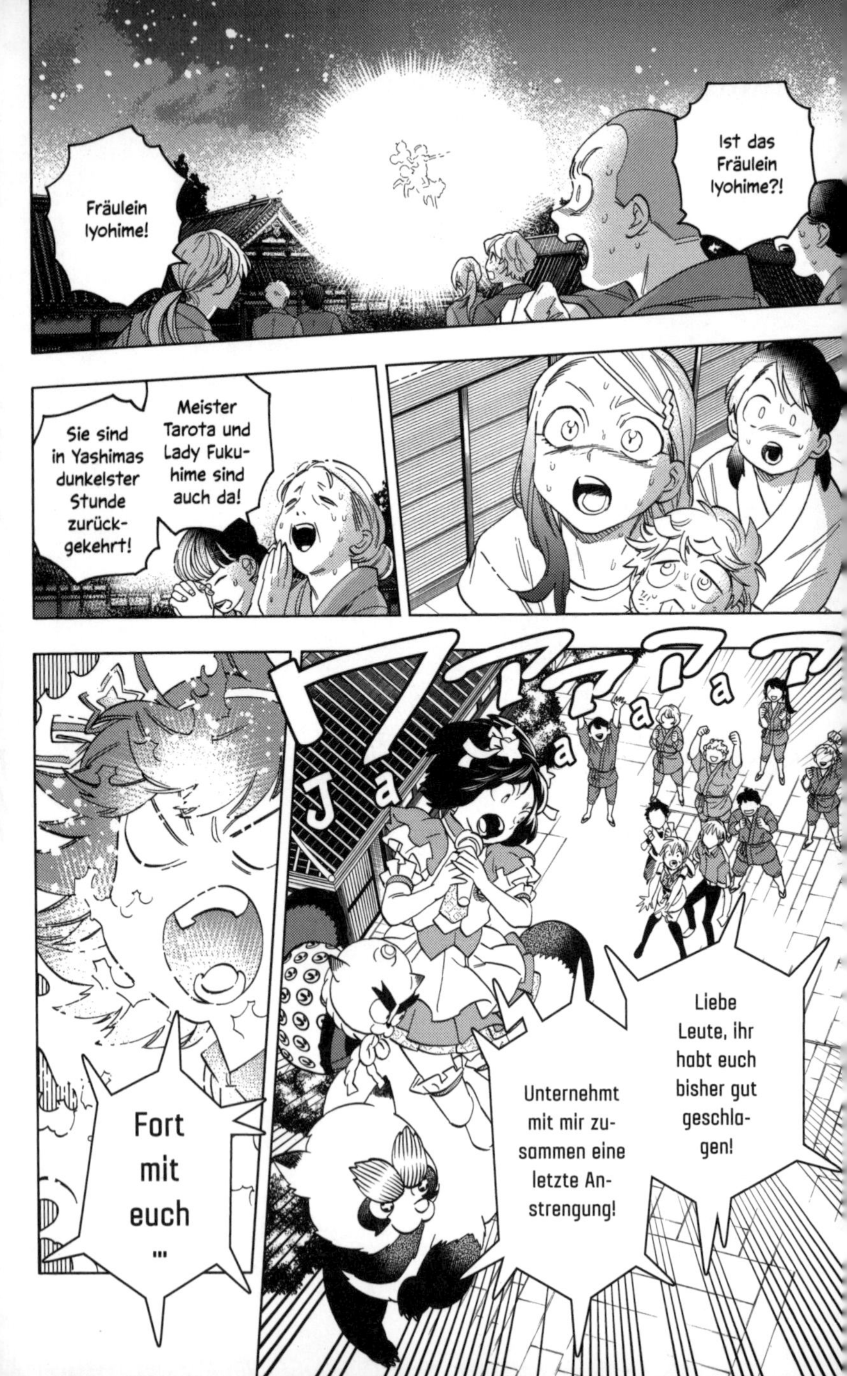

Ist das Fräulein Iyohime?!
Fräulein Iyohime!
Meister Tarota und Lady Fukuhime sind auch da!
Sie sind in Yashimas dunkelster Stunde zurückgekehrt!
Jaaaa
Liebe Leute, ihr habt euch bisher gut geschlagen!
Unternehmt mit mir zusammen eine letzte Anstrengung!
Fort mit euch …

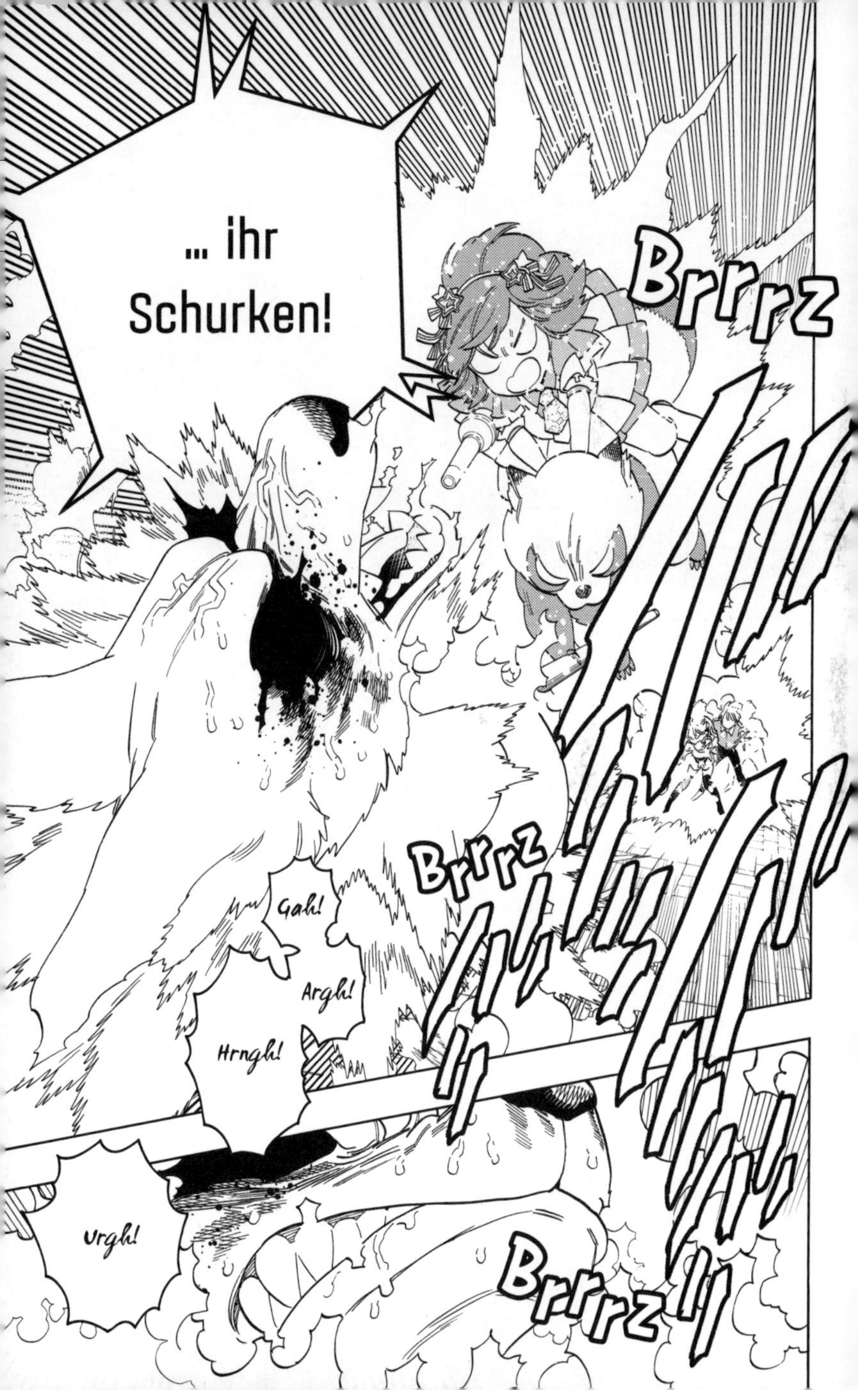

... ihr Schurken!
Brrrz
Brrrz
Gah!
Argh!
Hrngh!
Urgh!
Brrrz

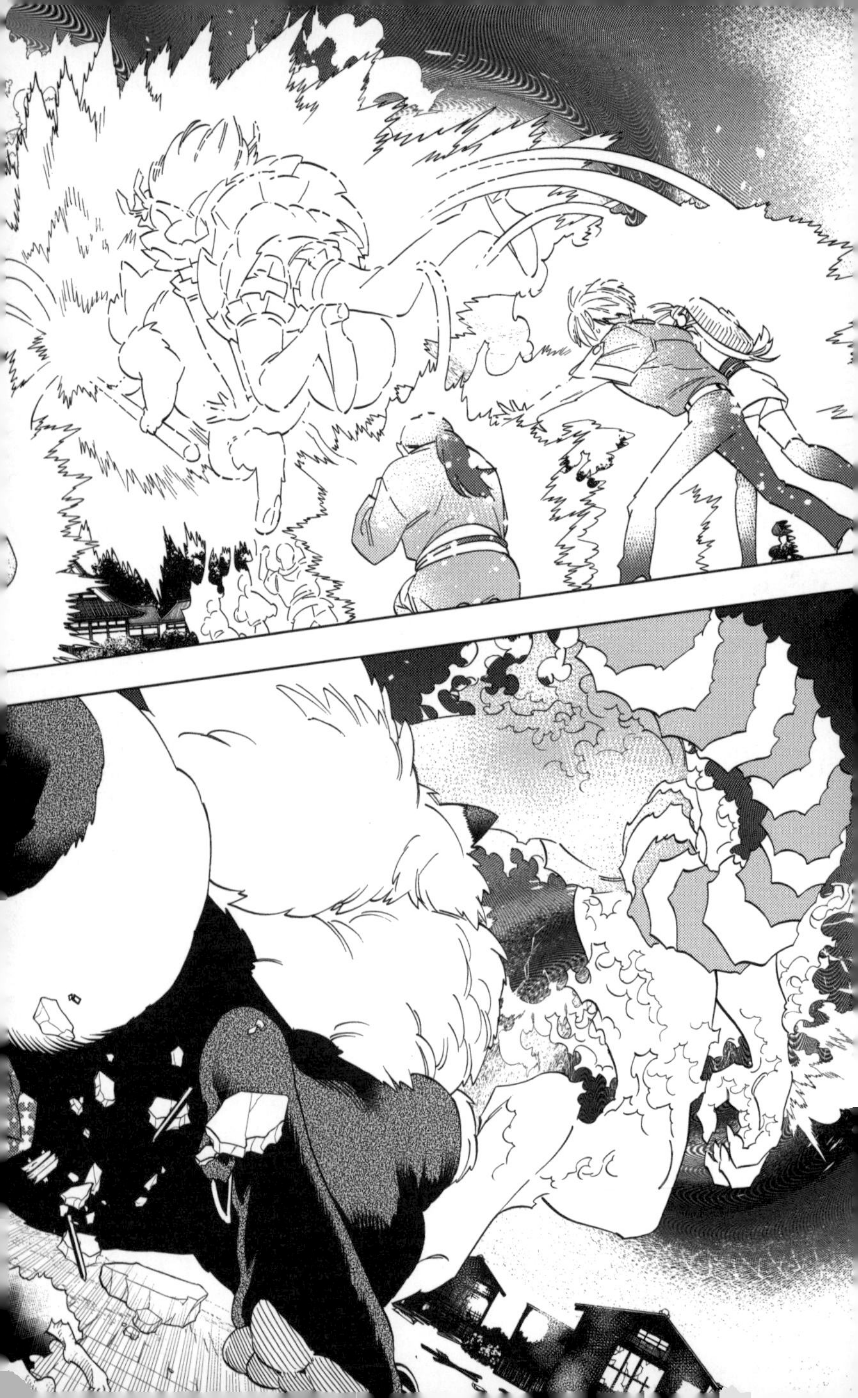

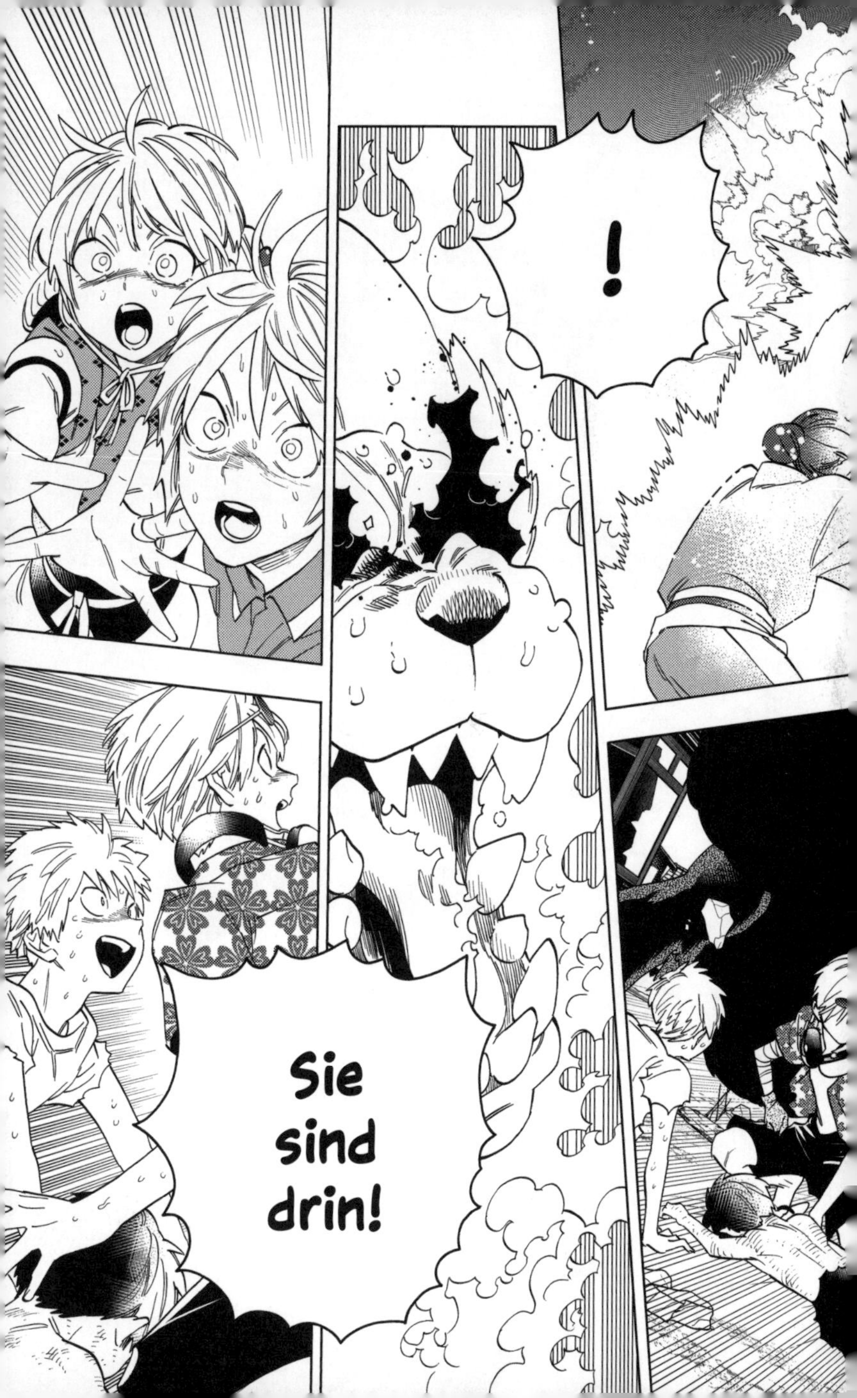
!
Sie sind drin!

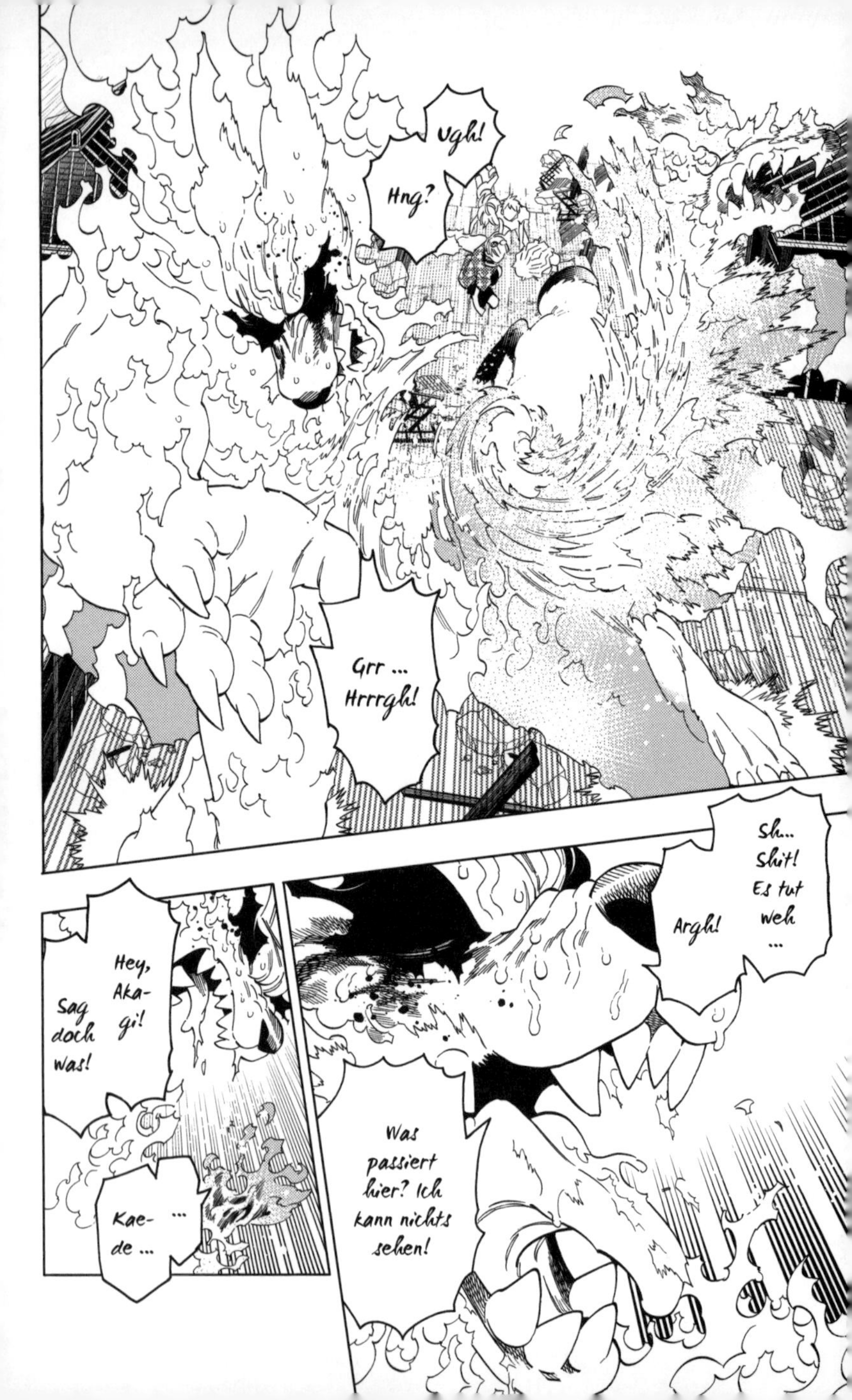
Ugh!
Hng?
Grr ... Hrrrgh!
Sh... Shit! Es tut weh ...
Argh!
Hey, Aka-gi!
Sag doch was!
Was passiert hier? Ich kann nichts sehen!
Kae-de ...
...

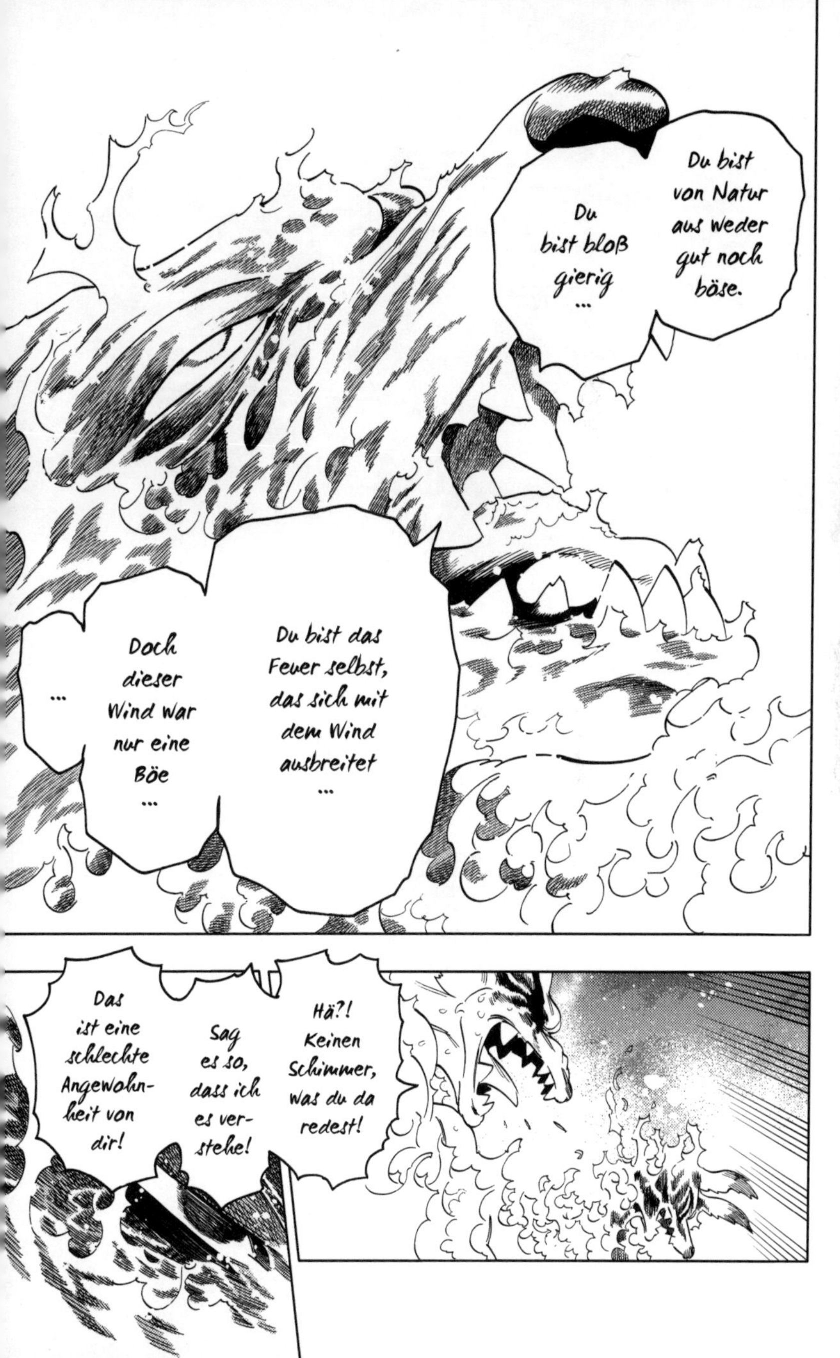
Du bist von Natur aus weder gut noch böse.
Du bist bloß gierig ...
Du bist das Feuer selbst, das sich mit dem Wind ausbreitet ...
Doch dieser Wind war nur eine Böe ...
...
Hä?! Keinen Schimmer, was du da redest!
Sag es so, dass ich es verstehe!
Das ist eine schlechte Angewohnheit von dir!

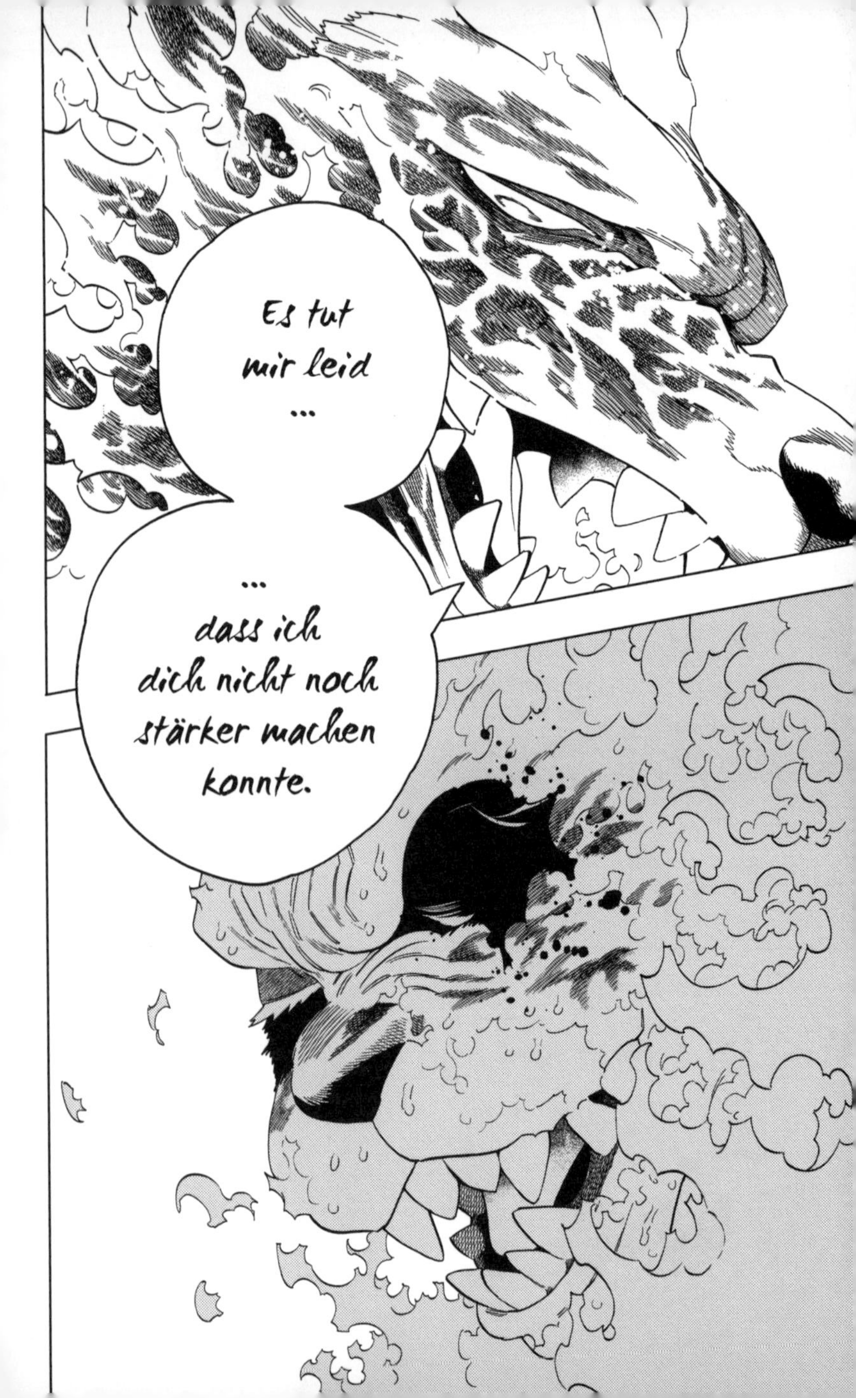
Es tut mir leid …
… dass ich dich nicht noch stärker machen konnte.

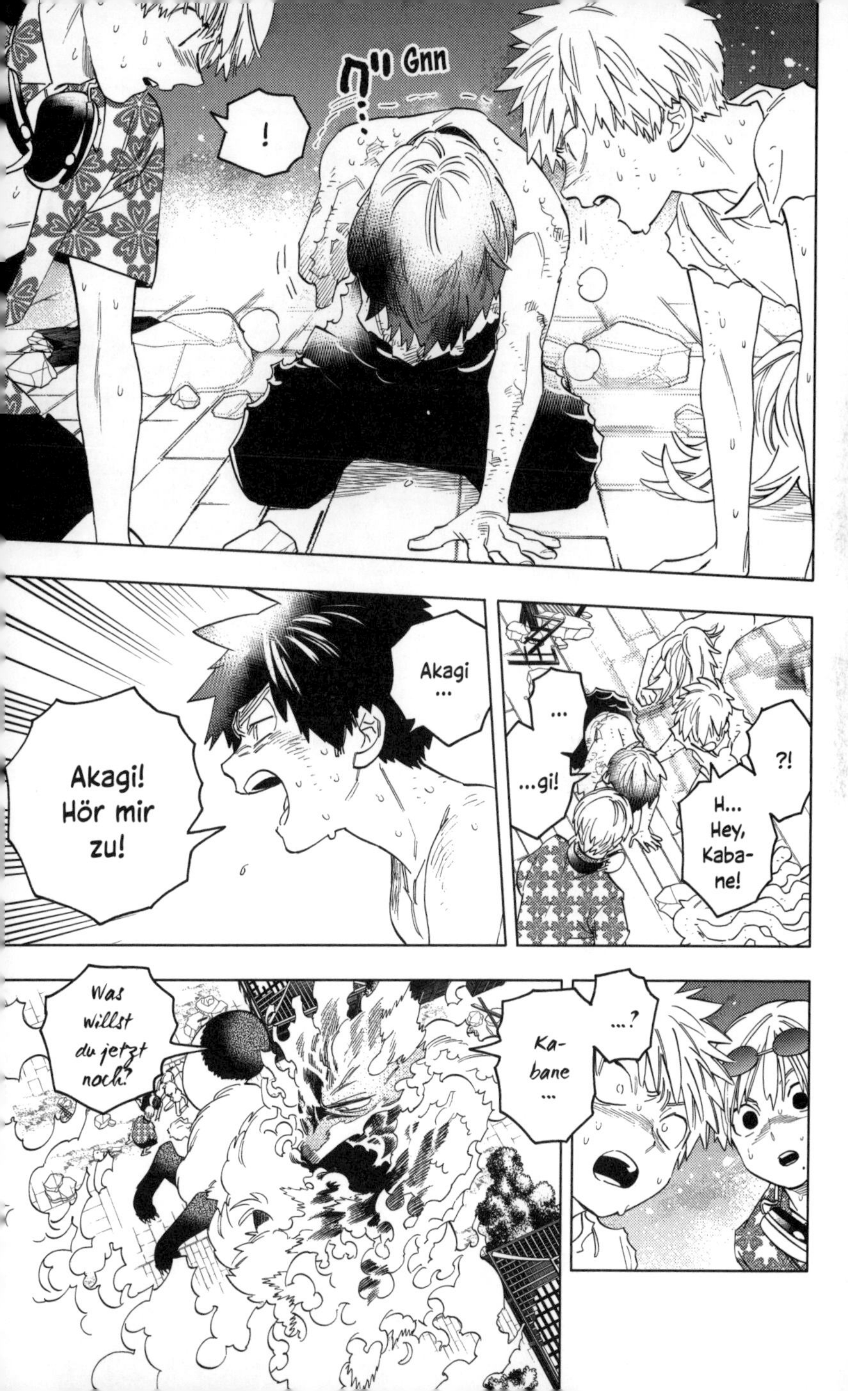
Gnn
!
Akagi …
Akagi! Hör mir zu!
?!
H… Hey, Kaba-ne!
…
…gi!
…?
Ka-bane …
Was willst du jetzt noch?

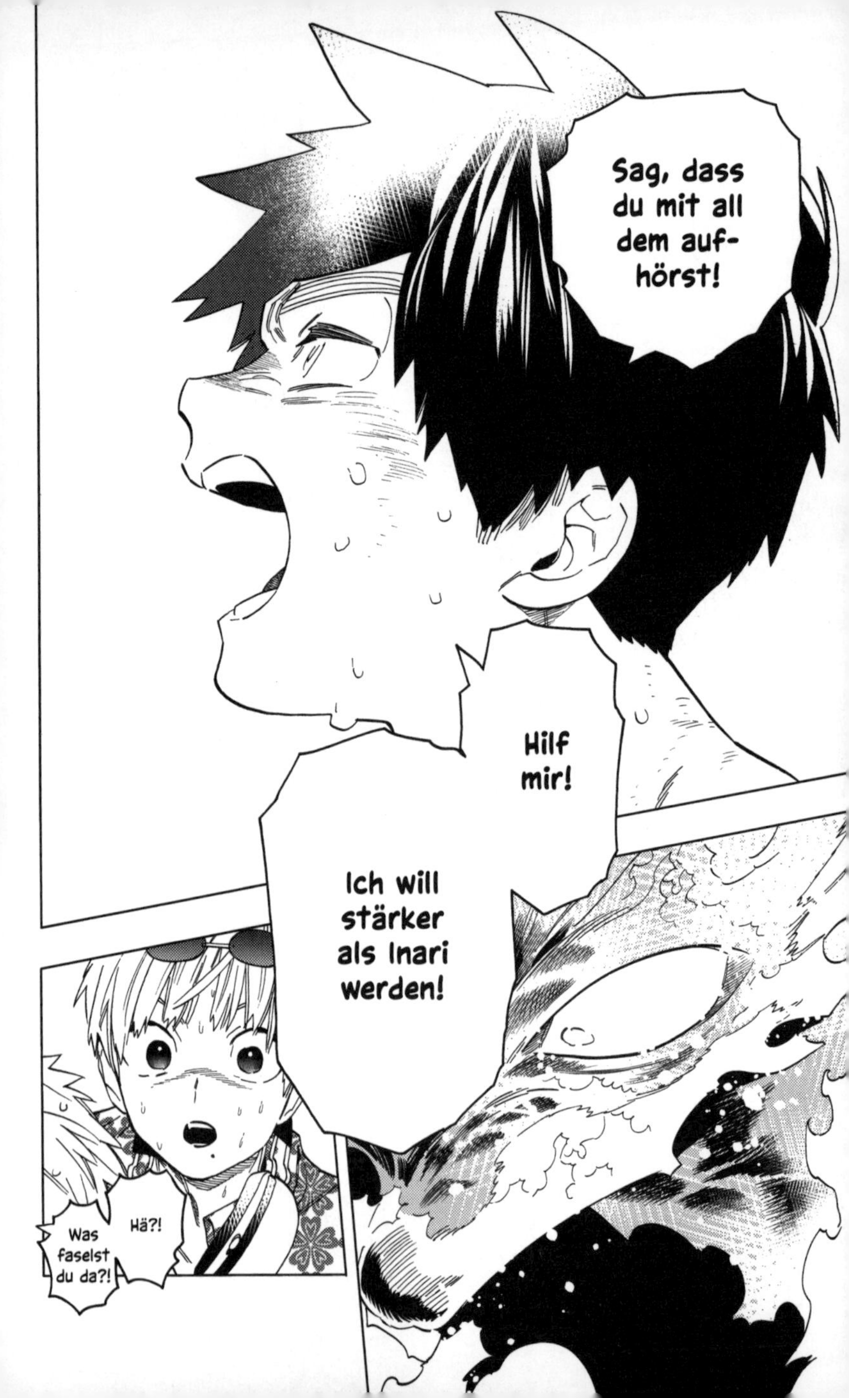
Sag, dass du mit all dem auf-hörst!
Hilf mir!
Ich will stärker als Inari werden!
Hä?!
Was faselst du da?!

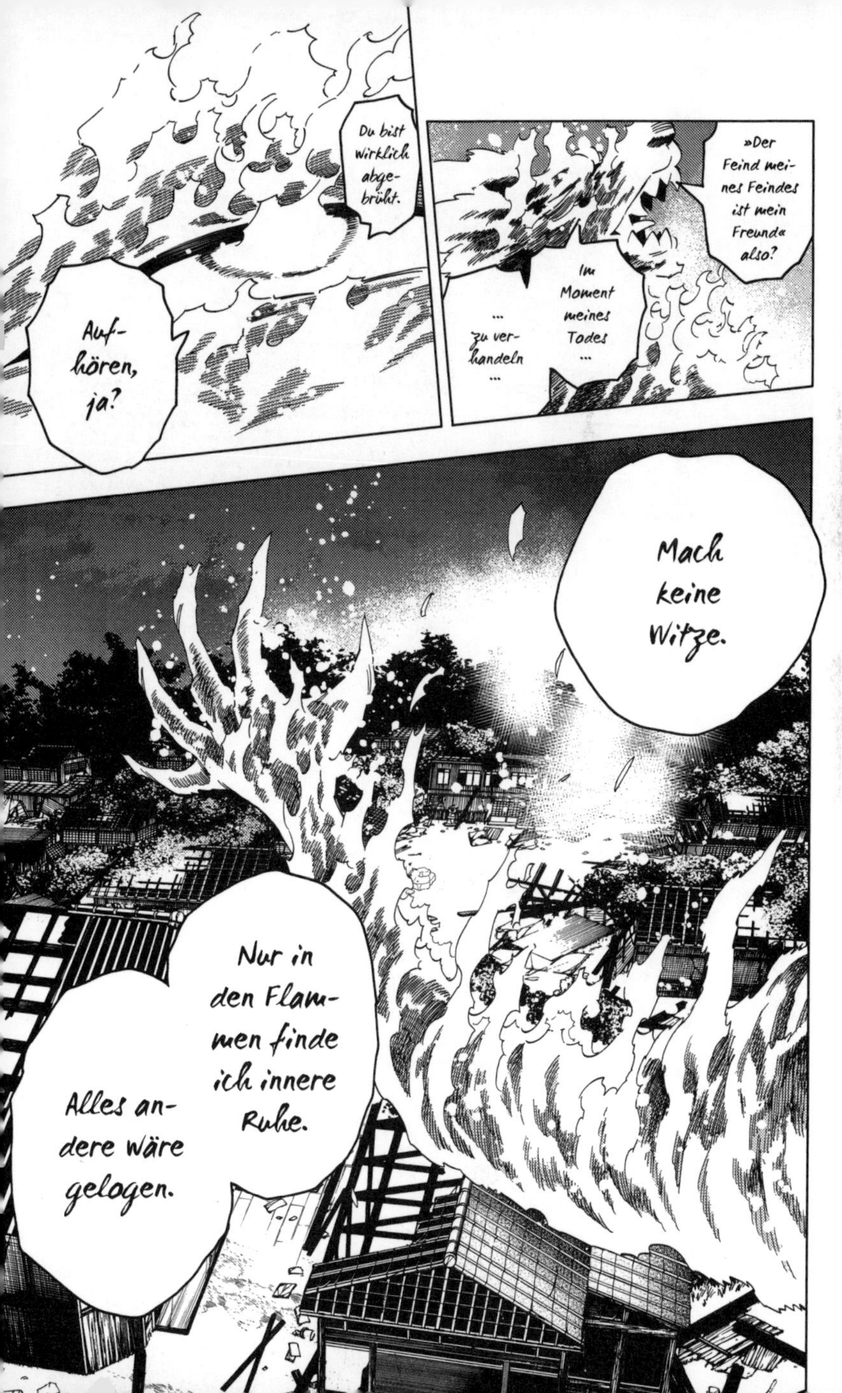
»Der Feind meines Feindes ist mein Freund« also?
Im Moment meines Todes …
… zu verhandeln …
Du bist wirklich abgebrüht.
Aufhören, ja?
Mach keine Witze.
Nur in den Flammen finde ich innere Ruhe.
Alles andere wäre gelogen.

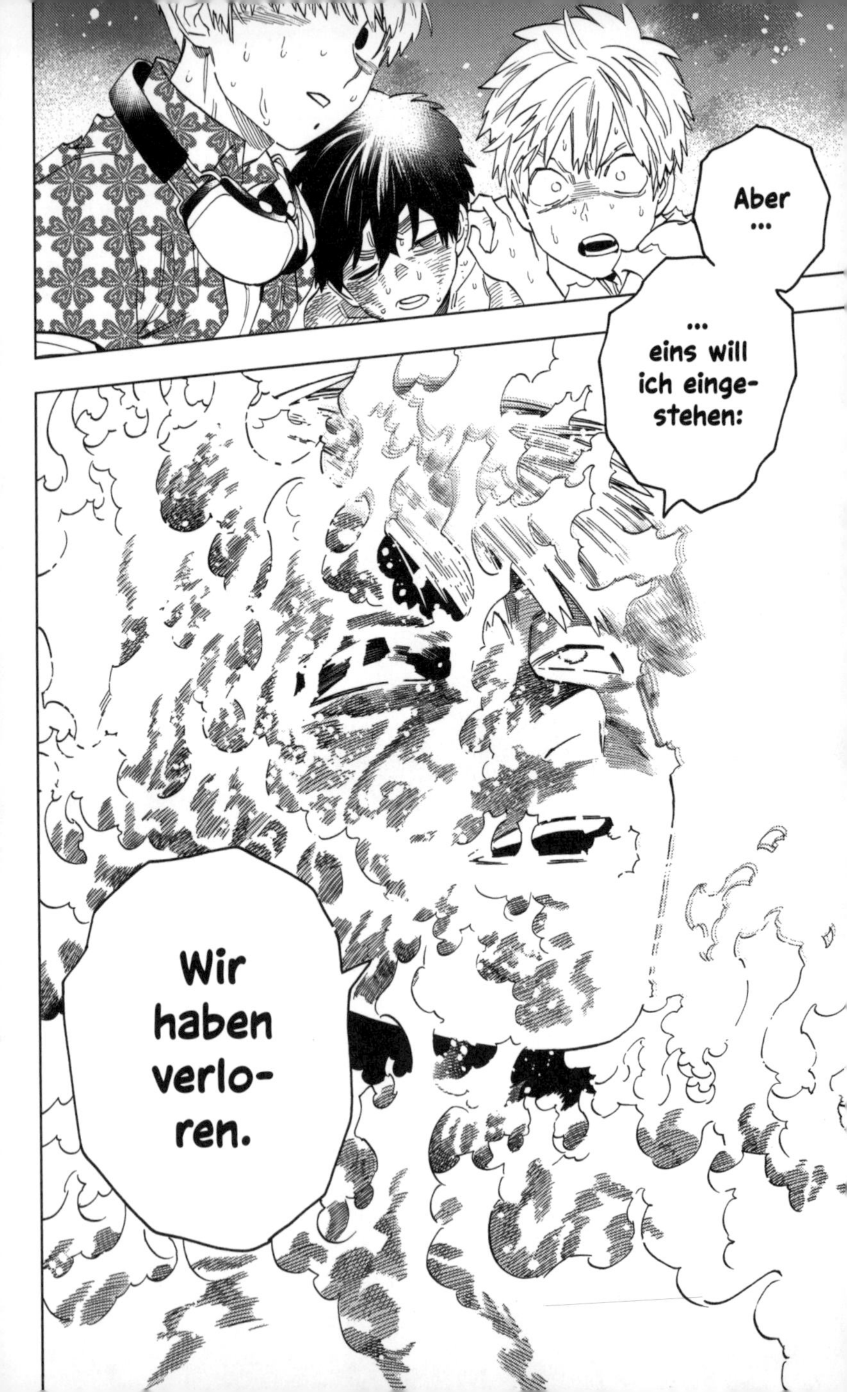
Aber ...
... eins will ich einge-stehen:
Wir haben verlo-ren.

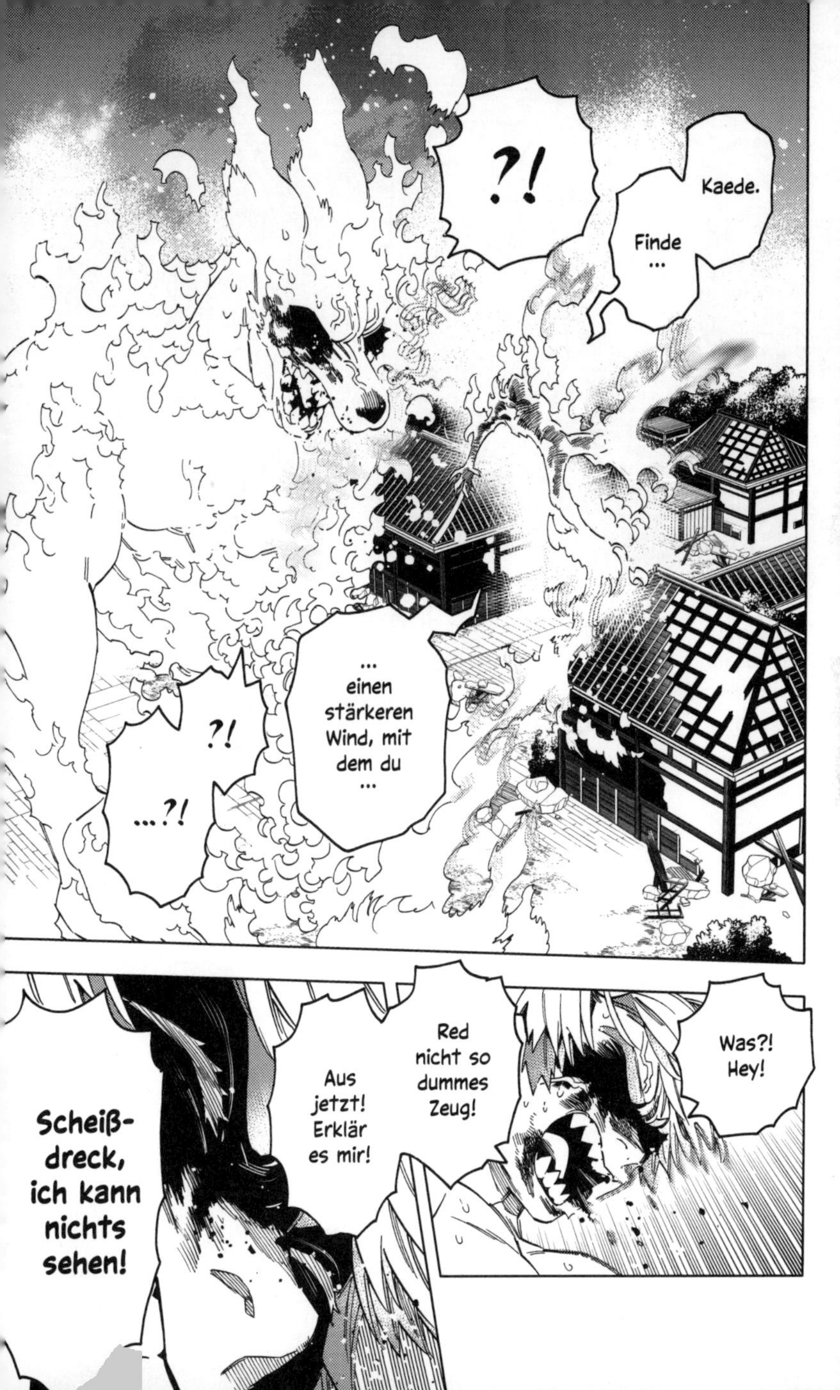
Kaede.
Finde ...
?!
... einen stärkeren Wind, mit dem du ...
?!
...?!
Was?! Hey!
Red nicht so dummes Zeug!
Aus jetzt! Erklär es mir!
Scheiß-dreck, ich kann nichts sehen!

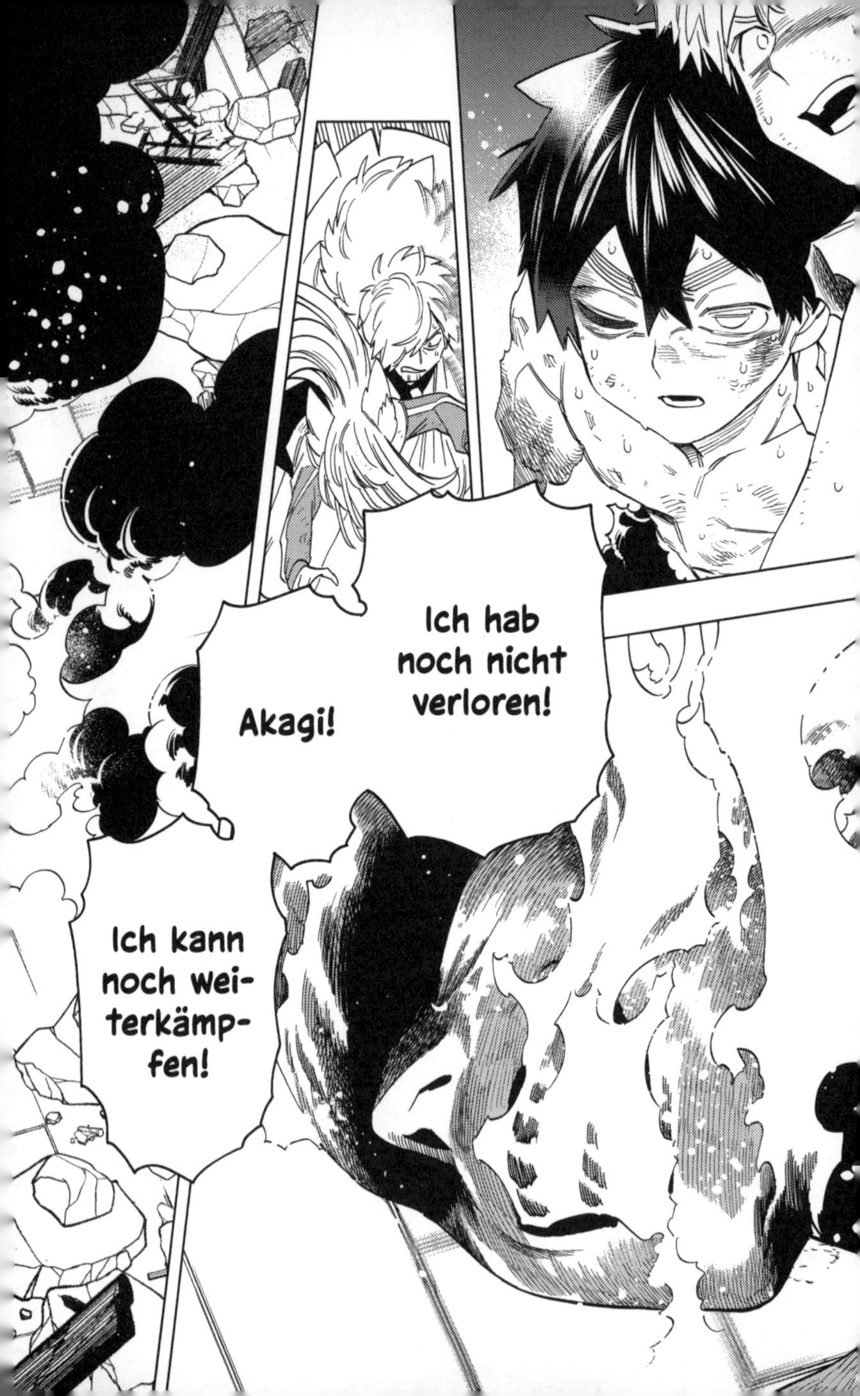
Ich hab noch nicht verloren!
Akagi!
Ich kann noch wei-terkämp-fen!

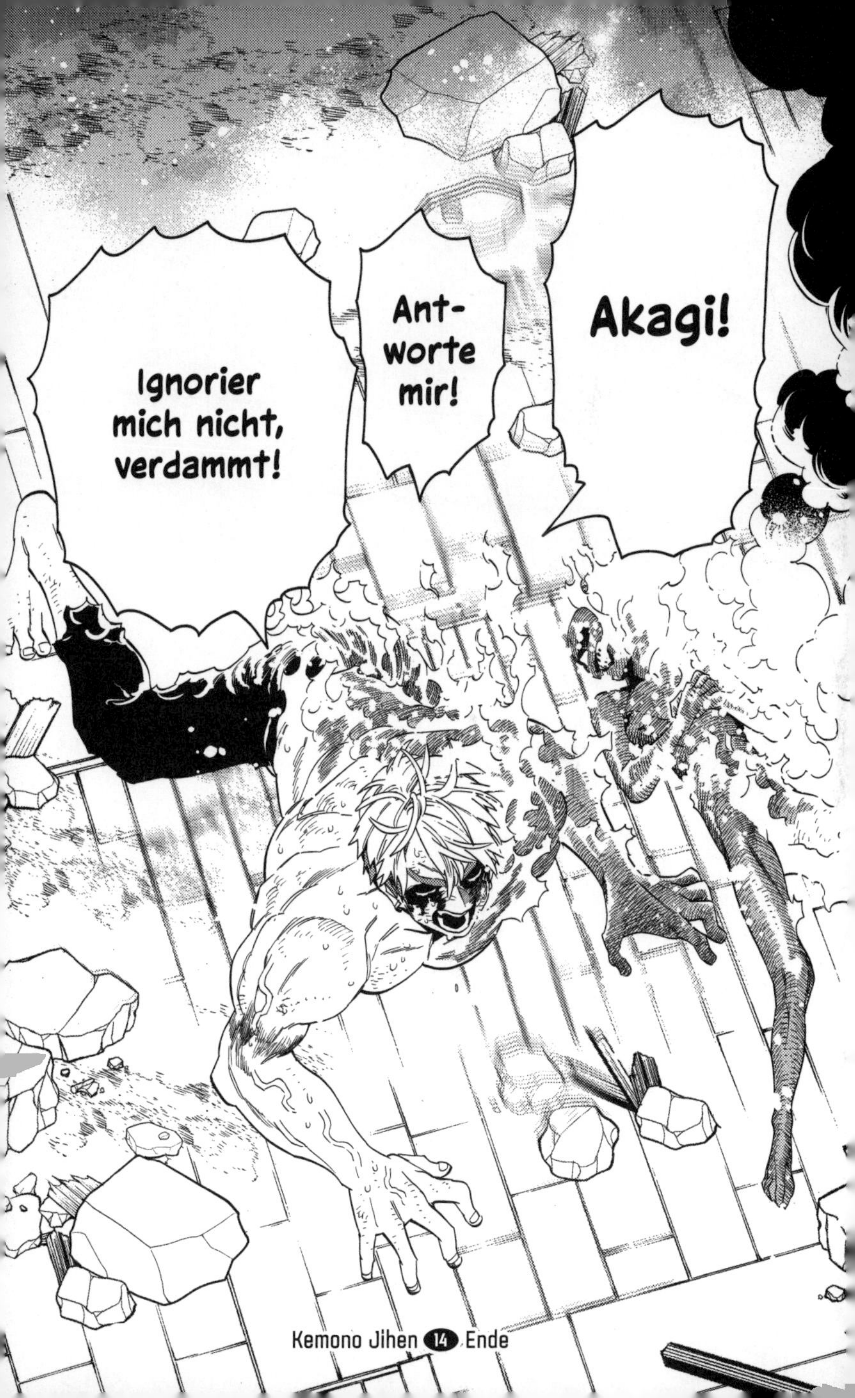
Akagi!
Ant-
worte
mir!
Ignorier
mich nicht,
verdammt!
Kemono Jihen 14 Ende

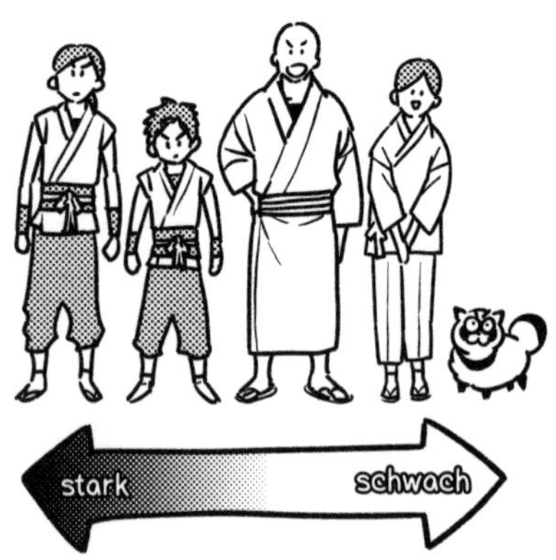
stark
schwach

Konzeptzeichnungen

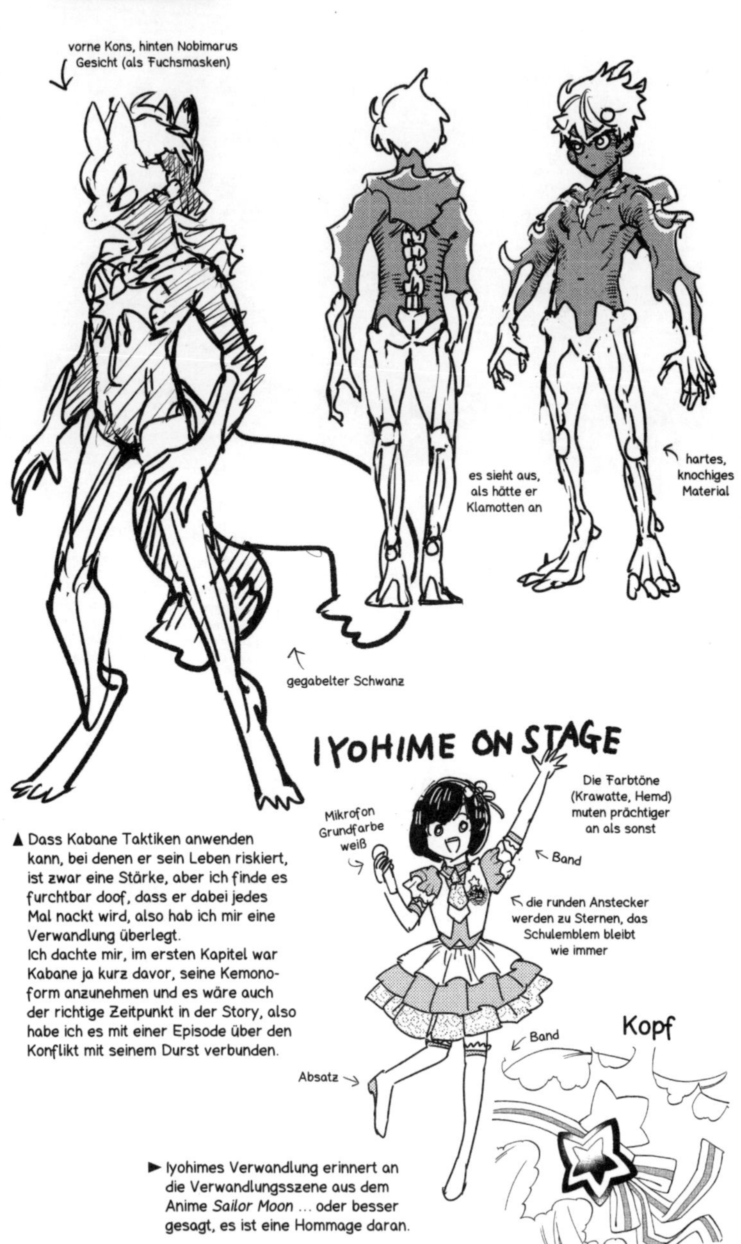

▲ Dass Kabane Taktiken anwenden kann, bei denen er sein Leben riskiert, ist zwar eine Stärke, aber ich finde es furchtbar doof, dass er dabei jedes Mal nackt wird, also hab ich mir eine Verwandlung überlegt.
Ich dachte mir, im ersten Kapitel war Kabane ja kurz davor, seine Kemonoform anzunehmen und es wäre auch der richtige Zeitpunkt in der Story, also habe ich es mit einer Episode über den Konflikt mit seinem Durst verbunden.

► Iyohimes Verwandlung erinnert an die Verwandlungsszene aus dem Anime *Sailor Moon* … oder besser gesagt, es ist eine Hommage daran.

Twitter-Kritzeleien

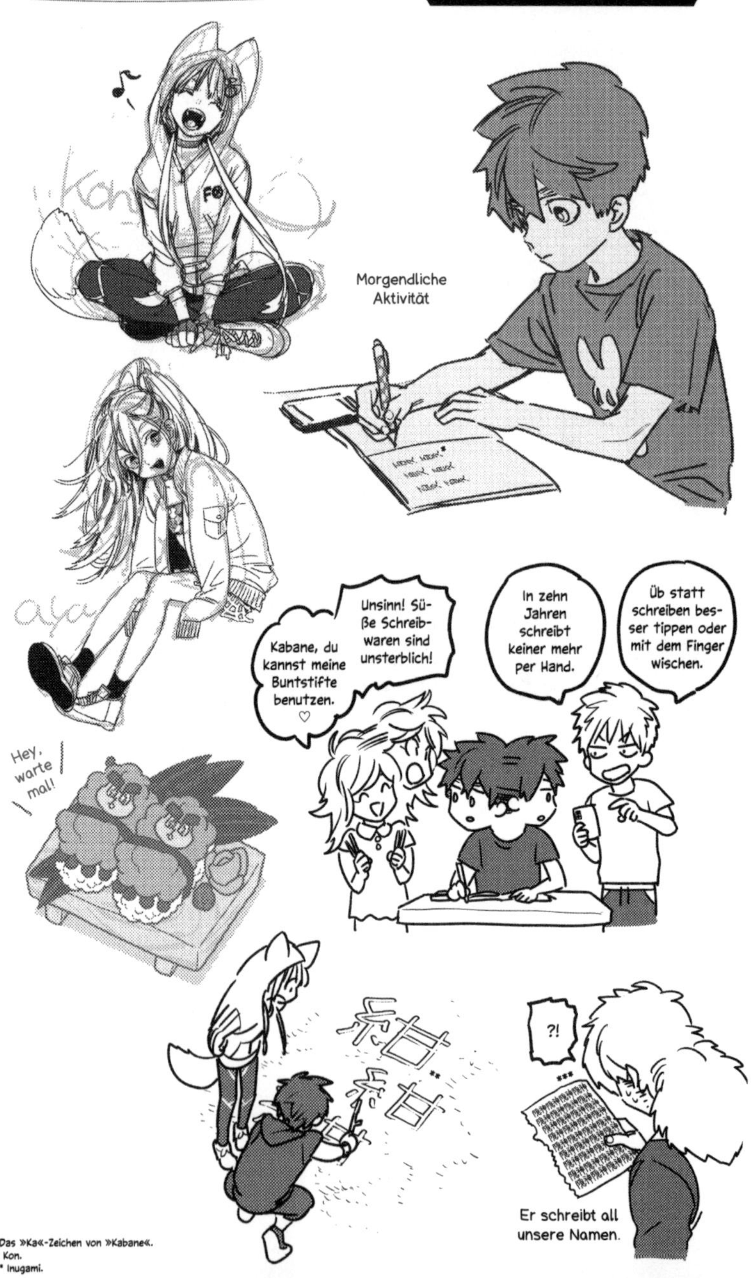

* Das »Ka«-Zeichen von »Kabane«.
** Kon.
*** Inugami.

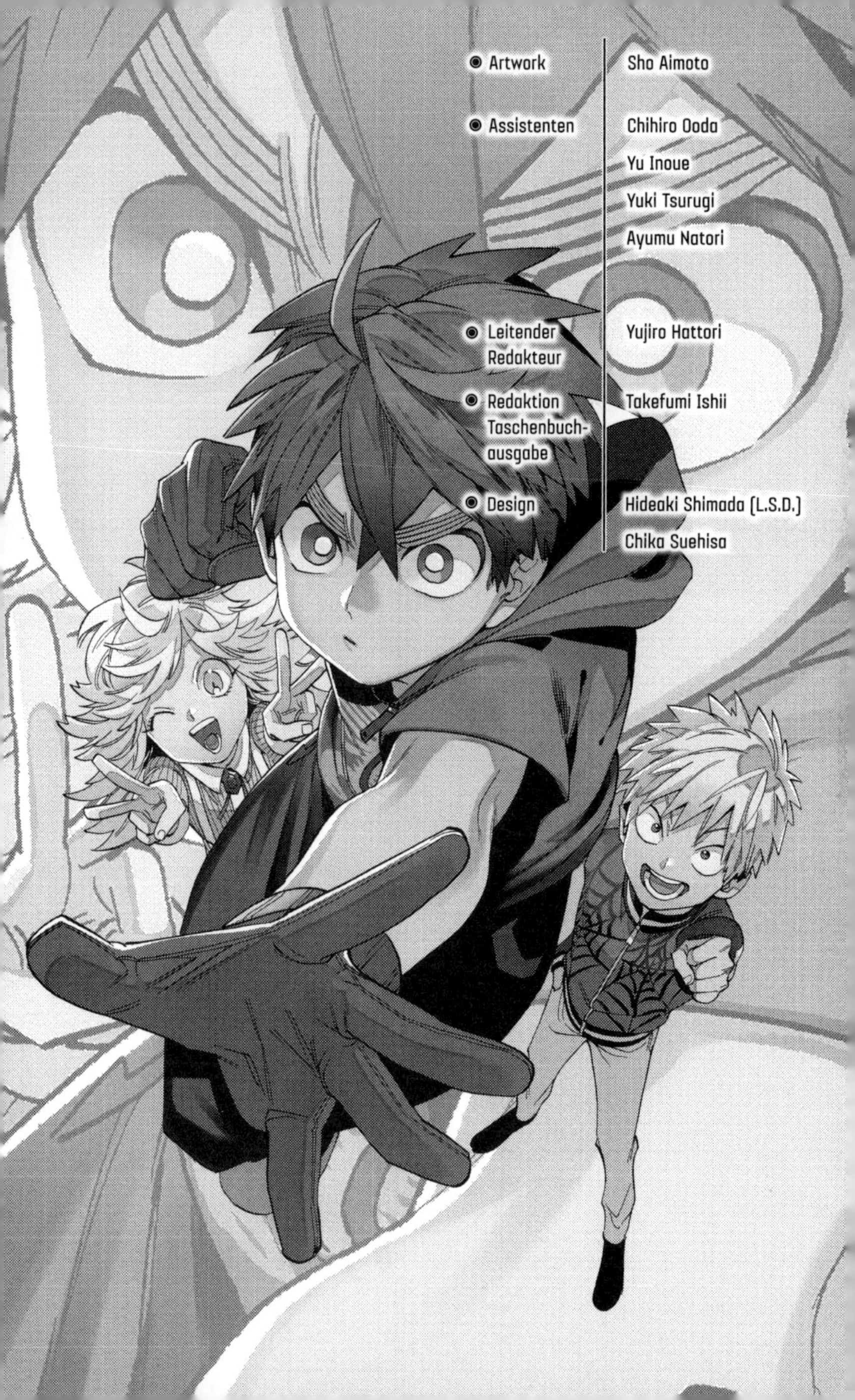
Artwork
Sho Aimoto
Assistenten
Chihiro Ooda
Yu Inoue
Yuki Tsurugi
Ayumu Natori
Leitender Redakteur
Yujiro Hattori
Redaktion Taschenbuch-ausgabe
Takefumi Ishii
Design
Hideaki Shimada (L.S.D.)
Chika Suehisa

Kemono
Jihen

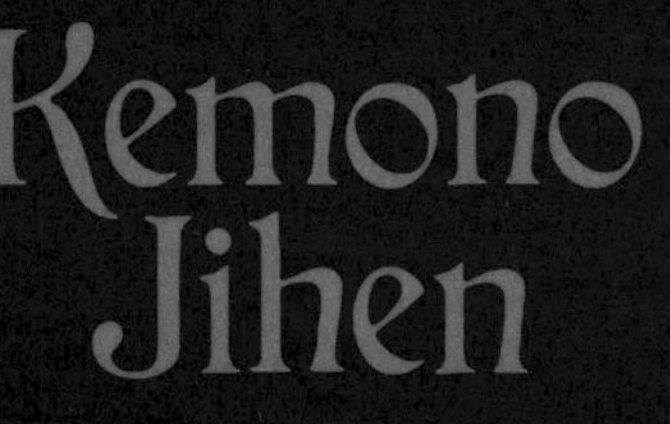

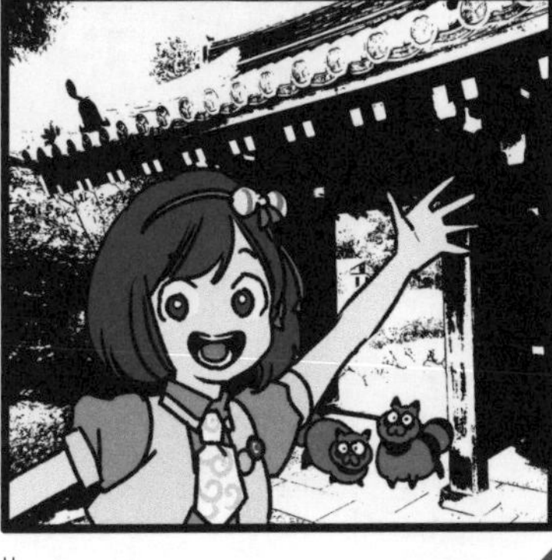

Sho Aimoto

Anlässlich schlechter körperlicher Verfassung habe ich mit der App *Asken* angefangen und bin in letzter Zeit absolut süchtig danach. Wenn man seine Essenszutaten eingibt, spuckt sie alles aus, was man zu sich genommen hat, wie Nährstoffe oder Kalorien. Diese Werte auf das richtige Niveau zu bringen, ist wie ein spaßiges Spiel, das einen gleichzeitig erzieht.

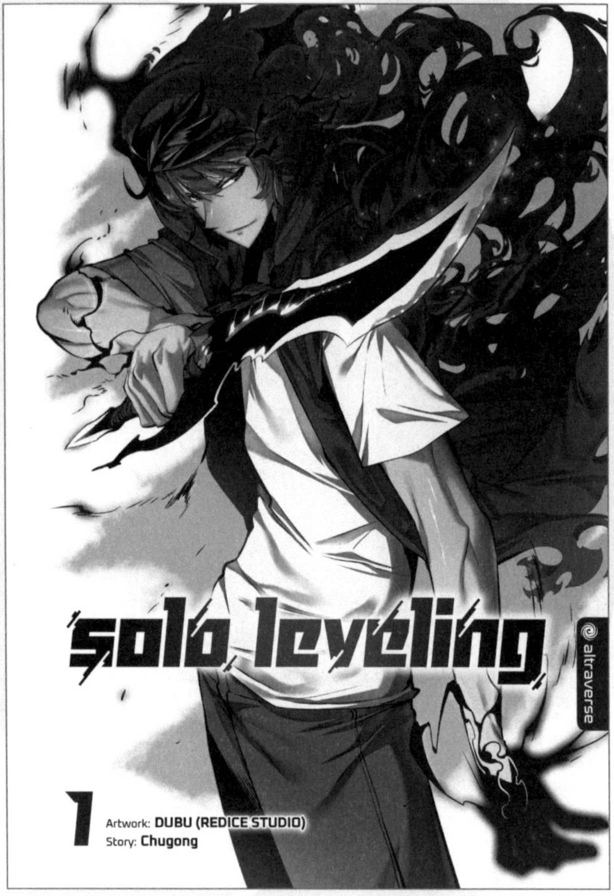

Solo Leveling
Chugong | DUBU (REDICE STUDIO)

Seitdem Portale die reale Welt mit Dungeons voll von Monstern verbinden, sind Menschen mit speziellen Fähigkeiten erwacht, die Jagd auf diese Monster machen und so ihr Geld verdienen. Kann sich Jin-Woo Sung, der von seinen Kollegen nur »der Schwächste« genannt wird, an die Spitze kämpfen?

Fantasy 15 +

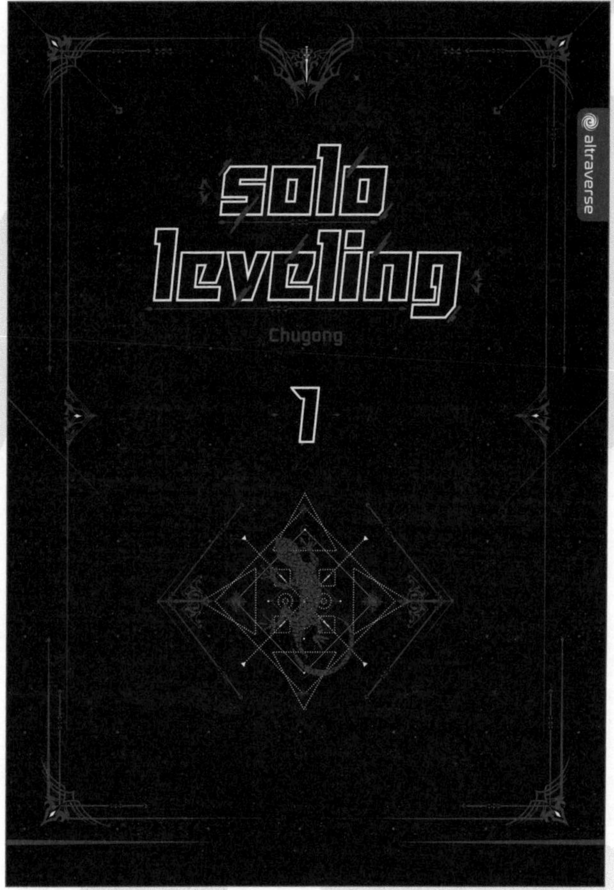

Solo Leveling – Roman

Chugong

Als Portale begannen, die Welt mit Dungeons voller Monster zu verbinden, sind Menschen mit speziellen Fähigkeiten erwacht. Sie sind als Hunter bekannt und ihre Aufgabe ist es, die Dungeons unschädlich zu machen. Jin-Woo Sung ist einer von ihnen, wird aber immer nur als Schwächling bezeichnet. Kann er sich an die Spitze kämpfen?

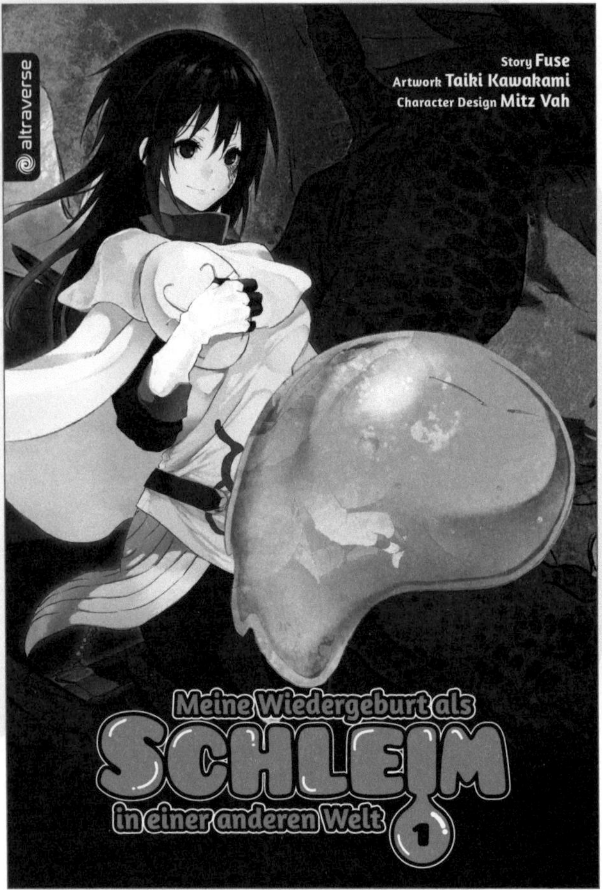

Fantasy 13 +

Meine Wiedergeburt als Schleim in einer anderen Welt

Fuse | Taiki Kawakami | Mitz Vah

Satoru Mikami wurde ermordet. Aber statt im Jenseits zu landen, wird er in einer anderen Welt als Schleim wiedergeboren. Verwirrt, aber mit mächtigen Skills ausgerüstet, begibt er sich auf ein wabbliges Abenteuer durch eine Welt voller Goblins, Drachen und Zwerge!

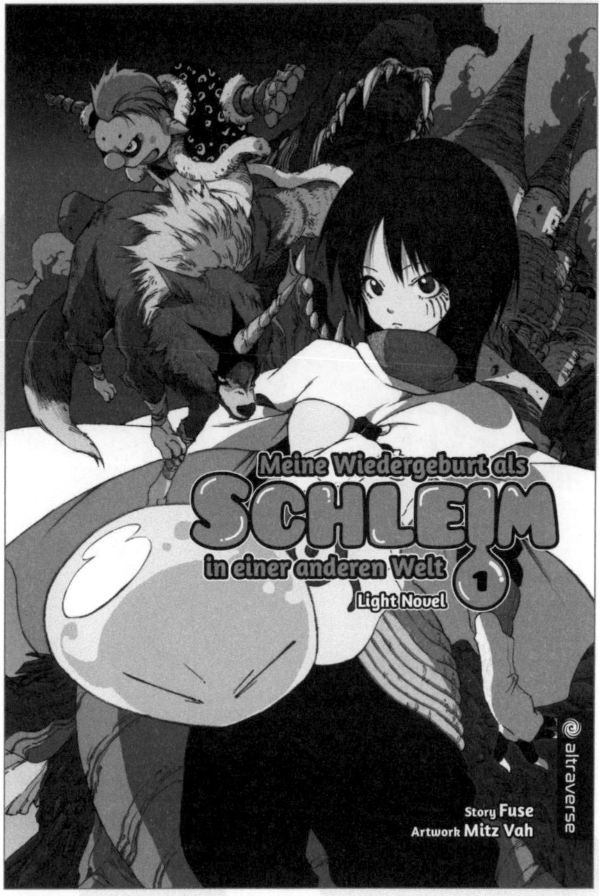

Meine Wiedergeburt als Schleim in einer anderen Welt Light Novel

Fuse | Mitz Vah

Als Satoru Mikami im Alter von 37 Jahren von einem Attentäter getötet wird, fällt der Vorhang für sein belangloses Leben – zumindest dachte er das! Plötzlich findet er sich in einer anderen Welt wieder und merkt, dass er als Schleim wiedergeboren wurde?!

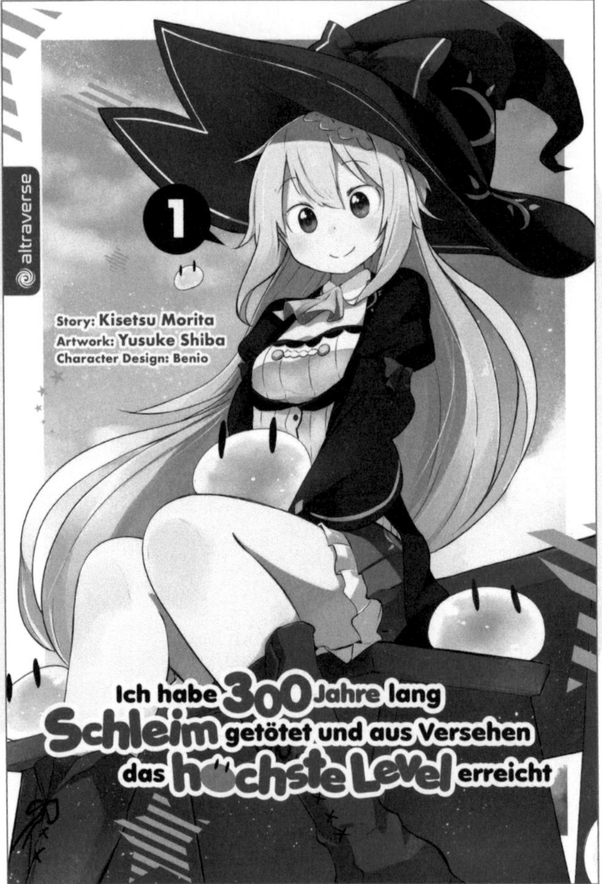

Ich habe 300 Jahre lang Schleim getötet und aus Versehen das höchste Level erreicht

Kisetsu Morita | Yusuke Shiba | Benio

Die Büroangestellte Azusa Aizawa arbeitet sich schon in jungen Jahren im wahrsten Sinne des Wortes zu Tode. Doch dann wird sie als siebzehnjährige Hexe in einer fremdartigen Welt wiedergeboren. Dort will sie es langsam angehen lassen, wird Selbstversorgerin und tötet nur ab und an mal einen Schleim ...

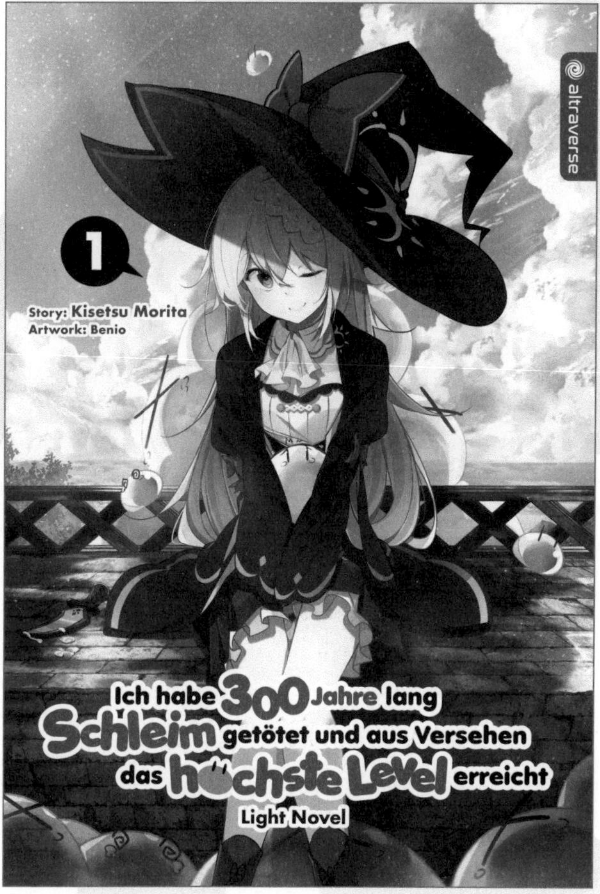

Ich habe 300 Jahre lang Schleim getötet und aus Versehen das höchste Level erreicht Light Novel

Kisetsu Morita | Benio

Die junge Azusa Aizawa arbeitet sich im wahrsten Sinne des Wortes zu Tode. Doch dann wird sie als siebzehnjährige Hexe in einer anderen Welt wiedergeboren. Dort will sie es langsam angehen lassen, wird Selbstversorgerin und tötet nur ab und an mal einen Schleim ...

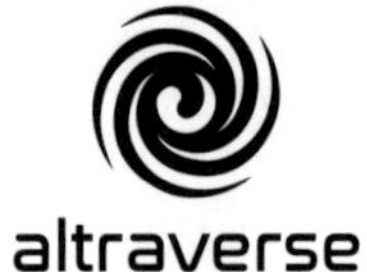

Deutsche Ausgabe / German Edition
Altraverse GmbH – Hamburg 2022
Aus dem Japanischen von Markus Lange

Redaktion: Anh Tu Nguyen
Herstellung: Stephanie Gieck
Lettering: Vibrant Publishing Studio

Druck: CPI books GmbH, Leck
Printed in Germany

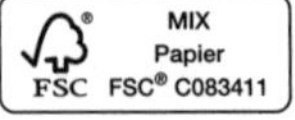

ISBN 978-3-7539-0704-8
1. Auflage 2022

www.altraverse.de